한국
수자원공사

NCS + 전공 + 모의고사 4회

시대에듀

2024 하반기 시대에듀 All-New 한국수자원공사
NCS + 전공 + 최종점검 모의고사 4회 + 무료NCS특강

Always **with you**

사람의 인연은 길에서 우연하게 만나거나 함께 살아가는 것만을 의미하지는 않습니다.
책을 펴내는 출판사와 그 책을 읽는 독자의 만남도 소중한 인연입니다.
시대에듀는 항상 독자의 마음을 헤아리기 위해 노력하고 있습니다. 늘 독자와 함께하겠습니다.

머리말 PREFACE

기후위기와 친환경 전환, 글로벌 물시장의 성장 등 급변하는 시대에 적극적으로 대응하여 새로운 희망의 물길을 열어가는 한국수자원공사는 2024년 하반기에 신입직원을 채용할 예정이다. 한국수자원공사의 채용절차는 「원서접수 ➜ 서류전형 ➜ 필기전형 ➜ 면접전형 ➜ 자격적부 심사 ➜ 최종 합격자 발표」 순서로 이루어진다. 필기전형은 직업기초능력평가와 직무능력평가로 진행한다. 그중 직업기초능력평가는 의사소통능력, 수리능력, 문제해결능력, 자원관리능력을 평가하며, 직무능력평가는 직렬별로 전공 분야가 상이하므로 반드시 확정된 채용공고를 확인해야 한다. 또한, 필기전형 고득점자 순으로 채용예정인원의 2~5배수를 선발하여 면접전형을 진행하므로 필기전형에 대비하기 위해 다양한 유형에 대한 폭넓은 학습과 문제풀이능력을 높이는 등 철저한 준비가 필요하다.

한국수자원공사 필기전형 합격을 위해 시대에듀에서는 기업별 NCS 시리즈 누적 판매량 1위의 출간 경험을 토대로 다음과 같은 특징을 가진 도서를 출간하였다.

도서의 특징

❶ 기출복원문제를 통한 출제 유형 확인!
- 2024년 상반기 주요 공기업 NCS 기출문제를 복원하여 공기업별 NCS 필기 유형을 파악할 수 있도록 하였다.
- 2024~2023년 주요 공기업 전공 기출문제를 복원하여 공기업별 전공 출제경향을 파악할 수 있도록 하였다.

❷ 한국수자원공사 필기전형 출제 영역 맞춤 문제를 통한 실력 상승!
- 직업기초능력평가 대표기출유형&기출응용문제를 수록하여 유형별로 대비할 수 있도록 하였다.
- 직무능력평가(경영 · 경제 · 행정 · 법 · K-water 수행사업) 적중예상문제를 수록하여 전공까지 확실하게 준비할 수 있도록 하였다.

❸ 최종점검 모의고사를 통한 완벽한 실전 대비!
- 철저한 분석을 통해 실제 유형과 유사한 최종점검 모의고사를 수록하여 자신의 실력을 점검할 수 있도록 하였다.

❹ 다양한 콘텐츠로 최종 합격까지!
- 한국수자원공사 채용 가이드와 면접 기출질문을 수록하여 채용을 준비하는 데 부족함이 없도록 하였다.
- 온라인 모의고사를 무료로 제공하여 필기전형에 대비할 수 있도록 하였다.

끝으로 본 도서를 통해 한국수자원공사 채용을 준비하는 모든 수험생 여러분이 합격의 기쁨을 누리기를 진심으로 기원한다.

SDC(Sidae Data Center) 씀

◇ 미션

물이 여는 미래, 물로 나누는 행복

◇ 비전

기후위기 대응을 선도하는 글로벌 물 기업

◇ 핵심가치

안전
(우선)

역동
(성장)

공정
(경영)

◇ 경영방침

극한 기후
안전한 물

Water Security

협력 중심
가치 창출

Water Alliance

공정 지향
조직 혁신

Water Innovation

◇ ESG 경영방침

E 인간과 자연의 지속가능한 공존을 추구한다.

S 상생을 통해 사회의 공동선(善)을 지향한다.

G 소통을 바탕으로 투명하게 의사결정을 한다.

◇ 전략방향

물 안전 사업

극한 기후에 안전한 물 관리 시스템

물 공급 사업

고객 수요를 충족하는 고품질 물 공급 실현

물 특화 사업

지방시대를 여는 특화도시 조성과 물 에너지 확대

물 협력 사업

민관 · 글로벌 협력 중심 물 가치 창출

◇ **지원자격(공통)**

① 학력 · 전공 · 학점 · 성별 · 어학성적 · 자격증 등 : 제한 없음
② 남성의 경우 군필 또는 면제자
③ 한국수자원공사 인사규정 채용 결격사유에 해당하지 않는 자
④ 입사일부터 현업 전일근무 가능자

◇ **필기전형**

구분	직렬		평가내용
직업기초능력평가	전 직렬		의사소통능력, 수리능력, 문제해결능력, 자원관리능력
직무능력평가	행정	경영	재무관리, 회계, 경영전략, 인사 · 조직
		경제	미시경제, 거시경제
		행정	정책학, 재무행정, 조직행정, 인사행정
		법	민법, 행정법
	토목		수리수문학, 토목시공학, 상하수도공학
	전기		전력공학, 전자기기, 제어공학, 신재생에너지
	기계		기계설계, 유체역학, 열역학, 유체기계
	전 직렬		K-water 수행사업

◇ **면접전형**

면접유형	직렬	주요 검증역량
직무PT면접	전 직렬	직무전문성 및 자기개발능력, 대인관계능력, 자원관리능력,
경험역량면접		직업윤리, 조직이해능력 및 청렴도 등 종합 평가

❖ 위 채용 안내는 2024년 상반기 채용공고를 기준으로 작성하였으므로 세부사항은 확정된 채용공고를 확인하기 바랍니다.

총평

한국수자원공사 필기전형은 피듈형으로 영역별로 균일하게 출제되었으며, 난이도는 무난했다는 후기가 많았다. 다만 문제해결능력과 자원관리능력에서 시간이 오래 걸리는 문제들이 많이 출제되었으므로 주어진 시간에 맞춰 문제를 푸는 연습이 필요해 보인다. 또한, K-water 수행사업 문제가 출제되므로 평소 한국수자원공사에 대한 관심을 가지는 것이 좋겠다.

◆ 영역별 출제 비중

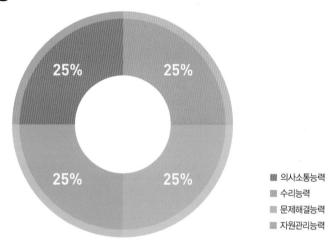

구분	출제 특징	출제 키워드
의사소통능력	• 내용 일치 문제가 출제됨 • 문단 나열 문제가 출제됨	• 발전기, 맞춤법 등
수리능력	• 자료 이해 문제가 출제됨 • 응용 수리 문제가 출제됨	• 생산량, 경우의 수 등
문제해결능력	• 세트형 문제가 출제됨	• 자료, 계산 등
자원관리능력	• 모듈형 문제가 출제됨	• 장소, 금액 계산 등

PSAT형

| 수리능력

04 다음은 신용등급에 따른 아파트 보증률에 대한 사항이다. 자료와 상황에 근거할 때, 갑(甲)과 을(乙)의 보증료의 차이는 얼마인가?(단, 두 명 모두 대지비 보증금액은 5억 원, 건축비 보증금액은 3억 원이며, 보증서 발급일로부터 입주자 모집공고 안에 기재된 입주 예정 월의 다음 달 말일까지의 해당 일수는 365일이다)

- (신용등급별 보증료)=(대지비 부분 보증료)+(건축비 부분 보증료)
- 신용평가 등급별 보증료율

구분	대지비 부분	건축비 부분				
		1등급	2등급	3등급	4등급	5등급
AAA, AA		0.178%	0.185%	0.192%	0.203%	0.221%
A$^+$		0.194%	0.208%	0.215%	0.226%	0.236%
A$^-$, BBB$^+$	0.138%	0.216%	0.225%	0.231%	0.242%	0.261%
BBB$^-$		0.232%	0.247%	0.255%	0.267%	0.301%
BB$^+$ ~ CC		0.254%	0.276%	0.296%	0.314%	0.335%
C, D		0.404%	0.427%	0.461%	0.495%	0.531%

※ (대지비 부분 보증료)=(대지비 부분 보증금액)×(대지비 부분 보증료율)×(보증서 발급일로부터 입주자 모집공고 안에 기재된 입주 예정 월의 다음 달 말일까지의 해당 일수)÷365
※ (건축비 부분 보증료)=(건축비 부분 보증금액)×(건축비 부분 보증료율)×(보증서 발급일로부터 입주자 모집공고 안에 기재된 입주 예정 월의 다음 달 말일까지의 해당 일수)÷365
- 기여고객 할인율 : 보증료, 거래기간 등을 기준으로 기여도에 따라 6개 군으로 분류하며, 건축비 부분 요율에서 할인 가능

구분	1군	2군	3군	4군	5군	6군
차감률	0.058%	0.050%	0.042%	0.033%	0.025%	0.017%

〈상황〉

- 갑 : 신용등급은 A$^+$이며, 3등급 아파트 보증금을 내야 한다. 기여고객 할인율에서는 2군으로 선정되었다.
- 을 : 신용등급은 C이며, 1등급 아파트 보증금을 내야 한다. 기여고객 할인율은 3군으로 선정되었다.

① 554,000원
② 566,000원
③ 582,000원
④ 591,000원
⑤ 623,000원

특징
▶ 대부분 의사소통능력, 수리능력, 문제해결능력을 중심으로 출제(일부 기업의 경우 자원관리능력, 조직이해능력을 출제)
▶ 자료에 대한 추론 및 해석 능력을 요구

대행사
▶ 엑스퍼트컨설팅, 커리어넷, 태드솔루션, 한국행동과학연구소(행과연), 휴노 등

모듈형

| 문제해결능력

41 문제해결절차의 문제 도출 단계는 (가)와 (나)의 절차를 거쳐 수행된다. 다음 중 (가)에 대한 설명으로 적절하지 않은 것은?

(가)	→	(나)
전체 문제를 개별화된 이슈들로 세분화		문제에 영향력이 큰 핵심이슈를 선정

① 문제의 내용 및 영향 등을 파악하여 문제의 구조를 도출한다.
② 본래 문제가 발생한 배경이나 문제를 일으키는 메커니즘을 분명히 해야 한다.
③ 현상에 얽매이지 말고 문제의 본질과 실제를 봐야 한다.
④ 눈앞의 결과를 중심으로 문제를 바라봐야 한다.
⑤ 문제 구조 파악을 위해서 Logic Tree 방법이 주로 사용된다.

특징
▶ 이론 및 개념을 활용하여 푸는 유형
▶ 채용 기업 및 직무에 따라 NCS 직업기초능력평가 10개 영역 중 선발하여 출제
▶ 기업의 특성을 고려한 직무 관련 문제를 출제
▶ 주어진 상황에 대한 판단 및 이론 적용을 요구

대행사
▶ 인트로맨, 휴스테이션, ORP연구소 등

피듈형(PSAT형 + 모듈형)

| 자원관리능력

07 다음 자료를 근거로 판단할 때, 연구모임 A ~ E 중 세 번째로 많은 지원금을 받는 모임은?

〈지원계획〉

• 지원을 받기 위해서는 한 모임당 5명 이상 9명 미만으로 구성되어야 한다.
• 기본지원금은 모임당 1,500천 원을 기본으로 지원한다. 단, 상품개발을 위한 모임의 경우는 2,000천 원을 지원한다.
• 추가지원금

등급	상	중	하
추가지원금(천 원/명)	120	100	70

※ 추가지원금은 연구 계획 사전평가결과에 따라 달라진다.
• 협업 장려를 위해 협업이 인정되는 모임에는 위의 두 지원금을 합한 금액의 30%를 별도로 지원한다.

〈연구모임 현황 및 평가결과〉

특징
▶ 기초 및 응용 모듈을 구분하여 푸는 유형
▶ 기초인지모듈과 응용업무모듈로 구분하여 출제
▶ PSAT형보다 난도가 낮은 편
▶ 유형이 정형화되어 있고, 유사한 유형의 문제를 세트로 출제

대행사
▶ 사람인, 스카우트, 인크루트, 커리어케어, 트리피, 한국사회능력개발원 등

주요 공기업 적중 문제 TEST CHECK

한국수자원공사

12 다음 문단을 논리적 순서대로 바르게 나열한 것은?

(가) 고창 갯벌은 서해안에 발달한 갯벌로서 다양한 해양 생물의 산란·서식지이며, 어업인들의 삶의 터전으로 많은 혜택을 주었다. 그러나 최근 축제식 양식과 육상에서부터 오염원 유입 등으로 인한 환경 변화로 체계적인 이용·관리 방안이 지속적으로 요구됐다.

(나) 정부는 전라북도 고창 갯벌 약 11.8km²를 '습지보전법'에 의한 '습지보호지역'으로 지정하며 고시한다고 밝혔다. 우리나라에서 일곱 번째로 지정되는 고창 갯벌은 칠면초·나문재와 같은 다양한 식물이 자생하고, 천연기념물인 황조롱이와 멸종 위기종을 포함한 46종의 바닷새가 서식하는, 생물 다양성이 풍부하며 보호 가치가 큰 지역으로 나타났다.

(다) 정부는 이번 습지보호지역으로 지정된 고창 갯벌을 람사르 습지로 등록할 계획이며, 제2차 연안습지 기초조사를 실시하여 보전 가치가 높은 갯벌뿐만 아니라 훼손된 갯벌에 대한 관리도 강화해 나갈 계획이다.

(라) 습지보호지역으로 지정되면 이 지역에서 공유수면 매립, 골재 채취 등의 갯벌 훼손 행위는 금지되나, 지역 주민이 해오던 어업 활동이나 갯벌 이용 행위에는 특별한 제한이 없다.

① (가) - (나) - (다) - (라)
② (가) - (라) - (나) - (다)
③ (나) - (가) - (라) - (다)
④ (다) - (가) - (나) - (라)

34 한국수자원공사는 채용 일정이 변경됨에 따라 신입직과 경력직의 채용시험을 동시에 동일한 장소에서 실시하려고 한다. 다음 중 채용시험 장소로 가장 적절한 곳은?(단, 채용시험일은 토요일이나 일요일로 한다)

① A중학교
② B고등학교
③ C대학교
④ D중학교

26 어느 과수원에서 작년에 생산된 사과와 배의 개수를 모두 합하면 500개였다. 올해는 작년보다 사과의 생산량이 절반으로 감소하고 배의 생산량은 두 배로 증가하였다. 올해 사과와 배의 개수를 합하여 모두 700개를 생산했을 때, 올해 생산한 사과의 개수로 옳은 것은?

① 100개
② 200개
③ 300개
④ 400개

코레일 한국철도공사

글의 제목 ▶ 유형

01 다음 글의 제목으로 가장 적절한 것은?

> 중세 유럽에서는 토지나 자원을 왕실이 소유하고 있었다. 사람들은 이러한 토지나 자원을 이용하려면 일정한 비용을 지불해야 했다. 예를 들어 광산을 개발하거나 수산물을 얻는 사람들은 해당 자원의 이용에 대한 비용을 왕실에 지불하였고 이는 왕실의 권력과 부의 유지를 돕는 동시에 국가의 재정을 보충하는 역할을 하였는데, 이때 지불한 비용이 바로 로열티이다.
>
> 로열티의 개념은 산업 혁명과 함께 발전하였다. 산업 혁명을 통해 특허, 상표 등의 지적 재산권이 보호되기 시작하면서 기업들은 이러한 권리를 보유한 개인이나 조직에게 사용에 대한 보상을 지불하게 되었다. 지적 재산권은 기업이 특정한 기술, 디자인, 상표 등을 보유하고 있을 때 그들에게 독점적인 권리를 제공하는 것이며, 이러한 권리의 보호와 보상을 위해 로열티 제도가 도입되었다. 로열티는 기업과 지적 재산권 소유자 간의 계약에 의해 설정되는 형태로 발전하였다. 기업이 특정 제품을 판매하거나 특정 기술을 이용하는 경우 지적 재산권 소유자에게 계약에 따라 정해진 로열티를 지불하게 된다. 이로써 지적 재산권을 보유한 개인이나 조직은 자신들의 창작물이나 기술의 사용에 대한 보상을 받을 수 있으며, 기업들은 이러한 지적 재산권의 이용을 허가받아 경쟁 우위를 확보할 수 있게 되었다.
>
> 현재 로열티는 제품 판매나 라이선스, 저작물의 이용 등 다양한 형태로 나타나며 지적 재산권의 보호와 경제적 가치를 확보하는 중요한 수단으로 작용하고 있다. 로열티는 지식과 창조성의 보상으로서의 역할을 수행하며 기업들의 연구 개발을 촉진하고 혁신을 격려한다. 이처럼 로열티 제도는 기업과 지적 재산권 소유자 간의 상호 협력과 혁신적인 경제 발전에 기여하는 중요한 구조적 요소이다.

① 지적 재산권을 보호하는 방법
② 로열티 지급 시 유의사항
③ 지적 재산권의 정의
④ 로열티 제도의 유래와 발전
⑤ 로열티 제도의 모순

참거짓 ▶ 유형

18 A ~ D는 한 판의 가위바위보를 한 후 그 결과에 대해 각각 두 가지의 진술을 하였다. 두 가지의 진술 중 하나는 반드시 참이고, 하나는 반드시 거짓이라고 할 때, 다음 중 항상 참인 것은?

> A : C는 B를 이길 수 있는 것을 냈고, B는 가위를 냈다.
> B : A는 C와 같은 것을 냈지만, A가 편 손가락의 수는 나보다 적었다.
> C : B는 바위를 냈고, 그 누구도 같은 것을 내지 않았다.
> D : A, B, C 모두 참 또는 거짓을 말한 순서가 동일하다. 이 판은 승자가 나온 판이었다.

① B와 같은 것을 낸 사람이 있다.
② 보를 낸 사람은 1명이다.
③ D는 혼자 가위를 냈다.
④ B가 기권했다면 가위를 낸 사람이 지는 판이다.
⑤ 바위를 낸 사람은 2명이다.

한국부동산원

순서도 ▶ 유형

32 다음은 H공사 홈페이지의 로그인 과정에 관한 순서도이다. 홈페이지에 로그인하기 위해 로그인 정보를 입력했으나, 로그인이 되지 않고 [2번 알림창]을 보게 되었다. 그 이유로 올바른 것은?

〈순서도 기호〉

기호	설명	기호	설명
	시작과 끝을 나타낸다.	◇	어느 것을 택할 것인지를 판단한다.
	데이터를 입력하거나 계산하는 등의 처리를 한다.		선택한 값을 출력한다.

〈순서도〉

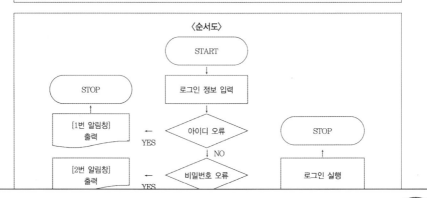

업체 선정 ▶ 유형

21 한국부동산원은 직원들의 체력증진 및 건강개선을 위해 점심시간을 이용해 운동 프로그램을 운영하고자 한다. 해당 프로그램을 운영할 업체는 직원들을 대상으로 한 사전조사 결과를 바탕으로 정한 선정점수에 따라 결정된다. 다음 〈조건〉에 따라 업체를 선정할 때, 최종적으로 선정될 업체는?

〈후보 업체 사전조사 결과〉

업체명	프로그램	흥미 점수	건강증진 점수
A업체	집중GX	5점	7점
B업체	필라테스	7점	6점
C업체	자율 웨이트	5점	5점
D업체	근력운동	6점	4점
E업체	스피닝	4점	8점

〈조건〉

- 한국부동산원은 전 직원들을 대상으로 후보 업체들에 대한 사전조사를 하였다. 각 후보 업체에 대한 흥미 점수와 건강증진 점수는 전 직원들이 10점 만점으로 부여한 점수의 평균값이다.
- 흥미 점수와 건강증진 점수를 2:3의 가중치로 합산하여 1차 점수를 산정하고, 1차 점수가 높은 후보 업체 3개를 1차 선정한다.
- 1차 선정된 후보 업체 중 흥미점수와 건강증진 점수에 3:3 가중치로 합산하여 2차 점수를 산정한다.
- 2차 점수가 가장 높은 1개의 업체를 최종적으로 선정한다. 만일 1차 선정된 후보 업체들의 2차 점수가 모두

한국도로교통공단

띄어쓰기 ▶ 유형

02 다음 중 띄어쓰기가 옳지 않은 문장은?

① 강아지가 집을 나간지 사흘 만에 돌아왔다.
② 북어 한 쾌는 북어 스무 마리를 이른다.
③ 박승후 씨는 국회의원 출마 의사를 밝혔다.
④ 나는 주로 삼학년을 맡아 미술을 지도했다.

단축키 ▶ 유형

53 다음 중 Windows 환경에서 Excel의 기능과 해당 단축키 조합이 잘못 연결된 것은?

① 〈Alt〉+〈H〉 : 홈 탭으로 이동
② 〈Alt〉+〈N〉 : 삽입 탭으로 이동
③ 〈Alt〉+〈P〉 : 페이지 레이아웃 탭으로 이동
④ 〈Alt〉+〈A〉 : 수식 탭으로 이동

속력 ▶ 유형

20 A와 B가 C코스를 자동차로 달려 먼저 도착하는 사람이 이기는 게임을 하였다. C코스는 30m씩 3개의 커브 길과 총 180m인 직선 도로로 이루어져 있다. A는 직선 도로에서 120m/분, 커브 길에서는 90m/분으로 달리고, B는 직선 도로에서 180m/분으로 달렸다. 이 게임에서 A가 이겼을 때, 커브 길에서 B가 달린 속력의 최댓값은?(단, 이 게임에서는 속력을 정수로만 나타낸다)

① 58m/분
② 59m/분
③ 60m/분
④ 61m/분

도서 200% 활용하기 STRUCTURES

1 기출복원문제로 출제경향 파악

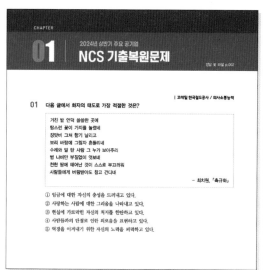

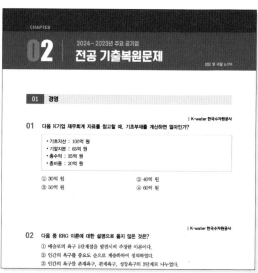

▶ 2024년 상반기 주요 공기업 NCS 기출문제를 복원하여 공기업별 NCS 필기 유형을 파악할 수 있도록 하였다.
▶ 2024~2023년 주요 공기업 전공 기출문제를 복원하여 공기업별 전공 출제경향을 파악할 수 있도록 하였다.

2 대표기출유형 + 기출응용문제로 필기전형 완벽 대비

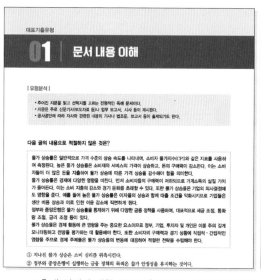

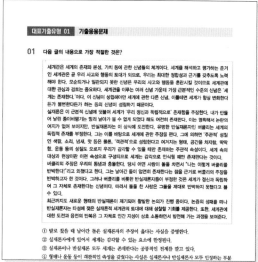

▶ NCS 출제 영역에 대한 대표기출유형과 기출응용문제를 수록하여 NCS 문제에 대한 접근 전략을 익히고 점검할 수 있도록 하였다.
▶ 직무능력평가(경영·경제·행정·법·K-water 수행사업) 적중예상문제를 수록하여 전공까지 효과적으로 학습할 수 있도록 하였다.

3 최종점검 모의고사 + OMR을 활용한 실전 연습

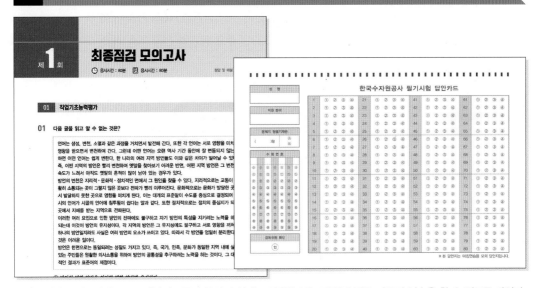

▶ 최종점검 모의고사와 OMR 답안카드를 수록하여 실제로 시험을 보는 것처럼 최종 마무리 연습을 할 수 있도록 하였다.
▶ 모바일 OMR 답안채점/성적분석 서비스를 통해 필기전형에 대비할 수 있도록 하였다.

4 인성검사부터 면접까지 한 권으로 최종 마무리

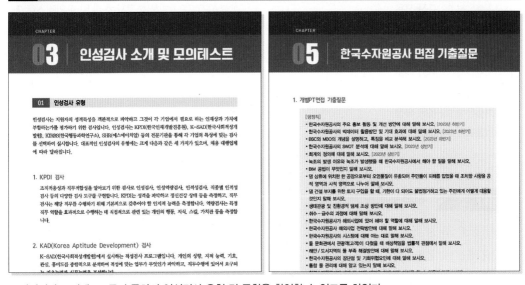

▶ 인성검사 모의테스트를 수록하여 인성검사 유형 및 문항을 확인할 수 있도록 하였다.
▶ 한국수자원공사 면접 기출질문을 통해 실제 면접에서 나오는 질문을 미리 파악하고 연습할 수 있도록 하였다.

이 책의 차례 CONTENTS

Add+

특별부록

※ 기출복원문제는 수험생들의 후기를 통해 시대에듀에서 복원한 문제로 실제 문제와 다소 차이가 있을
　수 있으며, 본 저작물의 무단전재 및 복제를 금합니다.

┃ 코레일 한국철도공사 / 의사소통능력

01 다음 글에서 화자의 태도로 가장 적절한 것은?

> 거친 밭 언덕 쓸쓸한 곳에
> 탐스러운 꽃송이 가지 눌렀네.
> 매화비 그쳐 향기 날리고
> 보리 바람에 그림자 흔들리네.
> 수레와 말 탄 사람 그 누가 보아 주리
> 벌 나비만 부질없이 엿보네.
> 천한 땅에 태어난 것 스스로 부끄러워
> 사람들에게 버림받아도 참고 견디네.
>
> — 최치원, 『촉규화』

① 임금에 대한 자신의 충성을 드러내고 있다.
② 사랑하는 사람에 대한 그리움을 나타내고 있다.
③ 현실에 가로막힌 자신의 처지를 한탄하고 있다.
④ 사람들과의 단절로 인한 외로움을 표현하고 있다.
⑤ 역경을 이겨내기 위한 자신의 노력을 피력하고 있다.

02 다음 글에 대한 설명으로 적절하지 않은 것은?

중국 연경(燕京)의 아홉 개 성문 안팎으로 뻗은 수십 리 거리에는 관청과 아주 작은 골목을 제외하고는 대체로 길 양옆으로 모두 상점이 늘어서 휘황찬란하게 빛난다.

우리나라 사람들은 중국 시장의 번성한 모습을 처음 보고서는 "오로지 말단의 이익만을 숭상하고 있군."이라고 말하였다. 이것은 하나만 알고 둘은 모르는 소리이다. 대저 상인은 사농공상(士農工商) 사민(四民)의 하나에 속하지만, 이 하나가 나머지 세 부류의 백성을 소통시키기 때문에 열에 셋의 비중을 차지하지 않으면 안 된다.

사람들은 쌀밥을 먹고 비단옷을 입고 있으면 그 나머지 물건은 모두 쓸모없는 줄 안다. 그러나 무용지물을 사용하여 유용한 물건을 유통하고 거래하지 않는다면, 이른바 유용하다는 물건은 거의 대부분이 한 곳에 묶여서 유통되지 않거나 그것만이 홀로 돌아다니다 쉽게 고갈될 것이다. 따라서 옛날의 성인과 제왕께서는 이를 위하여 주옥(珠玉)과 화폐 등의 물건을 조성하여 가벼운 물건으로 무거운 물건을 교환할 수 있도록 하셨고, 무용한 물건으로 유용한 물건을 살 수 있도록 하셨다.

지금 우리나라는 지방이 수천 리이므로 백성들이 적지 않고, 토산품이 구비되어 있다. 그럼에도 산이나 물에서 생산되는 이로운 물건이 전부 세상에 나오지 않고, 경제를 윤택하게 하는 방법도 잘 모르며, 날마다 쓰는 것을 팽개친 채 그것에 대해 연구하지 않고 있다. 그러면서 중국의 거마, 주택, 단청, 비단이 화려한 것을 보고서는 대뜸 "사치가 너무 심하다."라고 말해 버린다.

그렇지만 중국이 사치로 망한다고 할 것 같으면, 우리나라는 반드시 검소함으로 인해 쇠퇴할 것이다. 왜 그러한가? 검소함이란 물건이 있음에도 불구하고 쓰지 않는 것이지, 자기에게 없는 물건을 스스로 끊어 버리는 것을 일컫지는 않는다. 현재 우리나라에는 진주를 캐는 집이 없고 시장에는 산호 같은 물건의 값이 정해져 있지 않다. 금이나 은을 가지고 점포에 들어가서는 떡과 엿을 사 먹을 수가 없다. 이런 현실이 정말 우리의 검소한 풍속 때문이겠는가? 이것은 그 재물을 사용할 줄 모르기 때문이다. 재물을 사용할 방법을 알지 못하므로 재물을 만들어 낼 방법을 알지 못하고, 재물을 만들어 낼 방법을 알지 못하므로 백성들의 생활은 날이 갈수록 궁핍해진다.

재물이란 우물에 비유할 수가 있다. 물을 퍼내면 우물에는 늘 물이 가득하지만, 물을 길어내지 않으면 우물은 말라 버린다. 이와 같은 이치로 화려한 비단옷을 입지 않으므로 나라에는 비단을 짜는 사람이 없고, 그로 인해 여인이 베를 짜는 모습을 볼 수 없게 되었다. 그릇이 찌그러져도 이를 개의치 않으며, 기교를 부려 물건을 만들려고 하지도 않아 나라에는 공장(工匠)과 목축과 도공이 없어져 기술이 전해지지 않는다. 더 나아가 농업도 황폐해져 농사짓는 방법이 형편없고, 상업을 박대하므로 상업 자체가 실종되었다. 사농공상 네 부류의 백성이 누구나 할 것 없이 다 가난하게 살기 때문에 서로를 구제할 길이 없다.

지금 종각이 있는 종로 네거리에는 시장 점포가 연이어 있다고 하지만 그것은 1리도 채 안 된다. 중국에서 내가 지나갔던 시골 마을은 거의 몇 리에 걸쳐 점포로 뒤덮여 있었다. 그곳으로 운반되는 물건의 양이 우리나라 곳곳에서 유통되는 것보다 많았는데, 이는 그곳 가게가 우리나라보다 더 부유해서 그러한 것이 아니고 재물이 유통되느냐 유통되지 못하느냐에 따른 결과인 것이다.

- 박제가, 『시장과 우물』

① 재물이 적절하게 유통되지 않는 현실을 비판하고 있다.
② 재물을 유통하기 위한 성현들의 노력을 근거로 제시하고 있다.
③ 경제의 규모를 늘리기 위한 소비의 중요성을 강조하고 있다.
④ 조선의 경제가 윤택하지 못한 이유를 부족한 생산량으로 보고 있다.
⑤ 산업의 발전을 위해 적당한 사치가 있어야 함을 제시하고 있다.

03 다음 중 한자성어의 뜻이 바르게 연결되지 않은 것은?

① 水魚之交 : 아주 친밀하여 떨어질 수 없는 사이

② 結草報恩 : 죽은 뒤에라도 은혜를 잊지 않고 갚음

③ 靑出於藍 : 제자나 후배가 스승이나 선배보다 나음

④ 指鹿爲馬 : 윗사람을 농락하여 권세를 마음대로 함

⑤ 刻舟求劍 : 말로는 친한 듯 하나 속으로는 해칠 생각이 있음

04 다음 중 밑줄 친 부분의 띄어쓰기가 옳지 않은 것은?

① 운전을 어떻게 해야 <u>하는지</u> 알려 주었다.

② 오랫동안 <u>애쓴 만큼</u> 좋은 결과가 나왔다.

③ 모두가 떠나가고 남은 사람은 고작 <u>셋 뿐이다</u>.

④ 참가한 사람들은 누구의 키가 <u>큰지 작은지</u> 비교해 보았다.

⑤ 민족의 큰 명절에는 온 나라 방방곡곡에서 <u>씨름판이</u> 열렸다.

05 다음 중 밑줄 친 부분의 표기가 옳지 않은 것은?

① 늦게 온다던 친구가 <u>금세</u> 도착했다.

② 변명할 틈도 없이 그에게 일방적으로 <u>채였다</u>.

③ 못 본 사이에 그의 얼굴은 <u>핼쑥하게</u> 변했다.

④ 빠르게 변해버린 고향이 <u>낯설게</u> 느껴졌다.

⑤ 문제의 정답을 찾기 위해 <u>곰곰이</u> 생각해 보았다.

06 다음 중 단어와 그 발음법이 바르게 연결되지 않은 것은?

① 결단력 – [결딴녁]

② 옷맵시 – [온맵씨]

③ 몰상식 – [몰상씩]

④ 물난리 – [물랄리]

⑤ 땀받이 – [땀바지]

07 다음 식을 계산하여 나온 수의 백의 자리, 십의 자리, 일의 자리를 순서대로 바르게 나열한 것은?

$$865 \times 865 + 865 \times 270 + 135 \times 138 - 405$$

① 0, 0, 0

② 0, 2, 0

③ 2, 5, 0

④ 5, 5, 0

⑤ 8, 8, 0

08 길이가 200m인 A열차가 어떤 터널을 60km/h의 속력으로 통과하였다. 잠시 후 길이가 300m인 B열차가 같은 터널을 90km/h의 속력으로 통과하였다. A열차와 B열차가 이 터널을 완전히 통과할 때 걸린 시간의 비가 10 : 7일 때, 이 터널의 길이는?

① 1,200m

② 1,500m

③ 1,800m

④ 2,100m

⑤ 2,400m

※ 다음과 같이 일정한 규칙으로 수를 나열할 때, 빈칸에 들어갈 수를 고르시오. [9~10]

| 코레일 한국철도공사 / 수리능력

09

| • 7 | 13 | 4 | 63 |
| • 9 | 16 | 9 | ( ) |

① 45   ② 51

③ 57   ④ 63

⑤ 69

| 코레일 한국철도공사 / 수리능력

10

−2 1 6 13 22 33 46 61 78 97 ( )

① 102   ② 106

③ 110   ④ 114

⑤ 118

| 코레일 한국철도공사 / 수리능력

11 K중학교 2학년 A ~ F 6개의 학급이 체육대회에서 줄다리기 경기를 다음과 같은 토너먼트로 진행하려고 한다. 이때, A반과 B반이 모두 두 번의 경기를 거쳐 결승에서 만나게 되는 경우의 수는?

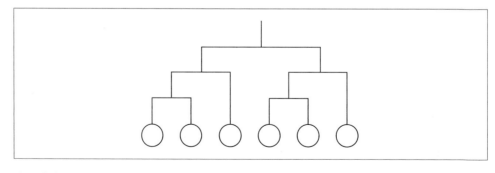

① 6가지   ② 24가지

③ 120가지   ④ 180가지

⑤ 720가지

12 다음은 연령대별로 도시와 농촌에서의 여가생활 만족도 평가 점수를 조사한 자료이다. 〈조건〉에 따라 빈칸 ㄱ ~ ㄹ에 들어갈 수를 순서대로 바르게 나열한 것은?

〈연령대별 도시·농촌 여가생활 만족도 평가〉

(단위 : 점)

구분	10대 미만	10대	20대	30대	40대	50대	60대	70대 이상
도시	1.6	ㄱ	3.5	ㄴ	3.9	3.8	3.3	1.7
농촌	1.3	1.8	2.2	2.1	2.1	ㄷ	2.1	ㄹ

※ 매우 만족 : 5점, 만족 : 4점, 보통 : 3점, 불만 : 2점, 매우 불만 : 1점

조건

- 도시에서 여가생활 만족도는 모든 연령대에서 같은 연령대의 농촌보다 높았다.
- 도시에서 10대의 여가생활 만족도는 농촌에서 10대의 2배보다 높았다.
- 도시에서 여가생활 만족도가 가장 높은 연령대는 40대였다.
- 농촌에서 여가생활 만족도가 가장 높은 연령대는 50대지만, 3점을 넘기지 못했다.

	ㄱ	ㄴ	ㄷ	ㄹ
①	3.8	3.3	2.8	3.5
②	3.5	3.3	3.2	3.5
③	3.8	3.3	2.8	1.5
④	3.5	4.0	3.2	1.5
⑤	3.8	4.0	2.8	1.5

13 가격이 500,000원일 때 10,000개가 판매되는 K제품이 있다. 이 제품의 가격을 10,000원 인상할 때마다 판매량은 160개 감소하고, 10,000원 인하할 때마다 판매량은 160개 증가한다. 이때, 총 판매금액이 최대가 되는 제품의 가격은?(단, 가격은 10,000원 단위로만 인상 또는 인하할 수 있다)

① 520,000원

② 540,000원

③ 560,000원

④ 580,000원

⑤ 600,000원

14 다음은 전자제품 판매업체 3사를 다섯 가지 항목으로 나누어 평가한 자료이다. 이를 토대로 3사의 항목별 비교 및 균형을 쉽게 파악할 수 있도록 나타낸 그래프로 옳은 것은?

〈전자제품 판매업체 3사 평가표〉

(단위 : 점)

구분	디자인	가격	광고 노출도	브랜드 선호도	성능
A사	4.1	4.0	2.5	2.1	4.6
B사	4.5	1.5	4.9	4.0	2.0
C사	2.5	4.5	0.6	1.5	4.0

①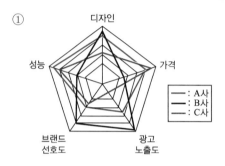

②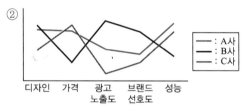

③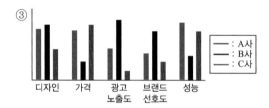

④
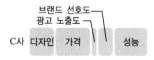

⑤

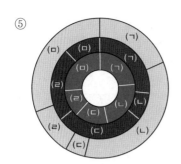

	: A사
	: B사
	: C사

(ㄱ) – 디자인
(ㄴ) – 가격
(ㄷ) – 광고 노출도
(ㄹ) – 브랜드 선호도
(ㅁ) – 성능

15 다음은 2023년 K톨게이트를 통과한 차량에 대한 자료이다. 이에 대한 설명으로 옳지 않은 것은?

〈2023년 K톨게이트 통과 차량〉

(단위 : 천 대)

구분	승용차			승합차			대형차		
	영업용	비영업용	합계	영업용	비영업용	합계	영업용	비영업용	합계
1월	152	3,655	3,807	244	2,881	3,125	95	574	669
2월	174	3,381	3,555	222	2,486	2,708	101	657	758
3월	154	3,909	4,063	229	2,744	2,973	139	837	976
4월	165	3,852	4,017	265	3,043	3,308	113	705	818
5월	135	4,093	4,228	211	2,459	2,670	113	709	822
6월	142	3,911	4,053	231	2,662	2,893	107	731	838
7월	164	3,744	3,908	237	2,721	2,958	117	745	862
8월	218	3,975	4,193	256	2,867	3,123	115	741	856
9월	140	4,105	4,245	257	2,913	3,170	106	703	809
10월	135	3,842	3,977	261	2,812	3,073	107	695	802
11월	170	3,783	3,953	227	2,766	2,993	117	761	878
12월	147	3,730	3,877	243	2,797	3,040	114	697	811

① 전체 승용차 수와 전체 승합차 수의 합이 가장 많은 달은 9월이고, 가장 적은 달은 2월이었다.
② 4월을 제외한 모든 달의 비영업용 승합차 수는 300만 대 미만이었다.
③ 전체 대형차 수 중 영업용 대형차 수의 비율은 모든 달에서 10% 이상이었다.
④ 영업용 승합차 수는 모든 달에서 영업용 대형차 수의 2배 이상이었다.
⑤ 승용차가 가장 많이 통과한 달의 전체 승용차 수에 대한 영업용 승용차 수의 비율은 3% 이상이었다.

※ 서울역 근처 K공사에 근무하는 A과장은 1월 10일에 팀원 4명과 함께 부산에 있는 출장지에 열차를 타고 가려고 한다. 다음 자료를 보고 이어지는 질문에 답하시오. [16~17]

〈1월 10일 서울역 → 부산역 열차 시간표〉

구분	출발시각	정차역	다음 정차역까지 소요시간	총주행시간	성인 1인당 요금
KTX	8:00	–	–	2시간 30분	59,800원
ITX-청춘	7:20	대전	40분	3시간 30분	48,800원
ITX-마음	6:40	대전, 울산	40분	3시간 50분	42,600원
새마을호	6:30	대전, 울산, 동대구	60분	4시간 30분	40,600원
무궁화호	5:30	대전, 울산, 동대구	80분	5시간 40분	28,600원

※ 위의 열차 시간표는 1월 10일 운행하는 열차 종류별로 승차권 구입이 가능한 가장 빠른 시간표이다.
※ 총주행시간은 정차·대기시간을 제외한 열차가 실제로 달리는 시간이다.

〈운행 조건〉
• 정차역에 도착할 때마다 대기시간 15분을 소요한다.
• 정차역에 먼저 도착한 열차가 출발하기 전까지 뒤에 도착한 열차는 정차역에 들어오지 않고 대기한다.
• 정차역에 먼저 도착한 열차가 정차역을 출발한 후, 5분 뒤에 대기 중인 열차가 정차역에 들어온다.
• 정차역에 2종류 이상의 열차가 동시에 도착하였다면, ITX-청춘 → ITX-마음 → 새마을호 → 무궁화호 순으로 정차역에 들어온다.
• 목적지인 부산역은 먼저 도착한 열차로 인한 대기 없이 바로 역에 들어온다.

16 다음 중 자료에 대한 설명으로 옳지 않은 것은?

① ITX-청춘보다 ITX-마음이 목적지에 더 빨리 도착한다.
② 부산역에 가장 늦게 도착하는 열차는 12시에 도착한다.
③ ITX-마음은 먼저 도착한 열차로 인한 대기시간이 없다.
④ 부산역에 가장 빨리 도착하는 열차는 10시 30분에 도착한다.
⑤ 무궁화호는 울산역, 동대구역에서 다른 열차로 인해 대기한다.

17 다음 〈조건〉에 따라 승차권을 구입할 때, A과장과 팀원 4명의 총요금은?

> **조건**
> - A과장과 팀원 1명은 7시 30분까지 K공사에서 사전 회의를 가진 후 출발한다.
> - 목적지인 부산역에는 11시 30분까지 도착해야 한다.
> - 열차 요금은 가능한 한 저렴하게 한다.

① 247,400원   ② 281,800원

③ 312,800원   ④ 326,400원

⑤ 347,200원

18 다음 글에서 알 수 있는 논리적 사고의 구성요소로 가장 적절한 것은?

> A는 동업자 B와 함께 신규 사업을 시작하기 위해 기획안을 작성하여 논의하였다. 그러나 B는 신규 기획안을 읽고 시기나 적절성에 대해 부정적인 입장을 보였다. A가 B를 설득하기 위해 B의 의견들을 정리하여 생각해 보니 B는 신규 사업을 시작하는 데 있어 다른 경쟁사보다 늦게 출발하여 경쟁력이 부족하는 점 때문에 신규 사업에 부정적이라는 것을 알게 되었다. 이에 A는 경쟁력을 높이기 위한 다양한 아이디어를 추가로 제시하여 B를 다시 설득하였다.

① 설득

② 구체적인 생각

③ 생각하는 습관

④ 타인에 대한 이해

⑤ 상대 논리의 구조화

19 면접 참가자 A ~ E 5명은 〈조건〉과 같이 면접장에 도착했다. 동시에 도착한 사람은 없다고 할 때, 다음 중 항상 참인 것은?

> **조건**
> • B는 A 바로 다음에 도착했다.
> • D는 E보다 늦게 도착했다.
> • C보다 먼저 도착한 사람이 1명 있다.

① E는 가장 먼저 도착했다.
② B는 가장 늦게 도착했다.
③ A는 네 번째로 도착했다.
④ D는 가장 먼저 도착했다.
⑤ D는 A보다 먼저 도착했다.

20 다음 논리에서 나타난 형식적 오류로 옳은 것은?

> • 전제 1 : TV를 오래 보면 눈이 나빠진다.
> • 전제 2 : 철수는 TV를 오래 보지 않는다.
> • 결론 : 그러므로 철수는 눈이 나빠지지 않는다.

① 사개명사의 오류
② 전건 부정의 오류
③ 후건 긍정의 오류
④ 선언지 긍정의 오류
⑤ 매개념 부주연의 오류

21 다음 글의 내용으로 적절하지 않은 것은?

> K공단은 의사와 약사가 협력하여 지역주민의 안전한 약물 사용을 돕는 의·약사 협업 다제약물 관리사업을 6월 26일부터 서울 도봉구에서 시작했다고 밝혔다.
>
> 지난 2018년부터 K공단이 진행 중인 다제약물 관리사업은 10종 이상의 약을 복용하는 만성질환자를 대상으로 약물의 중복 복용과 부작용 등을 예방하기 위해 의약전문가가 약물관리 서비스를 제공하는 사업이다. 지역사회에서는 K공단에서 위촉한 자문 약사가 가정을 방문하여 대상자가 먹고 있는 일반 약을 포함한 전체 약을 대상으로 약물의 복용상태, 부작용, 중복 등을 종합적으로 검토하고 그 결과를 바탕으로 상담, 교육 및 처방조정 안내를 실시함으로써 약물관리가 이루어지고, 병원에서는 입원 및 외래환자를 대상으로 의사, 약사 등으로 구성된 다학제팀(전인적인 돌봄을 위해 의사, 간호사, 약사, 사회복지사 등 다양한 전문가들로 이루어진 팀)이 약물관리 서비스를 제공한다.
>
> 다제약물 관리사업 효과를 평가한 결과, 지역사회에서는 약물관리를 받은 사람의 복약순응도가 56.3% 개선되었고, 효능이 유사한 약물을 중복해서 복용하는 환자가 40.2% 감소되었다. 또한, 병원에서 제공된 다제약물 관리사업으로 응급실 방문 위험이 47%, 재입원 위험이 18% 감소되는 등의 효과를 확인하였다.
>
> 다만, 지역사회에서는 약사의 약물 상담결과가 의사의 처방조정에까지 반영되는 다학제 협업 시스템이 미흡하다는 의견이 제기되었다. 이러한 문제점의 개선을 위해 K공단은 도봉구 의사회와 약사회, 전문가로 구성된 지역협의체를 구성하고, 지난 4월부터 3회에 걸친 논의를 통해 의·약사 협업 모형을 개발하고, 사업 참여 의·약사 선정, 서비스 제공 대상자 모집 및 정보공유 방법 등의 현장 적용방안을 마련했다. 의사나 K공단이 선정한 약물관리 대상자는 자문 약사의 약물점검(필요시 의사 동행)을 받게 되며, 그 결과가 K공단의 정보 시스템을 통해 대상자의 단골 병원 의사에게 전달되어 처방 시 반영될 수 있도록 하는 것이 주요 골자이다. 지역 의·약사 협업 모형은 2023년 12월까지 도봉구지역의 일차의료 만성질환관리 시범사업에 참여하는 의원과 자문약사를 중심으로 우선 실시한다. 이후 사업의 효과성을 평가하고 부족한 점은 보완하여 다른 지역에도 확대 적용할 예정이다.

① K공단에서 위촉한 자문 약사는 환자가 먹는 약물을 조사하여 직접 처방할 수 있다.
② 다제약물 관리사업으로 인해 환자는 복용하는 약물의 수를 줄일 수 있다.
③ 다제약물 관리사업의 주요 대상자는 10종 이상의 약을 복용하는 만성질환자이다.
④ 다제약물 관리사업은 지역사회보다 병원에서 보다 활발히 이루어지고 있다.

22 다음 문단 뒤에 이어질 내용을 논리적 순서대로 바르게 나열한 것은?

> 아토피 피부염은 만성적으로 재발하는 양상을 보이며 심한 가려움증을 동반하는 염증성 피부 질환으로, 연령에 따라 특징적인 병변의 분포와 양상을 보인다.
>
> (가) 이와 같이 아토피 피부염은 원인을 정확히 파악할 수 없기 때문에 아토피 피부염의 진단을 위한 특이한 검사소견은 없으며, 임상 증상을 종합하여 진단한다. 기존에 몇 가지 국외의 진단기준이 있었으며, 2005년 대한아토피피부염학회에서는 한국인 아토피 피부염에서 특징적으로 관찰되는 세 가지 주진단 기준과 14가지 보조진단 기준으로 구성된 한국인 아토피 피부염 진단기준을 정하였다.
>
> (나) 아토피 피부염 환자는 정상 피부에 비해 민감한 피부를 가지고 있으며 다양한 자극원에 의해 악화될 수 있으므로 앞의 약물치료와 더불어 일상생활에서도 이를 피할 수 있도록 노력해야 한다. 비누와 세제, 화학약품, 모직과 나일론 의류, 비정상적인 기온이나 습도에 대한 노출 등이 대표적인 피부 자극 요인들이다. 면제품 속옷을 입도록 하고, 세탁 후 세제가 남지 않도록 물로 여러 번 헹구도록 한다. 또한 평소 실내 온도, 습도를 쾌적하게 유지하는 것도 중요하다. 땀이나 자극성 물질을 제거하는 목적으로 미지근한 물에 샤워를 하는 것이 좋으며, 샤워 후에는 3분 이내에 보습제를 바르는 것이 좋다.
>
> (다) 아토피 피부염을 진단받아 치료하기 위해서는 보습이 가장 중요하고, 피부 증상을 악화시킬 수 있는 자극원, 알레르겐 등을 피하는 것이 필요하다. 국소 치료제로는 국소 스테로이드제가 가장 기본적인 치료제이다. 국소 칼시뉴린 억제제도 효과적으로 사용되는 약제이며, 국소 스테로이드제 사용으로 발생 가능한 피부 위축 등의 부작용이 없다. 아직 국내에 들어오지는 않았으나 국소 포스포디에스테라제 억제제도 있다. 이 외에는 전신치료로 가려움증 완화를 위해 사용할 수 있는 항히스타민제가 있고, 필요시 경구 스테로이드제를 사용할 수 있다. 심한 아토피 피부염 환자에서는 면역 억제제가 사용된다. 광선치료(자외선치료)도 아토피 피부염 치료로 이용된다. 최근에는 아토피 피부염을 유발하는 특정한 사이토카인 신호 전달을 차단할 수 있는 생물학적제제인 두필루맙(Dupilumab)이 만성 중증 아토피 피부염 환자를 대상으로 사용되고 있으며, 치료 효과가 뛰어나다고 알려져 있다.
>
> (라) 많은 연구에도 불구하고 아토피 피부염의 정확한 원인은 아직 밝혀지지 않았다. 현재까지는 피부 보호막 역할을 하는 피부장벽 기능의 이상, 면역체계의 이상, 유전적 및 환경적 요인 등이 복합적으로 상호작용한 결과 발생하는 것으로 보고 있다.

① (다) - (가) - (라) - (나)
② (다) - (나) - (라) - (가)
③ (라) - (가) - (나) - (다)
④ (라) - (가) - (다) - (나)

23 다음 글의 주제로 가장 적절한 것은?

> 한국인의 주요 사망 원인 중 하나인 뇌경색은 뇌혈관이 갑자기 폐쇄됨으로써 뇌가 손상되어 신경학적 이상이 발생하는 질병이다.
>
> 뇌경색의 발생 원인은 크게 분류하면 2가지가 있는데, 그중 첫 번째는 동맥경화증이다. 동맥경화증은 혈관의 중간층에 퇴행성 변화가 일어나서 섬유화가 진행되고 혈관의 탄성이 줄어드는 노화현상의 일종으로, 뇌로 혈류를 공급하는 큰 혈관이 폐쇄되거나 뇌 안의 작은 혈관이 폐쇄되어 발생하는 것이다. 두 번째는 심인성 색전으로, 심장에서 형성된 혈전이 혈관을 타고 흐르다 갑자기 뇌혈관을 폐쇄시켜 발생하는 것이다.
>
> 뇌경색이 발생하여 환자가 응급실에 내원한 경우, 폐쇄된 뇌혈관을 확인하기 위한 뇌혈관 조영 CT를 촬영하거나 손상된 뇌경색 부위를 좀 더 정확하게 확인해야 하는 경우에는 뇌 자기공명 영상(Brain MRI) 검사를 한다. 이렇게 시행한 검사에서 큰 혈관의 폐쇄가 확인되면 정맥 내에 혈전용해제를 투여하거나 동맥 내부의 혈전제거술을 시행하게 된다. 시술이 필요하지 않은 경우라면, 뇌경색의 악화를 방지하기 위하여 뇌경색 기전에 따라 항혈소판제나 항응고제 약물 치료를 하게 된다.
>
> 뇌경색의 원인 중 동맥경화증의 경우 여러 가지 위험 요인에 의하여 장시간 동안 서서히 진행된다. 고혈압, 당뇨, 이상지질혈증, 흡연, 과도한 음주, 비만 등이 위험 요인이며, 평소 이러한 원인이 있는 사람은 약물 치료 및 생활 습관 개선으로 위험 요인을 줄여야 한다. 특히 뇌경색이 한번 발병했던 사람은 재발 방지를 위한 약물을 지속적으로 복용하는 것이 필요하다.

① 뇌경색의 주요 증상
② 뇌경색 환자의 약물치료 방법
③ 뇌경색의 발병 원인과 치료 방법
④ 뇌경색이 발생했을 때의 조치사항

24 다음은 2019 ~ 2023년 건강보험료 부과 금액 및 1인당 건강보험 급여비에 대한 자료이다. 이에 대한 설명으로 옳지 않은 것은?

〈건강보험료 부과 금액 및 1인당 건강보험 급여비〉

구분	2019년	2020년	2021년	2022년	2023년
건강보험료 부과 금액 (십억 원)	59,130	63,120	69,480	76,775	82,840
1인당 건강보험 급여비(원)	1,300,000	1,400,000	1,550,000	1,700,000	1,900,000

① 건강보험료 부과 금액과 1인당 건강보험 급여비는 모두 매년 증가하였다.
② 2020 ~ 2023년 동안 전년 대비 1인당 건강보험 급여비가 가장 크게 증가한 해는 2023년이다.
③ 2020 ~ 2023년 동안 전년 대비 건강보험료 부과 금액의 증가율은 항상 10% 미만이었다.
④ 2019년 대비 2023년의 1인당 건강보험 급여비는 40% 이상 증가하였다.

※ 다음 명제가 모두 참일 때, 빈칸에 들어갈 명제로 가장 적절한 것을 고르시오. [25~27]

25

- 잎이 넓은 나무는 키가 크다.
- 잎이 넓지 않은 나무는 추운 지방에서 자란다.
- _____
- 더운 지방에서 자라는 나무는 열매가 많이 맺힌다.

① 잎이 넓지 않은 나무는 열매가 많이 맺힌다.
② 열매가 많이 맺히지 않는 나무는 키가 작다.
③ 벌레가 많은 지역은 열매가 많이 맺히지 않는다.
④ 키가 작은 나무는 추운 지방에서 자란다.

26

- 풀을 먹는 동물은 몸집이 크다.
- 사막에서 사는 동물은 물속에서 살지 않는다.
- _____
- 물속에서 사는 동물은 몸집이 크다.

① 몸집이 큰 동물은 물속에서 산다.
② 물이 있으면 사막이 아니다.
③ 사막에 사는 동물은 몸집이 크다.
④ 풀을 먹지 않는 동물은 사막에 산다.

27

- 모든 사람은 두꺼운 책을 사거나 얇은 책을 산다.
- 비싼 책은 색이 다양하다.
- 안경을 쓰지 않은 사람은 얇은 책을 산다.
- _____
- 비싼 책을 사는 사람은 안경을 썼다.

① 두꺼운 책을 사는 사람은 안경을 썼다.
② 비싼 책을 사는 사람은 안경을 쓰지 않았다.
③ 얇은 책은 색이 다양하지 않다.
④ 안경을 쓴 사람이 산 책은 색이 다양하다.

28 다음은 대한민국 입국 목적별 비자 종류의 일부이다. 외국인 A ~ D씨가 피초청자로서 입국할 때, 초청 목적에 따라 발급받아야 하는 비자의 종류를 바르게 짝지은 것은?(단, 비자면제 협정은 없는 것으로 가정한다)

〈대한민국 입국 목적별 비자 종류〉

• 외교·공무
- 외교(A-1) : 대한민국 정부가 접수한 외국 정부의 외교사절단이나 영사기관의 구성원, 조약 또는 국제관행에 따라 외교사절과 동등한 특권과 면제를 받는 사람과 그 가족
- 공무(A-2) : 대한민국 정부가 승인한 외국 정부 또는 국제기구의 공무를 수행하는 사람과 그 가족
• 유학·어학연수
- 학사유학(D-2-2) : (전문)대학, 대학원 또는 특별법의 규정에 의하여 설립된 전문대학 이상의 학술기관에서 정규과정(학사)의 교육을 받고자 하는 자
- 교환학생(D-2-6) : 대학 간 학사교류 협정에 의해 정규과정 중 일정 기간 동안 교육을 받고자 하는 교환학생
• 비전문직 취업
- 제조업(E-9-1) : 외국인근로자의 고용에 관한 법률의 규정에 의한 국내 취업요건을 갖추어 제조업체에 취업하고자 하는 자
- 농업(E-9-3) : 외국인근로자의 고용에 관한 법률의 규정에 의한 국내 취업요건을 갖추어 농업, 축산업 등에 취업하고자 하는 자
• 결혼이민
- 결혼이민(F-6-1) : 한국에서 혼인이 유효하게 성립되어 있고, 우리 국민과 결혼생활을 지속하기 위해 국내 체류를 하고자 하는 외국인
- 자녀양육(F-6-2) : 국민의 배우자(F-6-1) 자격에 해당하지 않으나 출생한 미성년 자녀(사실혼 관계 포함)를 국내에서 양육하거나 양육하려는 부 또는 모
• 치료 요양
- 의료관광(C-3-3) : 국내 의료기관에서 진료 또는 요양할 목적으로 입국하는 외국인 환자와 간병 등을 위해 동반입국이 필요한 동반가족 및 간병인(90일 이내)
- 치료요양(G-1-10) : 국내 의료기관에서 진료 또는 요양할 목적으로 입국하는 외국인 환자와 간병 등을 위해 동반입국이 필요한 동반가족 및 간병인(1년 이내)

〈피초청자 초청 목적〉

피초청자	국적	초청 목적
A	말레이시아	부산에서 6개월가량 입원 치료가 필요한 아들의 간병(아들의 국적 또한 같음)
B	베트남	경기도 소재 O제조공장 취업(국내 취업 요건을 모두 갖춤)
C	사우디아라비아	서울 소재 K대학교 교환학생
D	인도네시아	대한민국 개최 APEC 국제기구 정상회의 참석

	A	B	C	D
①	C-3-3	D-2-2	F-6-1	A-2
②	G-1-10	E-9-1	D-2-6	A-2
③	G-1-10	D-2-2	F-6-1	A-1
④	C-3-3	E-9-1	D-2-6	A-1

29 다음과 같이 일정한 규칙으로 수를 나열할 때 빈칸에 들어갈 수로 옳은 것은?

• 6	13	8	8	144
• 7	11	7	4	122
• 8	9	6	2	100
• 9	7	5	1	( )

① 75
② 79
③ 83
④ 87

30 두 주사위 A, B를 던져 나온 수를 각각 a, b라고 할 때, $a \neq b$일 확률은?

① $\dfrac{2}{3}$
② $\dfrac{13}{18}$
③ $\dfrac{7}{9}$
④ $\dfrac{5}{6}$

31 어떤 상자 안에 빨간색 공 2개와 노란색 공 3개가 들어 있다. 이 상자에서 공 3개를 꺼낼 때, 빨간색 공 1개와 노란색 공 2개를 꺼낼 확률은?(단, 꺼낸 공은 다시 넣지 않는다)

① $\dfrac{1}{2}$
② $\dfrac{3}{5}$
③ $\dfrac{2}{3}$
④ $\dfrac{3}{4}$

32 다음과 같이 둘레의 길이가 2,000m인 원형 산책로에서 오후 5시 정각에 A씨가 3km/h의 속력으로 산책로를 따라 걷기 시작했다. 30분 후 B씨는 A씨가 걸어간 반대 방향으로 7km/h의 속력으로 같은 산책로를 따라 달리기 시작했을 때, A씨와 B씨가 두 번째로 만날 때의 시각은?

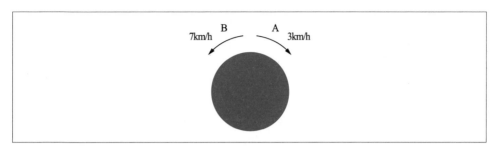

① 오후 6시 30분
② 오후 6시 15분
③ 오후 6시
④ 오후 5시 45분

33 폴더 여러 개가 열려 있는 상태에서 다음과 같이 폴더를 나란히 보기 위해 화면을 분할하고자 할 때, 입력해야 할 단축키로 옳은 것은?

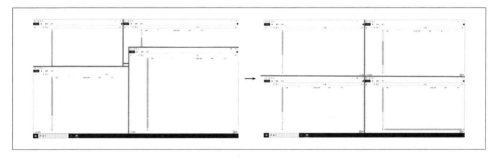

① 〈Shift〉＋〈화살표 키〉

② 〈Ctrl〉＋〈화살표 키〉

③ 〈Window 로고 키〉＋〈화살표 키〉

④ 〈Alt〉＋〈화살표 키〉

34 다음 중 파일 여러 개가 열려 있는 상태에서 즉시 바탕화면으로 돌아가고자 할 때, 입력해야 할 단축키로 옳은 것은?

① 〈Window 로고 키〉+〈R〉
② 〈Window 로고 키〉+〈I〉
③ 〈Window 로고 키〉+〈L〉
④ 〈Window 로고 키〉+〈D〉

35 엑셀 프로그램에서 "서울특별시 영등포구 홍제동"으로 입력된 텍스트를 "서울특별시 서대문구 홍제동"으로 수정하여 입력하고자 할 때, 입력해야 할 함수식으로 옳은 것은?

① =SUBSTITUTE("서울특별시 영등포구 홍제동", "영등포", "서대문")
② =IF("서울특별시 영등포구 홍제동"="영등포", "서대문", " ")
③ =MOD("서울특별시 영등포구 홍제동", "영등포", "서대문")
④ =NOT("서울특별시 영등포구 홍제동", "영등포", "서대문")

※ 다음은 중학생 15명을 대상으로 한 달 용돈 금액을 조사한 자료이다. 이어지는 질문에 답하시오. [36~37]

	A	B
1	이름	금액(원)
2	강○○	30,000
3	권○○	50,000
4	고○○	100,000
5	김○○	30,000
6	김△△	25,000
7	류○○	75,000
8	오○○	40,000
9	윤○○	100,000
10	이○○	150,000
11	임○○	75,000
12	장○○	50,000
13	전○○	60,000
14	정○○	45,000
15	황○○	50,000
16	황△△	100,000

❚ 건강보험심사평가원 / 정보능력

36 다음 중 한 달 용돈이 50,000원 이상인 학생 수를 구하고자 할 때, 입력해야 할 함수식으로 옳은 것은?

① =MODE(B2:B16)

② =COUNTIF(B2:B16, "> =50000")

③ =MATCH(50000, B2:B16, 0)

④ =VLOOKUP(50000, $B$1:$B$16, 1, 0)

❚ 건강보험심사평가원 / 정보능력

37 다음 중 학생들이 받는 한 달 평균 용돈을 백 원 미만은 버림하여 구하고자 할 때, 입력해야 할 함수식으로 옳은 것은?

① =LEFT((AVERAGE(B2:B16)), 2)

② =RIGHT((AVERAGE(B2:B16)), 2)

③ =ROUNDUP((AVERAGE(B2:B16)), -2)

④ =ROUNDDOWN((AVERAGE(B2:B16)), -2)

38 S편의점을 운영하는 P씨는 개인사정으로 이번 주 토요일 하루만 오전 10시부터 오후 8시까지 직원들을 대타로 고용할 예정이다. 직원 A ~ D의 시급과 근무 가능 시간이 다음과 같을 때, 가장 적은 인건비는 얼마인가?

〈S편의점 직원 시급 및 근무 가능 시간〉

직원	시급	근무 가능 시간
A	10,000원	오후 12:00 ~ 오후 5:00
B	10,500원	오전 10:00 ~ 오후 3:00
C	10,500원	오후 12:00 ~ 오후 6:00
D	11,000원	오후 12:00 ~ 오후 8:00

※ 추가 수당으로 시급의 1.5배를 지급한다.
※ 직원 1명당 근무시간은 최소 2시간 이상이어야 한다.

① 153,750원
② 155,250원
③ 156,000원
④ 157,500원
⑤ 159,000원

39 다음은 S마트에 진열된 과일 7종의 판매량에 대한 자료이다. 30개 이상 팔린 과일의 개수를 구하기 위해 [C9] 셀에 입력해야 할 함수식으로 옳은 것은?

〈S마트 진열 과일 판매량〉

	A	B	C
1	번호	과일	판매량(개)
2	1	바나나	50
3	2	사과	25
4	3	참외	15
5	4	배	23
6	5	수박	14
7	6	포도	27
8	7	키위	32
9			

① = MID(C2:C8)
② = COUNTIF(C2:C8, ">=30")
③ = MEDIAN(C2:C8)
④ = AVERAGEIF(C2:C8, ">=30")
⑤ = MIN(C2:C8)

40 다음 〈보기〉 중 실무형 팔로워십을 가진 사람의 자아상으로 옳은 것을 모두 고르면?

ㄱ. 기쁜 마음으로 과업을 수행	ㄴ. 판단과 사고를 리더에 의존
ㄷ. 조직의 운영 방침에 민감	ㄹ. 일부러 반대의견을 제시
ㅁ. 규정과 규칙에 따라 행동	ㅂ. 지시가 있어야 행동

① ㄱ, ㄴ   ② ㄴ, ㄷ

③ ㄷ, ㅁ   ④ ㄹ, ㅁ

⑤ ㅁ, ㅂ

41 다음 중 갈등의 과정 단계를 순서대로 바르게 나열한 것은?

ㄱ. 이성과 이해의 상태로 돌아가며 협상과정을 통해 쟁점이 되는 주제를 논의하고, 새로운 제안을 하고, 대안을 모색한다.

ㄴ. 설득보다는 강압적·위협적인 방법 등 극단적인 모습을 보이며 상대방의 생각이나 의견, 제안을 부정하고, 상대방은 그에 대한 반격으로 대응함으로써 자신들의 반격을 정당하게 생각한다.

ㄷ. 의견 불일치가 해소되지 않아 감정이 개입되어 상대방의 주장에 대한 문제점을 찾기 시작하고, 상대방의 입장은 부정하면서 자기주장만 하려고 한다.

ㄹ. 서로 간의 생각이나 신념, 가치관 차이로 인해 의견 불일치가 생겨난다.

ㅁ. 회피, 경쟁, 수용, 타협, 통합의 방법으로 서로 간의 견해를 일치하려 한다.

① ㄹ – ㄱ – ㄴ – ㄷ – ㅁ   ② ㄹ – ㄴ – ㄷ – ㄱ – ㅁ

③ ㄹ – ㄷ – ㄴ – ㄱ – ㅁ   ④ ㅁ – ㄱ – ㄴ – ㄷ – ㄹ

⑤ ㅁ – ㄹ – ㄴ – ㄷ – ㄱ

42 다음 〈보기〉 중 근로윤리의 덕목과 공동체윤리의 덕목을 바르게 구분한 것은?

> **보기**
>
> ㉠ 근면   ㉡ 봉사와 책임의식
> ㉢ 준법   ㉣ 예절과 존중
> ㉤ 정직   ㉥ 성실

<table>
<tr><td>　</td><td>근로윤리</td><td>공동체윤리</td></tr>
<tr><td>①</td><td>㉠, ㉡, ㉥</td><td>㉢, ㉣, ㉤</td></tr>
<tr><td>②</td><td>㉠, ㉢, ㉤</td><td>㉡, ㉣, ㉥</td></tr>
<tr><td>③</td><td>㉠, ㉤, ㉥</td><td>㉡, ㉢, ㉣</td></tr>
<tr><td>④</td><td>㉡, ㉣, ㉤</td><td>㉠, ㉢, ㉥</td></tr>
<tr><td>⑤</td><td>㉡, ㉤, ㉥</td><td>㉠, ㉢, ㉣</td></tr>
</table>

43 다음 중 B에 대한 A의 행동이 직장 내 괴롭힘에 해당하지 않는 것은?

① A대표는 B사원에게 본래 업무에 더해 개인적인 용무를 자주 지시하였고, B사원은 과중한 업무로 인해 근무환경이 악화되었다.

② A팀장은 업무처리 속도가 늦은 B사원만 업무에서 배제시키고 청소나 잡일만을 지시하였다. 이에 B사원은 고의적인 업무배제에 정신적 고통을 호소하였다.

③ A팀장은 기획의도와 맞지 않는다는 이유로 B사원에게 수차례 보완을 요구하였다. 계속해서 보완을 명령받은 B사원은 늘어난 업무량으로 인해 스트레스를 받아 휴직을 신청하였다.

④ A대리는 육아휴직 후 복직한 동기인 B대리를 다른 직원과 함께 조롱하고 무시하며 따돌렸다. 이에 B대리는 우울증을 앓았고 결국 퇴사하였다.

⑤ A대표는 실적이 부진하다는 이유로 B과장을 다른 직원이 보는 앞에서 욕설 등의 모욕감을 주었고 이에 B과장은 정신적 고통을 호소하였다.

44 다음 중 S의 사례에서 볼 수 있는 직업윤리 의식으로 옳은 것은?

> 어릴 적부터 각종 기계를 분해하고 다시 조립하는 취미가 있던 S는 공대를 졸업한 뒤 로봇 엔지니어로 활동하고 있다. S는 자신의 직업이 적성에 꼭 맞는다고 생각하여 더 높은 성취를 위해 성실히 노력하고 있다.

① 소명의식
② 봉사의식
③ 책임의식
④ 직분의식
⑤ 천직의식

45 다음 중 경력개발의 단계별 내용으로 적절하지 않은 것은?

① 직업선택 : 외부 교육 등 필요한 교육을 이수함
② 조직입사 : 조직의 규칙과 규범에 대해 배움
③ 경력 초기 : 역량을 증대시키고 꿈을 추구해 나감
④ 경력 중기 : 이전 단계를 재평가하고 더 업그레이드된 꿈으로 수정함
⑤ 경력 말기 : 지속적으로 열심히 일함

46 다음 10개의 수의 중앙값이 8일 때, 빈칸에 들어갈 수로 옳은 것은?

	10	( )	6	9	9	7	8	7	10	7

① 6
② 7
③ 8
④ 9

47 1 ~ 200의 자연수 중에서 2, 3, 5 중 어느 것으로도 나누어떨어지지 않는 수는 모두 몇 개인가?

① 50개　　　　　　　　　　　　　　② 54개

③ 58개　　　　　　　　　　　　　　④ 62개

48 다음 그림과 같은 길의 A지점에서 출발하여 최단거리로 이동하여 B지점에 도착하는 경우의 수는?

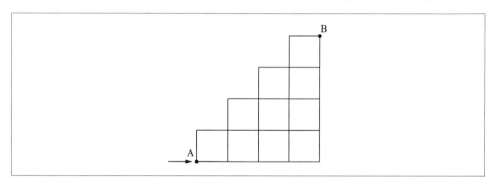

① 36가지　　　　　　　　　　　　　② 42가지

③ 48가지　　　　　　　　　　　　　④ 54가지

49 어떤 원형 시계가 4시 30분을 가리키고 있다. 이 시계의 시침과 분침이 만드는 작은 부채꼴의 넓이와 전체 원의 넓이의 비는 얼마인가?

① $\dfrac{1}{8}$　　　　　　　　　　　　　② $\dfrac{1}{6}$

③ $\dfrac{1}{4}$　　　　　　　　　　　　　④ $\dfrac{1}{2}$

50 다음은 2019 ~ 2023년 발전설비별 발전량에 대한 자료이다. 이에 대한 설명으로 옳은 것은?

<발전설비별 발전량>

(단위 : GWh)

구분	수력	기력	원자력	신재생	기타	합계
2019년	7,270	248,584	133,505	28,070	153,218	570,647
2020년	6,247	232,128	145,910	33,500	145,255	563,040
2021년	7,148	200,895	160,184	38,224	145,711	552,162
2022년	6,737	202,657	158,015	41,886	167,515	576,810
2023년	7,256	199,031	176,054	49,285	162,774	594,400

① 2020 ~ 2023년 동안 기력 설비 발전량과 전체 설비 발전량의 전년 대비 증감 추이는 같다.

② 2019 ~ 2023년 동안 수력 설비 발전량은 항상 전체 설비 발전량의 1% 미만이다.

③ 2019 ~ 2023년 동안 신재생 설비 발전량은 항상 전체 설비 발전량의 5% 이상이다.

④ 2019 ~ 2023년 동안 원자력 설비 발전량과 신재생 설비의 발전량은 전년 대비 꾸준히 증가하였다.

⑤ 2020 ~ 2023년 동안 전년 대비 전체 설비 발전량의 증가량이 가장 많은 해와 신재생 설비 발전량의 증가량이 가장 적은 해는 같다.

02 | 2024 ~ 2023년 주요 공기업
전공 기출복원문제

정답 및 해설 p.016

01 경영

┃K-water 한국수자원공사

01 다음 K기업 재무회계 자료를 참고할 때, 기초부채를 계산하면 얼마인가?

> • 기초자산 : 100억 원
> • 기말자본 : 65억 원
> • 총수익 : 35억 원
> • 총비용 : 20억 원

① 30억 원 ② 40억 원
③ 50억 원 ④ 60억 원

┃K-water 한국수자원공사

02 다음 중 ERG 이론에 대한 설명으로 옳지 않은 것은?

① 매슬로의 욕구 5단계설을 발전시켜 주장한 이론이다.
② 인간의 욕구를 중요도 순으로 계층화하여 정의하였다.
③ 인간의 욕구를 존재욕구, 관계욕구, 성장욕구의 3단계로 나누었다.
④ 상위에 있는 욕구를 충족시키지 못하면 하위에 있는 욕구는 더욱 크게 감소한다.

┃K-water 한국수자원공사

03 다음 중 기업이 사업 다각화를 추진하는 목적으로 볼 수 없는 것은?

① 기업의 지속적인 성장 추구
② 사업위험 분산
③ 유휴자원의 활용
④ 기업의 수익성 강화

04 다음 중 공정성 이론에서 절차적 공정성에 해당하지 않는 것은?

① 접근성
② 반응속도
③ 형평성
④ 유연성
⑤ 적정성

05 다음 중 e-비즈니스 기업의 장점으로 옳지 않은 것은?

① 빠른 의사결정을 진행할 수 있다.
② 양질의 고객서비스를 제공할 수 있다.
③ 배송, 물류비 등 각종 비용을 절감할 수 있다.
④ 기업이 더 높은 가격으로 제품을 판매할 수 있다.
⑤ 소비자에게 더 많은 선택권을 부여할 수 있다.

06 다음 중 조직시민행동에 대한 설명으로 옳지 않은 것은?

① 조직 구성원이 수행하는 행동에 대해 의무나 보상이 존재하지 않는다.
② 조직 구성원의 자발적인 참여가 바탕이 되며, 대부분 강제적이지 않다.
③ 조직 구성원의 처우가 좋지 않을수록 조직시민행동은 자발적으로 일어난다.
④ 조직 내 바람직한 행동을 유도하고, 구성원의 조직 참여도를 제고한다.
⑤ 조직의 리더가 구성원으로부터 신뢰를 받을 때 구성원의 조직시민행동이 크게 증가한다.

07 다음 중 분배적 협상의 특징으로 옳지 않은 것은?

① 상호 목표 배치 시 자기의 입장을 명확히 주장한다.
② 협상을 통해 공동의 이익을 확대(Win – Win)한다.
③ 정보를 숨겨 필요한 정보만 선택적으로 활용한다.
④ 협상에 따른 이익을 정해진 비율로 분배한다.
⑤ 간부회의, 밀실회의 등을 통한 의사결정을 주로 진행한다.

08 다음 글에서 설명하는 직무분석방법은?

- 여러 직무활동을 동시에 기록할 수 있다.
- 직무활동 전체의 모습을 파악할 수 있다.
- 직무성과가 외형적일 때 적용이 가능하다.

① 관찰법   ② 면접법
③ 워크 샘플링법   ④ 질문지법
⑤ 연구법

09 다음 중 전문품에 대한 설명으로 옳지 않은 것은?

① 가구, 가전제품 등이 해당된다.
② 제품의 가격이 상대적으로 비싼 편이다.
③ 특정 브랜드에 대한 높은 충성심이 나타난다.
④ 충분한 정보 제공 및 차별화가 중요한 요소로 작용한다.
⑤ 소비자가 해당 브랜드에 대한 충분한 지식이 없는 경우가 많다.

10 다음 중 연속생산에 대한 설명으로 옳은 것은?

① 단위당 생산원가가 낮다.
② 운반비용이 많이 소요된다.
③ 제품의 수명이 짧은 경우 적합한 방식이다.
④ 제품의 수요가 다양한 경우 적합한 방식이다.
⑤ 작업자의 숙련도가 떨어질 경우 작업에 참여시키지 않는다.

11 다음 중 테일러의 과학적 관리법과 관계가 없는 것은?

① 시간연구

② 동작연구

③ 동등 성과급제

④ 과업관리

⑤ 표준 작업조건

12 다음 중 근로자가 직무능력 평가를 위해 개인능력평가표를 활용하는 제도는 무엇인가?

① 자기신고제도

② 직능자격제도

③ 평가센터제도

④ 직무순환제도

⑤ 기능목록제도

13 다음 중 데이터베이스 마케팅에 대한 설명으로 옳지 않은 것은?

① 기업 규모와 관계없이 모든 기업에서 활용이 가능하다.

② 기존 고객의 재구매를 유도하며, 장기적인 마케팅 전략 수립이 가능하다.

③ 인구통계, 심리적 특성, 지리적 특성 등을 파악하여 고객별 맞춤 서비스가 가능하다.

④ 고객자료를 바탕으로 고객 및 매출 증대에 대한 마케팅 전략을 실행하는 데 목적이 있다.

⑤ 단방향 의사소통으로 고객과 1 : 1 관계를 구축하여 즉각적으로 반응을 확인할 수 있다.

14 다음 중 주식 관련 상품에 대한 설명으로 옳지 않은 것은?

① ELS : 주가지수 또는 종목의 주가 움직임에 따라 수익률이 결정되며, 만기가 없는 증권이다.

② ELB : 채권, 양도성 예금증서 등 안전자산에 주로 투자하며, 원리금이 보장된다.

③ ELD : 수익률이 코스피200지수에 연동되는 예금으로, 주로 정기예금 형태로 판매한다.

④ ELT : ELS를 특정금전신탁 계좌에 편입하는 신탁상품으로, 투자자의 의사에 따라 운영한다.

⑤ ELF : ELS와 ELD의 중간 형태로, ELS를 기초 자산으로 하는 펀드를 말한다.

15 다음 중 인사와 관련된 이론에 대한 설명으로 옳지 않은 것은?

① 로크는 인간이 합리적으로 행동한다는 가정하에 개인이 의식적으로 얻으려고 설정한 목표가 동기와 행동에 영향을 미친다고 주장하였다.

② 브룸은 동기 부여에 대해 기대이론을 적용하여 기대감, 적합성, 신뢰성을 통해 구성원의 직무에 대한 동기 부여를 결정한다고 주장하였다.

③ 매슬로는 욕구의 위계를 생리적 욕구, 안전의 욕구, 애정과 공감의 욕구, 존경의 욕구, 자아실현의 욕구로 나누어 단계별로 욕구가 작용한다고 설명하였다.

④ 맥그리거는 인간의 본성에 대해 부정적인 관점인 X이론과 긍정적인 관점인 Y이론이 있으며, 경영자는 조직목표 달성을 위해 근로자의 본성(X, Y)을 파악해야 한다고 주장하였다.

⑤ 허즈버그는 욕구를 동기요인과 위생요인으로 나누었으며, 동기요인에는 인정감, 성취, 성장 가능성, 승진, 책임감, 직무 자체가 해당되고, 위생요인에는 보수, 대인관계, 감독, 직무안정성, 근무환경, 회사의 정책 및 관리가 해당된다.

16 다음 글에 해당하는 마케팅 STP 단계는 무엇인가?

> • 서로 다른 욕구를 가지고 있는 다양한 고객들을 하나의 동질적인 고객집단으로 나눈다.
> • 인구, 지역, 사회, 심리 등을 기준으로 활용한다.
> • 전체시장을 동질적인 몇 개의 하위시장으로 구분하여 시장별로 차별화된 마케팅을 실행한다.

① 시장세분화　　　　　　　　　　② 시장매력도 평가

③ 표적시장 선정　　　　　　　　　④ 포지셔닝

⑤ 재포지셔닝

17 다음 중 종단분석과 횡단분석의 비교가 옳지 않은 것은?

구분	종단분석	횡단분석
방법	시간적	공간적
목표	특성이나 현상의 변화	집단의 특성 또는 차이
표본 규모	큼	작음
횟수	반복	1회

① 방법
② 목표
③ 표본 규모
④ 횟수

18 다음 중 향후 채권이자율이 시장이자율보다 높아질 것으로 예상될 때 나타날 수 있는 현상으로 옳은 것은?

① 별도의 이자 지급 없이 채권발행 시 이자금액을 공제하는 방식을 선호하게 된다.
② 1년 만기 은행채, 장기신용채 등의 발행이 늘어난다.
③ 만기에 가까워질수록 채권가격 상승에 따른 이익을 얻을 수 있다.
④ 채권가격이 액면가보다 높은 가격에 거래되는 할증채 발행이 증가한다.

19 다음 중 BCG 매트릭스에 대한 설명으로 옳은 것은?

① 스타(Star) 사업 : 높은 시장점유율로 현금창출은 양호하나, 성장 가능성은 낮은 사업이다.
② 현금젖소(Cash Cow) 사업 : 성장 가능성과 시장점유율이 모두 낮아 철수가 필요한 사업이다.
③ 개(Dog) 사업 : 성장 가능성과 시장점유율이 모두 높아서 계속 투자가 필요한 유망 사업이다.
④ 물음표(Question Mark) 사업 : 신규 사업 또는 현재 시장점유율은 낮으나, 향후 성장 가능성이 높은 사업이다.

20 다음 중 테일러의 과학적 관리법의 특징에 대한 설명으로 옳지 않은 것은?

① 작업능률을 최대로 높이기 위하여 노동의 표준량을 정한다.
② 작업에 사용하는 도구 등을 개별 용도에 따라 다양하게 제작하여 성과를 높인다.
③ 작업량에 따라 임금을 차등하여 지급한다.
④ 관리에 대한 전문화를 통해 노동자의 태업을 사전에 방지한다.

01 다음 중 수요의 가격탄력성에 대한 설명으로 옳지 않은 것은?

① 수요의 가격탄력성은 가격의 변화에 따른 수요의 변화를 의미한다.

② 분모는 상품 가격의 변화량을 상품 가격으로 나눈 값이다.

③ 대체재가 많을수록 수요의 가격탄력성은 탄력적이다.

④ 가격이 1% 상승할 때 수요가 2% 감소하였으면 수요의 가격탄력성은 2이다.

⑤ 가격탄력성이 0보다 크면 탄력적이라고 할 수 있다.

02 다음 중 대표적인 물가지수인 GDP 디플레이터를 구하는 계산식으로 옳은 것은?

① (실질 GDP)÷(명목 GDP)×100

② (명목 GDP)÷(실질 GDP)×100

③ (실질 GDP)+(명목 GDP)÷2

④ (명목 GDP)−(실질 GDP)÷2

⑤ (실질 GDP)÷(명목 GDP)×2

03 다음 〈조건〉을 참고할 때, 한계소비성향(MPC) 변화에 따른 현재 소비자들의 소비 변화폭은?

> 조건
> • 기존 소비자들의 연간 소득은 3,000만 원이며, 한계소비성향은 0.6을 나타내었다.
> • 현재 소비자들의 연간 소득은 4,000만 원이며, 한계소비성향은 0.7을 나타내었다.

① 700

② 1,100

③ 1,800

④ 2,500

⑤ 3,700

04 다음 글의 빈칸에 들어갈 단어가 바르게 나열된 것은?

> • 환율이 ____㉠____ 하면 순수출이 증가한다.
> • 국내이자율이 높아지면 환율은 ____㉡____ 한다.
> • 국내물가가 오르면 환율은 ____㉢____ 한다.

	㉠	㉡	㉢
①	하락	상승	하락
②	하락	상승	상승
③	하락	하락	하락
④	상승	하락	상승
⑤	상승	하락	하락

05 다음 중 독점적 경쟁시장에 대한 설명으로 옳지 않은 것은?

① 독점적 경쟁시장은 완전경쟁시장과 독점시장의 중간 형태이다.
② 대체성이 높은 제품의 공급자가 시장에 다수 존재한다.
③ 시장진입과 퇴출이 자유롭다.
④ 독점적 경쟁기업의 수요곡선은 우하향하는 형태를 나타낸다.
⑤ 가격경쟁이 비가격경쟁보다 활발히 진행된다.

06 다음 중 고전학파와 케인스학파에 대한 설명으로 옳지 않은 것은?

① 케인스학파는 경기가 침체할 경우, 정부의 적극적 개입이 바람직하지 않다고 주장하였다.
② 고전학파는 임금이 매우 신축적이어서 노동시장이 항상 균형상태에 이르게 된다고 주장하였다.
③ 케인스학파는 저축과 투자가 국민총생산의 변화를 통해 같아지게 된다고 주장하였다.
④ 고전학파는 실물경제와 화폐를 분리하여 설명한다.
⑤ 케인스학파는 단기적으로 화폐의 중립성이 성립하지 않는다고 주장하였다.

07 다음 사례에서 나타나는 현상으로 옳은 것은?

- 물은 사용 가치가 크지만 교환 가치가 작은 반면, 다이아몬드는 사용 가치가 작지만 교환 가치는 크게 나타난다.
- 한계효용이 작을수록 교환 가치가 작으며, 한계효용이 클수록 교환 가치가 크다.

① 매몰비용의 오류
② 감각적 소비
③ 보이지 않는 손
④ 가치의 역설
⑤ 희소성

08 다음 자료를 참고하여 실업률을 구하면 얼마인가?

- 생산가능인구 : 50,000명
- 취업자 : 20,000명
- 실업자 : 5,000명

① 10%
② 15%
③ 20%
④ 25%
⑤ 30%

09 J기업이 다음 〈조건〉과 같이 생산량을 늘린다고 할 때, 한계비용은 얼마인가?

> **조건**
> - J기업의 제품 1단위당 노동가격은 4, 자본가격은 6이다.
> - J기업은 제품 생산량을 50개에서 100개로 늘리려고 한다.
> - 평균비용 $P = 2L + K + \dfrac{100}{Q}$ (L : 노동가격, K : 자본가격, Q : 생산량)

① 10
② 12
③ 14
④ 16

10 다음은 A국과 B국이 노트북 1대와 TV 1대를 생산하는 데 필요한 작업 시간을 나타낸 자료이다. A국과 B국의 비교우위에 대한 설명으로 옳은 것은?

구분	노트북	TV
A국	6시간	8시간
B국	10시간	8시간

① A국이 노트북, TV 생산 모두 비교우위에 있다.

② B국이 노트북, TV 생산 모두 비교우위에 있다.

③ A국은 노트북 생산, B국은 TV 생산에 비교우위가 있다.

④ A국은 TV 생산, B국은 노트북 생산에 비교우위가 있다.

11 다음 중 다이내믹 프라이싱에 대한 설명으로 옳지 않은 것은?

① 동일한 제품과 서비스에 대한 가격을 시장 상황에 따라 변화시켜 적용하는 전략이다.

② 호텔, 항공 등의 가격을 성수기 때 인상하고, 비수기 때 인하하는 것이 대표적인 예이다.

③ 기업은 소비자별 맞춤형 가격을 통해 수익을 극대화할 수 있다.

④ 소비자 후생이 증가해 소비자의 만족도가 높아진다.

12 다음 〈보기〉 중 빅맥 지수에 대한 설명으로 옳은 것을 모두 고르면?

> **보기**
>
> ㉠ 빅맥 지수를 최초로 고안한 나라는 미국이다.
> ㉡ 각 나라의 물가수준을 비교하기 위해 고안된 지수로, 구매력 평가설을 근거로 한다.
> ㉢ 맥도날드 빅맥 가격을 기준으로 한 이유는 전 세계에서 가장 동질적으로 판매되고 있는 상품이기 때문이다.
> ㉣ 빅맥 지수를 구할 때 빅맥 가격은 제품 가격과 서비스 가격의 합으로 계산한다.

① ㉠, ㉡

② ㉠, ㉢

③ ㉡, ㉢

④ ㉡, ㉣

13 다음 중 확장적 통화정책의 영향으로 옳은 것은?

① 건강보험료가 인상되어 정부의 세금 수입이 늘어난다.

② 이자율이 하락하고, 소비 및 투자가 감소한다.

③ 이자율이 상승하고, 환율이 하락한다.

④ 은행이 채무불이행 위험을 줄이기 위해 더 높은 이자율과 담보 비율을 요구한다.

14 다음 중 노동의 수요공급곡선에 대한 설명으로 옳지 않은 것은?

① 노동 수요는 파생수요라는 점에서 재화시장의 수요와 차이가 있다.

② 상품 가격이 상승하면 노동 수요곡선은 오른쪽으로 이동한다.

③ 토지, 설비 등이 부족하면 노동 수요곡선은 오른쪽으로 이동한다.

④ 노동에 대한 인식이 긍정적으로 변화하면 노동 공급곡선은 오른쪽으로 이동한다.

15 다음 〈조건〉에 따라 S씨가 할 수 있는 최선의 선택은?

> 조건
> • S씨는 퇴근 후 운동을 할 계획으로 헬스, 수영, 자전거, 달리기 중 하나를 고르려고 한다.
> • 각 운동이 주는 만족도(이득)는 헬스 5만 원, 수영 7만 원, 자전거 8만 원, 달리기 4만 원이다.
> • 각 운동에 소요되는 비용은 헬스 3만 원, 수영 2만 원, 자전거 5만 원, 달리기 3만 원이다.

① 헬스   ② 수영

③ 자전거   ④ 달리기

03 행정

01 다음 중 정책참여자에 대한 설명으로 옳지 않은 것은?

① 의회와 지방자치단체는 모두 공식적 참여자에 해당된다.

② 정당과 NGO는 비공식적 참여자에 해당된다.

③ 사회구조가 복잡해진 현대에는 공식적 참여자의 중요도가 상승하였다.

④ 사회적 의사결정에서 정부의 역할이 줄어들수록 비공식적 참여자의 중요도가 높아진다.

02 다음 중 정책문제에 대한 설명으로 옳지 않은 것은?

① 정책문제는 정책결정의 대상으로, 공적인 성격이 강하고 공익성을 추구하는 성향을 갖는다.

② 주로 가치판단의 문제를 포함하고 있어 계량화가 난해하다.

③ 정책문제 해결의 주요 주체는 정부이다.

④ 기업경영에서의 의사결정에 비해 고려사항이 단순하다.

03 다음 중 회사모형의 특징에 대한 설명으로 옳은 것은?

① 사이어트와 드로어가 주장한 모형으로, 조직의 의사결정 방식에 대해 설명하는 이론이다.

② 합리적 결정과 점증적 결정이 누적 및 혼합되어 의사결정이 이루어진다고 본다.

③ 조직들 간의 연결성이 강하지 않은 경우를 전제로 하고 있다.

④ 정책결정 단계를 초정책결정 단계, 정책결정 단계, 후정책결정 단계로 구분하여 설명한다.

04 다음 〈보기〉 중 블라우와 스콧이 주장한 조직 유형에 대한 설명으로 옳지 않은 것을 모두 고르면?

> **보기**
>
> ㄱ. 호혜조직의 1차적 수혜자는 조직 내 의사결정의 참여를 보장받는 구성원이며, 은행, 유통업체 등이 해당된다.
> ㄴ. 사업조직의 1차적 수혜자는 조직의 소유자이며, 이들의 주목적은 이윤 추구이다.
> ㄷ. 봉사조직의 1차적 수혜자는 이들을 지원하는 후원조직으로, 서비스 제공을 위한 인프라 및 자금조달을 지원한다.
> ㄹ. 공공조직의 1차적 수혜자는 공공서비스의 수혜자인 일반대중이며, 경찰, 소방서, 군대 등이 공공조직에 해당된다.

① ㄱ, ㄴ ② ㄱ, ㄷ
③ ㄴ, ㄷ ④ ㄷ, ㄹ

05 다음 중 우리나라 직위분류제의 구조에 대한 설명으로 옳지 않은 것은?

① 직군 : 직위분류제의 구조 중 가장 상위의 구분 단위이다.
② 직위 : 개인에게 부여되는 직무와 책임이다.
③ 직류 : 동일 직렬 내 직무가 동일한 것이다.
④ 직렬 : 일반적으로 해당 구성원 간 동일한 보수 체계를 적용받는 구분이다.

06 다음 중 엽관주의와 실적주의에 대한 설명으로 옳지 않은 것은?

① 민주주의적 평등 이념의 실현을 위해서는 엽관주의보다 실적주의가 유리하다.
② 엽관주의와 실적주의 모두 조직 수반에 대한 정치적 정합성보다 정치적 중립성 확보가 강조된다.
③ 공공조직에서 엽관주의적 인사가 이루어질 시 조직 구성원들의 신분이 불안정해진다는 단점이 있다.
④ 미국의 경우, 엽관주의의 폐단에 대한 대안으로 펜들턴 법의 제정에 따라 인사행정에 실적주의가 도입되었다.

07 다음 중 발생주의 회계의 특징으로 옳은 것은?

① 현금의 유출입 발생 시 회계 장부에 기록하는 방법을 의미한다.

② 실질적 거래의 발생을 회계처리에 정확히 반영할 수 있다는 장점이 있다.

③ 회계연도 내 경영활동과 성과에 대해 정확히 측정하기 어렵다는 한계가 있다.

④ 재화나 용역의 인수 및 인도 시점을 기준으로 장부에 기입한다.

⑤ 수익과 비용이 대응되지 않는다는 한계가 있다.

08 다음 〈보기〉 중 맥그리거(D. McGregor)의 인간관에 대한 설명으로 옳지 않은 것을 모두 고르면?

> **보기**
>
> ㄱ. X이론은 부정적이고 수동적인 인간관에 근거하고 있고, Y이론은 긍정적이고 적극적인 인간관
> 에 근거하고 있다.
> ㄴ. X이론에서는 보상과 처벌을 통한 통제보다는 직원들에 대한 조언과 격려에 의한 경영전략을
> 강조하였다.
> ㄷ. Y이론에서는 자율적 통제를 강조하는 경영전략을 제시하였다.
> ㄹ. X이론의 적용을 위한 대안으로 권한의 위임 및 분권화, 직무 확대 등을 제시했다.

① ㄱ, ㄴ   ② ㄱ, ㄷ

③ ㄴ, ㄷ   ④ ㄴ, ㄹ

⑤ ㄷ, ㄹ

09 다음 중 대한민국 중앙정부의 인사조직형태에 대한 설명으로 옳지 않은 것은?

① 실적주의의 인사행정을 위해서는 독립합의형보다 비독립단독형 인사조직이 적절하다.

② 비독립단독형 인사기관은 독립합의형 인사기관에 비해 의사결정이 신속하다는 특징이 있다.

③ 독립합의형 인사기관의 경우 비독립단독형 인사기관에 비해 책임소재가 불분명하다는 특징이
있다.

④ 독립합의형 인사기관은 일반적으로 일반행정부처에서 분리되어 있으며, 독립적 지위를 가진 합
의체의 형태를 갖는다.

10 다음 〈보기〉 중 정부실패의 원인으로 옳지 않은 것을 모두 고르면?

> **보기**
> ㉠ 정부가 민간주체보다 정보에 대한 접근성이 높아서 발생한다.
> ㉡ 공공부문의 불완전경쟁으로 인해 발생한다.
> ㉢ 정부행정이 사회적 필요에 비해 장기적 관점에서 추진되어 발생한다.
> ㉣ 정부의 공급은 공공재라는 성격을 가지기 때문에 발생한다.

① ㉠, ㉡   ② ㉠, ㉢

③ ㉡, ㉢   ④ ㉡, ㉣

11 다음 〈보기〉의 행정의 가치 중 수단적 가치가 아닌 것을 모두 고르면?

> **보기**
> ㉠ 공익   ㉡ 자유
> ㉢ 합법성   ㉣ 민주성
> ㉤ 복지

① ㉠, ㉡, ㉣   ② ㉠, ㉡, ㉤

③ ㉠, ㉢, ㉣   ④ ㉠, ㉣, ㉤

12 다음 중 신공공관리론과 뉴거버넌스에 대한 설명으로 옳은 것은?

① 뉴거버넌스는 민영화, 민간위탁을 통한 서비스의 공급을 지향한다.

② 영국의 대처주의, 미국의 레이거노믹스는 모두 신공공관리론에 토대를 둔 정치기조이다.

③ 뉴거버넌스는 정부가 사회의 문제해결을 주도하여 민간 주체들의 적극적 참여를 유도하는 것을 추구한다.

④ 신공공관리론은 정부실패를 지적하며 등장한 이론으로, 민간에 대한 충분한 정보력을 갖춘 크고 완전한 정부를 추구한다.

13 다음 중 사물인터넷을 사용하지 않은 경우는?

① 스마트 팜 시스템을 도입하여 작물 재배의 과정을 최적화, 효율화한다.
② 비상전력체계를 이용하여 재난 및 재해 등 위기상황으로 전력 차단 시 동력을 복원한다.
③ 커넥티드 카를 이용하여 차량 관리 및 운행 현황 모니터링을 자동화한다.
④ 스마트홈 기술을 이용하여 가정 내 조명, 에어컨 등을 원격 제어한다.

14 다음 〈보기〉 중 수평적 인사이동에 해당하지 않는 것을 모두 고르면?

> **보기**
>
> ㄱ. 강임   ㄴ. 승진
> ㄷ. 전보   ㄹ. 전직

① ㄱ, ㄴ   ② ㄱ, ㄷ
③ ㄴ, ㄷ   ④ ㄷ, ㄹ

15 다음 〈보기〉 중 유료 요금제에 해당하지 않는 것을 모두 고르면?

> **보기**
>
> ㄱ. 국가지정문화재 관람료
> ㄴ. 상하수도 요금
> ㄷ. 국립공원 입장료

① ㄱ   ② ㄷ
③ ㄱ, ㄴ   ④ ㄴ, ㄷ

01　다음 중 노동법의 성질이 다른 하나는?

① 산업안전보건법
② 남녀고용평등법
③ 산업재해보상보험법
④ 근로자참여 및 협력증진에 관한 법
⑤ 고용보험법

02　다음 〈보기〉 중 용익물권에 해당하는 것을 모두 고르면?

보기

가. 지상권	나. 점유권
다. 지역권	라. 유치권
마. 전세권	바. 저당권

---

① 가, 다, 마　　　　　　　② 가, 라, 바
③ 나, 라, 바　　　　　　　④ 다, 라, 마
⑤ 라, 마, 바

03 다음 중 선고유예와 집행유예의 내용에 대한 분류가 옳지 않은 것은?

구분	선고유예	집행유예
실효	유예한 형을 선고	유예선고의 효력 상실
요건	1년 이하 징역·금고, 자격정지, 벌금	3년 이하 징역·금고, 500만 원 이하의 벌금형
유예기간	1년 이상 5년 이하	2년
효과	면소	형의 선고 효력 상실

① 실효
② 요건
③ 유예기간
④ 효과
⑤ 없음

04 다음 〈보기〉 중 형법상 몰수가 되는 것은 모두 몇 개인가?

> **보기**
> • 범죄행위에 제공한 물건
> • 범죄행위에 제공하려고 한 물건
> • 범죄행위로 인하여 생긴 물건
> • 범죄행위로 인하여 취득한 물건
> • 범죄행위의 대가로 취득한 물건

① 1개
② 2개
③ 3개
④ 4개
⑤ 5개

05 다음 중 상법상 법원이 아닌 것은?

① 판례
② 조례
③ 상관습법
④ 상사자치법
⑤ 보통거래약관

성공은 행동을 취하기 시작하는 곳에서 비로소 시작된다.

– 파블로 피카소 –

PART 1

직업기초능력평가

의사소통능력

합격 Cheat Key

의사소통능력은 평가하지 않는 공사·공단이 없을 만큼 필기시험에서 중요도가 높은 영역으로, 세부 유형은 문서 이해, 문서 작성, 의사 표현, 경청, 기초 외국어로 나눌 수 있다. 문서 이해·문서 작성과 같은 지문에 대한 주제 찾기, 내용 일치 문제의 출제 비중이 높으며, 문서의 특성을 파악하는 문제도 출제되고 있다.

1 문제에서 요구하는 바를 먼저 파악하라!

의사소통능력에서 가장 중요한 것은 제한된 시간 안에 빠르고 정확하게 답을 찾아내는 것이다. 의사소통능력에서는 지문이 아니라 문제가 주인공이므로 지문을 보기 전에 문제를 먼저 파악해야 하며, 문제에 따라 전략적으로 빠르게 풀어내는 연습을 해야 한다.

2 잠재되어 있는 언어 능력을 발휘하라!

세상에 글은 많고 우리가 학습할 수 있는 시간은 한정적이다. 이를 극복할 수 있는 방법은 다양한 글을 접하는 것이다. 실제 시험장에서 어떤 내용의 지문이 나올지 아무도 예측할 수 없으므로 평소에 신문, 소설, 보고서 등 여러 글을 접하는 것이 필요하다.

3 상황을 가정하라!

업무 수행에 있어 상황에 따른 언어 표현은 중요하다. 같은 말이라도 상황에 따라 다르게 해석될 수 있기 때문이다. 그런 의미에서 자신의 의견을 효과적으로 전달할 수 있는 능력을 평가하는 것이다. 업무를 수행하면서 발생할 수 있는 여러 상황을 가정하고 그에 따른 올바른 언어표현을 정리하는 것이 필요하다.

4 말하는 이의 입장에서 생각하라!

잘 듣는 것 또한 하나의 능력이다. 상대방의 이야기에 귀 기울이고 공감하는 태도는 업무를 수행하는 관계 속에서 필요한 요소이다. 그런 의미에서 다양한 상황에서 듣는 능력을 평가하는 것이다. 말하는 이가 요구하는 듣는 이의 태도를 파악하고, 이에 따른 판단을 할 수 있도록 언제나 말하는 사람의 입장이 되는 연습이 필요하다.

01 | 문서 내용 이해

| 유형분석 |

- 주어진 지문을 읽고 선택지를 고르는 전형적인 독해 문제이다.
- 지문은 주로 신문기사(보도자료 등)나 업무 보고서, 시사 등이 제시된다.
- 공사공단에 따라 자사와 관련된 내용의 기사나 법조문, 보고서 등이 출제되기도 한다.

다음 글의 내용으로 적절하지 않은 것은?

> 물가 상승률은 일반적으로 가격 수준의 상승 속도를 나타내며, 소비자 물가지수(CPI)와 같은 지표를 사용하여 측정된다. 높은 물가 상승률은 소비재와 서비스의 가격이 상승하고, 돈의 구매력이 감소한다. 이는 소비자들이 더 많은 돈을 지출하여 물가 상승에 따른 가격 상승을 감수해야 함을 의미한다.
>
> 물가 상승률은 경제에 다양한 영향을 미친다. 먼저 소비자들의 구매력이 저하되므로 가계소득의 실질 가치가 줄어든다. 이는 소비 지출의 감소와 경기 둔화를 초래할 수 있다. 또한 물가 상승률은 기업의 의사결정에도 영향을 준다. 예를 들어 높은 물가 상승률은 이자율의 상승과 함께 대출 조건을 악화시키므로 기업들은 생산 비용 상승과 이로 인한 이윤 감소에 직면하게 된다.
>
> 정부와 중앙은행은 물가 상승률을 통제하기 위해 다양한 금융 정책을 사용하며, 대표적으로 세금 조정, 통화량 조절, 금리 조정 등이 있다.
>
> 물가 상승률은 경제 활동에 큰 영향을 주는 중요한 요소이므로 정부, 기업, 투자자 및 개인은 이를 주의 깊게 모니터링하고 전망을 평가하는 데 활용해야 한다. 또한 소비자의 구매력과 경기 상황에 직접적·간접적인 영향을 주므로 경제 주체들은 물가 상승률의 변동에 대응하여 적절한 전략을 수립해야 한다.

① 지나친 물가 상승은 소비 심리를 위축시킨다.

② 정부와 중앙은행이 실행하는 금융 정책의 목적은 물가 안정성을 유지하는 것이다.

③ 중앙은행의 금리 조정으로 지나친 물가 상승을 진정시킬 수 있다.

④ 소비재와 서비스의 가격이 상승하므로 기업의 입장에서는 물가 상승률이 커질수록 이득이다.

정답 ④

높은 물가 상승률은 이자율의 상승과 함께 대출 조건을 악화시키므로 기업들은 생산 비용 상승과 이로 인한 이윤 감소에 직면하게 된다.

풀이 전략!

주어진 선택지에서 키워드를 체크한 후, 지문의 내용과 비교해 가면서 내용의 일치 유무를 빠르게 판단한다.

01 다음 글의 내용으로 가장 적절한 것은?

> 세계관은 세계의 존재와 본성, 가치 등에 관한 신념들의 체계이다. 세계를 해석하고 평가하는 준거인 세계관은 곧 우리 사고와 행동의 토대가 되므로, 우리는 최대한 정합성과 근거를 갖추도록 노력해야 한다. 모순되거나 일관되지 못한 신념은 우리의 사고와 행동을 혼란시킬 것이므로 세계관에 대한 관심과 검토는 중요하다. 세계관을 이루는 여러 신념 가운데 가장 근본적인 수준의 신념은 '세계는 존재한다.'이다. 이 신념이 성립해야만 세계에 관한 다른 신념, 이를테면 세계가 항상 변화한다든가 불변한다든가 하는 등의 신념이 성립하기 때문이다.
>
> 실재론은 이 근본적 신념에 덧붙여 세계가 '우리 정신과 독립적으로' 존재함을 주장한다. 내가 만들어 날린 종이비행기는 멀리 날아가 볼 수 없게 되었다 해도 여전히 존재한다. 이는 명확해서 논란의 여지가 없어 보이지만, 반실재론자는 이 상식에 도전한다. 유명한 반실재론자인 버클리는 세계의 독립적 존재를 부정한다. 그는 이를 바탕으로 세계에 관한 주장을 편다. 그에 의하면 '주관적' 성질인 색깔, 소리, 냄새, 맛 등은 물론, '객관적'으로 성립한다고 여겨지는 형태, 공간을 차지함, 딱딱함, 운동 등의 성질도 오로지 우리가 감각할 수 있을 때만 존재하는 주관적 속성이다. 세계 속의 대상과 현상이란 이런 속성으로 구성되므로 세계는 감각으로 인식될 때만 존재한다는 것이다.
>
> 버클리의 주장은 우리의 통념과 충돌한다. 당시 어떤 사람이 돌을 차면서 "나는 이렇게 버클리를 반박한다!"라고 외쳤다고 한다. 그는 날아간 돌이 엄연히 존재한다는 점을 근거로 버클리의 주장을 반박하고자 한 것이다. 그러나 버클리를 비롯한 반실재론자들이 부정한 것은 세계가 정신과 독립하여 그 자체로 존재한다는 신념이다. 따라서 돌을 찬 사람은 그들을 제대로 반박하지 못했다고 볼 수 있다.
>
> 최근까지도 새로운 형태의 반실재론이 제기되어 활발한 논의가 진행 중이다. 논증의 성패를 떠나 반실재론자는 타성에 젖은 실재론적 세계관의 토대에 대해 성찰할 기회를 제공한다. 또한, 세계관에 대한 도전과 응전의 반복은 그 자체로 인간 지성이 상호 소통하면서 발전해 가는 과정을 보여준다.

① 발로 차서 날아간 돌은 실재론자의 주장이 옳다는 사실을 증명한다.

② 실재론자에게 있어서 세계는 감각할 수 있는 요소에 한정된다.

③ 실재론이나 반실재론 모두 세계는 존재한다는 공통적인 전제를 바탕으로 한다.

④ 형태나 운동 등이 객관적인 속성을 갖췄다는 사실은 실재론자나 반실재론자 모두 인정하는 부분이다.

02 다음 글의 내용으로 적절하지 않은 것은?

언어는 배우는 아이들이 있어야 지속된다. 그러므로 성인들만 사용하는 언어가 있다면 그 언어의 운명은 어느 정도 정해진 셈이다. 언어학자들은 이런 방식으로 추리하여 인류 역사에 드리워진 비극에 대해 경고한다. 한 언어학자는 현존하는 북미 인디언 언어의 약 80%인 150개 정도가 빈사 상태에 있다고 추정한다. 알래스카와 시베리아 북부에서는 기존 언어의 90%인 40개 언어, 중앙아메리카와 남아메리카에서는 23%인 160개 언어, 오스트레일리아에서는 90%인 225개 언어, 그리고 전 세계적으로는 기존 언어의 50%인 3,000개의 언어들이 소멸해 가고 있다고 한다. 사용자 수가 10만 명을 넘는 약 600개의 언어들은 비교적 안전한 상태에 있지만, 그 밖의 언어는 21세기가 끝나기 전에 소멸할지도 모른다.

언어가 이처럼 대규모로 소멸하는 원인은 중첩적이다. 토착 언어 사용자들의 거주지가 파괴되고, 종족 말살과 동화(同化) 교육이 이루어지며, 사용 인구가 급격히 감소하는 것 외에 '문화적 신경가스'라고 불리는 전자 매체가 확산되는 것도 그 원인이 된다. 물론 우리는 소멸을 강요하는 사회적, 정치적 움직임들을 중단시키는 한편, 토착어로 된 교육 자료나 문학작품, 텔레비전 프로그램 등을 개발함으로써 언어 소멸을 어느 정도 막을 수 있다. 나아가 소멸 위기에 처한 언어라도 20세기의 히브리어처럼 지속적으로 공식어로 사용할 의지만 있다면 그 언어를 부활시킬 수도 있다.

합리적으로 보자면, 우리가 지구상의 모든 동물이나 식물종들을 보존할 수 없는 것처럼 모든 언어를 보존할 수는 없으며, 어쩌면 그래서는 안 되는지도 모른다. 여기에는 도덕적이고 현실적인 문제들이 얽혀있기 때문이다. 어떤 언어 공동체가 경제적 발전을 보장해 주는 주류 언어로 돌아설 것을 선택할 때, 그 어떤 외부 집단이 이들에게 토착 언어를 유지하도록 강요할 수 있겠는가? 또한, 한 공동체 내에서 이질적인 언어가 사용되면 사람들 사이에 심각한 분열을 초래할 수도 있다. 그러나 이러한 문제가 있더라도 전 세계 언어의 50% 이상이 빈사 상태에 있다면 이를 그저 바라볼 수만은 없다. 왜 우리는 위험에 처한 언어에 관심을 가져야 하나? 언어적 다양성은 인류가 지닌 언어 능력의 범위를 보여 준다. 언어는 인간의 역사와 지리를 담고 있으므로 한 언어가 소멸한다는 것은 역사적 문서를 소장한 도서관 하나가 통째로 불타 없어지는 것과 비슷하다. 또한, 언어는 한 문화에서 시, 이야기, 노래가 존재하는 기반이 되므로, 언어의 소멸이 계속되어 소수의 주류 언어만 살아남는다면 이는 인류의 문화적 다양성까지 헤치는 셈이 된다.

① 주류 언어만 남는다면 인류의 문화적 다양성이 약해진다.
② 모든 동물이나 식물종들을 보존할 수 없는 것처럼 언어의 소멸을 지켜봐야 한다.
③ 소멸 위기의 언어를 지속적으로 공식어로 사용할 의지가 있다면 언어를 부활시킬 수도 있다.
④ 동화(同化) 교육은 언어의 소멸을 야기한다.

03 다음 글의 내용으로 가장 적절한 것은?

초고속 네트워크와 스마트기기의 발달은 콘텐츠 소비문화에 많은 변화를 가져왔다. 이제 우리는 시간과 장소의 제약 없이 음악이나 사진, 동영상 등 다채로운 문화 콘텐츠들을 만날 수 있다. 특히 1인 방송의 보편화로 동영상 콘텐츠의 생산과 공유는 더욱 자유로워져 1인 크리에이터라는 새로운 직업이 탄생하고 사회적인 이슈로 떠오르고 있다.

틱톡은 현재 전 세계에서 가장 주목받고 있는 영상 플랫폼 중에 하나이다. 2017년 정식으로 출시된 이래 2년이 채 되지 않은 짧은 기간 동안 수억 명의 유저들을 끌어 모아 유튜브, 인스타그램, 스냅챗 등 글로벌 서비스들과 경쟁하는 인기 플랫폼으로 성장했다. 특히 작년에는 왓츠앱, 페이스북 메신저, 페이스북에 이어 전 세계에서 4번째로 많이 다운로드된 비게임 어플로 기록되어 많은 콘텐츠 크리에이터들을 놀라게 했다. 틱톡이 이토록 빠른 성장세를 보인 비결은 무엇일까? 그 답은 15초로 영상의 러닝타임을 제한한 독특한 아이디어에 있다.

최근 현대인들의 여가시간이 줄어들면서 짧은 시간 동안 간편하게 문화 콘텐츠를 즐기는 스낵컬처가 각광받고 있다. 틱톡이 보여주는 '15초 영상'이라는 극단적인 형태는 이러한 트렌드를 반영한 것이다. 하지만 틱톡의 폭발적인 인기의 근본은 스낵컬처 콘텐츠의 수요를 공략했다는 데 국한되지 않는다. 틱톡은 1인 미디어 시대가 도래하면서 보다 많은 이들이 자신을 표현하고 싶어 한다는 점에 주목해 누구나 부담 없이 영상을 제작할 수 있는 형태의 솔루션을 개발해냈다. 정형화된 동영상 플랫폼의 틀을 깨고 새로운 장르를 개척했다고도 할 수 있다. 누구나 크리에이터가 될 수 있는 동영상 플랫폼, 틱톡이 탄생함으로써 앞으로의 콘텐츠 시장은 더욱 다채로워질 것이다.

① 1인 미디어의 등장으로 새로운 플랫폼이 생겨나고 있다.
② 많은 1인 크리에이터들이 동영상 플랫폼을 통해 돈을 벌어들이고 있다.
③ 1인 미디어가 인기를 끄는 이유는 양질의 정보를 전달하기 때문이다.
④ 1인 미디어는 문제가 많기 때문에 적절한 규제가 필요하다.

04 다음 글의 내용으로 적절하지 않은 것은?

한글이 만들어지면서 문자 세계에서 배제되었던 여성과 하층남성도 문자를 갖게 되고, 제한적이지만 읽고 쓰는 것이 가능하게 되었다. 비록 양반남성을 중심으로 한 지식층은 한자를 사용하고, 여성은 신분에 관계없이 한글을 써야 한다는 어문생활상의 차별이 있었지만 사용할 수 있는 문자가 주어졌다는 것은 여성의 삶에 여러 가지 변화를 가져왔다.

남녀의 차별적 위계가 공고했던 조선사회에서 여성의 문자 활동은 저평가되었다. 주류의 지식을 형성하고 전달하는 한자가 아니라 한글로 글을 써야 한다는 제약도 있었지만, 여성의 가장 중요한 일은 '술과 밥을 의논하는 것'이라고 가르치고 부인의 글이 규방 밖으로 나가게 해서는 안 된다고 규율했기 때문이다. 이처럼 글을 써서 드러내는 일이 제한되어 있었지만 여성들은 언해(諺解)를 통해 지식을 수용하고, 자신들의 지식을 생산했다. 지식이 반드시 문자를 통해서만 전수되는 것은 아니다. 지식은 구전으로, 그림으로, 노래로도 전달 가능하다. 그러나 가장 지속성을 갖는 것은 문자로 기록되거나 책으로 엮어서 소통되는 경우이다. 그런 점에서 여성들이 문자를 통해 자신들의 지식을 기록하고 소통했다는 것은 중요한 의미를 갖는다.

19세기에 이르러 여성이 자신들의 문자인 한글로 자신들을 위한 지식을 수집하여 체계적으로 구성한 책이 등장했다. 바로 빙허각 이씨(1759 ~ 1824년)의 『규합총서』, 『청규박물지』이다. '총명함이 둔한 붓만 못하다(聰明不如鈍筆).'고 믿은 빙허각 이씨는 여성들의 일상생활에 필요하다고 생각되는 지식들을 철저한 문헌 고증과 실증적 태도로 저술에 임했다. 친정과 시집의 가학의 영향을 받은 빙허각 이씨는 집안일을 하는 틈틈이 저술하여 이전에는 볼 수 없었던 여성 지식 총서를 저술하였다.

『규합총서』는 술과 음식, 바느질과 길쌈, 시골살림의 즐거움, 태교와 아이 기르기, 병 다스리기, 부적과 귀신 쫓는 민간의 방법 등 일상생활에 필요한 내용을 담고 있다.

빙허각 이씨의 다른 책 『청규박물지』에는 천문, 지리까지 포함되어 있어 그녀가 생각한 지식의 범주가 일상에 필요한 실용지식부터 인문, 천문, 지리에 이르기까지 방대했다는 것을 알 수 있다. 여기서 무엇보다 강조되어야 할 점은 빙허각 이씨가 책들을 한글로 저술했고, 여성들이 19세기 이후 20세기 초까지 필사, 전승하면서 읽었다는 사실이다.

① 여성들은 한글을 써야 한다는 어문사용의 차별이 있었다.

② 조선시대에는 부인의 글이 규방 밖으로 나가게 해서는 안 된다는 규제가 있었다.

③ 『규합총서』에서는 일상생활에 필요한 실용적인 지식의 내용이 담겨 있다.

④ 『청규박물지』를 통해 빙허각 이씨가 천문과 지리를 시험보는 잡과에 관심이 있었음을 알 수 있다.

05 다음 중 그리스 수학에 대한 내용으로 가장 적절한 것은?

'20세기 최고의 수학자'로 불리는 프랑스의 장피에르 세르 명예교수는 경북 포항시 효자동에 위치한 포스텍 수리과학관 3층 교수 휴게실에서 '수학이 우리에게 왜 필요한가.'를 묻는 첫 질문에 이같이 대답했다.

"교수님은 평생 수학의 즐거움, 학문(공부)하는 기쁨에 빠져 있었죠. 후회는 없나요? 수학자가 안 됐으면 어떤 인생을 살았을까요?"

"내가 굉장히 좋아했던 선배 수학자가 있었어요. 지금은 돌아가셨죠. 그분은 라틴어와 그리스어 등 언어에 굉장히 뛰어났습니다. 그만큼 재능이 풍부했지만 본인은 수학 외엔 다른 일을 안 하셨어요. 나보다 스무 살 위의 앙드레 베유 같은 이는 뛰어난 수학적 재능을 타고 태어났습니다. 하지만 나는 수학적 재능은 없는 대신 호기심이 많았습니다. 누가 써놓은 걸 이해하려 하기보다 새로운 걸 발견 하는 데 관심이 있었죠. 남이 이미 해놓은 것에는 별로 흥미가 없었어요. 수학 논문들도 재미있어 보이는 것만 골라서 읽었으니까요."

"학문이란 과거의 거인들로부터 받은 선물을 미래의 아이들에게 전달하는 일이라고 누군가 이야기 했습니다. 그 비유에 대해 어떻게 생각하세요?"

"학자의 첫 번째 임무는 새로운 것을 발견하려는 진리의 추구입니다. 전달(교육)은 그다음이죠. 우리는 발견한 진리를 혼자만 알고 있을 게 아니라, 출판(Publish : 넓은 의미의 '보급'에 해당하는 원로학자의 비유)해서 퍼트릴 의무를 갖고 있습니다."

장피에르 교수는 고대부터 이어져 온 고대 그리스 수학자의 정신을 잘 나타내고 있다고 볼 수 있다. 그가 생각하는 학자에 대한 입장처럼 고대 그리스 수학자들에게 수학과 과학은 사람들에게 새로운 진리를 알려주고 놀라움을 주는 것이었다. 이때의 수학자들에게 수학이라는 학문은 순수한 앎의 기 쁨을 깨닫게 해 주는 것이었다. 그래서 고대 그리스에서는 수학을 연구하는 다양한 학파가 등장했을 뿐만 아니라 많은 사람의 연구를 통해 짧은 시간에 폭발적인 혁신을 이룩할 수 있었다.

① 그리스 수학을 연구하는 학파는 그리 많지 않았다.
② 그리스의 수학자들은 학문적 성취보다는 교육을 통해 후대를 양성하는 것에 집중했다.
③ 그리스 수학은 장기간에 걸쳐 점진적으로 발전하였다.
④ 고대 수학자들에게 수학은 새로운 사실을 발견하는 순수한 학문적 기쁨이었다.

02 | 글의 주제 · 제목

| 유형분석 |

- 주어진 지문을 파악하여 전달하고자 하는 핵심 주제를 고르는 문제이다.
- 정보를 종합하고 중요한 내용을 구별하는 능력이 필요하다.
- 설명문부터 주장, 반박문까지 다양한 성격의 지문이 제시되므로 글의 성격별 특징을 알아두는 것이 좋다.

다음 글의 주제로 가장 적절한 것은?

> 멸균이란 곰팡이, 세균, 박테리아, 바이러스 등 모든 미생물을 사멸시켜 무균 상태로 만드는 것을 의미한다. 멸균 방법에는 물리적, 화학적 방법이 있으며, 멸균 대상의 특성에 따라 적절한 멸균 방법을 선택하여 실시할 수 있다. 먼저 물리적 멸균법에는 열이나 화학약품을 사용하지 않고 여과기를 이용하여 세균을 제거하는 여과법, 병원체를 불에 태워 없애는 소각법, 100℃에서 10 ~ 20분간 물품을 끓이는 자비소독법, 미생물을 자외선에 직접 노출시키는 자외선 소독법, 160 ~ 170℃의 열에서 1 ~ 2시간 동안 건열 멸균기를 사용하는 건열법, 포화된 고압증기 형태의 습열로 미생물을 파괴시키는 고압증기 멸균법 등이 있다. 다음으로 화학적 멸균법은 화학약품이나 가스를 사용하여 미생물을 파괴하거나 성장을 억제하는 방법으로, E.O 가스, 알코올, 염소 등 여러 가지 화학약품이 사용된다.

① 멸균의 중요성
② 뛰어난 멸균 효과
③ 다양한 멸균 방법
④ 멸균 시 발생할 수 있는 부작용

정답   ③

제시문에서는 멸균에 대해 언급하며, 멸균 방법을 물리적 · 화학적으로 구분하여 다양한 멸균 방법에 대해 설명하고 있다. 따라서 글의 주제로는 ③이 가장 적절하다.

풀이 전략!

> '결국', '즉', '그런데', '그러나', '그러므로' 등의 접속어 뒤에 주제가 드러나는 경우가 많다는 것에 주의하면서 지문을 읽는다.

01 다음 글의 제목으로 가장 적절한 것은?

우리는 비극을 즐긴다. 비극적인 희곡과 소설을 즐기고, 비극적인 그림과 영화 그리고 비극적인 음악과 유행가도 즐긴다. 슬픔, 애절, 우수의 심연에 빠질 것을 알면서도 소포클레스의 『안티고네』, 셰익스피어의 『햄릿』을 찾고, 베토벤의 '운명', 차이코프스키의 '비창', 피카소의 '우는 연인'을 즐긴다. 아니면 텔레비전의 멜로드라마를 보고 값싼 눈물이라도 흘린다. 이를 동정과 측은과 충격에 의한 '카타르시스', 즉 마음의 세척으로 설명한 아리스토텔레스의 주장은 유명하다. 그것은 마치 눈물로 스스로의 불안, 고민, 고통을 씻어내는 역할을 한다는 것이다.

니체는 좀 더 심각한 견해를 갖는다. 그는 "비극은 언제나 삶에 아주 긴요한 기능을 가지고 있다. 비극은 사람들에게 그들을 싸고도는 생명 파멸의 비운을 똑바로 인식해야 할 부담을 덜어주고, 동시에 비극 자체의 암울하고 음침한 원류에서 벗어나게 해서 그들의 삶의 흥취를 다시 돋우어 준다."라고 하였다. 그런 비운을 직접 목격하는 일, 또 더구나 스스로 직접 그것을 겪는 것은 너무나 끔찍한 일이기에, 그것을 간접경험으로 희석한 비극을 봄으로써 '비운'이란 그런 것이라는 이해와 측은지심을 갖게 되고, 동시에 실제 비극이 아닌 그 가상적인 환영(幻影) 속에서 비극에 대한 안도감도 맛보게 된다.

① 비극의 현대적 의의
② 비극에 반영된 삶
③ 비극의 기원과 역사
④ 비극을 즐기는 이유

02 다음 글의 주제로 가장 적절한 것은?

유전학자들의 최종 목표는 결함이 있는 유전자를 정상적인 유전자로 대체하는 것이다. 이렇게 가장 기본적인 세포 내 차원에서 유전병을 치료하는 것을 '유전자 치료'라 일컫는다. '유전자 치료'를 하기 위해서는 이상이 있는 유전자를 찾아야 한다. 이를 위해 과학자들은 DNA의 특성을 이용한다. DNA는 두 가닥이 나선형으로 꼬여 있는 이중 나선 구조로 이루어진 분자이다. 그런데 이 두 가닥에 늘어서 있는 염기들은 임의적으로 배열되어 있는 것이 아니다. 한쪽에 늘어선 염기에 따라, 다른 쪽 가닥에 늘어선 염기들의 배열이 결정되는 것이다. 즉, 한쪽에 A염기가 존재하면 거기에 연결되는 반대쪽에는 반드시 T염기가, 그리고 C염기에 대응해서는 반드시 G염기가 존재하게 된다. 염기들이 짝을 지을 때 나타나는 이러한 선택적 특성을 이용하여 유전병을 일으키는 유전자를 찾아낼 수 있다. 유전자를 찾기 위해 사용하는 첫 번째 도구는 DNA 한 가닥 중 극히 일부이다. '프로브(Probe)'라 불리는 이 DNA 조각은 염색체상의 위치가 알려져 있는 이십여 개의 염기들로 이루어진다. 한 가닥으로 이루어져 있는 특성으로 인해, 프로브는 자신의 염기 배열에 대응하는 다른 쪽 가닥의 DNA 부분에 가서 결합할 것이다. 대응하는 두 가닥의 DNA가 이렇게 결합하는 것을 '교잡'이라고 일컫는다. 조사 대상인 염색체로부터 추출한 많은 한 가닥의 염색체 조각들과 프로브를 섞어 놓았을 때, 프로브는 신비스러울 정도로 자신의 짝을 정확하게 찾아 교잡한다. 두 번째 도구는 '겔 전기영동'이라는 방법이다. 생물을 구성하고 있는 단백질·핵산 등 많은 분자들은 전하를 띠고 있어서 전기장 속에서 분자마다 독특하게 이동을 한다. 이러한 성질을 이용해 생물을 구성하고 있는 물질의 분자량, 각 물질의 전하량이나 형태의 차이를 이용하여 물질을 분리하는 것이 전기영동법이다. 이를 활용하여 DNA를 분리하려면 우선 DNA 조각들을 전기장에서 이동시키고, 이것을 젤라틴 판을 통과하게 해야 한다.

이러한 조사 도구들을 갖추고서, 유전학자들은 유전병을 일으키는 유전자를 추적하는 데 나섰다. 유전학자들은 먼저 겔 전기영동법으로 유전병을 일으키는 유전자로 의심되는 부분과 동일한 부분에 존재하는 프로브를 건강한 사람에게서 떼어내었다. 그리고 건강한 사람에게서 떼어낸 프로브에 방사성이나 형광성을 띠게 하였다. 그 후에 유전병 환자들에게서 채취한 DNA 조각들과 함께 교잡 실험을 반복하였다. 유전병과 관련된 유전 정보가 담긴 부분의 염기 서열이 정상인과 다르므로 이 부분은 프로브와 교잡하지 않는다는 점을 이용하는 것이다. 교잡이 일어난 후 프로브가 위치하는 곳은 X선 필름을 통해 쉽게 찾아낼 수 있고, 이로써 DNA의 특정 조각은 염색체상에서 프로브와 같은 위치에 존재한다는 것을 알 수 있다.

언뜻 보기에는 대단한 진보를 이룬 것 같지 않지만, 유전자 치료는 최근 들어 공상 과학을 방불케 하는 첨단 의료 기술의 대표적인 주자로 부각되고 있다. DNA 연구 결과로 인해, 우리는 지금까지 절망적이라고 여겨 온 질병들을 치료할 수 있다는 희망을 갖게 되었다.

① 유전자 추적의 도구와 방법
② 유전자의 종류와 기능
③ 유전자 치료의 의의와 한계
④ 유전자 치료의 상업적 가치

03 다음 글의 주장으로 가장 적절한 것은?

> 인간과 자연환경의 운명이 순전히 시장 메커니즘 하나에 좌우된다면, 결국 사회는 폐허가 될 것이다. 구매력의 양과 사용을 시장 메커니즘에 따라 결정하는 것도 같은 결과를 낳는다. 이런 체제 아래에서 인간의 노동력을 소유자가 마음대로 처리하다 보면, 노동력이라는 꼬리표를 달고 있는 '인간'이라는 육체적·심리적·도덕적 실체마저 소유자가 마음대로 처리하게 된다. 인간들은 갖가지 문화적 제도라는 보호막이 모두 벗겨진 채 사회에 알몸으로 노출되고 결국 쇠락해 간다. 그들은 악덕, 범죄, 굶주림 등을 거치면서 격동하는 사회적 혼란의 희생물이 된다. 자연은 그 구성 원소들로 환원되어 버리고, 주거지와 경관은 더럽혀진다. 또한, 강이 오염되며, 군사적 안보는 위협당하고, 식량과 원자재를 생산하는 능력도 파괴된다.
> 마지막으로 구매력의 공급을 시장 기구의 관리에 맡기게 되면 영리 기업들은 주기적으로 파산하게 될 것이다. 원시 사회가 홍수나 가뭄으로 인해 피해를 보았던 것처럼 화폐 부족이나 과잉은 경기에 엄청난 재난을 가져올 수 있기 때문이다.
> 노동 시장, 토지 시장, 화폐 시장이 시장 경제에 필수적이라는 점은 의심할 여지가 없다. 하지만 인간과 자연이라는 사회의 실패와 경제 조직이 보호받지 못한 채 그 '악마의 맷돌'에 노출된다면, 어떤 사회도 무지막지한 상품 허구의 경제 체제가 몰고 올 결과를 한순간도 견뎌내지 못할 것이다.

① 무분별한 환경 파괴를 막기 위해 국가가 시장을 통제해야 한다.
② 구매력의 공급은 시장 기구의 관리에 맡기는 것이 합리적이다.
③ 시장 메커니즘은 인간의 존엄성을 파괴하는 제도이므로 철폐되어야 한다.
④ 시장 메커니즘을 맹신하기보다는 적절한 제도적 보호 장치를 마련하는 것이 바람직하다.

03 | 문단 나열

| 유형분석 |

- 각 문단의 내용을 파악하고 논리적 순서에 맞게 배열하는 복합적인 문제이다.
- 전체적인 글의 흐름을 이해하는 것이 중요하며, 각 문장의 지시어나 접속어에 주의한다.

다음 문단을 논리적 순서대로 바르게 나열한 것은?

(가) 여기에 반해 동양에서는 보름달에 좋은 이미지를 부여한다. 예를 들어, 우리나라의 처녀귀신이나 도깨비는 달빛이 흐린 그믐 무렵에나 활동하는 것이다. 그런데 최근에는 동서양의 개념이 마구 뒤섞여 보름달을 배경으로 악마의 상징인 늑대가 우는 광경이 동양의 영화에 나오기도 한다.

(나) 동양에서 달은 '음(陰)'의 기운을, 해는 '양(陽)'의 기운을 상징한다는 통념이 자리를 잡았다. 그래서 달을 '태음', 해를 '태양'이라고 불렀다. 동양에서는 해와 달의 크기가 같은 덕에 음과 양도 동등한 자격을 갖춘다. 즉, 음과 양은 어느 하나가 좋고 다른 하나는 나쁜 것이 아니라 서로 보완하는 관계를 이루는 것이다.

(다) 옛날부터 형성된 이러한 동서양 간의 차이는 오늘날까지 영향을 끼치고 있다. 동양에서는 달이 밝으면 달맞이를 하는데, 서양에서는 달맞이를 자살 행위처럼 여기고 있다. 특히 보름달은 서양인들에게 거의 공포의 상징과 같은 존재이다. 예를 들어, 13일의 금요일에 보름달이 뜨게 되면 사람들이 외출조차 꺼린다.

(라) 하지만 서양의 경우는 다르다. 서양에서 낮은 신이, 밤은 악마가 지배한다는 통념이 자리를 잡았다. 따라서 밤의 상징인 달에 좋지 않은 이미지를 부여하게 되었다. 이는 해와 달의 명칭을 보면 알 수 있다. 라틴어로 해를 'Sol', 달을 'Luna'라고 하는데 정신병을 뜻하는 단어 'Lunacy'의 어원이 바로 'Luna'이다.

① (가) - (나) - (라) - (다)
② (나) - (라) - (가) - (다)
③ (나) - (라) - (다) - (가)
④ (다) - (가) - (나) - (라)

정답 ③

제시문은 동양과 서양에서 서로 다른 의미를 부여하고 있는 달에 대해 설명하고 있는 글이다. 따라서 (나) 동양에서 나타나는 해와 달의 의미 → (라) 동양과 상반되는 서양에서의 해와 달의 의미 → (다) 최근까지 지속되고 있는 달에 대한 서양의 부정적 의미 → (가) 동양에서의 변화된 달의 이미지의 순서대로 나열하는 것이 적절하다.

풀이 전략!

상대적으로 시간이 부족하다고 느낄 때는 선택지를 참고하여 문장의 순서를 생각해 본다.

※ 다음 문단을 논리적 순서대로 바르게 나열한 것을 고르시오. [1~3]

01

(가) '인력이 필요해서 노동력을 불렀더니 사람이 왔더라.'라는 말이 있다. 인간을 경제적 요소로만 단순하게 생각했으나, 이에 따른 인권문제, 복지문제, 내국인과 이민자와의 갈등 등이 수반된다는 말이다. 프랑스처럼 우선 급하다고 이민자를 선별하지 않고 받으면 인종 갈등과 이민자의 빈곤화 등 많은 사회비용이 발생한다.

(나) 이제 다문화정책의 패러다임을 전환해야 한다. 한국에 들어온 다문화가족을 적극적으로 지원해야 한다. 다문화가족과 더불어 살면서 다양성과 개방성을 바탕으로 상생의 발전을 도모해야 한다. 그리고 결혼이민자만 다문화가족으로 볼 것이 아니라 외국인 근로자와 유학생, 북한이탈주민까지 큰 틀에서 함께 보는 것도 필요하다.

(다) 다문화정책의 핵심은 두 가지이다. 첫째, 새로운 사회에 적응하려는 의지가 강해서 언어 배우기, 일자리, 문화 이해에 매우 적극적인 태도를 지닌 좋은 인력을 선별해서 입국하도록 하는 것이다. 둘째, 이민자가 새로운 사회에 잘 정착할 수 있도록 사회통합에 주력해야 하는 것이다. 해외 인구 유입 초기부터 사회 비용을 절약할 수 있는 사람들을 들어오게 하는 것이 중요하기 때문이다.

(라) 또한, 이미 들어온 이민자에게는 적극적인 지원을 해야 한다. 언어와 문화, 환경이 모두 낯선 이민자에게는 이민 초기에 세심한 배려가 필요하다. 특히 중요한 것은 다문화가족이 그들이 가지고 있는 강점을 활용하여 취약 계층이 아닌 주류층으로 설 수 있도록 지원해야 한다. 뿐만 아니라 이민자에 대한 지원 시기를 놓치거나 차별과 편견으로 내국인에게 증오감을 갖게 해서는 안 된다.

① (가) - (다) - (라) - (나)   ② (다) - (가) - (라) - (나)
③ (다) - (나) - (라) - (가)   ④ (라) - (나) - (다) - (가)

02

(가) 개념사를 역사학의 한 분과로 발전시킨 독일의 역사학자 코젤렉은 '개념은 실재의 지표이자 요소'라고 하였다. 이 말은 실타래처럼 얽혀 있는 개념과 정치·사회적 실재, 개념과 역사적 실재의 관계를 정리하기 위한 중요한 지침으로 작용한다. 그에 의하면 개념은 정치적 사건이나 사회적 변화 등의 실재를 반영하는 거울인 동시에 정치·사회적 사건과 변화의 실제적 요소이다.

(나) 개념은 정치적 사건과 사회적 변화 등에 직접 관련되어 있거나 그것을 기록, 해석하는 다양한 주체들에 의해 사용된다. 이러한 주체들, 즉 '역사 행위자'들이 사용하는 개념은 여러 의미가 포개어진 층을 이룬다. 개념사에서는 사회·역사적 현실과 관련하여 이러한 층들을 파헤치면서 개념이 어떻게 사용되어 왔는가, 이 과정에서 그 의미가 어떻게 변화했는가, 어떤 함의들이 거기에 투영되었는가, 그 개념이 어떠한 방식으로 작동했는가 등에 대해 탐구한다.

(다) 이상에서 보듯이 개념사에서는 개념과 실재를 대조하고 과거와 현재의 개념을 대조함으로써 그 개념이 대응하는 실재를 정확히 드러내고 있는가, 아니면 실재의 이해를 방해하고 더 나아가 왜곡하는가를 탐구한다. 이를 통해 코젤렉은 과거에 대한 '단 하나의 올바른 묘사'를 주장하는 근대 역사학의 방법을 비판하고, 과거의 역사 행위자가 구성한 역사적 실재와 현재 역사가가 만든 역사적 실재를 의미있게 소통시키고자 했다.

(라) 사람들이 '자유', '민주', '평화' 등과 같은 개념들을 사용할 때, 그 개념이 서로 같은 의미를 갖는 것은 아니다. '자유'의 경우, '구속받지 않는 상태'를 강조하는 개념으로 쓰이는가 하면, '자발성'이나 '적극적인 참여'를 강조하는 개념으로 쓰이기도 한다. 이러한 정의와 해석의 차이로 인해 개념에 대한 논란과 논쟁이 늘 있어 왔다. 바로 이러한 현상에 주목하여 출현한 것이 코젤렉의 '개념사'이다.

(마) 또한, 개념사에서는 '무엇을 이야기 하는가?'보다는 '어떤 개념을 사용하면서 그것을 이야기하는가?'에 관심을 갖는다. 개념사에서는 과거의 역사 행위자가 자신이 경험한 '현재'를 서술할 때 사용한 개념과 오늘날의 입장에서 '과거'의 역사 서술을 이해하기 위해 사용한 개념의 차이를 밝힌다. 그리고 과거의 역사를 현재의 역사로 번역하면서 양자가 어떻게 수렴될 수 있는가를 밝히는 절차를 밟는다.

① (라) – (가) – (나) – (마) – (다)   ② (라) – (나) – (가) – (다) – (마)
③ (마) – (나) – (가) – (다) – (라)   ④ (마) – (라) – (나) – (다) – (가)

03

(가) 닭 한 마리가 없어져서 뒷집 식구들이 모두 나서서 찾았다. 그런데 앞집 부엌에서 고기 삶는 냄새가 났다. 왜 우리 닭을 잡아먹었느냐고 따지자 주인은 아니라고 잡아뗐다. 부엌에서 나는 고기 냄새는 무어냐고 물었더니, 냄새가 날 리 없다고, 아마도 네가 오랫동안 고기 맛을 보지 못해서 환장했을 거라고 면박을 줬다. 너희 집 두엄 더미에 버려진 닭 털은 어찌된 거냐고 들이대자 오리 발을 들고 나와 그것은 네 집 닭 털이 아니라 우리 집 오리털이라고 변명한다. 네 집 닭을 훔쳐 먹은 것이 아니라 우리 집 오리를 내가 잡은 것인데, 그게 무슨 죄가 되냐고 오히려 큰소리쳤다.

(나) 남의 닭을 훔쳐다 잡아먹고서 부인할 수는 있다. 그러나 뭐 뀐 놈이 성내는 것도 분수가 있지, 피해자를 가해자로 몰아 처벌하게 하는 것은 말문이 막힐 수밖에 없는 일이 아닌가. 적반하장도 유분수지, 도둑이 주인을 도둑으로 처벌해 달라고 고소하는 일은 별로 흔하지 않을 것이다.

(다) 뒷집 사람은 원님에게 불려 가게 되었다. 뒷집에서 우리 닭을 훔쳐다 잡아먹었으니 처벌해 달라고 앞집 사람이 고소했던 것이다. 이번에는 증거물이 있었다. 바로 앞집 사람이 잡아먹고 남은 닭발이었는데, 그것을 뒷집 두엄 더미에 넣어 두었던 것이다. 뒷집 사람은 앞집에서는 증조부 때 이후로 닭을 기른 적이 없다고 항변했지만 그것을 입증해 줄 만한 사람은 없었다. 뒷집 사람은 어쩔 수 없이 앞집에 닭 한 마리 값을 물어 주었다.

(라) '닭 잡아먹고 오리 발 내민다.'라는 속담이 있다. 제가 저지른 나쁜 일이 드러나게 되니 어떤 수단을 써서 남을 속이려 한다는 뜻이다. 남을 속임으로써 난감한 처지에서 벗어나고자 하는 약삭빠른 사람의 행위를 이렇게 비유해서 말하는 것이다.

① (나) – (가) – (라) – (다)

② (나) – (라) – (다) – (가)

③ (라) – (가) – (다) – (나)

④ (라) – (다) – (나) – (가)

04 | 내용 추론

| 유형분석 |

- 주어진 지문을 바탕으로 도출할 수 있는 내용을 찾는 문제이다.
- 선택지의 내용을 정확하게 확인하고 지문의 정보와 비교하여 추론하는 능력이 필요하다.

다음 글을 읽고 추론한 내용으로 적절하지 않은 것은?

1977년 개관한 퐁피두 센터의 정식명칭은 국립 조르주 퐁피두 예술문화 센터로, 공공정보기관(BPI), 공업창작센터(CCI), 음악·음향의 탐구와 조정연구소(IRCAM), 파리 국립 근현대 미술관(MNAM) 등이 있는 종합문화예술 공간이다. 퐁피두라는 이름은 이 센터의 창설에 힘을 기울인 조르주 퐁피두 대통령의 이름을 딴 것이다.

1969년 당시 대통령이었던 퐁피두는 파리의 중심지에 미술관이면서 동시에 조형예술과 음악, 영화, 서적 그리고 모든 창조적 활동의 중심이 될 수 있는 문화 복합센터를 지어 프랑스 미술을 더욱 발전시키고자 했다. 요즘 미술관들은 미술관의 이러한 복합적인 기능과 역할을 인식하고 변화를 시도하는 곳이 많다. 미술관은 더 이상 전시만 보는 곳이 아니라 식사도 하고 영화도 보고 강연도 들을 수 있는 곳으로, 대중과의 거리 좁히기를 시도하고 있는 것도 그리 특별한 일은 아니다. 그러나 이미 40년 전에 21세기 미술관의 기능과 역할을 미리 내다볼 줄 아는 혜안을 가지고 설립된 퐁피두 미술관은 프랑스가 왜 문화강국이라 불리는지를 알 수 있게 해준다.

① 퐁피두 미술관의 모습은 기존 미술관의 모습과 다를 것이다.
② 퐁피두 미술관을 찾는 사람들의 목적은 다양할 것이다.
③ 퐁피두 미술관은 전통적인 예술작품들을 선호할 것이다.
④ 퐁피두 미술관은 파격적인 예술작품들을 배척하지 않을 것이다.

정답 ③

제시문에 따르면 퐁피두 미술관은 모든 창조적 활동을 위한 공간이므로, 퐁피두가 전통적인 예술작품을 선호할 것이라는 내용은 추론할 수 없다.

풀이 전략!

주어진 지문이 어떠한 내용을 다루고 있는지 파악한 후 선택지의 키워드를 확실하게 체크하고, 지문의 정보에서 도출할 수 있는 내용을 찾는다.

01 다음 글을 읽고 추론한 내용으로 가장 적절한 것은?

> '쓰는 문화'가 책의 문화에서 가장 우선이다. 쓰는 이가 없이는 책이 나올 수가 없다. 그러나 지혜를 많이 갖고 있다는 것과 그것을 글로 옮길 줄 아는 것은 별개의 문제이다. 엄격하게 이야기해서 지혜는 어떤 한 가지 일에 지속적으로 매달린 사람이면 누구나 머릿속에 쌓아두고 있는 것이다. 하지만 그것을 글로 옮기기 위해서는 특별하고도 고통스러운 훈련이 필요하다. 생각을 명료하게 정리할 줄 알고 글의 맥을 이어갈 줄 알아야 하며, 그리고 줄기찬 노력을 할 준비가 되어 있어야 한다. 모든 국민이 책 한 권을 남길 수 있을 만큼 쓰는 문화가 발달한 사회가 도래하면, 그때에는 지혜의 르네상스가 가능할 것이다.
>
> '읽는 문화'의 실종, 그것이 바로 현대의 특징이다. 신문의 판매 부수가 날로 떨어져 가는 반면에 텔레비전의 시청률은 날로 증가하고 있다. 깨알 같은 글로 구성된 200쪽 이상의 책보다 그림과 여백이 압도적으로 많이 들어간 만화책 같은 것이 늘어나고 있다. 보는 문화가 읽는 문화를 대체해 가고 있다. 읽는 일에는 피로가 동반되지만 보는 놀이에는 휴식이 따라온다. 일을 저버리고 놀이만 좇는 문화가 범람하고 있지 않은가. 보는 놀이가 머리를 비게 하는 것은 너무나 당연하다. 읽는 일이 장려되지 않는 한 생각 없는 사회로 치달을 수밖에 없다. 책의 문화는 바로 읽는 일과 직결되며, 생각하는 사회를 만드는 지름길이다.

① 지혜로운 사람이 그렇지 않은 사람보다 더 논리적으로 글을 쓸 수 있다.

② 고통스러운 훈련을 견뎌야 지혜로운 사람이 될 수 있다.

③ 텔레비전을 많이 보는 사람은 그렇지 않은 사람보다 신문을 적게 읽는다.

④ 사람들이 텔레비전을 많이 볼수록 생각하는 시간이 적어진다.

02 다음 중 ㉠과 ㉡에 대한 설명으로 적절하지 않은 것은?

> 동영상 플랫폼 유튜브(Youtube)에는 'Me at the zoo'라는 제목으로, 한 남성이 캘리포니아 동물원의 코끼리 우리 앞에 서서 18초 남짓한 시간 동안 코끼리 코를 칭찬하는 다소 평범한 내용의 영상이 게재돼 있다. 이 영상은 유튜브 최초의 동영상으로, 누구나, 언제, 어디서나, 손쉽게 소통이 가능하다는 비디오 콘텐츠의 장점을 여실히 보여주고 있다. 국내 온라인 커머스에서도 이러한 비디오 콘텐츠에 주목한다.
>
> 스마트폰 보급률이 높아짐에 따라 모바일을 이용해 상품을 구매하는 소비자층이 늘어났다. 날이 갈수록 모바일 체류 시간이 늘고 있는 소비자들을 잡기 위해서는 최적화된 마케팅이 필요하다. 모바일을 활용한 마케팅은 기존 PC보다 작은 화면 안의 면밀하고 계획적인 공간 활용과 구성이 필요하다. 제품을 소개하는 글을 줄여 스크롤 압박을 최소화해야 하고, 재미와 즐거움을 줌으로써 고객들을 사로잡아야 한다. 이런 부분에서 비디오 콘텐츠가 가장 효과적인 마케팅으로 볼 수 있다. 모든 것을 한 화면 안에서 보여줄 뿐만 아니라 시각과 청각을 자극해 시선을 끌기 쉽고, 정보를 효과적으로 전달하는 장점이 있기 때문이다.
>
> 비디오 콘텐츠를 활용한 ㉠ 비디오 커머스(V-commerce)는 기존 ㉡ 홈쇼핑과 유사한 맥락을 가지지만, 전달 형식에서 큰 차이가 있다. 홈쇼핑이 제품의 상세 설명이라면, 비디오 커머스는 제품의 사용 후기에 보다 집중된 모습을 보여준다. 또한 홈쇼핑을 정형화되고 깔끔하게 정리된 A급 콘텐츠라고 본다면, 비디오 커머스의 콘텐츠는 일상생활에서 흔하게 접할 수 있는 에피소드를 바탕으로 영상을 풀어나가는 B급 콘텐츠가 주를 이룬다. 주요 이용자가 40~50대인 홈쇼핑과 달리 모바일의 주요 이용자는 20~30대로, 이들의 눈높이에 맞추다 보니 쉽고 가벼운 콘텐츠가 많이 등장하고 있는 것이다. 향후 비디오 커머스 시장이 확대되면 재미는 물론 더욱 다양한 상품정보와 소비욕구를 충족시키는 콘텐츠가 많이 등장할 것이다.
>
> 일반 중소상인들에게 홈쇼핑채널을 통한 입점과 판매는 진입장벽이 높지만, 비디오 커머스는 진입장벽이 낮고 SNS와 동영상 플랫폼을 잘 이용하면 전 세계 어디에나 진출할 수 있다는 장점이 있다. 동영상 콘텐츠 하나로 채널과 국가, 나아가 모든 영역을 넘나드는 새로운 비즈니스 모델의 창출이 가능한 셈이다.

① 소비자에게 ㉠은 제품 사용 후기를, ㉡은 제품에 대한 상세 설명을 전달한다.

② ㉠과 ㉡은 주로 이용하는 대상이 각각 다르기 때문에 콘텐츠 내용에서 차이가 난다.

③ ㉠은 ㉡과 달리 일반 중소상인들에게 진입장벽이 낮다.

④ 모바일을 이용하는 소비자가 늘어남에 따라 ㉡이 효과적인 마케팅으로 주목받고 있다.

03 다음 중 '반본질주의'의 견해로 가장 적절한 것은?

흔히 어떤 대상이 반드시 가져야만 하고 그것을 다른 대상과 구분해 주는 속성을 본질이라고 한다. X의 본질이 무엇인지 알고 싶으면 X에 대한 필요충분한 속성을 찾으면 된다. 다시 말해서 모든 X에 대해 그리고 오직 X에 대해서만 해당하는 것을 찾으면 된다. 예컨대 모든 까투리가 그리고 오직 까투리만이 꿩이면서 동시에 암컷이므로, '암컷인 꿩'은 까투리의 본질이라고 생각된다. 그러나 암컷인 꿩은 애초부터 까투리의 정의라고 우리가 규정한 것이므로 그것을 본질이라고 말하기에는 어렵다. 다시 말해서 본질은 따로 존재하여 우리가 발견한 것이 아니라 까투리라는 낱말을 만들면서 사후적으로 구성된 것이다.

서로 다른 개체를 동일한 종류의 것으로 판단하고 의사소통에 성공하기 위해서는 개체들이 공유하는 무엇인가가 필요하다. 본질주의는 그것이 우리와 무관하게 개체 내에 본질로서 존재한다고 주장한다. 반면에 반(反)본질주의는 그런 본질이란 없으며, 인간이 정한 언어 약정이 본질주의에서 말하는 본질의 역할을 충분히 달성할 수 있다고 주장한다. 이른바 본질은 우리가 관습적으로 부여하는 의미를 표현한 것에 불과하다는 것이다.

'본질'이 존재론적 개념이라면 거기에 언어적으로 상관하는 것은 '정의'이다. 그런데 어떤 대상에 대해서 약정적이지 않으면서 완벽하고 정확한 정의를 내리기 어렵다는 사실은 반본질주의의 주장에 힘을 실어 준다. 사람을 예로 들어 보자. 이성적 동물은 사람에 대한 정의로 널리 알려졌다. 그러나 이성적이지 않은 갓난아이를 사람의 본질에 반례로 제시할 수 있다. 이번에는 '사람은 사회적 동물이다.'라고 정의를 제시할 수도 있다. 그러나 사회를 이루고 산다고 해서 모두 사람인 것은 아니다. 개미나 벌도 사회를 이루고 살지만 사람은 아니다.

서양의 철학사는 본질을 찾는 과정이라고 말할 수 있다. 본질주의는 사람뿐만 아니라 자유나 지식 등의 본질을 찾는 시도를 계속해 왔지만, 대부분의 경우 아직 본질적인 것을 명확히 찾는 데 성공하지 못했다. 그래서 숨겨진 본질을 밝히려는 철학적 탐구는 실제로는 부질없는 일이라고 반본질주의로부터 비판을 받는다. 우리가 본질을 명확히 찾지 못하는 까닭은 우리의 무지 때문이 아니라 그런 본질이 있다는 잘못된 가정에서 출발했기 때문이라는 것이다. 사물의 본질이라는 것은 단지 인간의 가치가 투영된 것에 지나지 않는다는 것이 반본질주의의 주장이다.

① 어떤 대상이라도 그 개념을 언어로 약정할 수 없다.
② 개체의 본질은 인식 여부와 상관없이 개체에 내재하고 있다.
③ 어떤 대상이든지 다른 대상과 구분되는 불변의 고유성이 있다.
④ 어떤 대상에 의미가 부여됨으로써 그 대상은 다른 대상과 구분된다.

05 | 맞춤법 · 어휘

| 유형분석 |

- 맞춤법에 맞는 단어를 찾거나 주어진 지문의 내용에 어울리는 단어를 찾는 문제가 주로 출제된다.
- 단어 사이의 관계에 대한 문제가 출제되므로 뜻이 비슷하거나 반대되는 단어를 함께 학습하는 것이 좋다.
- 자주 출제되는 단어나 헷갈리는 단어에 대한 학습을 꾸준히 하는 것이 좋다.

다음 중 밑줄 친 단어와 바꿔 사용할 수 있는 것은?

최저임금법 시행령 제5조 제1항 제2호 및 제3호는 주 단위 또는 월 단위로 지급된 임금에 대해 1주 또는
월의 소정근로시간 수로 나눈 금액을 시간에 대한 임금으로 규정하고 있다. 그러나 최저임금 산정을 위한
소정근로시간 수에 대해 고용노동부와 대법원의 해석이 <u>어긋나</u> 눈길을 끈다. 고용노동부는 소정근로시간에
유급주휴시간을 포함하여 계산하여 통상임금 산정기준 근로시간 수와 동일하게 본 반면, 대법원은 최저임금
산정을 위한 소정근로시간 수에 유급주휴시간을 제외하고 산정하였다.

① 배치되어   ② 도치되어
③ 대두되어   ④ 전도되어

정답 ①

- 어긋나다 : 방향이 비껴서 서로 만나지 못하다.
- 배치하다 : 서로 반대로 되어 어그러지거나 어긋나다.

오답분석

② 도치하다 : 차례나 위치 따위를 서로 뒤바꾸다.
③ 대두하다 : 어떤 세력이나 현상이 새롭게 나타나다.
④ 전도하다 : 거꾸로 되거나 거꾸로 하다.

풀이 전략!

문제에서 물어보는 단어를 정확히 확인해야 하고, 문제에서 다루고 있는 단어의 앞뒤 내용을 읽고 글의 전체적 흐름을 생각하며
문제에 접근해야 한다.

PART 1

01 다음 중 맞춤법이 옳지 않은 것은?

① 헛기침이 간간히 섞여 나왔다.

② 그 이야기를 듣자 왠지 불길한 예감이 들었다.

③ 그 남자의 굳은살 박인 발을 봐.

④ 집에 가든지 학교에 가든지 해라.

02 다음 중 밑줄 친 단어와 바꿔 사용할 수 있는 것은?

> 국가대표팀을 이끌었던 감독이 경기를 마친 뒤 선수들을 향한 애정을 드러내 눈길을 끌었다. 감독은 결승 경기 이후 진행된 인터뷰에서 "선수들이 여기까지 올라온 건 충분히 자긍심을 가질 만한 결과이다."라고 이야기했다. 이어 감독은 동고동락한 선수들과의 일을 떠올리다 감정이 벅차 말을 잇지 못하기도 했다. 한편 경기에서 최선을 다한 선수들을 향한 뜨거운 응원은 계속 이어지고 있다.

① 회상하다   ② 연상하다

③ 상상하다   ④ 남고하다

03 다음 중 밑줄 친 부분의 맞춤법이 옳은 것은?

① 그는 손가락으로 북쪽을 <u>가르켰다</u>.

② <u>뚝배기</u>에 담겨 나와서 시간이 지나도 식지 않았다.

③ 열심히 하는 것은 좋은데 <u>촛점</u>이 틀렸다.

④ 몸이 너무 약해서 보약을 <u>다려</u> 먹어야겠다.

CHAPTER 02

수리능력

합격 Cheat Key

수리능력은 사칙 연산·통계·확률의 의미를 정확하게 이해하고 이를 업무에 적용하는 능력으로, 기초 연산과 기초 통계, 도표 분석 및 작성의 문제 유형으로 출제된다. 수리능력 역시 채택하지 않는 공사·공단이 거의 없을 만큼 필기시험에서 중요도가 높은 영역이다.

특히, 난이도가 높은 공사·공단의 시험에서는 도표 분석, 즉 자료 해석 유형의 문제가 많이 출제되고 있고, 응용 수리 역시 꾸준히 출제하는 공사·공단이 많기 때문에 기초 연산과 기초 통계에 대한 공식의 암기와 자료 해석 능력을 기를 수 있는 꾸준한 연습이 필요하다.

1 응용 수리의 공식은 반드시 암기하라!

응용 수리는 공사·공단마다 출제되는 문제는 다르지만, 사용되는 공식은 비슷한 경우가 많으므로 자주 출제되는 공식을 반드시 암기하여야 한다. 문제에서 묻는 것을 정확하게 파악하여 그에 맞는 공식을 적절하게 적용하는 꾸준한 노력과 공식을 암기하는 연습이 필요하다.

2 자료의 해석은 자료에서 즉시 확인할 수 있는 지문부터 확인하라!

수리능력 중 도표 분석, 즉 자료 해석 능력은 많은 시간을 필요로 하는 문제가 출제되므로, 증가·감소 추이와 같이 눈으로 확인이 가능한 지문을 먼저 확인한 후 복잡한 계산이 필요한 지문을 확인하는 방법으로 문제를 풀이한다면 시간을 조금이라도 아낄 수 있다. 또한, 여러 가지 보기가 주어진 문제 역시 지문을 잘 확인하고 문제를 풀이한다면 불필요한 계산을 생략할 수 있으므로 항상 지문부터 확인하는 습관을 들여야 한다.

3 도표 작성에서 지문에 작성된 도표의 제목을 반드시 확인하라!

도표 작성은 하나의 자료 혹은 보고서와 같은 수치가 표현된 자료를 도표로 작성하는 형식으로 출제되는데, 대체로 표보다는 그래프를 작성하는 형태로 많이 출제된다. 지문을 살펴보면 각 지문에서 주어진 도표에도 소제목이 있는 경우가 대부분이다. 이때, 자료의 수치와 도표의 제목이 일치하지 않는 경우 함정이 존재하는 문제일 가능성이 높으므로 도표의 제목을 반드시 확인하는 것이 중요하다.

01 | 응용 수리

| 유형분석 |

- 문제에서 제공하는 정보를 파악한 뒤, 사칙연산을 활용하여 계산하는 전형적인 수리문제이다.
- 문제를 풀기 위한 정보가 산재되어 있는 경우가 많으므로 주어진 조건 등을 꼼꼼히 확인해야 한다.

세희네 가족의 올해 휴가비용은 작년 대비 교통비는 15%, 숙박비는 24% 증가하였고, 전체 휴가비용은 20% 증가하였다. 작년 전체 휴가비용이 36만 원일 때, 올해 숙박비는?(단, 전체 휴가비는 교통비와 숙박비의 합이다)

① 160,000원

② 184,000원

③ 200,000원

④ 248,000원

정답 ④

작년 교통비를 x원, 숙박비를 y원이라 하자.

$1.15x + 1.24y = 1.2(x+y) \cdots \bigcirc$

$x + y = 36 \cdots \bigcirc$

$\bigcirc$과 $\bigcirc$을 연립하면 $x = 16$, $y = 20$이다.

따라서 올해 숙박비는 $20 \times 1.24 = 24.8$만 원이다.

풀이 전략!

문제에서 묻는 바를 정확하게 확인한 후, 필요한 조건 또는 정보를 구분하여 신속하게 풀어 나간다. 단, 계산에 착오가 생기지 않도록 유의한다.

01　A가 혼자 하면 4일이 걸리고, B가 혼자 하면 6일 걸리는 일이 있다. A가 먼저 2일 동안 일을 하고 남은 양을 B가 혼자 마무리하려고 한다. 이때 B는 며칠 동안 일을 해야 하는가?

① 2일　　　　　　　　　　　　　　　② 3일
③ 4일　　　　　　　　　　　　　　　④ 5일

02　길이가 9km인 강이 있다. 강물의 속력은 시속 3km이고, 배를 타고 강물을 거슬러 올라갈 때 1시간이 걸린다. 이때 같은 배를 타고 강물을 따라 내려올 때 걸리는 시간은?

① 32분　　　　　　　　　　　　　　② 36분
③ 40분　　　　　　　　　　　　　　④ 44분

03　다이어트를 결심한 철수는 월요일부터 일요일까지 하루에 한 가지씩 운동을 하는 계획을 세우려한다. 다음 〈조건〉을 참고하여 철수가 세울 수 있는 일주일 동안의 운동 계획의 경우의 수는?

> **조건**
> • 7일 중 4일은 수영을 한다.
> • 수영을 하지 않는 날 중 이틀은 농구, 야구, 테니스 중 매일 서로 다른 종목 하나씩을 하고 남은 하루는 배드민턴, 검도, 줄넘기 중 하나를 택한다.

① 840가지　　　　　　　　　　　　② 1,270가지
③ 1,680가지　　　　　　　　　　　④ 1,890가지

04 K마트에서는 아이스크림을 1개당 a원에 들여오는데 20%의 이익을 붙여 판매를 한다. 개점 3주년을 맞아 아이스크림 1개당 500원을 할인하여 팔기로 했다. 이때 아이스크림 1개당 700원의 이익이 생긴다면, 아이스크림 1개당 원가는 얼마인가?

① 5,250원　　　　　　　　　② 5,500원

③ 5,750원　　　　　　　　　④ 6,000원

05 농도가 10%인 소금물 100g에 소금을 더 넣었더니 25% 소금물이 되었다. 이때 더 넣은 소금의 양은 몇 g인가?

① 10g　　　　　　　　　　② 20g

③ 30g　　　　　　　　　　④ 40g

06 다음과 같은 도로를 따라 P지점에서 R지점까지 이동하려고 한다. Q, S지점을 반드시 거쳐야 할 때, 최단거리로 이동 가능한 방법은 모두 몇 가지인가?

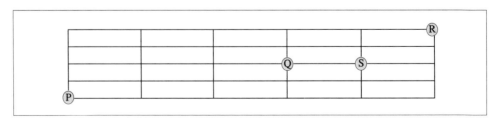

① 18가지　　　　　　　　　② 30가지

③ 32가지　　　　　　　　　④ 44가지

07 K공사에 근무 중인 S사원은 업무 계약 건으로 출장을 가야 한다. 시속 75km로 이동하던 중 점심시간이 되어 전체 거리의 40% 지점에 위치한 휴게소에서 30분 동안 점심을 먹었다. 시계를 확인하니 약속된 시간에 늦을 것 같아 시속 25km를 더 올려 이동하였고, 본사에서 출장지까지 총 3시간 20분이 걸려 도착하였다. 다음 중 K공사에서 출장지까지의 거리는?

① 100km   ② 150km

③ 200km   ④ 250km

08 K사에서 워크숍을 위해 강당의 대여요금을 알아보고 있다. 강당의 대여요금은 기본요금의 경우 30분까지 같으며, 그 후에는 1분마다 추가 요금이 발생한다. 1시간 대여료는 50,000원이고, 2시간 대여료가 110,000원일 때, 3시간 대여료는 얼마인가?

① 170,000원   ② 180,000원

③ 190,000원   ④ 200,000원

09 K공사의 T부서는 다과비 50,000원으로 간식을 구매하려고 한다. a스낵은 1,000원, b스낵은 1,500원, c스낵은 2,000원이며, 세 가지 스낵을 각각 한 개 이상을 사려고 한다. 다과비에 맞춰 스낵을 구입할 때, 최대 몇 개를 구입할 수 있는가?

① 44개   ② 46개

③ 48개   ④ 50개

02 | 자료 계산

| 유형분석 |

- 문제에 주어진 자료를 분석하여 각 선택지의 값을 계산해 정답 유무를 판단하는 문제이다.
- 주로 그래프와 표로 제시되며, 경영·경제·산업 등과 관련된 최신 이슈를 많이 다룬다.
- 자료 간의 증감률·비율·추세 등을 자주 묻는다.

다음은 K국의 부양인구비를 나타낸 자료이다. 2023년 15세 미만 인구 대비 65세 이상 인구의 비율은 얼마인가?(단, 비율은 소수점 둘째 자리에서 반올림한다)

<부양인구비>

구분	2019년	2020년	2021년	2022년	2023년
부양비	37.3	36.9	36.8	36.8	36.9
유소년부양비	22.2	21.4	20.7	20.1	19.5
노년부양비	15.2	15.6	16.1	16.7	17.3

※ (유소년부양비)$=\dfrac{(15세\ 미만\ 인구)}{(15\sim64세\ 인구)}\times100$

※ (노년부양비)$=\dfrac{(65세\ 이상\ 인구)}{(15\sim64세\ 인구)}\times100$

① 72.4%
② 77.6%
③ 81.5%
④ 88.7%

정답 ④

2023년 15세 미만 인구를 x명, 65세 이상 인구를 y명, $15\sim64$세 인구를 a명이라 하면,

15세 미만 인구 대비 65세 이상 인구 비율은 $\dfrac{y}{x}\times100$이므로

(2023년 유소년부양비)$=\dfrac{x}{a}\times100=19.5 \rightarrow a=\dfrac{x}{19.5}\times100 \cdots$ ㉠

(2023년 노년부양비)$=\dfrac{y}{a}\times100=17.3 \rightarrow a=\dfrac{y}{17.3}\times100 \cdots$ ㉡

㉠, ㉡을 연립하면 $\dfrac{x}{19.5}=\dfrac{y}{17.3} \rightarrow \dfrac{y}{x}=\dfrac{17.3}{19.5}$ 이므로, 15세 미만 인구 대비 65세 이상 인구의 비율은 $\dfrac{17.3}{19.5}\times100 \fallingdotseq 88.7\%$이다.

풀이 전략!

선택지를 먼저 읽고 필요한 정보를 도표에서 확인하도록 하며, 계산이 필요한 경우에는 실제 수치를 사용하여 복잡한 계산을 하는 대신, 대소 관계의 비교나 선택지의 옳고 그름만을 판단할 수 있을 정도로 간소화하여 계산해 풀이시간을 단축할 수 있도록 한다.

대표기출유형 02   기출응용문제

01 다음은 농구 경기에서 갑 ~ 정 4개 팀의 월별 득점에 대한 자료이다. 빈칸에 들어갈 수치로 옳은 것은?(단, 각 수치는 매월 일정한 규칙으로 변화한다)

〈월별 득점 현황〉

(단위 : 점)

구분	1월	2월	3월	4월	5월	6월	7월	8월	9월	10월
갑	1,024	1,266	1,156	1,245	1,410	1,545	1,205	1,365	1,875	2,012
을	1,352	1,702	2,000	1,655	1,320	1,307	1,232	1,786	1,745	2,100
병	1,078	1,423		1,298	1,188	1,241	1,357	1,693	2,041	1,988
정	1,298	1,545	1,658	1,602	1,542	1,611	1,080	1,458	1,579	2,124

① 1,358

② 1,397

③ 1,450

④ 1,498

02 K통신회사는 휴대전화의 통화시간에 따라 월 2시간까지는 기본요금을, 2시간 초과부터 3시간까지는 분당 a원을, 그리고 3시간 초과부터는 분당 $2a$원을 부과한다. 휴대전화 이용요금이 다음과 같이 청구되었을 때, a의 값은?

〈휴대전화 이용요금〉

구분	통화시간	요금
1월	3시간 30분	21,600원
2월	2시간 20분	13,600원

① 50

② 80

③ 100

④ 120

※ 다음은 의료보장별 심사실적에 대한 자료이다. 이어지는 질문에 답하시오. [3~4]

〈의료보장별 심사실적〉

(단위 : 천 건, 억 원)

구분		2023년 상반기		2024년 상반기	
		청구건수	진료비	청구건수	진료비
건강보험	입원	7,056	101,662	7,571	111,809
	외래	690,999	185,574	704,721	200,886
의료급여	입원	1,212	15,914	1,271	17,055
	외래	35,634	13,319	38,988	15,366
보훈	입원	35	728	17	418
	외래	1,865	1,250	1,370	940
자동차 보험	입원	466	4,984	479	5,159
	외래	6,508	2,528	7,280	3,036

03 다음 중 전년 동기 대비 2024년 상반기 보훈 분야의 전체 청구건수의 감소율은?

① 21% ② 23%
③ 25% ④ 27%

04 2024년 상반기 입원 진료비 중 세 번째로 비싼 분야의 진료비의 전년 동기 대비 증가액은?

① 175억 원 ② 180억 원
③ 185억 원 ④ 190억 원

05 다음은 시·도별 지가변동율을 매달 기록한 자료이다. 빈칸에 들어갈 수치로 옳은 것은?(단, 수치는 시·도별 매월 일정한 규칙으로 변화한다)

〈시·도별 지가변동율〉

(단위 : %)

구분	2023년 10월	2023년 11월	2023년 12월	2024년 01월	2024년 02월
서울	0.433	0.388	0.275	0.329	0.378
부산	0.365	0.379	0.312	0.301	0.297
대구	0.466	0.387	0.325	0.365	0.383
인천	0.331	0.339	0.317	0.307	0.354
광주	0.529	0.429	0.407	0.418	0.433
대전	0.255	0.246	0.237		0.219
울산	0.088	0.101	0.108	0.126	0.116
세종	0.513	0.455	0.333	0.391	0.317
경기	0.363	0.323	0.313	0.350	0.351
강원	0.272	0.254	0.215	0.238	0.257
충북	0.253	0.208	0.214	0.252	0.233
충남	0.098	0.134	0.124	0.154	0.154
전북	0.201	0.223	0.224	0.290	0.262
전남	0.338	0.361	0.311	0.359	0.352
경북	0.211	0.206	0.174	0.229	0.226
경남	0.090	0.080	0.072	0.082	0.092
제주	0.235	0.221	0.121	0.093	0.103

① 0.222

② 0.228

③ 0.236

④ 0.249

03 | 자료 이해

| 유형분석 |

- 제시된 자료를 분석하여 선택지의 정답 유무를 판단하는 문제이다.
- 자료의 수치 등을 통해 변화량이나 증감률, 비중 등을 비교하여 판단하는 문제가 자주 출제된다.
- 지원하고자 하는 기업이나 산업과 관련된 자료 등이 문제의 자료로 많이 다뤄진다.

다음은 도시폐기물량 상위 10개국의 도시폐기물량지수와 한국의 도시폐기물량을 나타낸 자료이다. 이에 대한 〈보기〉 중 옳은 것을 모두 고르면?

〈도시폐기물량 상위 10개국의 도시폐기물량지수〉

순위	2020년		2021년		2022년		2023년	
	국가	지수	국가	지수	국가	지수	국가	지수
1	미국	12.05	미국	11.94	미국	12.72	미국	12.73
2	러시아	3.40	러시아	3.60	러시아	3.87	러시아	4.51
3	독일	2.54	브라질	2.85	브라질	2.97	브라질	3.24
4	일본	2.53	독일	2.61	독일	2.81	독일	2.78
5	멕시코	1.98	일본	2.49	일본	2.54	일본	2.53
6	프랑스	1.83	멕시코	2.06	멕시코	2.30	멕시코	2.35
7	영국	1.76	프랑스	1.86	프랑스	1.96	프랑스	1.91
8	이탈리아	1.71	영국	1.75	이탈리아	1.76	터키	1.72
9	터키	1.50	이탈리아	1.73	영국	1.74	영국	1.70
10	스페인	1.33	터키	1.63	터키	1.73	이탈리아	1.40

※ (도시폐기물량지수)= $\dfrac{\text{(해당 연도 해당 국가의 도시폐기물량)}}{\text{(해당 연도 한국의 도시폐기물량)}}$

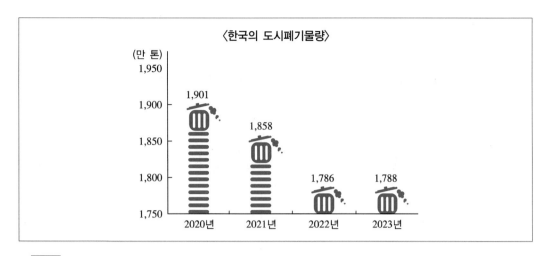

〈한국의 도시폐기물량〉

(만 톤)

- 2020년: 1,901
- 2021년: 1,858
- 2022년: 1,786
- 2023년: 1,788

보기

㉠ 2023년 도시폐기물량은 미국이 일본의 4배 이상이다.
㉡ 2022년 러시아의 도시폐기물량은 8,000만 톤 이상이다.
㉢ 2023년 스페인의 도시폐기물량은 2020년에 비해 감소하였다.
㉣ 영국의 도시폐기물량은 터키의 도시폐기물량보다 매년 많다.

① ㉠, ㉢　　　　　　　　　　　② ㉠, ㉣
③ ㉡, ㉢　　　　　　　　　　　④ ㉢, ㉣

정답 ①

㉠ 제시된 자료의 각주에 의해 같은 해의 각국의 도시폐기물량지수는 그 해 한국의 도시폐기물량을 기준해 도출된다. 즉, 같은 해의 여러 국가의 도시폐기물량을 비교할 때 도시폐기물량지수로도 비교가 가능하다. 2023년 미국과 일본의 도시폐기물량지수는 각각 12.73, 2.53이며, 2.53×4=10.12<12.73이므로 옳은 설명이다.

㉢ 2020년 한국의 도시폐기물량은 1,901만 톤이므로 2020년 스페인의 도시폐기물량은 1,901×1.33=2,528.33만 톤이다. 도시폐기물량 상위 10개국의 도시폐기물량지수 자료를 보면 2023년 스페인의 도시폐기물량지수는 상위 10개국에 포함되지 않았음을 확인할 수 있다. 즉, 스페인의 도시폐기물량은 도시폐기물량지수 10위인 이탈리아의 도시폐기물량보다 적다. 2023년 한국의 도시폐기물량은 1,788만 톤이므로 이탈리아의 도시폐기물량은 1,788×1.40=2,503.2만 톤이다. 즉, 2023년 이탈리아의 도시폐기물량은 2020년 스페인의 도시폐기물량보다 적다. 따라서 2023년 스페인의 도시폐기물량은 2020년에 비해 감소했다.

오답분석

㉡ 2022년 한국의 도시폐기물량은 1,786만 톤이므로 2022년 러시아의 도시폐기물량은 1,786×3.87=6,911.82만 톤이다.
㉣ 2023년의 경우 터키의 도시폐기물량지수는 영국보다 높다. 따라서 2023년 영국의 도시폐기물량은 터키의 도시폐기물량보다 적다.

풀이 전략!

평소 변화량이나 증감률, 비중 등을 구하는 공식을 알아두고 있어야 하며, 지원하는 기업이나 산업에 관한 자료 등을 확인하여 비교하는 연습 등을 한다.

01 다음은 카페 음료에 대한 연령별 선호도를 조사한 자료이다. 이에 대한 설명으로 옳은 것을 〈보기〉에서 모두 고르면?

〈연령별 카페 음료 선호도〉

구분	20대	30대	40대	50대
아메리카노	42%	47%	35%	31%
카페라테	8%	18%	28%	42%
카페모카	13%	16%	2%	1%
바닐라라테	9%	8%	11%	3%
핫초코	6%	2%	3%	1%
에이드	3%	1%	1%	1%
아이스티	2%	3%	4%	7%
허브티	17%	5%	16%	14%

보기

ㄱ. 연령대가 높아질수록 아메리카노에 대한 선호율은 낮아진다.
ㄴ. 아메리카노와 카페라테의 선호율 차이가 가장 적은 연령대는 40대이다.
ㄷ. 20대와 30대의 선호율 하위 3개 메뉴는 동일하다.
ㄹ. 40대와 50대의 선호율 상위 2개 메뉴가 전체 선호율의 70% 이상이다.

① ㄱ, ㄴ   ② ㄱ, ㄹ
③ ㄴ, ㄷ   ④ ㄴ, ㄹ

02 다음은 K공장에서 근무하는 근로자들의 임금 수준 분포를 나타낸 자료이다. 근로자 전체에게 지급된 월 급여의 총액이 2억 원일 때, 〈보기〉 중 옳은 것을 모두 고르면?

<K공장 근로자의 임금 수준 분포>

임금 수준(만 원)	근로자 수(명)
월 300 이상	4
월 270 이상 300 미만	8
월 240 이상 270 미만	12
월 210 이상 240 미만	26
월 180 이상 210 미만	30
월 150 이상 180 미만	6
월 150 미만	4
합계	90

보기

㉠ 근로자당 평균 월 급여액은 230만 원 이하이다.
㉡ 절반 이상의 근로자들이 월 210만 원 이상의 급여를 받고 있다.
㉢ 월 180만 원 미만의 급여를 받는 근로자의 비율은 약 14%이다.
㉣ 적어도 15명 이상의 근로자가 월 250만 원 이상의 급여를 받고 있다.

① ㉠
② ㉠, ㉡
③ ㉢, ㉣
④ ㉡, ㉢, ㉣

03 다음은 K공사 직원 2,500명을 대상으로 진행한 인터넷 쇼핑 이용 현황에 대한 자료이다. 이에 대한 설명으로 옳지 않은 것은?(단, 매년 조사 인원수는 동일하다)

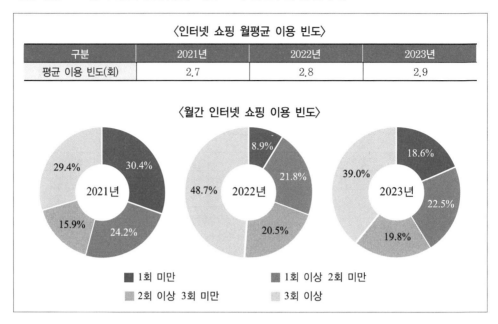

〈인터넷 쇼핑 월평균 이용 빈도〉

구분	2021년	2022년	2023년
평균 이용 빈도(회)	2.7	2.8	2.9

〈월간 인터넷 쇼핑 이용 빈도〉

① 인터넷 쇼핑 월평균 이용 빈도는 지속적으로 증가했다.
② 2022년 월간 인터넷 쇼핑을 3회 이상 이용했다고 응답한 사람은 1,210명 이상이다.
③ 3년간 인터넷 쇼핑 이용 빈도수를 누적했을 때, 두 번째로 많이 응답한 인터넷 쇼핑 이용 빈도수는 1회 미만이다.
④ 2023년 월간 인터넷 쇼핑을 2회 이상 3회 미만 이용했다고 응답한 사람은 2022년 1회 미만으로 이용했다고 응답한 사람보다 2배 이상 많다.

04 다음은 특정 분야의 기술에 대한 정보검색 건수를 연도별로 나타낸 자료이다. 이에 대한 설명으로 옳은 것을 〈보기〉에서 모두 고르면?

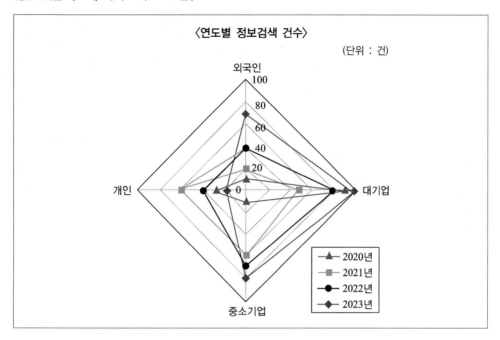

〈연도별 정보검색 건수〉

(단위 : 건)

보기

ㄱ. 전체 검색 건수는 2021년에 가장 적었다.

ㄴ. 중소기업의 검색 건수는 2020년부터 2023년까지 계속 증가하고 있다.

ㄷ. 2022년에는 외국인과 개인의 검색 건수가 가장 적었고, 중소기업의 검색 건수가 가장 많았다.

① ㄱ   ② ㄴ

③ ㄱ, ㄴ   ④ ㄴ, ㄷ

CHAPTER 03

문제해결능력

합격 Cheat Key

문제해결능력은 업무를 수행하면서 여러 가지 문제 상황이 발생하였을 때, 창의적이고 논리적인 사고를 통하여 이를 올바르게 인식하고 적절히 해결하는 능력으로, 하위 능력에는 사고력과 문제처리능력이 있다.

문제해결능력은 NCS 기반 채용을 진행하는 대다수의 공사·공단에서 채택하고 있으며, 다양한 자료와 함께 출제되는 경우가 많아 어렵게 느껴질 수 있다. 특히, 난이도가 높은 문제로 자주 출제되기 때문에 다른 영역보다 더 많은 노력이 필요할 수는 있지만 그렇기에 차별화를 할 수 있는 득점 영역이므로 포기하지 말고 꾸준하게 노력해야 한다.

1 질문의 의도를 정확하게 파악하라!

문제해결능력은 문제에서 무엇을 묻고 있는지 정확하게 파악하여 먼저 풀이 방향을 설정하는 것이 가장 효율적인 방법이다. 특히, 조건이 주어지고 답을 찾는 창의적·분석적인 문제가 주로 출제되고 있기 때문에 처음에 정확한 풀이 방향이 설정되지 않는다면 문제를 제대로 풀지 못하게 되므로 첫 번째로 출제 의도 파악에 집중해야 한다.

2 중요한 정보는 반드시 표시하라!

출제 의도를 정확히 파악하기 위해서는 문제의 중요한 정보를 반드시 표시하거나 메모하여 하나의 조건, 단서도 잊고 넘어가는 일이 없도록 해야 한다. 실제 시험에서는 시간의 압박과 긴장감으로 정보를 잘못 적용하거나 잊어버리는 실수가 많이 발생하므로 사전에 충분한 연습이 필요하다.

3 반복 풀이를 통해 취약 유형을 파악하라!

문제해결능력은 특히 시간관리가 중요한 영역이다. 따라서 정해진 시간 안에 고득점을 할 수 있는 효율적인 문제 풀이 방법을 찾아야 한다. 이때, 반복적인 문제 풀이를 통해 자신이 취약한 유형을 파악하는 것이 중요하다. 정확하게 풀 수 있는 문제부터 빠르게 풀고 취약한 유형은 나중에 푸는 효율적인 문제 풀이를 통해 최대한 고득점을 맞는 것이 중요하다.

01 | 명제 추론

| 유형분석 |

- 주어진 문장을 토대로 논리적으로 추론하여 참 또는 거짓을 구분하는 문제이다.
- 대체로 연역추론을 활용한 명제 문제가 출제된다.
- 자료를 제시하고 새로운 결과나 자료에 주어지지 않은 내용을 추론해 가는 형식의 문제가 출제된다.

K공사는 공휴일 세미나 진행을 위해 인근의 가게 A ~ F에서 필요한 물품을 구매하고자 한다. 다음 〈조건〉을 참고할 때, 공휴일에 영업하는 가게의 수는?

조건

- C는 공휴일에 영업하지 않는다.
- B가 공휴일에 영업하지 않으면, C와 E는 공휴일에 영업한다.
- E 또는 F가 영업하지 않는 날이면, D는 영업한다.
- B가 공휴일에 영업하면, A와 E는 공휴일에 영업하지 않는다.
- B와 F 중 한 곳만 공휴일에 영업한다.

① 2곳 ② 3곳
③ 4곳 ④ 5곳

정답 ①

주어진 조건을 순서대로 논리 기호화하면 다음과 같다.
- 첫 번째 조건 : $\sim$C
- 두 번째 조건 : $\sim$B → (C $\wedge$ E)
- 세 번째 조건 : ($\sim$E $\vee$ $\sim$F) → D
- 네 번째 조건 : B → ($\sim$A $\wedge$ $\sim$E)

첫 번째 조건이 참이므로 두 번째 조건의 대우[($\sim$C $\vee$ $\sim$E) → B]에 따라 B는 공휴일에 영업한다. 이때 네 번째 조건에 따라 A와 E는 영업하지 않고, 다섯 번째 조건에 따라 F도 영업하지 않는다. 마지막으로 세 번째 조건에 따라 D는 영업한다. 따라서 공휴일에 영업하는 가게는 B와 D 2곳이다.

풀이 전략!

명제와 관련한 기본적인 논법에 대해서는 미리 학습해 두며, 이를 바탕으로 각 문장에 있는 핵심단어 또는 문구를 기호화하여 정리한 후, 선택지와 비교하여 참 또는 거짓을 판단한다.

01 카드게임을 하기 위해 A∼F 6명이 원형 테이블에 앉고자 한다. 다음 〈조건〉에 따라 이들의 좌석을 배치하고자 할 때, F와 이웃하여 앉을 사람은?(단, 좌우 방향은 원탁을 바라보고 앉은 상태를 기준으로 한다)

> **조건**
> • B는 C와 이웃하여 앉는다.
> • A는 E와 마주보고 앉는다.
> • C의 오른쪽에는 E가 앉는다.
> • F는 A와 이웃하여 앉지 않는다.

① B, C   ② B, D

③ C, D   ④ D, E

02 이웃해 있는 10개의 건물에 초밥가게, 옷가게, 신발가게, 편의점, 약국, 카페가 있다. 카페가 3번째 건물에 있을 때, 〈조건〉을 토대로 항상 옳은 것은?(단, 한 건물에 한 가지 업종만 들어갈 수 있다)

> **조건**
> • 초밥가게는 카페보다 앞에 있다.
> • 초밥가게와 신발가게 사이에는 건물이 6개 있다.
> • 옷가게와 편의점은 인접할 수 없으며, 옷가게와 신발가게는 인접해 있다.
> • 신발가게 뒤에는 아무것도 없는 건물이 2개 있다.
> • 2번째와 4번째 건물은 아무것도 없는 건물이다.
> • 편의점과 약국은 인접해 있다.

① 카페와 옷가게는 인접해 있다.

② 초밥가게와 약국 사이에는 2개의 건물이 있다.

③ 편의점은 6번째 건물에 있다.

④ 신발가게는 8번째 건물에 있다.

03 다음 〈조건〉을 바탕으로 추론한 〈보기〉에 대한 판단으로 옳은 것은?

조건
• 설사 등의 증세가 일어나면 생활에 나쁜 영향을 준다.
• 몸의 수분 비율이 일정 수치 이하로 떨어지면 탈수 현상이 발생한다.
• 설사 등의 증세가 일어나지 않았다는 것은 탈수 현상은 발생하지 않았다는 것이다.

보기
A : 탈수 현상이 발생하면 생활에 나쁜 영향을 준다.
B : 몸의 수분 비율이 일정 수치 이하로 떨어지면 설사 등의 증세가 발생한다.

① A만 옳다.　　　　　　　　　　② B만 옳다.
③ A와 B 모두 옳다.　　　　　　　④ A와 B 모두 틀리다.

04 다음 〈조건〉이 모두 참이라고 가정할 때, 회의를 반드시 개최해야 하는 날의 수는?

조건
• 회의는 다음 주에 개최한다.
• 월요일에는 회의를 개최하지 않는다.
• 화요일과 목요일에 회의를 개최하거나 월요일에 회의를 개최한다.
• 금요일에 회의를 개최하지 않으면, 화요일에도 회의를 개최하지 않고 수요일에도 개최하지 않는다.

① 0일　　　　　　　　　　　　　② 1일
③ 2일　　　　　　　　　　　　　④ 3일

05 다음 〈조건〉에 따라 문항출제위원을 위촉하고자 할 때, 항상 참인 것은?

> 위촉하고자 하는 문항출제위원은 총 6명이다. 후보자는 논리학자 4명, 수학자 6명, 과학자 5명으로 추려졌다. 논리학자 2명은 형식논리를 전공했고 다른 2명은 비형식논리를 전공했다. 수학자 2명은 통계학을 전공했고 3명은 기하학을 전공했으며 나머지 1명은 대수학을 전공했다. 과학자들은 각각 물리학, 생명과학, 화학, 천문학, 기계공학을 전공했다.

조건
- 형식논리 전공자가 선정되면 비형식논리 전공자도 같은 인원만큼 선정된다.
- 수학자 중에서 통계학자만 선정되는 경우는 없다.
- 과학자는 최소 2명은 선정되어야 한다.
- 논리학자, 수학자는 최소 1명씩은 선정되어야 한다.
- 기하학 전공자는 천문학 전공자와 함께 선정되고, 기계공학 전공자는 통계학 전공자와 함께 선정된다.

① 형식논리 전공자와 비형식논리 전공자가 1명씩 선정된다.
② 서로 다른 전공을 가진 수학자가 2명 선정된다.
③ 과학자는 최대 4명까지 선정될 수 있다.
④ 통계학 전공자를 포함하면 수학자는 3명이 선정될 수 없다.

02 | 규칙 적용

| 유형분석 |

- 주어진 상황과 규칙을 종합적으로 활용하여 풀어 가는 문제이다.
- 일정, 비용, 순서 등 다양한 내용을 다루고 있어 유형을 한 가지로 단일화하기 어렵다.

A팀과 B팀은 보안등급 상에 해당하는 문서를 나누어 보관하고 있다. 이에 따라 두 팀은 보안을 위해 아래와 같은 규칙에 따라 각 팀의 비밀번호를 지정하였다. 다음 중 A팀과 B팀에 들어갈 수 있는 암호배열은?

〈규칙〉

- 1 ~ 9까지의 숫자로 (한 자릿수)×(두 자릿수)=(세 자릿수)=(두 자릿수)×(한 자릿수) 형식의 비밀번호로 구성한다.
- 가운데에 들어갈 세 자릿수의 숫자는 156이며 숫자는 중복 사용할 수 없다. 즉, 각 팀의 비밀번호에 1, 5, 6이란 숫자가 들어가지 않는다.

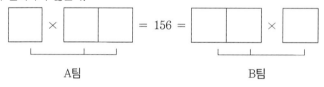

① 23   ② 27
③ 29   ④ 39

정답 ④

규칙에 따라 사용할 수 있는 숫자는 1, 5, 6을 제외한 나머지 2, 3, 4, 7, 8, 9의 총 6개이다. (한 자릿수)×(두 자릿수)=156이 되는 수를 알기 위해서는 156의 소인수를 구해보면 된다. 156의 소인수는 3, 2^2, 13으로 여기서 156이 되는 수의 곱 중에 조건을 만족하는 것은 2×78과 4×39이다. 따라서 선택지 중에 A팀 또는 B팀에 들어갈 수 있는 암호배열은 39이다.

풀이 전략!

문제에 제시된 조건이나 규칙을 정확히 파악한 후, 선택지나 상황에 적용하여 문제를 풀어 나간다.

01 K사는 신제품의 품번을 다음과 같은 규칙에 따라 정한다고 한다. 제품에 설정된 임의의 영단어가 'INTELLECTUAL'이라면 이 제품의 품번으로 옳은 것은?

〈규칙〉

1단계 : 알파벳 A ~ Z를 숫자 1, 2, 3, …으로 변환하여 계산한다.
2단계 : 제품에 설정된 임의의 영단어를 숫자로 변환한 값의 합을 구한다.
3단계 : 임의의 영단어 속 자음의 합에서 모음의 합을 뺀 값의 절댓값을 구한다.
4단계 : 2단계와 3단계의 값을 더한 다음 4로 나누어 2단계의 값에 더한다.
5단계 : 4단계의 값이 정수가 아닐 경우에는 소수점 첫째 자리에서 버림한다.

① 120
② 140
③ 160
④ 180

02 다음 〈조건〉을 근거로 〈보기〉를 계산한 값은?

조건

연산자 A, B, C, D는 다음과 같이 정의한다.
• A : 좌우에 있는 두 수를 더한다. 단, 더한 값이 10 미만이면 좌우에 있는 두 수를 곱한다.
• B : 좌우에 있는 두 수 가운데 큰 수에서 작은 수를 뺀다. 단, 두 수가 같거나 뺀 값이 10 미만이면 두 수를 곱한다.
• C : 좌우에 있는 두 수를 곱한다. 단, 곱한 값이 10 미만이면 좌우에 있는 두 수를 더한다.
• D : 좌우에 있는 두 수 가운데 큰 수를 작은 수로 나눈다. 단, 두 수가 같거나 나눈 값이 10 미만이면 두 수를 곱한다.

※ 연산은 '( )', '[ ]'의 순으로 한다.

보기

$$[(1A5)B(3C4)]D6$$

① 10
② 12
③ 90
④ 210

03 | 자료 해석

| 유형분석 |

- 주어진 자료를 해석하고 활용하여 풀어가는 문제이다.
- 꼼꼼하고 분석적인 접근이 필요한 다양한 자료들이 출제된다.

다음 중 정수장 수질검사 현황에 대해 바르게 설명한 사람은?

<그림: 정수장 수질검사 현황>

급수지역	항목						검사결과	
	일반세균 100 이하 (CFU/mL)	대장균 불검출 (수/100mL)	NH3-N 0.5 이하 (mg/L)	잔류염소 4.0 이하 (mg/L)	구리 1 이하 (mg/L)	망간 0.05 이하 (mg/L)	적합	기준 초과
함평읍	0	불검출	불검출	0.14	0.045	불검출	적합	없음
이삼읍	0	불검출	불검출	0.27	불검출	불검출	적합	없음
학교면	0	불검출	불검출	0.13	0.028	불검출	적합	없음
엄다면	0	불검출	불검출	0.16	0.011	불검출	적합	없음
나산면	0	불검출	불검출	0.12	불검출	불검출	적합	없음

① A사원 : 함평읍의 잔류염소는 가장 낮은 수치를 보였고, 기준치에 적합하네.
② B사원 : 모든 급수지역에서 일반세균이 나오지 않았어.
③ C사원 : 기준치를 초과한 곳은 없지만 적합하지 않은 지역은 있어.
④ D사원 : 대장균과 구리가 검출되면 부적합 판정을 받는구나.

정답 ②

오답분석
① 잔류염소에서 가장 낮은 수치를 보인 지역은 나산면(0.12mg/L)이고, 함평읍(0.14mg/L)은 세 번째로 낮다.
③ 기준치를 초과한 곳도 없고, 모두 적합 판정을 받았다.
④ 함평읍과 학교면, 엄다면은 구리가 검출되었지만 적합 판정을 받았다.

풀이 전략!

문제 해결을 위해 필요한 정보가 무엇인지 먼저 파악한 후, 제시된 자료를 분석적으로 읽고 해석한다.

01 K공사에서는 직원들에게 다양한 혜택이 있는 복지카드를 제공한다. 복지카드의 혜택 사항이 다음과 같을 때, B사원의 일과에서 복지카드로 혜택을 볼 수 없는 것을 모두 고르면?

〈복지카드 혜택 사항〉

구분	세부내용
교통	대중교통(지하철, 버스) 3 ~ 7% 할인
의료	병원 5% 할인(동물병원 포함, 약국 제외)
쇼핑	의류, 가구, 도서 구입 시 5% 할인
영화	영화관 최대 6천 원 할인

〈B사원의 일과〉

B사원은 오늘 친구와 백화점에서 만나 쇼핑을 하기로 약속을 했다. 집에서 ㉠ 지하철을 타고 약 20분이 걸려 백화점에 도착한 B사원은 어머니 생신 선물로 ㉡ 화장품을 산 후, 동생의 이사 선물로 줄 ㉢ 침구류도 구매하였다. 쇼핑이 끝난 후 B사원은 ㉣ 버스를 타고 집에 돌아와 자신이 키우는 애완견의 예방접종을 위해 ㉤ 병원에 가서 진료를 받았다.

① ㉠, ㉡
② ㉡, ㉢
③ ㉠, ㉡, ㉣
④ ㉢, ㉣, ㉤

※ 다음은 호텔별 연회장 대여 현황에 대한 자료이다. 이어지는 질문에 답하시오. [2~3]

〈호텔별 연회장 대여 현황〉

건물	연회장	대여료	수용 가능 인원	회사로부터 거리	비고
A호텔	연꽃실	140만 원	200명	6km	2시간 이상 대여 시 추가비용 40만 원
B호텔	백합실	150만 원	300명	2.5km	1시간 초과 대여 불가능
C호텔	매화실	150만 원	200명	4km	이동수단 제공
C호텔	튤립실	180만 원	300명	4km	이동수단 제공
D호텔	장미실	150만 원	250명	4km	–

02 총무팀에 근무하고 있는 이대리는 김부장에게 다음과 같은 지시를 받았다. 이대리가 연회장 예약을 위해 지불해야 하는 예약금은 얼마인가?

> 다음 주에 있을 회사창립 20주년 기념행사를 위해 준비해야 할 것들 알려줄게요. 먼저 다음 주 금요일 오후 6시부터 8시까지 사용 가능한 연회장 리스트를 뽑아서 행사에 적합한 연회장을 예약해 주세요. 연회장 대여를 위한 예산은 160만 원이고, 회사에서의 거리가 가까워야 임직원들이 이동하기에 좋을 것 같아요. 행사 참석 인원은 240명이고, 이동수단을 제공해 준다면 우선적으로 고려하도록 하세요. 예약금은 대여료의 10%라고 하니 예약 완료하고 지불하도록 하세요.

① 14만 원   ② 15만 원
③ 16만 원   ④ 17만 원

03 회사창립 20주년 기념행사의 연회장 대여 예산이 200만 원으로 증액된다면, 이대리는 어떤 연회장을 예약하겠는가?

① A호텔 연꽃실   ② B호텔 백합실
③ C호텔 매화실   ④ C호텔 튤립실

04 성경책을 리폼하는 K사는 현재 다음과 같은 할인 이벤트를 진행 중이다. 이에 대한 설명으로 적절하지 않은 것은?(단, 할인되지 않은 모든 디자인의 성경 리폼 기존 가격은 3만 원이다)

〈성경 리폼 20%+10% 할인 이벤트〉

- 행사기간 : 오픈형 성경 리폼 기존 20% 할인+10% 추가 할인 행사
- 대상 : 오픈형 성경책 리폼만 해당됨(지퍼형, 지갑결합형의 경우 10% 할인 행사 중)
- 주문 및 할인방법
  - 검색어에 K사 성경 리폼을 검색하여 N쇼핑에서 주문합니다.
  - 본 용지를 프린트하여 아래 빈칸을 작성한 후, 성경책에 동봉하여 보내 주셔야 10% 추가 할인을 받으실 수 있습니다.
  - 10% 추가 할인은 작업이 끝나는 동시에 고객님이 원하시는 방법으로 돌려드립니다.

성함		연락처	

신청 디자인	• 오픈형( )
	• 지퍼형( )
	• 지갑결합형( )
		10%
		환불 방법
			• 성경책 받으실 때 10% 현금 동봉( )
			• 작업완료 시 아래의 계좌로 입금( )
			   – 은행명 : ( )
			   – 예금주 : ( )
			   – 계좌번호 : ( )

택배 받을 주소			

〈성경 리폼 구매평 이벤트〉

- 회원 가입 후 댓글을 통해 리폼된 성경책의 구매평을 남기면 1,000원 할인쿠폰 지급
- 회원 가입 후 리폼된 성경책 사진과 함께 댓글로 구매평을 남기면 3,000원 할인쿠폰 지급

---

① 10% 추가 할인 전에 오픈형 성경 리폼의 가격은 2만 4천 원이었을 것이다.
② 사진과 함께 댓글로 구매평을 남길 경우 기존 가격의 20%가 환급된다.
③ 지퍼형으로 성경을 리폼하고 사진과 함께 구매평을 남길 경우, 기존 가격보다 6천 원 더 이익이다.
④ 오픈형으로 성경을 리폼하고 사진 없이 댓글로 구매평을 남길 경우, 기존 가격보다 1만 원 더 이익이다.

CHAPTER 04

자원관리능력

합격 Cheat Key

자원관리능력은 현재 NCS 기반 채용을 진행하는 많은 공사·공단에서 핵심영역으로 자리 잡아, 일부를 제외한 대부분의 시험에서 출제되고 있다.

세부 유형은 비용 계산, 해외파견 지원금 계산, 주문 제작 단가 계산, 일정 조율, 일정 선정, 행사 대여 장소 선정, 최단거리 구하기, 시차 계산, 소요시간 구하기, 해외파견 근무 기준에 부합하는 또는 부합하지 않는 직원 고르기 등으로 나눌 수 있다.

1 시차를 먼저 계산하라!

시간 자원 관리의 대표유형 중 시차를 계산하여 일정에 맞는 항공권을 구입하거나 회의시간을 구하는 문제에서는 각각의 나라 시간을 한국 시간으로 전부 바꾸어 계산하는 것이 편리하다. 조건에 맞는 나라들의 시간을 전부 한국 시간으로 바꾸고 한국 시간과의 시차만 더하거나 빼면 시간을 단축하여 풀 수 있다.

2 선택지를 잘 활용하라!

계산을 해서 값을 요구하는 문제 유형에서는 선택지를 먼저 본 후 자리 수가 몇 단위로 끝나는지 확인해야 한다. 예를 들어 412,300원, 426,700원, 434,100원인 선택지가 있다고 할 때, 제시된 조건에서 100원 단위로 나올 수 있는 항목을 찾아 그 항목만 계산하는 방법이 있다. 또한, 일일이 계산하는 문제가 많다. 예를 들어 640,000원, 720,000원, 810,000원 등의 수를 이용해 푸는 문제가 있다고 할 때, 만 원 단위를 절사하고 계산하여 64, 72, 81처럼 요약하는 방법이 있다.

3 최적의 값을 구하는 문제인지 파악하라!

물적 자원 관리의 대표유형에서는 제한된 자원 내에서 최대의 만족 또는 이익을 얻을
수 있는 방법을 강구하는 문제가 출제된다. 이때, 구하고자 하는 값을 x, y로 정하고
연립방정식을 이용해 x, y 값을 구한다. 최소 비용으로 목표생산량을 달성하기 위한 업
무 및 인력 할당, 정해진 시간 내에 최대 이윤을 낼 수 있는 업체 선정, 정해진 인력으로
효율적 업무 배치 등을 구하는 문제에서 사용되는 방법이다.

4 각 평가항목을 비교하라!

인적 자원 관리의 대표유형에서는 각 평가항목을 비교하여 기준에 적합한 인물을 고르거
나, 저렴한 업체를 선정하거나, 총점이 높은 업체를 선정하는 문제가 출제된다. 이런 유형
은 평가항목에서 가격이나 점수 차이에 영향을 많이 미치는 항목을 찾아 1 ~ 2개의 선택
지를 삭제하고, 남은 3 ~ 4개의 선택지만 계산하여 시간을 단축할 수 있다.

01 | 시간 계획

| 유형분석 |

- 시간 자원과 관련된 다양한 정보를 활용하여 풀어 가는 유형이다.
- 대체로 교통편 정보나 국가별 시차 정보가 제공되며, 이를 근거로 '현지 도착시간 또는 약속된 시간 내에 도착하기 위한 방안'을 고르는 문제가 출제된다.

해외영업부 A대리는 B부장과 함께 샌프란시스코에 출장을 가게 되었다. 샌프란시스코의 시각은 한국보다 16시간 느리고, 비행시간은 10시간 25분일 때 샌프란시스코 현지 시각으로 11월 17일 오전 10시 35분에 도착하는 비행기를 타려면 한국 시각으로 몇 시까지 인천공항에 도착해야 하는가?

구분	날짜	출발 시각	비행 시간	날짜	도착 시각
인천 → 샌프란시스코	11월 17일		10시간 25분	11월 17일	10:35
샌프란시스코 → 인천	11월 21일	17:30	12시간 55분	11월 22일	22:25

※ 단, 비행기 출발 한 시간 전에 공항에 도착해 티켓팅을 해야 한다.

① 12:10
② 13:10
③ 14:10
④ 15:10

정답 ④

인천에서 샌프란시스코까지 비행 시간은 10시간 25분이므로, 샌프란시스코 도착 시각에서 거슬러 올라가면 샌프란시스코 시각으로 00시 10분에 출발한 것이 된다. 이때 한국은 샌프란시스코보다 16시간 빠르기 때문에 한국 시각으로는 16시 10분에 출발한 것이다. 하지만 비행기 티켓팅을 위해 출발 한 시간 전에 인천공항에 도착해야 하므로 15시 10분까지 공항에 가야 한다.

풀이 전략!

문제에서 묻는 것을 정확히 파악한다. 특히 제한사항에 대해서는 빠짐없이 확인해 두어야 한다. 이후 제시된 정보(시차 등)에서 필요한 것을 선별하여 문제를 풀어 간다.

01 한국의 A사, 오스트레일리아의 B사, 아랍에미리트의 C사, 러시아의 D사는 상호협력프로젝트를 추진하고자 화상회의를 하려고 한다. 한국시각을 기준으로 삼을 때 화상회의 진행이 가능한 시간은?

<국가별 시간>

국가(도시)	현지시각
대한민국(서울)	2024. 06. 20 08:00am
오스트레일리아(캔버라)	2024. 06. 20 10:00am
아랍에미리트(두바이)	2024. 06. 20 03:00am
러시아(모스크바)	2024. 06. 20 02:00am

※ 각 회사의 위치는 위 자료에 있는 도시에 있다.
※ 모든 회사의 근무시간은 현지시각으로 오전 9시 ~ 오후 6시이다.
※ A, B, D사의 식사시간은 현지시각으로 오후 12시 ~ 오후 1시이다.
※ C사의 식사시간은 오전 11시 30분 ~ 오후 12시 30분이고, 오후 12시 30분부터 오후 1시까지 전 직원이 종교활동을 한다.
※ 화상회의의 소요시간은 1시간이다.

① 오후 1 ~ 2시 ② 오후 2 ~ 3시
③ 오후 3 ~ 4시 ④ 오후 4 ~ 5시

02 모스크바 지사에서 일하고 있는 A대리는 밴쿠버 지사와의 업무협조를 위해 6월 22일 오전 10시 15분에 밴쿠버 지사로 업무협조 메일을 보냈다. <조건>을 토대로 밴쿠버 지사에서 가장 빨리 메일을 읽었을 때, 모스크바의 시각은?

조건
• 밴쿠버는 모스크바보다 10시간이 늦다.
• 밴쿠버 지사의 업무시간은 오전 10시부터 오후 6시까지다.
• 밴쿠버 지사에서는 6월 22일 오전 10시부터 15분간 전력 점검이 있었다.

① 6월 22일 오전 10시 15분
② 6월 23일 오전 10시 15분
③ 6월 22일 오후 8시 15분
④ 6월 23일 오후 8시 15분

※ 다음은 K공사의 3월 일정표이다. 이어지는 질문에 답하시오. **[3~4]**

〈3월 일정표〉

월요일	화요일	수요일	목요일	금요일	토요일	일요일
			1 삼일절	2 김사원 휴가	3	4
5 K공사 전체회의	6 최사원 휴가	7	8 정대리 휴가	9	10	11
12 최팀장 휴가	13	14 정과장 휴가	15 정과장 휴가	16 김팀장 휴가	17	18
19 유부장 휴가	20	21	22	23 임사원 휴가	24	25
26 박과장 휴가	27 최대리 휴가	28	29 한과장 휴가	30 유부장 휴가	31	

- 소속 부서
  - 총무팀 : 최사원, 김대리, 한과장, 최팀장
  - 신용팀 : 임사원, 정대리, 박과장, 김팀장
  - 경제팀 : 김사원, 최대리, 정과장, 유부장
- ※ 휴가는 공휴일과 주말을 제외하고 사용하며, 전체 일정이 있는 경우 휴가를 사용하지 않는다.

03 K공사 직원들은 휴가일이 겹치지 않게 하루 이상 휴가를 쓰려고 한다. 다음 중 총무팀 김대리의 휴가일정으로 가장 적절한 것은?

① 1일   ② 5일
③ 9 ~ 10일   ④ 21 ~ 22일

04 K공사 직원들이 동일한 일수로 서로 겹치지 않게 휴가를 쓴다고 할 때, 한 사람당 최대 며칠까지 휴가를 쓸 수 있겠는가?

① 1일   ② 2일
③ 3일   ④ 4일

05 K공사에서는 7월 둘째 주(8 ~ 12일) 중에 2회에 걸쳐 전 직원을 대상으로 지역 문화회관에서 고객 개인정보 유출 방지에 대한 교육을 진행하려고 한다. 다음 자료를 토대로 K공사가 교육을 진행할 수 있는 요일과 시간대를 바르게 나열한 것은?(단, 교육은 1회당 3시간씩 진행된다)

〈문화회관 이용 가능 요일〉

구분	월요일	화요일	수요일	목요일	금요일
9 ~ 12시	O	×	O	×	O
12 ~ 13시	점심시간(운영 안 함)				
13 ~ 17시	×	O	O	×	×

〈주간 주요 일정표〉

일정	내용
7월 8일 월요일	08:30 ~ 09:30 주간조회 및 부서별 회의 14:00 ~ 15:00 팀별 전략 회의
7월 9일 화요일	09:00 ~ 10:00 경쟁력 강화 회의
7월 10일 수요일	11:00 ~ 13:00 부서 점심 회식 17:00 ~ 18:00 팀 회식
7월 11일 목요일	15:00 ~ 16:00 경력사원 면접
7월 12일 금요일	특이사항 없음

※ 주요 일정이 있는 시간 이외에 문화회관 이용 시간과 일정 시간이 겹치지 않는다면 언제든지 교육을 받을 수 있다.

① 월요일 오전, 수요일 오후, 금요일 오전
② 화요일 오전, 수요일 오후, 목요일 오전
③ 화요일 오후, 수요일 오전, 금요일 오전
④ 화요일 오후, 수요일 오후, 금요일 오전

02 | 비용 계산

| 유형분석 |

- 예산 자원과 관련된 다양한 정보를 활용하여 문제를 풀어간다.
- 대체로 한정된 예산 내에서 수행할 수 있는 업무 및 예산 가격을 묻는 문제가 출제된다.

연봉 실수령액을 구하는 식이 〈보기〉와 같을 때, 연봉이 3,480만 원인 A씨의 연간 실수령액은?(단, 원 단위는 절사한다)

> **보기**
>
> - (연봉 실수령액)=(월 실수령액)×12
> - (월 실수령액)=(월 급여)−[(국민연금)+(건강보험료)+(고용보험료)+(장기요양보험료)+(소득세)+(지방세)]
> - (국민연금)=(월 급여)×4.5%
> - (건강보험료)=(월 급여)×3.12%
> - (고용보험료)=(월 급여)×0.65%
> - (장기요양보험료)=(건강보험료)×7.38%
> - (소득세)=68,000원
> - (지방세)=(소득세)×10%

① 30,944,400원
② 31,078,000원
③ 31,203,200원
④ 32,150,800원

정답 ①

A씨의 월 급여는 3,480만÷12=290만 원이다.
국민연금, 건강보험료, 고용보험료를 제외한 금액을 계산하면
290만−[290만×(0.045+0.0312+0.0065)]
→ 290만−(290만×0.0827)
→ 290만−239,830=2,660,170원
- 장기요양보험료 : (290만×0.0312)×0.0738≒6,670원(∵ 원 단위 이하 절사)
- 지방세 : 68,000×0.1=6,800원
따라서 A씨의 월 실수령액은 2,660,170−(6,670+68,000+6,800)=2,578,700원이고,
연 실수령액은 2,578,700×12=30,944,400원이다.

풀이 전략!

제한사항인 예산을 고려하여 문제에서 묻는 것을 정확히 파악한 후, 제시된 정보에서 필요한 것을 선별하여 문제를 풀어간다.

01 A팀장은 6월부터 10월까지 매월 부산에서 열리는 세미나에 참석하기 위해 숙소를 예약해야 한다. A팀장이 다음 〈조건〉에 따라 예약사이트 M투어, H트립, S닷컴, T호텔스 중 한 곳을 통해 숙소를 예약하고자 할 때, A팀장이 이용할 예약사이트와 6월부터 10월까지의 총 숙박비용이 바르게 연결된 것은?

〈예약사이트별 예약 정보〉

예약사이트	가격(원/1박)	할인행사
M투어	120,500	3박 이용 시(연박 아니어도 3박 기록 있으면 유효) 다음 달에 30% 할인 쿠폰 1매 제공
H트립	111,000	6월부터 8월 사이 1박 이상 숙박 이용내역이 있을 시 10% 할인
S닷컴	105,500	2박 이상 연박 시 10,000원 할인
T호텔스	105,000	멤버십 가입 시 1박당 10% 할인(멤버십 가입비 20,000원)

조건

· 세미나를 위해 6월부터 10월까지 매월 1박 2일로 숙소를 예약한다.
· 숙소는 항상 □□호텔을 이용한다.
· A팀장은 6월부터 10월까지 총 5번의 숙박비용의 합을 최소화하고자 한다.

	예약사이트	총 숙박비용
①	M투어	566,350원
②	H트립	492,500원
③	S닷컴	532,800원
④	T호텔스	492,500원

02 K공사는 연말 시상식을 개최하여 한 해 동안 모범이 되거나 훌륭한 성과를 낸 직원을 독려하고자 한다. 시상 종류 및 인원, 상품에 대한 정보가 다음과 같을 때, 총상품구입비는 얼마인가?

〈시상내역〉

상 종류	수상인원	상품
사내선행상	5명	인당 금 도금 상패 1개, 식기 세트 1개
사회기여상	1명	인당 은 도금 상패 1개, 신형 노트북 1대
연구공로상	2명	인당 금 도금 상패 1개, 안마의자 1개, 태블릿 PC 1대
성과공로상	4명	인당 은 도금 상패 1개, 만년필 2개, 태블릿 PC 1대
청렴모범상	2명	인당 동 상패 1개, 안마의자 1개

- 상패 제작비용
  - 금 도금 상패 : 개당 55,000원(5개 이상 주문 시 개당 가격 10% 할인)
  - 은 도금 상패 : 개당 42,000원(주문수량 4개당 1개 무료 제공)
  - 동 상패 : 개당 35,000원
- 물품 구입비용(개당)
  - 식기 세트 : 450,000원
  - 신형 노트북 : 1,500,000원
  - 태블릿 PC : 600,000원
  - 만년필 : 100,000원
  - 안마의자 : 1,700,000원

① 14,085,000원 ② 15,050,000원
③ 15,534,500원 ④ 16,805,000원

03 서울에 사는 A씨는 결혼기념일을 맞이하여 가족과 함께 KTX를 타고 부산으로 여행을 다녀왔다. A씨의 가족이 이번 여행에서 지불한 교통비는 모두 얼마인가?

- A씨 부부에게는 만 6세인 아들, 만 3세인 딸이 있다.
- 갈 때는 딸을 무릎에 앉혀 갔고, 돌아올 때는 좌석을 구입했다.
- A씨의 가족은 일반석을 이용하였다.

〈KTX 좌석별 요금〉

구분	일반석	특실
가격	59,800원	87,500원

※ 만 4세 이상 13세 미만 어린이는 운임의 50%를 할인합니다.
※ 만 4세 미만의 유아는 보호자 1명당 2명까지 운임의 75%를 할인합니다.
　(단, 유아의 좌석을 지정하지 않을 시 보호자 1명당 유아 1명의 운임을 받지 않습니다)

① 299,000원 ② 301,050원
③ 307,000원 ④ 313,950원

04 B씨는 정원이 12명이고 개인 회비가 1인당 20,000원인 모임의 총무이다. 정기 모임을 카페에서 열기로 했는데 음료를 1잔씩 주문하고 음료와 곁들일 디저트도 2인에 한 개씩 시킬 예정이다. 〈조건〉에 따라 가장 저렴하게 먹을 수 있는 방법으로 메뉴를 주문한 후 남는 돈은?(단, 2명은 커피를 마시지 못한다)

〈메뉴 정보〉

COFFEE		NON – COFFEE		DESSERT	
아메리카노	3,500원	그린티라테	4,500원	베이글	3,500원
카페라테	4,100원	밀크티라테	4,800원	치즈케이크	4,500원
카푸치노	4,300원	초코라테	5,300원	초코케이크	4,700원
카페모카	4,300원	곡물라테	5,500원	티라미수	5,500원

조건
- 10잔 이상의 음료 또는 디저트를 구매하면 4,500원 이하의 음료 2잔이 무료로 제공된다.
- 음료와 디저트를 세트로 구매하면 해당 메뉴 금액의 10%가 할인된다.

① 175,000원 ② 178,500원
③ 180,500원 ④ 188,200원

03 │ 품목 확정

| 유형분석 |

- 물적 자원과 관련된 다양한 정보를 활용하여 풀어 가는 문제이다.
- 주로 공정도·제품·시설 등에 대한 가격·특징·시간 정보가 제시되며, 이를 종합적으로 고려하는 문제가 출제된다.

K공사에 근무하는 김대리는 사내시험에서 2점짜리 문제를 8개, 3점짜리 문제를 10개, 5점짜리 문제를 6개를 맞혀 총 76점을 맞았다. 다음을 통해 최대리가 맞힌 문제의 총개수는 몇 개인가?

〈사내시험 규정〉

문제 수 : 43문제
만점 : 141점
- 2점짜리 문제 수는 3점짜리 문제 수보다 12문제 적다.
- 5점짜리 문제 수는 3점짜리 문제 수의 절반이다.

- 최대리가 맞힌 2점짜리 문제의 개수는 김대리와 동일하다.
- 최대리의 점수는 총 38점이다.

① 14개   ② 15개
③ 16개   ④ 17개

정답 ①

최대리는 2점짜리 문제를 김대리가 맞힌 개수만큼 맞혔으므로 8개, 즉 16점을 획득했다. 최대리가 맞힌 3점짜리와 5점짜리 문제를 합하면 38−16=22점이 나와야 한다. 3점과 5점의 합으로 22가 나오기 위해서는 3점짜리는 4문제, 5점짜리는 2문제를 맞혀야 한다.

따라서 최대리가 맞힌 문제의 총개수는 8개(2점짜리)+4개(3점짜리)+2개(5점짜리)=14개이다.

풀이 전략!

문제에서 묻고자 하는 바를 정확히 파악하는 것이 중요하다. 문제에서 제시한 물적 자원의 정보를 문제의 의도에 맞게 선별하면서 풀어 간다.

01 대학교 입학을 위해 지방에서 올라온 대학생 S씨는 자취방을 구하려고 한다. 대학교 근처 자취방의 월세와 대학교까지 거리는 다음과 같다. 한 달을 기준으로 S씨가 지출하게 될 자취방 월세와 자취방에서 대학교까지 왕복 시 거리비용을 합산할 때, S씨가 선택할 수 있는 가장 저렴한 비용의 자취방은?

〈자취방별 월세 및 거리 정보〉

구분	월세	대학교까지 거리
A자취방	330,000원	1.8km
B자취방	310,000원	2.3km
C자취방	350,000원	1.3km
D자취방	320,000원	1.6km

※ 대학교 통학일(한 달 기준) : 15일
※ 거리비용 : 1km당 2,000원

① A자취방
② B자취방
③ C자취방
④ D자취방

02 K공사의 인재개발원에 근무하고 있는 H씨는 신입사원 교육을 위한 스크린을 구매하려고 한다. 다음 〈조건〉에 따라 스크린을 구매할 때, 조건에 부합하는 가격, 조명도, 특이사항을 순서대로 바르게 나열한 것은?

> **조건**
> • 조명도는 5,000lx 이상이어야 한다.
> • 예산은 150만 원이다.
> • 제품에 이상이 생겼을 때 A/S가 신속해야 한다.
> • 위 조건을 모두 충족할 시 가격이 저렴한 제품을 가장 우선으로 선정한다.
> ※ lux(럭스) : 조명이 밝은 정도를 말하는 조명도에 대한 실용단위이며, 기호는 lx이다.

	가격(만 원)	조명도(lx)	특이사항
①	180	8,000	2년 무상 A/S 가능
②	120	6,000	해외직구(해외 A/S)
③	150	5,000	미사용 전시 제품
④	130	7,000	2년 무상 A/S 가능

04 | 인원 선발

| 유형분석 |

- 인적 자원과 관련된 다양한 정보를 활용하여 풀어 가는 문제이다.
- 주로 근무명단, 휴무일, 업무할당 등의 주제로 다양한 정보를 활용하여 종합적으로 풀어 가는 문제가 출제된다.

어느 버스회사에서 (가)시에서 (나)시를 연결하는 버스 노선을 개통하기 위해 새로운 버스를 구매하려고 한다. 다음 〈조건〉과 같이 노선을 운행하려고 할 때, 최소 몇 대의 버스를 구매해야 하며 이때 필요한 운전사는 최소 몇 명인가?

조건

1) 새 노선의 왕복 시간 평균은 2시간이다(승하차 시간을 포함).
2) 배차시간은 15분 간격이다.
3) 운전사의 휴식시간은 매 왕복 후 30분씩이다.
4) 첫차는 05시 정각에, 막차는 23시에 (가)시를 출발한다.
5) 모든 차는 (가)시에 도착하자마자 (나)시로 곧바로 출발하는 것을 원칙으로 한다.
   즉, (가)시에 도착하는 시간이 바로 (나)시로 출발하는 시간이다.
6) 모든 차는 (가)시에서 출발해서 (가)시로 복귀한다.

	버스	운전사
①	6대	8명
②	8대	10명
③	10대	12명
④	12대	14명

정답 ②

왕복 시간이 2시간, 배차 간격이 15분이라면 첫차가 재투입되는 데 필요한 앞차의 수는 첫차를 포함해서 8대이다(∵ 15분×8대＝2시간이므로 8대 버스가 운행된 이후 9번째에 첫차 재투입 가능).

운전사는 왕복 후 30분의 휴식을 취해야 하므로 첫차를 운전했던 운전사는 2시간 30분 뒤에 운전을 시작할 수 있다. 따라서 8대의 버스로 운행하더라도 운전자는 150분 동안 운행되는 버스 150÷15＝10대를 운전하기 위해서는 10명의 운전사가 필요하다.

풀이 전략!

문제에서 신입사원 채용이나 인력배치 등의 주제가 출제될 경우에는 주어진 규정 혹은 규칙을 꼼꼼히 확인하여야 한다. 이를 근거로 각 선택지가 어긋나지 않는지 검토하며 문제를 풀어 간다.

01 K공사에서 승진 후보자 2명을 승진시키려고 한다. 승진의 조건은 동료 평가에서 '하'를 받지 않고 합산점수가 높은 순이다. 합산점수는 100점 만점의 점수로 환산한 승진시험 성적, 영어 성적, 성과 평가의 수치를 합산하여 구한다. 승진시험의 만점은 100점, 영어 성적의 만점은 500점, 성과 평가의 만점은 200점이라고 할 때, 승진 대상자 2명은 누구인가?

〈승진 후보자 평가 점수〉

(단위 : 점)

구분	승진시험 성적	영어 성적	동료 평가	성과 평가
A	80	400	중	120
B	80	350	상	150
C	65	500	상	120
D	70	400	중	100
E	95	450	하	185
F	75	400	중	160
G	80	350	중	190
H	70	300	상	180
I	100	400	하	160
J	75	400	상	140
K	90	250	중	180

① A, C
② B, K
③ E, I
④ F, G

※ 다음은 K공사 신입사원 채용시험 결과에 대한 자료이다. 이어지는 질문에 답하시오. [2~3]

〈K공사 신입사원 채용시험 결과〉

(단위 : 점)

성명	필기시험			면접시험	
	의사소통능력	수리능력	문제해결능력	창의성	업무적합성
이진기	92	74	84	60	90
박지민	89	82	99	80	90
최미정	80	66	87	80	40
김남준	94	53	95	60	50
정진호	73	92	91	50	100
김석진	90	68	100	70	80
황현희	77	80	92	90	60

02 필기시험 점수에서 수리능력과 문제해결능력 점수의 합이 가장 높은 2명을 총무팀에 배치한다고 할 때, 다음 중 총무팀에 배치되는 사람을 모두 고르면?

① 이진기, 최미정　　　　　　　② 박지민, 정진호
③ 김남준, 김석진　　　　　　　④ 정진호, 황현희

03 필기시험 총점과 면접시험 총점을 7 : 3 비율로 적용한 환산점수에서 최저점을 받은 신입사원의 채용이 보류된다고 할 때, 다음 중 채용이 보류되는 사람은 누구인가?

① 이진기　　　　　　　　　　② 최미정
③ 김남준　　　　　　　　　　④ 정진호

PART 2

합격의 공식 시대에듀 www.sdedu.co.kr

직무능력평가

01 | 경영
적중예상문제

정답 및 해설 p.044

01 다음 중 기타포괄손익에 해당하지 않는 것은?

① 해외사업환산손익
② 현금흐름위험회피 파생상품평가손실
③ 재평가잉여금
④ 재평가적립금

02 다음 중 ㉠ ~ ㉢의 M&A 방어전략을 바르게 연결한 것은?

㉠ 주식의 매입기간, 가격, 수량 등을 정하여 불특정다수를 대상으로 주식을 장외매수하는 전략이다.
㉡ 피인수기업의 이사가 임기 전 물러나게 될 경우 거액의 퇴직금, 스톡옵션 등을 주도록 하여 인수비용을 높이는 전략이다.
㉢ 주주의 동의 없이 기업을 인수하려 할 경우 기존 주주에게 시가보다 싼 가격에 지분을 매입할 수 있도록 권리를 부여하는 전략이다.

	㉠	㉡	㉢
①	주식공개매수	황금낙하산	독소조항
②	주식공개매수	불가침협정	황금낙하산
③	황금낙하산	독소조항	불가침협정
④	황금낙하산	주식공개매수	복수의결권

03 다음 중 기업이 글로벌 전략을 수행하는 이유로 옳지 않은 것은?

① 규모의 경제를 달성하기 위해
② 세계 시장에서의 협력 강화를 위해
③ 현지 시장으로의 효과적인 진출을 위해
④ 기업구조를 개편하여 경영의 효율성을 높이고 리스크를 줄이기 위해

04 다음 중 지식경영시스템(KMS)에 대한 설명으로 옳지 않은 것은?

① KMS는 'Knowledge Management System'의 약자로, 지식경영시스템 또는 지식관리시스템을 나타낸다.

② 지식경영시스템은 지식베이스, 지식스키마, 지식맵의 3가지 요소로 구성되어 있다.

③ 지식베이스가 데이터베이스에 비유된다면 지식스키마는 원시데이터에 대한 메타데이터를 담고 있는 데이터사전 또는 데이터베이스에 비유될 수 있다.

④ 조직에서 필요한 지식과 정보를 창출하는 연구자, 설계자, 건축가, 과학자, 기술자는 필수적으로 포함되어야 한다.

05 K회사는 철물 관련 사업을 하는 중소기업이다. 이 회사는 수요가 어느 정도 안정된 소모품을 다양한 거래처에 납품하고 있으며, 내부적으로는 부서별 효율성을 추구하고 있다. 이러한 회사의 조직구조로 옳은 것은?

① 기능별 조직   ② 사업부제 조직
③ 프로젝트 조직   ④ 매트릭스 조직

06 다음 글에서 설명하는 현상으로 옳은 것은?

- 응집력이 높은 집단에서 나타나기 쉽다.
- 집단 구성원들이 의견일치를 추구하려다가 잘못된 의사결정을 하게 된다.
- 이에 대처하기 위해서는 자유로운 비판이 가능한 분위기 조성이 필요하다.

① 집단사고(Groupthink)

② 조직시민행동(Organizational Citizenship Behavior)

③ 악마의 옹호자(Devil's Advocacy)

④ 몰입상승(Escalation of Commitment)

07 다음 중 노동조합의 가입방법에 대한 설명으로 옳지 않은 것은?

① 오픈 숍(Open Shop)에서는 노동조합 가입여부가 고용 또는 해고의 조건이 되지 않는다.

② 에이전시 숍(Agency Shop)에서는 근로자들의 조합 가입과 조합비 납부가 강제된다.

③ 유니언 숍(Union Shop)에서 신규 채용된 근로자는 일정기간이 지나면 반드시 노동조합에 가입해야 한다.

④ 클로즈드 숍(Closed Shop)은 기업에 속해 있는 근로자 전체가 노동조합에 가입해야 할 의무가 있는 제도이다.

08 다음 중 직무확대에 대한 설명으로 옳지 않은 것은?

① 한 직무에서 수행되는 과업의 수를 증가시키는 것을 말한다.

② 종업원으로 하여금 중심과업에 다른 관련 직무를 더하여 수행하게 함으로써 개인의 직무를 넓게 확대한다.

③ 기업이 직원들의 능력을 개발하고 여러 가지 업무를 할 수 있도록 하여 인적자원의 운용 효율을 증가시킨다.

④ 근로자가 스스로 직무를 계획하고 실행하여 일의 자부심과 책임감을 가지게끔 한다.

09 다음 글에서 설명하는 인사고과의 오류는 무엇인가?

• 다른 말로 고정관념이라고 한다.
• 대상이 속한 집단의 특성에 따라 대상을 판단하는 것을 말한다.
• 대상에 대한 편견을 가지게 하기도 하지만, 대상 간 관계의 복잡성을 줄여주는 기능도 한다.

---

① 헤일로 효과　　　　　　　　　　② 상동적 태도
③ 항상오차　　　　　　　　　　　　④ 논리오차

10 다음 중 수요예측기법의 시계열 분석법(Time Series Analysis)에 대한 설명으로 옳지 않은 것은?

① 과거 수요를 분석하여 시간에 따른 수요의 패턴을 파악하고 이의 연장선상에서 미래 수요를 예측하는 방법이다.

② 과거의 수요 흐름으로부터 미래의 수요를 투영하는 방법으로, 과거의 수요 패턴이 미래에도 지속된다는 시장의 안정성이 기본적인 가정이다.

③ 목측법, 이동평균법, 지수평활법, 최소자승법, 박스 – 젠킨스(Box – Jenkins)법, 계절지수법, 시계열 회귀분석법 등이 있다.

④ 시계열 자료수집이 용이하고 변화하는 경향이 뚜렷하여 안정적일 때 이를 기초로 미래의 예측치를 구할 수 있다.

11 다음 중 소비자에게 제품의 가격이 낮게 책정되었다는 인식을 심어주기 위해 이용하는 가격 설정 방법으로 옳은 것은?

① 단수가격(Odd Pricing)

② 준거가격(Reference Pricing)

③ 명성가격(Prestige Pricing)

④ 관습가격(Customary Pricing)

12 다음 글에서 설명하는 제도는 무엇인가?

> • 기업이 주어진 인건비로 평소보다 더 많은 부가가치를 창출하였을 경우, 초과된 부가가치를 노사 협동의 산물로 보고 기업과 종업원 간에 배분하는 제도이다.
> • 노무비 외 원재료비 및 기타 비용의 절감액도 인센티브 산정에 반영한다.

① 연봉제   ② 개인성과급제

③ 스캔론 플랜(Scanlon Plan)   ④ 러커 플랜(Rucker Plan)

13 다음 중 식스 시그마(6 – sigma)에 대한 설명으로 옳지 않은 것은?

① 프로세스에서 불량과 변동성을 최소화하면서 기업의 성과를 최대화하려는 종합적이고 유연한 시스템이다.

② 프로그램의 최고 단계 훈련을 마치고, 프로젝트 팀 지도를 전담하는 직원은 마스터블랙벨트이다.

③ 통계적 프로세스 관리에 크게 의존하며, '정의 – 측정 – 분석 – 개선 – 통제(DMAIC)'의 단계를 걸쳐 추진된다.

④ 사무부분을 포함한 모든 프로세스의 질을 높이고 업무 비용을 획기적으로 절감하여 경쟁력 향상을 목표로 한다.

14 다음은 K기업의 균형성과평가제도를 적용한 평가기준표이다. (A) ~ (D)에 들어갈 용어를 순서대로 바르게 나열한 것은?

구분	전략목표	주요 성공요인	주요 평가지표	목표	실행계획
(A) 관점	매출 확대	경쟁사 대비 가격 및 납기우위	평균 분기별 총매출, 전년 대비 총매출	평균 분기 10억 원 이상, 전년 대비 20% 이상	영업 인원 증원
(B) 관점	부담 없는 가격, 충실한 A/S	생산성 향상, 높은 서비스 품질	전년 대비 재구매 비율, 고객 만족도	전년 대비 10포인트 향상, 만족도 80% 이상	작업 순서 준수, 서비스 품질 향상
(C) 관점	작업 순서 표준화 개선 제안 및 실행	매뉴얼 작성 및 준수	매뉴얼 체크 회수 개선 제안 수 및 실행횟수	1일 1회 연 100개 이상	매뉴얼 교육 강좌 개선, 보고회의 실시
(D) 관점	경험이 부족한 사원 교육	실천적 교육 커리큘럼 충실	사내 스터디 실시 횟수, 스터디 참여율	연 30회, 80% 이상	스터디 모임의 중요성 및 참여 촉진

	(A)	(B)	(C)	(D)
①	고객	내부 프로세스	학습 및 성장	재무적
②	내부 프로세스	재무적	고객	학습 및 성장
③	재무적	고객	내부 프로세스	학습 및 성장
④	학습 및 성장	고객	재무적	내부 프로세스

15 다음 중 대규모 데이터베이스에서 숨겨진 패턴이나 관계를 발견하여 의사결정 및 미래예측에 활용할 수 있도록 데이터를 모아서 분석하는 것은?

① 데이터 웨어하우스(Data Warehouse)

② 데이터 마이닝(Data Mining)

③ 데이터 마트(Data Mart)

④ 데이터 정제(Data Cleansing)

16 민츠버그(Mintzberg)는 여러 형태의 경영자를 조사하여 공통적으로 수행하는 경영자의 역할을 10가지로 정리하였다. 다음 글에서 설명하는 역할은 무엇인가?

> 경영자는 기업의 존속과 발전을 위해 조직과 환경을 탐색하고, 발전과 성장을 위한 의사결정을 담당하는 역할을 맡는다.

① 대표자 역할
② 연락자 역할
③ 정보수집자 역할
④ 기업가 역할

PART 2

17 다음 대화에서 시스템 이론에 대해 잘못 말한 사람은 누구인가?

> 수민 : 시스템 이론은 모든 상황에 동일하게 적용될 수 있는 이론은 없다고 보면서, 상황과 조직이 어떠한 관계를 맺고 있으며 이들 간에 어떠한 관계가 성립할 때 조직 유효성이 높아지는가를 연구하는 이론이야.
>
> 철수 : 시스템은 외부환경과 상호작용이 일어나느냐의 여부에 따라 개방시스템과 폐쇄시스템으로 나누어지는데, 일반적으로 시스템 이론은 개방시스템을 의미해.
>
> 영희 : 시스템의 기본구조에 의하면 투입은 각종 자원을 뜻하는데, 인적자원과 물적자원, 재무자원, 정보 등 기업이 목적달성을 위해 투입하는 모든 에너지가 여기에 속해.
>
> 준수 : 시스템 이론에서 조직이라는 것은 각종 상호의존적인 요인의 총합체이므로, 관리자는 조직의 목표를 달성하기 위해 조직 내의 모든 요인들이 적절히 상호작용하고 조화로우며 균형을 이룰 수 있게 해야 해.

① 수민
② 철수
③ 영희
④ 준수

18 다음 중 개인형 퇴직연금제도(IRP; Individual Retirement Pension)에 대한 설명으로 옳지 않은 것은?

① IRP계좌는 MMA계좌와 같이 입출금이 자유롭다는 장점이 있다.
② 운용기간 중 발생한 수익에 대해서는 퇴직급여 수급 시까지 과세가 면제된다.
③ 연간 1,800만 원까지 납입할 수 있으며, 최대 700만 원까지 세액공제 대상이 된다.
④ 근로자가 재직 중 자율로 가입하거나 퇴직 시 받은 퇴직급여를 계속해서 적립·운용할 수 있는 퇴직연금제도이다.

19 다음 중 자원기반관점(RBV)에 대한 설명으로 옳지 않은 것은?

① 기업의 전략과 성과의 주요결정요인은 기업내부의 자원과 핵심역량의 보유라고 주장한다.
② 경쟁우위의 원천이 되는 자원으로 이질성(Heterogeneous)과 비이동성(Immobile)을 가정한다.
③ 주요 결정요인은 진입장벽, 제품차별화 정도, 사업들의 산업집중도 등이다.
④ 기업이 보유한 가치(Value), 희소성(Rareness), 모방불가능(Inimitability), 대체불가능성(Non-Substitutability) 자원들은 경쟁우위를 창출할 수 있다.

20 다음 중 네트워크 조직(Network Organization)의 장점에 해당하지 않는 것은?

① 정보 공유의 신속성 및 촉진이 용이하다.
② 광범위한 전략적 제휴로 기술혁신이 가능하며, 유연성이 뛰어나 전략과 상품의 전환이 빠르다.
③ 관리감독자의 수가 줄어들게 되어 관리비용이 절감된다.
④ 전문성이 뛰어나 아웃소싱 업체의 전문성 및 핵심역량을 활용하기 용이하다.

21 다음 중 리더의 구성원 교환이론(LMX; Leader Member Exchange Theory)에 대한 설명으로 옳지 않은 것은?

① 구성원들의 업무와 관련된 태도나 행동들은 리더가 그들을 다루는 방식에 달려있다.
② 리더는 팀의 구성원들과 강한 신뢰감, 감정, 존중이 전제된 관계를 형성한다.
③ LMX 이론의 목표는 구성원, 팀, 조직에 리더십이 미치는 영향을 설명하는 것이다.
④ 조직의 모든 구성원들은 동일한 차원으로 리더십에 반응한다.

22 다음 중 내부모집에 대한 설명으로 옳지 않은 것은?

① 외부모집에 비해 비용이 적게 든다.

② 구성원의 사회화기간을 단축시킬 수 있다.

③ 외부모집에 비해 지원자를 정확하게 평가할 가능성이 높다.

④ 빠르게 변화하는 환경에 적응하는 데 외부모집보다 효과적이다.

PART 2

23 다음 중 직무평가방법에서 요소비교법(Factor Comparison Method)에 대한 설명으로 옳은 것은?

① 직무를 평가요소별로 분해하여 점수를 배정함으로써 각 직무를 구체적으로 결정하는 방법이다.

② 사전에 분류할 직무의 등급(숙련, 반숙련, 미숙련 등)을 결정해 두고, 각각의 직무를 적절히 판정하여 해당 등급에 삽입하는 방법이다.

③ 직무를 평가요소별로 분해하고, 점수 대신 임률로 기준직무를 평가한 후, 타 직무를 기준직무에 비교하여 각각의 임률을 결정하는 방법이다.

④ 기업 내의 각 직무를 상대적인 훈련, 노력, 책임, 작업조건 등과 같은 요소를 기준으로 종합적으로 판단하여, 높은 가치의 직무에서 낮은 가치의 직무 순서로 배열하는 방법이다.

24 다음 〈보기〉 중 수직적 마케팅시스템(VMS; Vertical Marketing System)에 대한 설명으로 옳은 것을 모두 고르면?

> **보기**
>
> ㄱ. 수직적 마케팅시스템은 유통조직의 생산시점과 소비시점을 하나의 고리형태로 유통계열화하는 것이다.
> ㄴ. 수직적 마케팅시스템은 유통경로 구성원인 제조업자, 도매상, 소매상, 소비자를 각각 별개로 파악하여 운영한다.
> ㄷ. 유통경로 구성원의 행동은 시스템 전체보다 각자의 이익을 극대화하는 방향으로 조정된다.
> ㄹ. 수직적 마케팅시스템의 유형에는 기업적 VMS, 관리적 VMS, 계약적 VMS 등이 있다.
> ㅁ. 프랜차이즈 시스템은 계약에 의해 통합된 수직적 마케팅시스템이다.

① ㄱ, ㄴ, ㄷ

② ㄱ, ㄴ, ㅁ

③ ㄱ, ㄹ, ㅁ

④ ㄴ, ㄷ, ㄹ

25 다음 중 마일즈(Miles)와 스노우(Snow)의 전략유형에서 방어형의 특징으로 옳은 것은?

① 진입장벽을 돌파하여 시장에 막 진입하려는 기업들이 주로 활용하는 전략이다.

② 성과 지향적 인사고과와 장기적인 결과를 중시한다.

③ 먼저 진입하지 않고 혁신형을 관찰하다가 성공가능성이 보이면 신속하게 진입하는 전략이다.

④ 조직의 안정적 유지를 추구하는 소극적인 전략이다.

26 다음 중 경영전략과 경영조직에 대한 설명으로 옳은 것은?

① 기계적 조직은 유기적 조직에 비해 집권화 정도와 공식화 정도가 모두 강하다.

② BCG 매트릭스에서는 시장의 성장률과 절대적 시장 점유율을 기준으로 사업을 평가한다.

③ 포터의 가치사슬 모형에 의하면 마케팅, 재무관리, 생산관리, 인적자원관리는 본원적 활동이다.

④ 대량생산기술을 적용할 때에는 유기적 조직이 적합하며, 소량주문생산기술을 적용할 때에는 기계적 조직이 적합하다.

27 다음 중 기업이 상품을 판매할 때마다 수익의 일부를 기부하는 마케팅은?

① 그린 마케팅(Green Marketing)

② 프로 보노(Pro Bono)

③ 니치 마케팅(Niche Marketing)

④ 코즈 마케팅(Cause Marketing)

28 다음 대화의 빈칸에 공통으로 들어갈 단어는?

> 김이사 : 이번에 우리 회사에서도 _____시스템을 도입하려고 합니다. _____는 기업 전체의 의사결정권자와 사용자 모두가 실시간으로 정보를 공유할 수 있게 합니다. 또한 제조, 판매, 유통, 인사관리, 회계 등 기업의 전반적인 운영 프로세스를 통합하여 자동화할 수 있지요.
>
> 박이사 : 맞습니다. _____시스템을 통하여 기업의 자원관리를 보다 효율적으로 할 수 있어서, 조직 전체의 의사결정도 보다 신속하게 할 수 있을 것입니다.

① JIT   ② MRP
③ MPS   ④ ERP

29 다음 중 제품별 배치에 대한 설명으로 옳지 않은 것은?

① 높은 설비이용률을 가진다.
② 다품종 생산이 가능하다.
③ 수요 변화에 적응하기 어렵다.
④ 낮은 제품단위당 원가로 경쟁우위를 점할 수 있다.

30 다음 중 결합레버지도에 대한 설명으로 옳지 않은 것은?

① 매출액의 변화가 주당이익의 변화에 미치는 효과를 직접 측정하는 척도로 사용된다.
② 영업레버리지 효과와 재무레버리지 효과를 결합하여 나타낸다.
③ 영업고정비의 비중이 작을수록 매출액 변동에 따른 영업이익의 변동은 더 증가한다.
④ 영업레버리지와 재무레버리지가 모두 큰 사업군이라면 매출액이 조금만 변동해도 주주에게 귀속되는 주당이익의 변동은 크다.

02 | 경제
적중예상문제

정답 및 해설 p.048

01 다음은 소비의 결정요인에 대한 이론이다. 이 설명에 해당하는 가설은 무엇인가?

> 소비는 오직 현재 소득(처분가능소득)에 의해서만 결정된다. 타인의 소비행위와는 독립적이다. 소득이 증가하면 소비가 늘어나고, 소득이 감소하면 소비도 줄어든다. 따라서 정부의 재량적인 조세정책이 경기부양에 매우 효과적이다.

① 절대소득가설   ② 항상소득가설

③ 상대소득가설   ④ 생애주기가설

02 시장에서 어떤 상품의 가격이 상승하면서 동시에 거래량이 증가하였다. 다음 중 이러한 변화를 가져올 수 있는 요인은?(단, 이 재화는 정상재이다)

① 이 상품의 생산과 관련된 기술의 진보

② 이 상품과 보완관계에 있는 상품의 가격 하락

③ 이 상품과 대체관계에 있는 상품의 가격 하락

④ 이 상품을 주로 구매하는 소비자들의 소득 감소

03 다음 〈보기〉에서 독점기업의 가격차별 전략 중 하나인 이부가격제(Two-part Pricing)에 대한 설명으로 옳은 것을 모두 고르면?

> **보기**
> ㄱ. 서비스 요금 설정에서 기본요금(가입비)과 초과사용량 요금(사용료)을 분리하여 부과하는 경우가 해당된다.
> ㄴ. 적은 수량을 소비하는 소비자의 평균지불가격이 낮아진다.
> ㄷ. 소비자잉여는 독점기업이 부과할 수 있는 가입비의 한도액이다.
> ㄹ. 자연독점하의 기업이 평균비용 가격설정으로 인한 손실을 보전하기 위해 선택한다.

① ㄱ, ㄴ   ② ㄱ, ㄷ

③ ㄴ, ㄷ   ④ ㄱ, ㄴ, ㄷ

04 K국 경제의 총수요곡선과 총공급곡선이 각각 $P = -Y_d + 4$, $P = P_e + (Y_s - 2)$이다. P_e가 3에서 5로 증가할 때, 균형소득수준 (ㄱ)과 균형물가수준 (ㄴ)의 변화는?(단, P는 물가수준, Y_d는 총수요, Y_s는 총공급, P_e는 기대물가수준이다)

	ㄱ	ㄴ
①	상승	상승
②	하락	하락
③	불변	불변
④	하락	상승

05 현재와 미래 두 기간에 걸쳐 소비하는 甲의 현재소득은 1,000, 미래소득은 300, 현재 부(Wealth)는 200이다. 이자율이 2%로 일정할 때, 甲의 현재소비가 800이라면 최대 가능한 미래소비는 얼마인가?

① 696   ② 700

③ 704   ④ 708

06 재산이 900만 원인 지혜는 500만 원의 손실을 볼 확률이 $\frac{3}{10}$이고, 손실을 보지 않을 확률이 $\frac{7}{10}$이다. K보험회사는 지혜가 일정 금액을 보험료로 지불하면 손실 발생 시 손실 전액을 보전해 주는 상품을 판매하고 있다. 지혜의 효용함수가 $U(X) = \sqrt{X}$이고 기대효용을 극대화한다고 할 때, 지혜가 보험료로 지불할 용의가 있는 최대 금액은 얼마인가?

① 21만 원   ② 27만 원

③ 171만 원   ④ 729만 원

07 다음 중 고전학파와 케인스학파의 거시경제관에 대한 설명으로 옳지 않은 것은?

① 고전학파는 공급이 수요를 창출한다고 보는 반면, 케인스학파는 수요가 공급을 창출한다고 본다.

② 고전학파는 화폐가 베일(Veil)에 불과하다고 보는 반면, 케인스학파는 화폐가 실물경제에 영향을 미친다고 본다.

③ 고전학파는 저축과 투자가 같아지는 과정에서 이자율이 중심적인 역할을 한다고 본 반면, 케인스학파는 국민소득이 중심적인 역할을 한다고 본다.

④ 고전학파는 실업문제 해소에 대해 케인스학파와 동일하게 재정정책이 금융정책보다 더 효과적이라고 본다.

08 A의 소득이 10,000원이고, X재와 Y재에 대한 총지출액도 10,000원이다. X재 가격이 1,000원이며, A의 효용이 극대화되는 소비량이 $X=6$이고 $Y=10$이라고 할 때, X재에 대한 Y재의 한계대체율(MRS_{XY})은 얼마인가?(단, 한계대체율은 체감한다)

① 2.5

② 2

③ 1.5

④ 1

09 다음 그래프는 생산자 보조금 지급에 따른 사회후생의 변화를 나타낸다. 이에 대한 설명으로 옳지 않은 것은?(단, S_1 : 원래의 공급곡선, S_2 : 보조금 지급 이후의 공급곡선, D : 수요곡선, E_1 : 원래의 균형점, E_2 : 보조금 지급 이후의 균형점, P : 가격, Q : 수량을 나타낸다)

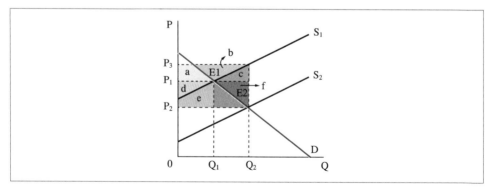

① 보조금 지급 후 생산자가 최종적으로 수취하는 가격은 P_3이다.

② 보조금 지급으로 인한 생산자잉여의 증가분은 a＋b이다.

③ 낭비된 보조금의 크기는 c＋f이다.

④ 보조금의 크기는 a＋b＋d＋e이다.

10 다음 A, B에 해당하는 사람을 〈보기〉에서 골라 바르게 구분한 것은?

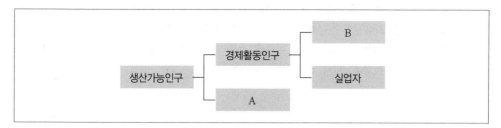

> **보기**
> 가. 실직한 뒤에 구직활동을 포기한 아버지
> 나. 교통사고를 당해 휴직 중인 어머니
> 다. 아버지가 운영하는 가게에서 무보수로 아르바이트를 하고 있는 누나
> 라. 일거리가 적어 일주일에 하루만 일하는 형
> 마. 내년도 대학입시를 준비하는 동생

	A	B
①	가	나, 다, 라, 마
②	가, 나	다, 라, 마
③	가, 마	나, 다, 라
④	나, 마	가, 다, 라

11 다음 중 토빈(J. Tobin)의 Q에 대한 설명으로 옳은 것은?

① 장기적으로 임금변화율과 실업률의 관계를 설명하는 지표이다.
② Q값이 1보다 클 경우 투자규모는 증가한다고 설명한다.
③ Q값은 자본비용을 자본의 시장가치로 나눈 값으로 도출된다.
④ Q값은 자본의 상대적 효율성을 나타내는 지표이며, 신규투자의 변화와는 관련이 없어 거시경제 지표로 활용하기 어렵다.

12 일반적인 형태의 수요곡선과 공급곡선을 가지는 재화 X의 가격이 상승하고 생산량이 감소하였다면 재화 X의 수요곡선과 공급곡선은 어떻게 이동한 것인가?

① 수요곡선이 하방이동하였다.
② 공급곡선이 하방이동하였다.
③ 수요곡선이 상방이동하였다.
④ 공급곡선이 상방이동하였다.

13 흡연자 갑은 담배 한 갑을 피울 때 최대 3천 원을 지불할 용의가 있고, 을은 최대 5천 원을 지불할 용의가 있다. 현재 한 갑당 2천 원의 가격일 때 갑과 을은 하루에 한 갑씩 담배를 피운다. 미래에 담배 한 갑당 2천 원의 건강세가 부과될 때, 이 건강세로부터 발생하는 하루 조세수입원은 얼마인가?(단, 두 사람은 한 갑 단위로 담배를 소비하는 합리적 경제주체이고, 하루에 최대한 소비할 수 있는 담배의 양은 각각 한 갑이라고 가정한다)

① 없음

② 2천 원

③ 3천 원

④ 4천 원

14 다음 중 독점기업에 대한 설명으로 옳은 것은?

① 독점기업은 장기와 단기에 항상 초과이윤을 얻는다.

② 독점기업은 가격차별을 통해 항상 사회적 후생의 증가를 가져올 수 있으므로 무조건적으로 제재를 가하고 경쟁을 활성화시키려는 것은 좋지 않다.

③ 독점기업이 직면하는 시장수요함수가 $Q=1-2P$라면, 한계수입은 $MR=\dfrac{1}{2}-Q$이다(여기서 Q와 P는 각각 수요량과 가격이다).

④ 독점기업의 경우는 자유롭게 놔두는 것이 효율적인 결과를 스스로 도출할 수 있으므로 독점기업에 정부가 개입하는 것은 시장의 비효율성을 초래할 뿐이다.

15 다음 중 인플레이션 효과에 대한 설명으로 옳은 것은?

① 인플레이션은 잦은 가격조정에 수반되는 비용을 초래한다.

② 인플레이션은 명목이자율을 낮춘다.

③ 인플레이션이 발생하면 명목소득이 불변일 때 실질소득은 증가한다.

④ 인플레이션이 발생하면 실질임금이 불변일 때 명목임금은 감소한다.

16 어떤 산업에서 임금이 상승할 경우, 노동공급은 증가하고 노동수요는 감소하는 상태에서 균형을 이루고 있다. 이 산업에서 생산물 가격이 하락할 때, 새로운 균형 달성을 위한 임금수준과 고용량의 변화에 대한 설명으로 옳은 것은?(단, 생산물시장과 생산요소시장은 완전경쟁이고, 기업들은 이윤극대화를 추구한다)

① 임금 상승, 고용량 감소

② 임금 상승, 고용량 증가

③ 임금 하락, 고용량 감소

④ 임금 하락, 고용량 증가

17 다음은 A국과 B국의 경제에 대한 자료이다. A국의 실질환율과 수출량의 변화로 옳은 것은?

구분	2022년	2023년
A국 통화로 표시한 B국 통화 1단위의 가치	1,000	1,150
A국의 물가지수	100	107
B국의 물가지수	100	103

	실질환율	수출량		실질환율	수출량
①	불변	감소	②	11% 상승	증가
③	11% 하락	감소	④	19% 상승	증가

PART 2

18 다음 중 노동시장과 실업에 대한 설명으로 옳은 것은?

① 실망노동자는 실업자로 분류되지 않는다.

② 완전고용은 자발적 실업이 없는 상태이다.

③ 최저임금제도의 도입은 실업 발생과 무관하다.

④ 실업보험이 확대되면 자연실업률이 낮아진다.

19 생산가능인구가 1,000만 명인 어떤 나라가 있다. 이 중 취업자가 570만 명이고, 실업자가 30만 명인 경우에 대한 설명으로 옳지 않은 것은?

① 실업률은 5%이다.

② 비경제활동률은 40%이다.

③ 경제활동인구는 600만 명이다.

④ 고용률은 60%이다.

20 생산물시장과 생산요소시장이 완전경쟁일 때, 시장의 균형 임금률은 시간당 2만 원이다. 어떤 기업이 시간당 노동 1단위를 추가로 생산에 투입할 때 산출물은 추가로 5단위 증가한다면 이윤을 극대화하는 이 기업의 한계비용은 얼마인가?

① 2,000원

② 4,000원

③ 10,000원

④ 20,000원

21 A기업은 완전경쟁시장에서, B기업은 순수독점시장에서 생산활동을 하고 있다. 다음 중 두 기업의 총수입곡선에 대한 설명으로 옳은 것은?

① 두 기업 모두 총수입곡선이 처음에는 상승하다 나중에는 하락한다.
② 두 기업 모두 총수입곡선이 음(−)의 기울기를 갖는 직선이다.
③ A기업의 총수입곡선은 수평선의 형태이나, B기업의 총수입곡선은 양(+)의 기울기를 갖는다.
④ A기업의 총수입곡선은 양(+)의 기울기를 갖는 직선이고, B기업의 총수입곡선은 처음에는 상승하다 나중에는 하락한다.

22 다음 중 인플레이션이 발생했을 때 경제에 미치는 영향으로 옳은 것은?

① 완만하고 예측 가능한 인플레이션은 소비감소를 일으킬 수 있다.
② 인플레이션은 수입을 저해하고 수출을 촉진시켜 무역수지와 국제수지를 상승시킨다.
③ 인플레이션을 통해 화폐를 저축하는 것에 대한 기회비용이 증가한다.
④ 인플레이션은 기업가로부터 다수의 근로자에게로 소득을 재분배하는 효과를 가져 온다.

23 다음 중 독점기업의 수요곡선은 $P = -Q + 12$이고, 한계비용은 4이다. 원자재 가격의 하락으로 한계비용이 1만큼 감소하는 경우, 이윤을 극대화하는 생산량의 변화는?(단, P는 가격, Q는 수량, $P > 0$, $Q > 0$이다)

① 0.5 증가　　　　　　　　　　② 0.5 감소
③ 1.0 증가　　　　　　　　　　④ 1.0 감소

24 소비자 A의 효용함수는 $U = X \times Y$이고, X재와 Y재의 가격은 모두 10이며, A의 소득은 200이다. 다음 중 소비자 A의 효용을 극대화하는 X재, Y재의 소비조합은?(단, $X > 0$, $Y > 0$이다)

① 8, 12　　　　　　　　　　　② 9, 11
③ 10, 10　　　　　　　　　　　④ 10, 20

25 다음 중 수요의 가격탄력성에 대한 설명으로 옳은 것은?(단, 수요곡선은 우하향한다)

① 수요의 가격탄력성이 1보다 작은 경우, 가격이 하락하면 총수입은 증가한다.

② 수요의 가격탄력성이 작아질수록 물품세 부과로 인한 경제적 순손실은 커진다.

③ 소비자 전체 지출에서 차지하는 비중이 큰 상품일수록 수요의 가격탄력성은 작아진다.

④ 직선인 수요곡선상에서 수요량이 많아질수록 수요의 가격탄력성은 작아진다.

26 다음 중 독점기업의 가격전략에 대한 설명으로 옳지 않은 것은?

① 영화관 조조할인은 제3급 가격차별의 사례이다.

② 제1급 가격차별의 경우 생산량은 완전경쟁시장과 같다.

③ 제3급 가격차별의 경우 재판매가 불가능해야 가격차별이 성립한다.

④ 독점기업이 시장에서 한계수입보다 높은 수준으로 가격을 책정하는 것은 가격차별전략이다.

27 다음 상황과 관련이 있는 경제용어는 무엇인가?

> 지난 10여 년간 K국은 장기침체를 벗어나지 못하고 있다. 이에 대한 대책의 하나로 K국 정부는 극단적으로 이자율을 낮추고 사실상 제로금리정책을 시행하고 있으나, 투자 및 소비의 활성화 등 의도했던 수요확대 효과가 전혀 나타나지 않고 있다.

① 화폐 환상   ② 유동성 함정

③ 구축 효과   ④ J커브 효과

28 휴대폰의 수요곡선은 $Q = -2P + 100$이고, 공급곡선은 $Q = 3P - 20$이다. 정부가 휴대폰 1대당 10의 종량세 형태의 물품세를 공급자에게 부과하였다면, 다음 중 휴대폰 공급자가 부담하는 총 조세부담액은?(단, P는 가격, Q는 수량, $P > 0$, $Q > 0$이다)

① 140   ② 160
③ 180   ④ 200

29 다음 중 독점적 경쟁시장에 대한 설명으로 옳지 않은 것은?

① 기업의 수요곡선은 우하향하는 형태이다.
② 진입장벽이 존재하지 않으므로, 단기에는 기업이 양(+)의 이윤을 얻지 못한다.
③ 기업의 이윤극대화 가격은 한계비용보다 크다.
④ 단기에 기업의 한계수입곡선과 한계비용곡선이 만나는 점에서 이윤극대화 생산량이 결정된다.

30 다음 글에 대한 분석으로 옳은 것을 〈보기〉에서 모두 고르면?

> 우리나라에 거주 중인 광성이는 ㉠ 여름휴가를 앞두고 휴가 동안 발리로 서핑을 갈지, 빈 필하모닉 오케스트라의 3년 만의 내한 협주를 들으러 갈지 고민하다가 ㉡ 발리로 서핑을 갔다. 그러나 화산폭발의 위험이 있어 안전의 위협을 느끼고 ㉢ 환불이 불가능한 숙박비를 포기한 채 우리나라로 돌아왔다.

> **보기**
> ㄱ. ㉠의 고민은 광성이의 주관적 희소성 때문이다.
> ㄴ. ㉠의 고민을 할 때는 기회비용을 고려한다.
> ㄷ. ㉡의 기회비용은 빈 필하모닉 오케스트라 내한 협주이다.
> ㄹ. ㉡은 경제재이다.
> ㅁ. ㉢은 비합리적 선택 행위의 일면이다.

① ㄱ, ㄴ, ㄹ   ② ㄴ, ㄷ, ㄹ
③ ㄴ, ㄷ, ㅁ   ④ ㄱ, ㄴ, ㄷ, ㄹ

03 | 행정 적중예상문제

정답 및 해설 p.055

01 다음 중 우리나라의 재정정책과 관련된 예산제도에 대한 설명으로 옳은 것은?

① 계획예산제도는 상향적 예산제도로, 구성원의 참여가 활발하다.

② 우리나라의 통합재정수지에 지방정부예산은 포함되지 않는다.

③ 우리나라의 통합재정수지에서는 융자 지출을 재정수지의 흑자 요인으로 간주한다.

④ 조세지출예산제도는 국회 차원에서 조세감면의 내역을 통제하고 정책효과를 판단하기 위한 제도이다.

02 다음 중 조직구조에 대한 설명으로 옳지 않은 것은?

① 공식화의 수준이 높을수록 조직 구성원들의 재량이 증가한다.

② 통솔범위가 넓은 조직은 일반적으로 저층구조의 형태를 보인다.

③ 집권화의 수준이 높은 조직의 의사결정권한은 조직의 상층부에 집중된다.

④ 명령체계는 조직 내 구성원을 연결하는 연속된 권한의 흐름으로, 누가 누구에게 보고하는지를 결정한다.

03 다음 정책결정모형 중에서 합리적 요소와 초합리적 요소의 조화를 강조하는 모형은?

① 최적모형(Optimal Model)

② 점증주의(Incrementalism)

③ 혼합탐사모형(Mixed – Scanning Model)

④ 만족모형(Satisficing Model)

04 다음 중 미래예측 기법에 대한 설명으로 옳지 않은 것은?

① 비용·편익분석은 정책의 능률성 내지 경제성에 초점을 맞춘 정책분석의 접근방법이다.
② 판단적 미래예측 기법에서는 경험적 자료나 이론이 중심적인 역할을 한다.
③ 추세연장적 미래예측 기법들 중 하나인 검은줄 기법(Black Thread Technique)은 시계열적 변동의 굴곡을 직선으로 표시하는 기법이다.
④ 교차영향분석은 연관사건의 발생여부에 따라 대상사건이 발생할 가능성에 관한 주관적 판단을 구하고 그 관계를 분석하는 기법이다.

05 다음 중 대표관료제와 관련이 적은 것은?

① 양성평등채용목표제도
② 지방인재채용목표제도
③ 총액인건비제도
④ 장애인 고용촉진제도

06 다음 중 점증주의의 이점으로 옳지 않은 것은?

① 타협의 과정을 통해 이해관계의 갈등을 조정하는 데 유리하다.
② 대안의 탐색과 분석에 소요되는 비용을 줄일 수 있다.
③ 예산결정을 간결하게 한다.
④ 합리적·총체적 관점에서 의사결정이 가능하다.

07 정책집행에 관한 연구 중에서 하향적(Top – down) 접근방법이 중시하는 효과적 정책집행의 조건으로 옳은 것을 〈보기〉에서 모두 고르면?

> **보기**
> ㄱ. 일선관료의 재량권 확대
> ㄴ. 지배기관들(Sovereigns)의 지원
> ㄷ. 집행을 위한 자원의 확보
> ㄹ. 명확하고 일관성 있는 목표

① ㄱ, ㄴ
② ㄱ, ㄷ
③ ㄴ, ㄹ
④ ㄴ, ㄷ, ㄹ

08 다음 중 공직의 분류에 대한 설명으로 옳지 않은 것은?

① 계급제는 사람을 중심으로, 직위분류제는 직무를 중심으로 공직을 분류하는 인사제도이다.

② 직위분류제에 비해 계급제는 인적 자원의 탄력적 활용이라는 측면에서 유리한 제도이다.

③ 직위분류제에 비해 계급제는 폭넓은 안목을 지닌 일반행정가를 양성하는 데 유리한 제도이다.

④ 계급제에 비해 직위분류제는 공무원의 신분을 강하게 보장하는 경향이 있는 제도이다.

09 다음 중 리더십 이론에 대한 설명으로 옳지 않은 것은?

① 로쉬(J.W. Lorsch)와 블랜차드(K.H. Blanchard)는 상황변수를 강조하였다.

② 행태론적 접근은 리더의 행위에 초점을 둔다.

③ 리더십의 특성이론에서는 지적 능력을 중요시하지 않는다.

④ 변혁적 리더십은 가치관이 중요하다고 본다.

10 다음 중 다면평가제도에 대한 설명으로 옳지 않은 것은?

① 평가대상자의 동료와 부하를 제외하고 상급자가 다양한 측면에서 평가한다.

② 일면평가보다는 평가의 객관성과 신뢰성을 확보할 수 있다.

③ 평가결과의 환류를 통하여 평가대상자의 자기 역량 강화에 활용할 수 있다.

④ 평가항목을 부처별, 직급별, 직종별 특성에 따라 다양하게 설계하는 것이 바람직하다.

11 다음 중 피터스(Peters)가 제시한 뉴거버넌스 정부개혁모형별 문제의 진단 기준과 해결방안으로 옳지 않은 것은?

① 전통적 정부모형의 문제 진단 기준은 전근대적인 권위에 있으며, 구조 개혁 방안으로 계층제를 제안한다.

② 탈내부규제 정부모형의 문제 진단 기준은 내부규제에 있으며, 관리 개혁 방안으로 관리 재량권 확대를 제안한다.

③ 시장적 정부모형의 문제 진단 기준은 공공서비스에 대한 정부의 독점적 공급에 있으며, 구조 개혁 방안으로 분권화를 제안한다.

④ 참여적 정부모형의 문제 진단 기준은 관료적 계층제에 있으며, 구조 개혁 방안으로 가상조직을 제안한다.

12 다음 중 직위분류제에 있어서 직무의 난이도와 책임의 경중에 따라 직위의 상대적 수준과 등급을 구분하는 것은?

① 직무평가(Job Evaluation)

② 직무분석(Job Analysis)

③ 정급(Allocation)

④ 직급명세(Class Specification)

13 다음 근무성적평정상의 오류 중 '어떤 평정자가 다른 평정자들보다 언제나 좋은 점수 또는 나쁜 점수를 주게 됨'으로써 나타나는 것은?

① 집중화 오류   ② 관대화 오류

③ 시간적 오류   ④ 규칙적 오류

14 다음 중 특별회계에 대한 설명으로 옳지 않은 것은?

① 국가재정법에 따르면 특별회계는 국가에서 특정한 사업을 운영하고자 할 때나 특정한 자금을 보유하여 운용하고자 할 때 대통령령으로 설치할 수 있다.

② 국가재정법에 따르면 기획재정부장관은 특별회계 신설에 대한 타당성을 심사한다.

③ 특별회계는 예산 단일성 및 통일성의 원칙에 대한 예외가 된다.

④ 특별회계는 일반회계와 기금의 혼용 방식으로 운용할 수 있다.

15 다음 중 정책집행에 대한 설명으로 옳지 않은 것은?

① 정책의 희생집단보다 수혜집단의 조직화가 강하면 정책집행이 곤란하다.

② 집행은 명확하고 일관되게 이루어져야 한다.

③ 규제정책의 집행과정에서도 갈등은 존재한다고 본다.

④ 정책집행 유형은 집행자와 결정자와의 관계에 따라 달라진다.

16 다음 글의 ㉠에 대한 설명으로 옳은 것은?

> ___㉠___ 이란 상대적으로 많이 가진 계층 또는 집단으로부터 적게 가진 계층 또는 집단으로 재산·소득·권리 등의 일부를 이전시키는 정책을 말한다. 이를테면 누진세 제도의 실시, 생활보호 대상자에 대한 의료보호, 영세민에 대한 취로사업, 무주택자에 대한 아파트 우선적 분양, 저소득 근로자들에게 적용시키는 근로소득보전세제 등의 정책이 이에 속한다.

① 정책 과정에서 이해당사자들 상호 간 이익이 되는 방향으로 협력하는 로그롤링(Log Rolling) 현상이 나타난다.

② 계층 간 갈등이 심하고 저항이 발생할 수 있어 국민적 공감대를 형성할 때 정책의 변화를 가져오게 된다.

③ 체제 내부를 정비하는 정책으로, 대외적 가치배분에는 큰 영향이 없으나 대내적으로는 게임의 법칙이 발생한다.

④ 대체로 국민 다수에게 돌아가지만 사회간접시설과 같이 특정지역에 보다 직접적인 편익이 돌아가는 경우도 많다.

17 다음 중 정부실패의 요인으로 옳지 않은 것은?

① 공공조직의 내부성(Internality)

② 비경합적이고 비배타적인 성격의 재화

③ 정부개입으로 인해 의도하지 않은 파생적 외부효과

④ 독점적 특혜로 인한 지대추구 행위

18 다음 중 예산제도에 대한 설명으로 옳지 않은 것은?

① 계획 예산제도(PPBS)는 기획, 사업구조화, 그리고 예산을 연계시킨 시스템적 예산제도이다.

② 계획 예산제도(PPBS)의 단점으로는 의사결정이 지나치게 집권화되고 전문화되어 외부통제가 어렵다는 점과 대중적인 이해가 쉽지 않아 정치적 실현가능성이 낮다는 점이 있다.

③ 품목별 예산제도(LIBS)는 정부의 지출을 체계적으로 구조화한 최초의 예산제도로, 지출대상별 통제를 용이하게 할 뿐 아니라 지출에 대한 근거를 요구하고 확인할 수 있다.

④ 품목별 예산제도(LIBS)는 왜 돈을 지출해야 하는지, 무슨 일을 하는지에 대하여 구체적인 정보를 제공하는 장점이 있다.

19 다음 중 균형성과표(BSC; Balanced Score Card)에 대한 설명으로 옳지 않은 것은?

① 균형성과표는 재무적 관점과 비재무적 관점의 균형을 강조한다.

② 균형성과표를 공공부문에 적용시키는 경우 가장 중요한 변화는 재무적 관점보다 학습 및 성장의 관점이 강조되어야 한다는 점이다.

③ 균형성과표는 단기적 목표와 장기적 목표 간의 균형을 강조한다.

④ 균형성과표는 과정과 결과 중 어느 하나를 강조하는 것이 아니라 이들 간의 인과성을 바탕으로 통합적 균형을 추구한다.

20 다음 중 직업공무원제에 대한 설명으로 옳지 않은 것은?

① 공무원집단이 환경적 요청에 민감하지 못하고 특권 집단화될 우려가 있다.

② 직업공무원제가 성공적으로 확립되기 위해서는 공직에 대한 사회적 평가가 높아야 한다.

③ 직업공무원제는 행정의 계속성과 안정성 및 일관성 유지에 유리하다.

④ 직업공무원제는 일반적으로 전문행정가 양성에 유리하기 때문에 행정의 전문화 요구에 부응한다.

21 정책을 규제정책, 분배정책, 재분배정책, 추출정책으로 분류할 때, 저소득층을 위한 근로장려금 제도는 어느 정책으로 분류하는 것이 타당한가?

① 규제정책   ② 분배정책

③ 재분배정책   ④ 추출정책

22 다음 설명에 해당하는 리더십의 유형은?

- 추종자의 성숙단계에 따라 효율적인 리더십 스타일이 달라진다.
- 리더십은 개인의 속성이나 행태뿐만 아니라 환경의 영향을 받는다.
- 가장 유리하거나 가장 불리한 조건에서는 과업중심적 리더십이 효과적이다.

① 변혁적 리더십   ② 거래적 리더십

③ 카리스마적 리더십   ④ 상황론적 리더십

23 다음 중 쓰레기통모형에 대한 설명으로 옳지 않은 것은?

① 명확하지 않은 인과관계를 토대로 해결책이 제시되는 경우가 많다.

② 이해관계자들의 지속적인 의사결정 참여가 어렵다.

③ 목표나 평가기준이 명확하지 않은 경우가 많다.

④ 현실 적합성이 낮아 이론적으로만 설명이 가능한 모형이다.

24 다음 중 매트릭스 조직에 대한 설명으로 옳지 않은 것은?

① 명령통일의 원리가 배제되고 이중의 명령 및 보고체제가 허용되어야 한다.

② 부서장들 간의 갈등해소를 위해 공개적이고 빈번한 대면기회가 필요하다.

③ 기능부서의 장들과 사업부서의 장들이 자원배분에 관한 권력을 공유할 수 있어야 한다.

④ 조직의 환경 영역이 단순하고 확실한 경우에 효과적이다.

25 다음 중 행정학의 접근방법에 대한 설명으로 옳은 것은?

① 법률적·제도론적 접근방법은 공식적 제도나 법률에 기반을 두고 있기 때문에 제도 이면에 존재하는 행정의 동태적 측면을 체계적으로 파악할 수 있다.

② 행태론적 접근방법은 후진국의 행정현상을 설명하는 데 크게 기여했으며, 행정의 보편적 이론보다는 중범위이론 구축에 자극을 주어 행정학의 과학화에 기여했다.

③ 합리적 선택 신제도주의는 방법론적 전체주의(Holism)에, 사회학적 신제도주의는 방법론적 개체주의(Individualism)에 기반을 두고 있다.

④ 신공공관리론은 기업경영의 원리와 기법을 그대로 정부에 이식하려고 한다는 비판을 받는다.

26 지식을 암묵지(Tacit Knowledge)와 형식지(Explicit Knowledge)로 구분할 때, 다음 중 암묵지에 해당하는 것을 〈보기〉에서 모두 고르면?

> **보기**
>
> ㄱ. 업무매뉴얼   ㄴ. 조직의 경험
>
> ㄷ. 숙련된 기술   ㄹ. 개인적 노하우(Know-how)
>
> ㅁ. 컴퓨터 프로그램   ㅂ. 정부 보고서

① ㄱ, ㄴ, ㄷ   ② ㄴ, ㄷ, ㄹ

③ ㄷ, ㄹ, ㅁ   ④ ㄹ, ㅁ, ㅂ

27 다음 중 정책유형과 그 사례를 바르게 연결한 것은?

① 분배정책(Distribution Policy) : 사회간접자본의 구축, 환경오염방지를 위한 기업 규제

② 경쟁적 규제정책(Competitive Regulatory Policy) : TV·라디오 방송권의 부여, 국공립학교를 통한 교육서비스

③ 보호적 규제정책(Protective Regulatory Policy) : 작업장 안전을 위한 기업 규제, 국민건강보호를 위한 식품위생 규제

④ 재분배정책(Redistribution Policy) : 누진세를 통한 사회보장지출 확대, 항공노선 취항권의 부여

28 다음 중 엽관주의와 실적주의에 대한 설명으로 옳은 것을 〈보기〉에서 모두 고르면?

> **보기**
>
> ㄱ. 엽관주의는 실적 이외의 요인을 고려하여 임용하는 방식으로, 정치적 요인, 혈연, 지연 등이 포함된다.
>
> ㄴ. 엽관주의는 정실임용에 기초하고 있기 때문에 초기부터 민주주의의 실천원리와는 거리가 멀었다.
>
> ㄷ. 엽관주의는 정치지도자의 국정지도력을 강화함으로써 공공정책의 실현을 용이하게 해 준다.
>
> ㄹ. 실적주의는 정치적 중립에 집착하여 인사행정을 소극화·형식화시켰다.
>
> ㅁ. 실적주의는 국민에 대한 관료의 대응성을 높일 수 있다는 장점이 있다.

① ㄱ, ㄷ   ② ㄴ, ㄹ

③ ㄴ, ㅁ   ④ ㄷ, ㄹ

29 다음 중 국회의 예산심의에 대한 설명으로 옳은 것을 〈보기〉에서 모두 고르면?

> **보기**
>
> ㄱ. 상임위원회의 예비심사를 거친 예산안은 예산결산특별위원회에 회부된다.
> ㄴ. 예산결산특별위원회의 심사를 거친 예산안은 본회의에 부의된다.
> ㄷ. 예산결산특별위원회를 구성할 때에는 그 활동 기한을 정하여야 한다. 다만, 본회의의 의결로 그 기간을 연장할 수 있다.
> ㄹ. 예산결산특별위원회는 소관상임위원회의 동의 없이 새 비목을 설치할 수 있다.

① ㄱ, ㄴ 　　　　　　　　　　　② ㄴ, ㄹ
③ ㄱ, ㄷ, ㄹ 　　　　　　　　　④ ㄴ, ㄷ, ㄹ

30 다음 〈보기〉 중 역량평가제에 대한 설명으로 옳은 것을 모두 고르면?

> **보기**
>
> ㄱ. 일종의 사전적 검증장치로, 단순한 근무실적 수준을 넘어 공무원에게 요구되는 업무 수행을 위한 충분한 능력을 보유하고 있는지에 대한 평가를 목적으로 한다.
> ㄴ. 근무실적과 직무수행능력을 대상으로 정기적으로 이루어지며, 그 결과는 승진과 성과급 지급, 보직관리 등에 활용된다.
> ㄷ. 조직 구성원으로 하여금 조직 내외의 모든 사람과 원활한 인간관계를 증진시키려는 강한 동기를 부여함으로써 업무 수행의 효율성을 제고할 수 있다.
> ㄹ. 다양한 평가기법을 활용하여 실제 업무와 유사한 모의상황에서 나타나는 평가 대상자의 행동 특성을 다수의 평가자가 평가하는 체계이다.
> ㅁ. 미래 행동에 대한 잠재력을 측정하는 것이며 성과에 대한 외부변수를 통제함으로써 객관적 평가가 가능하다.

① ㄱ, ㄴ, ㄷ 　　　　　　　　② ㄱ, ㄹ, ㅁ
③ ㄴ, ㄷ, ㄹ 　　　　　　　　④ ㄷ, ㄹ, ㅁ

04 | 법 적중예상문제

정답 및 해설 p.059

01 다음 중 민법에 대한 설명으로 옳지 않은 것은?

① 민법은 실체법이다.
② 민법은 재산·신분에 대한 법이다.
③ 민법은 민간 상호 간에 대한 법이다.
④ 민법은 특별사법이다.

02 다음 중 소멸시효에 대한 설명으로 옳지 않은 것은?(단, 다툼이 있는 경우 판례에 따른다)

① 소멸시효는 법률행위에 의하여 이를 가중할 수 있으나 배제할 수는 없다.
② 소멸시효가 완성된 채권이 그 완성 전에 상계할 수 있었던 것이면 그 채권자는 상계할 수 있다.
③ 소멸시효의 완성은 그 기산일에 소급하여 효력이 있으나 제척기간의 완성은 장래에 향하여 효력이 있다.
④ 채무자가 소멸시효 완성 후에 채권자에게 채무를 승인함으로써 그 시효이익을 포기한 경우에는 그때부터 새로이 소멸시효가 진행한다.

03 다음 중 민법의 효력에 대한 설명으로 옳지 않은 것은?

① 민법에서는 법률불소급의 원칙이 형법에 있어서처럼 엄격하게 지켜지지 않는다.
② 민법은 성별·종교 또는 사회적 신분에 관계없이 모든 국민에게 적용된다.
③ 민사에 관하여는 속지주의가 지배하므로, 외국에 있는 대한민국 국민에 대해서는 우리 민법이 적용되지 않는다.
④ 법률불소급의 원칙은 법학에서 일반적 원칙이지만 민법에서는 소급효를 인정하고 있다.

04 다음 중 추정과 간주에 대한 설명으로 옳은 것은?

① 사실의 확정에 있어서 추정보다는 간주의 효력이 훨씬 강하다.

② 우리 민법에서 "~한 것으로 본다."라고 규정하고 있으면 이는 추정규정이다.

③ 우리 민법 제28조에서는 "실종선고를 받은 자는 전조의 규정이 만료된 때에 사망한 것으로 추정한다."라고 규정하고 있다.

④ 간주는 편의상 잠정적으로 사실의 존부를 인정하는 것이므로, 간주된 사실과 다른 사실을 주장하는 자가 반증을 들면 간주의 효과는 발생하지 않는다.

05 다음 중 자연인의 권리능력에 대한 설명으로 옳지 않은 것은?

① 자연인의 권리능력은 사망에 의해서만 소멸된다.

② 피성년후견인의 권리능력은 제한능력자에게도 차등이 없다.

③ 실종선고를 받으면 권리능력을 잃는다.

④ 우리 민법은 태아에 대해 개별적 보호주의를 취하고 있다.

06 다음 중 행정처분에 대한 설명으로 옳지 않은 것은?

① 행정처분은 행정청이 행하는 공권력 작용이다.

② 행정처분에는 조건을 부가할 수 없다.

③ 경미한 하자있는 행정처분에는 공정력이 인정된다.

④ 행정처분에 대해서만 항고소송을 제기할 수 있다.

07 다음 중 행정행위의 특징으로 옳지 않은 것은?

① 행정처분에 대한 내용적인 구속력인 기판력

② 일정기간이 지나면 그 효력을 다투지 못하는 불가쟁성

③ 당연무효를 제외하고는 일단 유효함을 인정받는 공정력

④ 법에 따라 적합하게 이루어져야 하는 법적합성

08 다음 중 행정주체와 국민과의 관계를 가장 잘 나타낸 것은?

① 권력관계이다.

② 공법관계뿐이다.

③ 사법관계이다.

④ 사법관계일 때도 있고, 공법관계일 때도 있다.

09 다음 중 행정행위로 옳은 것은?

① 도로의 설치   ② 건축허가

③ 국유재산의 매각   ④ 토지수용에 대한 협의

10 권력관계에 있어서 국가와 기타 행정주체의 의사는 비록 설립에 흠이 있을지라도 당연무효의 경우를 제외하고는 일단 적법·유효하다는 추정을 받으며, 권한 있는 기관이 직권 또는 쟁송절차를 거쳐 취소하기 전에는 누구라도 이에 구속되고 그 효력을 부정하지 못하는 우월한 힘이 있다. 이를 행정행위의 무엇이라고 하는가?

① 확정력   ② 불가쟁력

③ 공정력   ④ 강제력

11 다음 중 제한능력자의 법률행위에 대한 설명으로 옳지 않은 것은?

① 피성년후견인이 법정대리인의 동의를 얻어서 한 재산상 법률행위는 유효하다.

② 법정대리인이 대리한 피한정후견인의 재산상 법률행위는 유효하다.

③ 법정대리인이 범위를 정하여 처분을 허락한 재산은 미성년자가 임의로 처분할 수 있다.

④ 제한능력자가 속임수로써 자기를 능력자로 믿게 한 경우 그 법률행위를 취소할 수 없다.

12 다음 중 행정청의 재량권 행사에 대한 설명으로 옳지 않은 것은?(단, 다툼이 있는 경우 판례에 따른다)

① 행정절차법에 따라 행정처분의 처분기준을 설정·공표할 때 그 기준의 구체성은 처분의 공정성과 합리성을 보장하고 당사자 등에게 예측가능성을 보장하는 정도의 것이어야 한다.

② 제재처분에 대한 임의적 감경규정이 있는 경우 감경 여부는 행정청의 재량에 속하므로 존재하는 감경사유를 고려하지 않았거나 일부 누락시켰다 하더라도 이를 위법하다고 할 수 없다.

③ 여객자동차운수사업법에 의한 개인택시운송사업면허는 특정인에게 권리나 이익을 부여하는 행정행위로서 법령에 특별한 규정이 없는 한 재량행위이다.

④ 행정절차법에 따라 공표된 처분기준이 명확하지 않은 경우 당사자 등은 해당 행정청에 그 해석 또는 설명을 요청할 수 있고, 해당 행정청은 특별한 사정이 없으면 그 요청에 따라야 한다.

PART 2

13 다음 중 미성년자가 단독으로 유효하게 할 수 없는 행위는?

① 부담 없는 증여를 받는 것
② 채무의 변제를 받는 것
③ 근로계약과 임금청구
④ 허락된 재산의 처분행위

14 다음 중 우리나라의 민법상의 주소, 거소, 가주소에 대한 설명으로 옳지 않은 것은?

① 민법에서는 객관주의와 복수주의를 택한다.
② 국내에 주소가 없거나 주소를 알 수 없을 때에는 거소를 주소로 본다.
③ 법인의 주소 효력은 주된 사무소의 소재지로부터 생긴다.
④ 현재지가 주소로서의 효력을 가지는 경우 등의 예외는 있다.

15 다음 중 민법상 법인의 설립요건으로 옳지 않은 것은?

① 주무관청의 허가   ② 영리 아닌 사업을 목적으로 할 것
③ 설립신고   ④ 정관작성

16 다음 중 지방자치단체의 조직에 대한 설명으로 옳지 않은 것은?

① 지방자치단체에 주민의 대의기관인 의회를 둔다.

② 지방자치단체의 장은 주민이 보통・평등・직접・비밀선거에 따라 선출한다.

③ 지방자치단체의 장은 법령의 범위 안에서 자치에 대한 조례를 제정할 수 있다.

④ 지방자치단체의 종류는 법률로 정한다.

17 법무부장관이 외국인 A에게 귀화를 허가한 경우, 선거관리위원장은 귀화 허가가 무효가 아닌 한 귀화 허가에 하자가 있더라도 A가 한국인이 아니라는 이유로 선거권을 거부할 수 없다. 이처럼 법무부장관의 귀화 허가에 구속되는 행정행위의 효력은 무엇인가?

① 공정력
② 구속력
③ 형식적 존속력
④ 구성요건적 효력

18 다음 중 행정기관에 대한 설명으로 옳은 것은?

① 다수 구성원으로 이루어진 합의제 행정청이 대표적인 행정청의 형태이며, 지방자치단체의 경우 지방의회가 행정청이다.

② 감사기관은 다른 행정기관의 사무나 회계처리를 검사하고 그 적부에 관해 감사하는 기관이다.

③ 자문기관은 행정청의 내부 실・국의 기관으로 행정청의 권한 행사를 보좌한다.

④ 의결기관은 행정청의 의사결정에 참여하는 권한을 가진 기관이지만 행정청의 의사를 법적으로 구속하지는 못한다.

19 다음 중 국가공무원법에 명시된 공무원의 복무의무로 옳지 않은 것은?

① 범죄 고발의 의무
② 친절・공정의 의무
③ 비밀엄수의 의무
④ 정치운동의 금지

20 다음 중 국가배상에 대한 설명으로 옳은 것은?

① 도로건설을 위해 자신의 토지를 수용당한 개인은 국가배상청구권을 가진다.
② 공무원이 직무수행 중에 적법하게 타인에게 손해를 입힌 경우 국가가 배상책임을 진다.
③ 도로·하천 등의 설치 또는 관리에 하자가 있어 손해를 받은 개인은 국가가 배상책임을 진다.
④ 공무원은 어떤 경우에도 국가배상청구권을 행사할 수 없다.

21 다음 중 판례상 당사자소송이 아닌 것은?

① 광주민주화운동 관련 보상금 지급에 관한 소송
② 공무원연금법령 개정으로 퇴직연금 중 일부 금액의 지급이 정지되어서 미지급된 퇴직연금의 지급을 구하는 소송
③ 도시 및 주거환경정비법상의 주택재건축정비사업조합을 상대로 관리처분계획안에 대한 조합총회 결의의 효력을 다투는 소송
④ 공무원연금관리공단의 급여결정에 관한 소송

22 다음 중 민법이 규정하는 재단법인과 사단법인과의 차이에 대한 설명으로 옳지 않은 것은?

① 사단법인에는 사원총회가 있으나 재단법인에는 없다.
② 양자는 모두 공익법인이다.
③ 양자는 모두 설립에 있어서 주무관청의 허가를 필요로 한다.
④ 재단법인의 기부행위는 반드시 서면으로 작성할 것을 요하지 않으나 사단법인의 정관은 반드시 서면으로 작성하지 않으면 안 된다.

23 다음 중 민법상 법인에 대한 설명으로 옳은 것은?

① 모든 사단법인과 재단법인에는 이사를 두어야 한다.
② 수인의 이사는 법인의 사무에 관하여 연대하여 법인을 대표한다.
③ 법인의 대표에 관하여는 대리에 대한 규정을 준용하지 않는다.
④ 정관에 기재되지 아니한 이사의 대표권 제한은 유효하다.

24 다음 중 민법상 과실(果實)에 해당하지 않는 것은?

① 지상권의 지료
② 임대차에서의 차임
③ 특허권의 사용료
④ 젖소로부터 짜낸 우유

25 다음 중 민법상 용익물권인 것은?

① 질권
② 지역권
③ 유치권
④ 저당권

26 다음 중 우리 민법이 의사표시의 효력발생시기에 대하여 채택하고 있는 원칙적인 입장은?

① 발신주의(發信主義)
② 도달주의(到達主義)
③ 요지주의(了知主義)
④ 공시주의(公示主義)

27 다음 중 의사표시의 효력발생에 대한 설명으로 옳지 않은 것은?

① 격지자 간의 계약은 승낙의 통지를 발한 때에 성립한다.
② 우리 민법은 도달주의를 원칙으로 하고 예외적으로 발신주의를 택하고 있다.
③ 의사표시의 부도착(不到着)의 불이익은 표의자가 입는다.
④ 표의자가 그 통지를 발한 후 도달하기 전에 사망하면 그 의사표시는 무효이다.

28 다음 중 대리가 허용될 수 있는 행위는 어느 것인가?

① 사실행위   ② 유언

③ 불법행위   ④ 매매계약

29 다음 중 법률행위의 취소와 추인에 대한 설명으로 옳지 않은 것은?

① 취소할 수 있는 법률행위를 취소할 수 있는 자는 무능력자, 하자 있는 의사표시를 한 자, 그 대리인 또는 승계인이며, 추인할 수 있는 자도 같다.

② 취소할 수 있는 법률행위의 추인은 무권대리행위의 추인과는 달리 추인의 소급효는 문제되지 않는다.

③ 추인은 취소의 원인이 종료한 후에 하여야 효력이 있는데, 다만 법정대리인이 추인하는 경우에는 그렇지 않다.

④ 취소권자가 전부나 일부의 이행, 이행의 청구, 담보의 제공 등을 한 경우에는 취소의 원인이 종료되기 전에 한 것이라도 추인한 것으로 보아야 한다.

30 다음 중 취소소송에 있어서 판결의 기속력에 대한 설명으로 옳은 것은?(단, 다툼이 있는 경우 판례에 따른다)

① 기속력은 인용판결과 기각판결에서 모두 인정된다.

② 기속력은 원고와 피고, 나아가 관계 행정청에 미친다.

③ 기속력은 판결주문에 나타난 판단에만 미친다.

④ 위법성판단 기준시점인 처분시 이후에 생긴 새로운 사실관계나 개정된 법령과 같이 새로운 처분사유를 들어 동일한 내용의 처분을 하는 것은 가능하다.

01 다음 중 한국수자원공사의 수변사업에 대한 설명으로 옳지 않은 것은?

① 자연상태의 미개발 토지를 취득 후 기반시설공사를 완료하여 수요자에게 공급하는 사업이다.

② 시화지구에 첨단산업 및 연구 기능을 갖춘 시설을 조성하고 있다.

③ 기반시설공사와 거리가 먼 물류단지 사업에는 관여하지 않는다.

④ 4대강 사업과 연계하여 부산 에코델타시티 등의 조성사업을 진행하고 있다.

02 다음 중 조정지식(Regulation Type) 수력발전소에 대한 설명으로 옳지 않은 것은?

① 매일 단시간의 첨두부하 시 발전하는 방식이다.

② 큰 저수지의 댐에 사용한다.

③ 전력수요가 적을 때는 물을 저장하였다가 단시간 내 전력수요가 많이 발생하는 때 발전하는 방식이다.

④ 방류되는 유량 변동에 대해 하류에 조정지를 설치하여 일정 유량으로 방류하는 경우에는 역조정지(Re – Regulation Type) 발전방식에 해당한다.

03 다음 중 우리나라 수도관리에 대한 설명으로 옳지 않은 것은?

① 1989년 수돗물 오염파동으로 인해 상수도 공급정책은 양적 확대에서 수질 개선으로 정책방향이 변경되었다.

② 우리나라 최초의 상수도는 영국회사인 조선수도회사가 설치한 뚝도정수장이다.

③ 1910년대 개항과 더불어 서울, 인천, 평양, 부산, 목포 등에 근대식 상수도가 설치되었다.

④ 광역상수도 및 지방상수도는 과거의 이원화되었던 관리방식을 통합하여 현재는 통합된 일원화 관리방식을 적용하고 있다.

04 다음 중 수도사업 계획수립에 대한 설명으로 옳은 것은?

① 전국수도종합계획은 환경부 장관이 5년마다 수립하여야 한다.

② 물수요관리종합계획은 1인당 적정 물 사용량 등을 고려하여 5년마다 수립한다.

③ 전국수도종합계획은 물수요관리종합계획을 바탕으로 수립한다.

④ 수도정비기본계획은 공업용수를 제외한 일반수도만을 관리하기 위해 실시하는 수도계획사업이다.

05 다음 중 상수도 요금에 대한 설명으로 옳지 않은 것은?

① 수종에 따라 요금이 다르게 적용된다.

② 광역상수도 요금은 지역별로 다르게 적용된다.

③ 지방상수도 요금은 지역별로 다르게 적용된다.

④ 수돗물의 공급방법 및 요금징수 절차는 수돗물공급규정에 따른다.

06 다음 중 표준정수처리공정에 대한 설명으로 옳은 것은?

① 응집지는 약품과 미세물질을 반응시켜 크고 무거운 덩어리를 만드는 수조이다.

② 여과지는 2개 이상의 지(池)를 설치하고, 각 조에 균등한 물량이 유입되도록 설계한 정수처리공정이다.

③ 모래, 활성탄 등의 여재에 침전지에서 제거되지 않은 미세탁질을 통과시켜 제거할 수 있도록 만드는 시설은 혼화지이다.

④ 정수지는 가장 먼저 실시하는 공정으로, 여과수량과 송수수량 간의 불균형을 조절하는 역할을 수행한다.

07 다음 중 고도정수처리의 대상물질과 처리 가능한 공정이 바르게 연결되지 않은 것은?

① 질산성 질소 – 생물처리
② 암모니아성 질소 – 생물활성탄
③ 황산이온 – 이온교환
④ 불소이온 – 오존

08 다음 중 표준정수처리공정에 대한 설명으로 옳지 않은 것은?

① 여과공정은 모래 등의 여재에 물을 통과시켜 입자성 물질을 제거하는 공정이다.
② 응집공정이란 미세한 플록들을 서로 결합하여 침전이 용이한 큰 입자로 만드는 과정이다.
③ 혼화공정은 응집제를 주입하고 응집제와 콜로이드성 입자들이 충분히 혼합되도록 급속 교반시켜 플록을 형성하는 과정을 말한다.
④ 소독공정은 소독제를 이용하여 병원성 미생물을 사멸시키는 것으로, 소독효과가 우수하고 가격이 비싼 염소를 주로 사용하며, 소독제와 처리할 물의 접촉시간을 줄이는 것이 중요하다.

09 다음 중 정수장 수질 검사항목 및 검사주기로 옳지 않은 것은?

① 냄새, 맛 – 매일 검사
② 일반세균 – 매주 검사
③ 소독제 및 소독부산물(총트리할로메탄) – 매주 검사
④ 수소이온 농도 – 매일 검사

10 다음 중 신재생에너지 공급의무화 제도(RPS)에 대한 설명으로 옳지 않은 것은?

① 신재생에너지 공급의무자는 신재생에너지 공급인증서(Rec)를 정부에 제출하여 의무이행사실을 증명해야 한다.
② 500MW 이상의 발전설비를 보유한 발전사업자는 일정량의 신재생에너지 공급을 의무화하고 있다.
③ 신재생에너지 공급인증서(Rec)는 신재생에너지 생산을 통해만 얻을 수 있으며, 외부에서 구매할 수는 없다.
④ K-water는 태양광에너지 의무공급량만 있어 자체 건설과 외부구매로 의무를 이행하고 있다.

11 다음 중 수문조사에 대한 설명으로 옳지 않은 것은?

① 수문조사는 물의 순환과정을 관측한다.
② 수문조사는 하천시설과 구조물을 직접 설계하는 작업이다.
③ 수문조사는 수자원법을 근거로 수행하고 있다.
④ 수문조사 결과는 홍수·가뭄 대책 수립에 필수적인 기초자료이다.

12 다음 중 공공요금의 결정원리에 대한 설명으로 옳지 않은 것은?

① 지방 공공요금을 결정할 때는 지방자치단체장의 승인 또는 조례 등이 필요하다.
② 정부가 공공요금을 책정할 때는 채산성, 효율성, 공평성 등을 충분히 고려해야 한다.
③ 주무부처 장관이 중앙 공공요금을 승인할 때는 사전에 기획재정부 장관과 협의해야 한다.
④ 공공요금을 결정할 때는 다른 민간 부문과 마찬가지로 정부의 규제를 억제하고 시장의 원리를 따라야 한다.

13 다음 글에서 설명하고 있는 유속 측정방법은 무엇인가?

> • 적은 인원으로 정확한 유량 측정이 가능하다.
> • 유속의 흐름을 육안으로 확인할 수 있다.
> • 하천에 직접 들어가서 유속을 측정한다.

① 도섭법   ② 교량법
③ 보트법   ④ 도선법

14 다음 중 단위시간 동안 어느 횡단면을 통과하는 물의 양을 말하는 것으로, 하천의 횡단면적과 이를 통과하는 물의 속도로부터 구할 수 있는 것은?

① 유사량   ② 강수량
③ 수위   ④ 유량

15 다음 중 일반적으로 우리나라의 유역에 속하지 않는 것은?

① 한강　　　　　　　　　　　　　　② 낙동강
③ 대동강　　　　　　　　　　　　　　④ 금강

16 다음 중 배출수처리공정에 대한 설명으로 옳지 않은 것은?

① 배출수처리공정은 일반적으로 조정, 농축, 탈수, 건조, 처분(반출)의 과정으로 처리한다.
② 정수장은 수도법에 따른 폐수배출시설이다.
③ 배출수 처리 시에는 방류수 수질 기준 및 배출허용기준을 준수하여야 한다.
④ 정수장에서 발생되는 폐수(배출수)는 주로 침전지에서 발생하는 슬러지와 여과지의 역세척 과정에서 발생하는 폐수이다.

17 다음 중 유역조사 지침에 따른 유역조사 내용으로 옳지 않은 것은?

구분	주요 내용
① 조사항목	기본현황, 이수, 치수, 환경생태
② 조사주기	3년, 8년, 12년, 수시, 특별조사(활용빈도 고려)
③ 조사방법	문헌, 현장, GIS, RS(Remote Sensing : 원격조사)
④ 성과검증	성과검증위원회의 검토·승인

18 다음 중 기본현황조사에 대한 설명으로 옳지 않은 것은?

① 유역특성조사는 지리정보시스템을 통해 유역별 특성인자를 추출한다.
② 인문·산업·경제조사를 통해 지역 개발 방향설정과 대책 등을 판단하는 기존자료로 활용한다.
③ 기후기상조사는 기상관측소의 기후 및 기상자료에 대한 관측기록을 검토한다.
④ 자원조사는 인공자원을 제외한 자연자원을 조사한다.

19 다음 〈보기〉에서 유출분석에 대한 설명으로 옳은 것을 모두 고르면?

> **보기**
> ㉠ 지하에 있는 물을 양적으로 해석한다.
> ㉡ 장기유출은 특정 홍수 상황이 아닌 장기간의 수문년을 모의대상으로 한다.
> ㉢ 단기유출은 미래의 홍수사상만을 모의대상으로 한다.
> ㉣ 장·단기 유출모형을 이용한 유출분석으로 유역의 유출량을 산정한다.

① ㉠, ㉡   ② ㉠, ㉢
③ ㉡, ㉣   ④ ㉢, ㉣

20 다음 중 이수조사의 항목으로 옳지 않은 것은?

① 수문특성   ② 용수이용현황
③ 수리권조사   ④ 물이동특성

21 다음 중 점오염원과 비점오염원에 대한 설명으로 옳은 것은?

① 점오염원의 배출원은 대지, 도로, 논, 밭, 임야 등이다.
② 점오염원은 계절에 따른 영향을 크게 받는다.
③ 비점오염원은 처리시설의 설계 및 유지관리가 어렵다.
④ 비점오염원은 오염물질의 유출 및 배출경로가 명확하다.

22 다음과 같은 비점오염원을 주로 가지고 있는 지역은?

> 대기오염 강하물질, 공사 시 발생하는 토사, 자동차 배출가스 등

① 도시지역   ② 도로
③ 농업지역   ④ 산림·하천

23 다음 중 상수원 구간의 조류경보제 운영기준으로 옳지 않은 것은?

① 관심 : 2회 연속 채취 시 유해남조류세포수가 1,000세포/mL 이상 10,000세포/mL 미만인 경우

② 경계 : 2회 연속 채취 시 유해남조류세포수가 10,000세포/mL 이상 1,000,000 세포/mL 미만인 경우

③ 대발생 : 2회 연속 채취 시 유해남조류세포수가 1,000,000세포/mL 이상인 경우

④ 해제 : 2회 연속 채취 시 유해남조류세포수가 10,000세포/mL 미만인 경우

24 다음 중 조류(藻類)가 발생하였을 때 대응하는 순서를 바르게 나열한 것은?

① 발생된 조류 제거 → 조류확산 차단 → 정수처리 강화

② 발생된 조류 제거 → 정수처리 강화 → 조류확산 차단

③ 조류확산 차단 → 정수처리 강화 → 발생된 조류 제거

④ 조류확산 차단 → 발생된 조류 제거 → 정수처리 강화

25 다음 중 물속의 현탁물질이나 유기물, 미생물 등의 미립자를 응집제로 응집시킨 큰 덩어리를 의미하는 것은?

① 활성탄　　　　　　　　　　　② 플록
③ 전구물질　　　　　　　　　　④ 슬러지

26 다음 중 정수처리기준에 따라 정수처리를 통해 병원성 미생물로부터 안정성이 확보되었다고 볼 수 있는 제거수준은?

① 99% 이상　　　　　　　　　　② 50% 이하
③ 10% 이상　　　　　　　　　　④ 5% 이하

27 다음 중 신에너지 및 재생에너지 이용 · 개발 · 보급 촉진법에 따른 신에너지 분야에 해당하는 것끼리 바르게 나열한 것은?

① 바이오매스, 해양에너지, 연료전지

② 수소에너지, 태양에너지, 폐기물에너지

③ 석탄액화가스화, 태양에너지, 폐기물에너지

④ 연료전지, 수소에너지, 석탄액화가스화

28 다음은 K-water의 노후 정수장 정비사업에 대한 설명이다. 빈칸 ㉠, ㉡에 들어갈 내용을 바르게 나열한 것은?

> • 노후 정수장 정비사업은 경과년수가 ___㉠___ 이상(기계식 여과는 10년 이상)이면서 정수처리 기능이 저하된 시설을 대상으로 추진된다.
> • 노후 정수장 정비사업은 정수장 부분 · 전면개량 공사, 정수장 재건설 공사, 정수장 통합건설 공사 등이 해당되며 사업기간은 ___㉡___, 시설개량 준공을 목표로 한다.

	㉠	㉡
①	20년	3 ~ 5년
②	20년	6 ~ 10년
③	30년	3 ~ 5년
④	30년	6 ~ 10년

29 다음은 K-water의 노후 상수관망 및 노후 정수장의 정비사업에 대한 자료이다. 빈칸 ㉠, ㉡에 들어갈 내용을 바르게 나열한 것은?

구분	노후 상수관망 정비사업	노후 정수장 정비사업
선정 대상	유수율 70% 미만 급수구역이 포함된 시·군	경과년수 20년 이상(기계식 여과는 10년 이상)이면서 정수처리 기능이 저하된 시설
사업의 지원범위	• 시·군 내 유수율 ㉠ 미만 급수구역(관망 정비 공사·누수탐사 및 정비) • 시·군내 전체 급수구역(블록시스템, 유지관리시스템 구축공사)	• 정수장 부분·전면개량 공사 • 정수장 재건설 공사 • 정수장 통합건설 공사(공사별 시설 운영관리시스템 구축공사 ㉡)

	㉠	㉡
①	70%	제외
②	70%	포함
③	50%	제외
④	50%	포함

30 다음 중 태양광을 통한 에너지 개발 및 관리에 대한 설명으로 옳지 않은 것은?

① 태양광 에너지는 태양광선의 빛 에너지를 태양전지를 통해 전기에너지로 전환하여 개발한다.

② 태양전지는 실리콘 붕소를 첨가한 N형 반도체와 인을 첨가한 P형 반도체로 구성된다.

③ 수상태양광은 태양광의 발전원리와 댐 수면위의 냉각효과 등을 이용하여 높은 발전효율을 얻을 수 있다는 장점이 있다.

④ 태양광발전시스템은 태양전지(Cell)를 여러 개 연결한 모듈, 모듈을 연결한 어레이, 모듈을 케이블로 연결한 접속함, 직류를 교류로 변환하는 인버터, 계통연계를 위한 시스템 등으로 구성된다.

PART **3**

최종점검 모의고사

제1회
최종점검 모의고사

※ 한국수자원공사 최종점검 모의고사는 2024년 상반기 채용공고 및 후기를 기준으로 구성한 것으로 실제 시험과 다를 수 있습니다.

※ 응시 직렬에 맞추어 해당 영역을 학습하시기 바랍니다.

※ 모바일 OMR 답안분석 서비스

경영

경제

행정

법

■ 취약영역 분석

| 01 | 직업기초능력평가

번호	O/×	영역	번호	O/×	영역	번호	O/×	영역
01		의사소통능력	16		수리능력	31		자원관리능력
02			17			32		
03			18			33		
04			19			34		
05			20			35		
06			21			36		
07			22			37		
08			23			38		
09			24			39		
10			25		문제해결능력	40		
11		수리능력	26					
12			27					
13			28					
14			29					
15			30					

| 02 | 직무능력평가

번호	41	42	43	44	45	46	47	48	49	50
O/×					경영 / 경제 / 행정 / 법					

번호	51	52	53	54	55	56	57	58	59	60
O/×					경영 / 경제 / 행정 / 법					

번호	61	62	63	64	65	66	67	68	69	70
O/×					경영 / 경제 / 행정 / 법					

번호	71	72	73	74	75	76	77	78	79	80
O/×					K-water 수행사업(공통)					

평가문항	80문항	평가시간	80분
시작시간	:	종료시간	:
취약영역			

최종점검 모의고사

🕐 응시시간 : 80분　📝 응시시간 : 80분　　　　　정답 및 해설 p.070

01　직업기초능력평가

01　다음 글을 읽고 알 수 없는 것은?

> 언어는 생성, 변천, 소멸과 같은 과정을 거치면서 발전해 간다. 또한 각 언어는 서로 영향을 미치고 영향을 받으면서 변천하여 간다. 그런데 어떤 언어는 오랜 역사 기간 동안에 잘 변동되지 않는가 하면 어떤 언어는 쉽게 변한다. 한 나라의 여러 지역 방언들도 이와 같은 차이가 일어날 수 있다. 즉, 어떤 지역의 방언은 빨리 변천하여 옛말을 찾아보기 어려운 반면, 어떤 지역 방언은 그 변천의 속도가 느려서 아직도 옛말의 흔적이 많이 남아 있는 경우가 있다.
>
> 방언의 변천은 지리적·문화적·정치적인 면에서 그 원인을 찾을 수 있다. 지리적으로는 교통이 원활히 소통되는 곳이 그렇지 않은 곳보다 전파가 빨리 이루어진다. 문화적으로는 문화가 발달한 곳에서 발달하지 못한 곳으로 영향을 미치게 된다. 이는 대개의 표준말이 수도를 중심으로 결정되며 도시의 언어가 시골의 언어에 침투됨이 쉽다는 말과 같다. 또한 정치적으로는 정치의 중심지가 되는 곳에서 지배를 받는 지역으로 전파된다.
>
> 이러한 여러 요인으로 인한 방언의 전파에도 불구하고 자기 방언의 특성을 지키려는 노력을 하게 되는데 이것이 방언의 유지성이다. 각 지역의 방언은 그 유지성에도 불구하고 서로 영향을 끼쳐서 하나의 방언일지라도 사실은 여러 방언의 요소가 쓰이고 있다. 따라서 각 방언을 엄밀히 분리한다는 것은 어려운 일이다.
>
> 한편, 방언은 통일되려는 성질도 가지고 있다. 즉, 국가, 민족, 문화가 동일한 지역 내에 살고 있는 주민들은 원활한 의사소통을 위하여 방언의 공통성을 추구하려는 노력을 하는 것이다. 그 대표적인 결과가 표준어의 제정이다.

① 방언의 변화 양상은 언어의 변화 양상과 유사하다.

② 방언에는 다른 지역 방언의 요소들이 포함되어 있다.

③ 방언의 통일성은 표준어 제정에 영향을 주었을 것이다.

④ 방언이 유지되려는 힘이 클수록 방언의 통일성은 강화될 것이다.

02 다음 중 밑줄 친 단어를 바꾸어 사용할 수 없는 것은?

> • 이번에는 후보자 간 ㉠ 경선이 치열할 것으로 예상된다.
> • ㉡ 현재 지방자치제도는 지역사회의 다양한 요구를 수용하는 데 한계가 있다.
> • 도로 ㉢ 개선 공사가 끝나면 교통이 원활해질 것으로 보인다.
> • 이번 회의에는 임원과 함께 ㉣ 주무 부서장이 참여하였다.

① ㉠ - 경쟁   ② ㉡ - 현행
③ ㉢ - 개수   ④ ㉣ - 직할

---

03 다음 중 맞춤법이 옳지 않은 것은?

① 오늘은 웬일인지 지호가 나에게 웃으며 인사해 주었다.
② 그녀의 집은 살림이 넉넉지 않다.
③ 분위기에 걸맞은 옷차림이다.
④ 영희한테 들었는데 이 집 자장면이 그렇게 맛있데.

---

04 다음 글의 제목으로 가장 적절한 것은?

> 요한 제바스티안 바흐는 '경건한 종교음악가'로서 천직을 다하기 위한 이상적인 장소가 라이프치히라고 생각하여, 27년 동안 그곳에서 열심히 칸타타를 써 나갔다고 알려졌다. 그러나 실은 7년째에 라이프치히의 칸토르(교회의 음악감독)직으로는 가정을 꾸릴 만큼 수입이 충분치 못해서 다른 일을 하기도 했고 다른 궁정에 자리를 알아보기도 했다. 그것이 계기가 되어 칸타타를 쓰지 않게 되었다는 사실이 최근의 연구에서 밝혀졌다. 또한, 볼프강 아마데우스 모차르트의 경우에는 비극적으로 막을 내린 35년이라는 짧은 생애에 걸맞게 '하늘이 이 위대한 작곡가의 죽음을 비통해하듯' 천둥치고 진눈깨비 흩날리는 가운데 장례식이 행해졌고 그 때문에 그의 묘지는 행방을 알 수 없게 되었다고 하는데, 이러한 이야기는 빈 기상대에 남아 있는 기상자료와 일치하지 않는다는 사실도 밝혀졌다. 게다가 만년에 엄습해 온 빈곤에도 불구하고 다수의 걸작을 남기고 세상을 떠난 모차르트가 실제로는 그 정도로 수입이 적지는 않았다는 사실도 드러나 최근에는 도박벽으로 인한 빈곤설을 주장하는 학자까지 등장하게 되었다.

① 음악가들의 쓸쓸한 최후
② 미화된 음악가들의 이야기와 그 진실
③ 음악가들을 괴롭힌 근거 없는 소문들
④ 음악가들의 명성에 가려진 빈곤한 생활

4차 산업이라는 단어와 함께 세상의 관심을 끄는 것 중의 하나가 드론이다. 드론이란 다양한 무게와 크기의 무인비행기를 무선전파로 조종하는 무인비행장치이다. 드론은 배달, 군사, 기상, 농업, 건설 등 여러 분야에서 미래에 중요한 역할을 할 것으로 예측되며, 어른 아이 할 것 없이 드론을 배우고자 하는 사람의 수가 급상승하였다. 이에 따라 저렴한 가격의 드론이 출시되어 누구나 드론을 접할 수 있게 되었다.

하지만 쉽게 드론을 구할 수 있다고 해서 덥석 드론을 샀다간 낭패를 볼 수 있다. 우리나라에서는 드론 비행이 규제되고 있기 때문이다. 현재 국내 항공안전법상 드론 비행이 제한되는 지역은 행사장 등 인구밀집지역, 공항 주변이나 군 시설 주변 등이다. 이를 위반할 경우 최대 200만 원의 벌금이 부과된다. 야간 비행과 가시권 밖 비행은 항공안전법 개정안이 통과되면서 원천금지에서 허가제로 규제가 완화되었다. 이렇게 규제가 점점 풀리고는 있지만 국가 주요시설이 몰려있는 서울은 대부분 드론 비행이 금지된 구역이다. 그나마 규제 적용을 덜 받을 수 있는 곳은 국내에 드론 시범사업지역 7곳과 드론 전용 비행구역 10곳뿐인데 이마저도 대부분 지방에 위치해 있다. 드론 수요를 충족하기엔 턱없이 부족하다는 지적과 함께 드론과 관련된 사업이 많아지고 있고 드론 관련 직업이 미래 유망 직업으로 떠오르고 있어 드론 규제를 완화해야 한다는 목소리가 커지고 있다.

해외에서도 드론 비행을 규제하고 있는데 나라마다 규제 정도는 다르다. 중국의 경우는 우리나라의 규제와 비슷하지만 베이징을 제외하면 비교적 자유롭게 비행할 수 있는 지역이 많다. 일본은 드론 규제가 점점 완화되고 있는 우리나라와는 반대로 정부청사에 드론을 이용한 테러가 일어나는 등 일본 전역에서 드론 관련 사건이 발생해 규제가 강화되었다. 또한, 러시아는 규제가 강한 나라 중 하나인데 러시아 어느 지역이든지 드론을 비행시키려면 사전 허가를 받아야 할 뿐만 아니라 드론 비행을 책임질 조종사와 이를 감시할 사람으로 이루어진 2인 1조로 드론을 운행해야 한다.

05 다음 중 윗글의 내용으로 적절하지 않은 것은?

① 드론은 무선전파를 이용하여 조종할 수 있는 무인비행장치이다.

② 드론으로 야간 비행을 할 경우 최대 200만 원의 벌금이 부과된다.

③ 드론 시범사업지역과 드론 전용 비행구역은 대부분 지방에 위치해 있다.

④ 드론 비행을 할 수 있는 장소의 수용량보다 드론의 수요가 훨씬 많다.

06 다음 중 윗글의 내용 전개 방식으로 가장 적절한 것은?

① 대상의 다른 사례를 들어 비교하며 설명하고 있다.

② 대상의 문제점을 파악하고 해결책을 제시해 주고 있다.

③ 대상을 다양한 관점에서 소개하면서 여러 의견을 소개해 주고 있다.

④ 대상에 대해 찬반으로 나누어 각각의 입장을 설명하고 있다.

07 다음 글에 나타나는 주장에 대한 비판으로 가장 적절한 것은?

> 전통적인 경제학에 따른 통화 정책에서는 정책 금리를 활용하여 물가를 안정시키고 경제 안정을 도모하는 것을 목표로 한다. 중앙은행은 경기가 과열되었을 때 정책 금리 인상을 통해 경기를 진정시키고자 한다. 정책 금리 인상으로 시장 금리가 높아지면 가계 및 기업에 대한 대출 감소로 신용 공급이 축소된다. 신용 공급의 축소는 경제 내 수요를 줄여 물가를 안정시키고 경기를 진정시킨다. 반면 경기가 침체되었을 때는 반대의 과정을 통해 경기를 부양시키고자 한다.
>
> 금융을 통화 정책의 전달 경로로만 보는 전통적인 경제학에서는 금융감독 정책이 개별 금융 회사의 건전성 확보를 통해 금융 안정을 달성하고자 하는 미시 건전성 정책에 집중해야 한다고 보았다. 이러한 관점은 금융이 직접적인 생산 수단이 아니므로 단기적일 때와는 달리 장기적으로는 경제 성장에 영향을 미치지 못한다는 인식과 자산 시장에서는 가격이 본질적 가치를 초과하여 폭등하는 버블이 존재하지 않는다는 효율적 시장 가설에 기인한다. 미시 건전성 정책은 개별 금융 회사의 건전성에 대한 예방적 규제 성격을 가진 정책 수단을 활용하는데, 그 예로는 향후 손실에 대비하여 금융 회사의 자기자본 하한을 설정하는 최저 자기자본 규제를 들 수 있다.

① 중앙은행의 정책이 자산 가격 버블에 따른 금융 불안을 야기하여 경제 안정이 훼손될 수 있다.

② 시장의 물가가 지나치게 상승할 경우 국가는 적극적으로 개입하여 물가를 안정시켜야 한다.

③ 경기가 침체된 상황에서는 처방적 규제보다 예방적 규제에 힘써야 한다.

④ 금융은 단기적일 때와 달리 장기적으로는 경제 성장에 별다른 영향을 미치지 못한다.

08 다음 글의 결론을 지지하지 않는 것은?

> 지구와 태양 사이의 거리와 지구가 태양 주위를 도는 방식은 인간의 생존에 유리한 여러 특징을 지니고 있다. 인간을 비롯한 생명이 생존하려면 행성은 액체 상태의 물을 포함하면서 너무 뜨겁거나 차갑지 않아야 한다. 이를 위해 행성은 태양과 같은 별에서 적당히 떨어져 있어야 한다. 이 적당한 영역을 '골디락스 영역'이라고 한다. 또한, 지구가 태양의 중력장 주위를 도는 타원 궤도는 충분히 원에 가깝다. 따라서 연중 태양에서 오는 열에너지가 비교적 일정하게 유지될 수 있는 것이다. 만약 태양과의 거리가 일정하지 않았다면 지구는 여름에는 바다가 모두 끓어 넘치고 겨울에는 거대한 얼음덩어리가 되는 불모의 행성이었을 것이다.
>
> 우주에 작용하는 근본적인 힘의 세기나 물리법칙도 인간을 비롯한 생명의 탄생에 유리하도록 미세하게 조정되어 있다. 예를 들어 근본적인 힘인 강한 핵력이나 전기력의 크기가 현재 값에서 조금만 달랐다면, 별의 내부에서 탄소처럼 무거운 원소는 만들어질 수 없었고 행성도 만들어질 수 없었을 것이다. 최근 들어 물리학자들은 이들 힘을 지배하는 법칙이 현재와 다르다면 우주는 구체적으로 어떤 모습이 될지 컴퓨터 모형으로 계산했다. 그 결과, 강한 핵력의 강도가 겨우 0.5% 다르거나 전기력의 강도가 겨우 4% 다를 경우에도 탄소나 산소는 우주에서 합성되지 않는다. 따라서 생명 탄생의 가능성도 사라진다. 결국 강한 핵력이나 전기력을 지배하는 법칙들을 조금이라도 건드리면 우리가 존재할 가능성은 사라지는 것이다.
>
> 결론적으로 지구 주위 환경뿐만 아니라 보편적 자연법칙까지도 인류와 같은 생명이 진화해 살아가기에 알맞은 범위 안에 제한되어 있다고 할 수 있다. 만약 그러한 제한이 없었다면 태양계나 지구가 탄생할 수 없었을 뿐만 아니라 생명 또한 진화할 수 없었을 것이다. 우리가 아는 행성이나 생명이 탄생할 가능성을 열어두면서 물리법칙을 변경할 수 있는 폭은 매우 좁다.

① 탄소가 없는 상황에서도 생명은 자연적으로 진화할 수 있다.
② 중력법칙이 현재와 조금만 달라도 지구는 태양으로 빨려 들어간다.
③ 원자핵의 질량이 현재보다 조금 더 크다면 우리 몸을 이루는 원소는 합성되지 않는다.
④ 별 주위의 '골디락스 영역'에 행성이 위치할 확률은 매우 낮지만 지구는 그 영역에 위치한다.

09 다음 빈칸에 들어갈 내용으로 가장 적절한 것은?

민주주의의 목적은 다수가 소수의 폭군이나 자의적인 권력 행사를 통제하는 데 있다. 민주주의의 이상은 모든 자의적인 권력을 억제하는 것으로 이해되었는데 이것이 오늘날에는 자의적 권력을 정당화하기 위한 장치로 변화되었다. 이렇게 변화된 민주주의는 민주주의 그 자체를 목적으로 만들려는 이념이다. 이것은 법의 원천과 국가권력의 원천이 주권자 다수의 의지에 있기 때문에 국민의 참여와 표결 절차를 통하여 다수가 결정한 법과 정부의 활동이라면 그 자체로 정당성을 갖는다는 것이다. 즉, 유권자 다수가 원하는 것이면 무엇이든 실현할 수 있다는 말이다.

이러한 민주주의는 '무제한적 민주주의'이다. 어떤 제약도 없는 민주주의라는 의미이다. 이런 민주주의는 자유주의와 부합할 수가 없다. 그것은 다수의 독재라는 점에서 전체주의와 유사하다. 폭군의 권력이든, 다수의 권력이든, 군주의 권력이든, 위험한 것은 권력 행사의 무제한성이다. 중요한 것은 이러한 권력을 제한하는 일이다.

민주주의 그 자체를 수단이 아니라 목적으로 여기고 다수의 의지를 중시한다면, 그것은 다수의 독재를 초래할 뿐만 아니라 전체주의만큼이나 위험하다. 민주주의의 존재 그 자체가 언제나 개인의 자유에 대한 전망을 밝게 해 준다는 보장은 없다. 개인의 자유와 권리를 보장하지 못하는 민주주의는 본래의 민주주의가 아니다. 본래의 민주주의는 _____

① 다수의 의견을 수렴하여 이를 그대로 정책에 반영해야 한다.

② 서로 다른 목적의 충돌로 인한 사회적 불안을 해소할 수 있어야 한다.

③ 민주적 절차 준수에 그치지 않고 과도한 권력을 실질적으로 견제할 수 있어야 한다.

④ 무제한적 민주주의를 과도기적으로 거치며 개인의 자유와 권리 보장에 기여해야 한다.

10 다음 문단을 논리적 순서대로 바르게 나열한 것은?

(가) 하지만 막상 앱을 개발하려 할 때 부딪히는 여러 난관이 있다. 여행지나 주차장에 한 정보를 모으는 것도 문제이고, 정보를 지속적으로 갱신하는 것도 문제이다. 이런 문제 때문에 결국 아이디어를 포기하는 경우가 많다.

(나) 그러나 이제는 아이디어를 포기하지 않아도 된다. 바로 공공 데이터가 있기 때문이다. 공공 데이터는 공공기관에서 생성, 취득하여 관리하고 있는 정보 중 전자적 방식으로 처리되어 누구나 이용할 수 있도록 국민들에게 제공된 것을 말한다.

(다) 현재 정부에서는 공공 데이터 포털 사이트를 개설하여 국민들이 쉽게 이용할 수 있도록 하고 있다. 공공 데이터 포털 사이트에서는 800여 개 공공 기관에서 생성한 15,000여 건의 공공 데이터를 제공하고 있으며, 제공하는 공공 데이터의 양을 꾸준히 늘리고 있다.

(라) 앱을 개발하려는 사람들은 아이디어가 넘친다. 사람들이 여행 준비를 위해 많은 시간을 허비하는 것을 보면 한 번에 여행 코스를 짜 주는 앱을 만들어 보고 싶어 하고, 도심에 주차장을 못 찾아 헤매는 사람들을 보면 주차장을 쉽게 찾아 주는 앱을 만들어 보고 싶어 한다.

① (가) – (나) – (다) – (라)   ② (가) – (라) – (나) – (다)

③ (라) – (가) – (나) – (다)   ④ (라) – (나) – (다) – (가)

11 민수가 어떤 일을 하는 데는 1시간이 걸리고, 민수의 아버지가 어떤 일을 하는 데는 15분이 걸린다. 민수가 30분간 혼자서 일을 하다가 아버지가 오셔서 함께 그 일을 마쳤다면, 민수가 아버지와 함께 일한 시간은 몇 분인가?

① 5분 ② 6분

③ 7분 ④ 8분

12 A ~ C는 각각 온라인, 소형매장 중 한 곳에서 라면을 구매하려고 한다. 다음 판매처별 라면 가격과 배송비 정보와 세 사람의 필요조건을 토대로 비용을 최소화하여 라면을 구매하고자 할 때, 세 사람의 구매처를 바르게 연결한 것은?(단, 배송비는 개수와 관계없이 한 번만 결제된다)

〈판매처별 라면 가격과 배송비〉

판매처	가격	배송비
온라인	900원/개	2,500원
소형매장	1,000원/개	-

〈필요조건〉

• A : 라면 10개 구매
• B : 라면 24개 구매
• C : 라면 30개 구매

	A	B	C
①	온라인	온라인	온라인
②	온라인	소형매장	온라인
③	소형매장	소형매장	소형매장
④	소형매장	소형매장	온라인

13 다음은 K국의 농·임업 생산액과 부가가치 현황에 대한 자료이다. 이에 대한 설명으로 옳은 것을 〈보기〉에서 모두 고르면?

〈농·임업 생산액 현황〉

(단위 : 십억 원, %)

구분		2018년	2019년	2020년	2021년	2022년	2023년
농·임업 생산액		39,663	42,995	43,523	43,214	46,357	46,648
분야별 비중	곡물	23.6	20.2	15.6	18.5	17.5	18.3
	화훼	28.0	27.7	29.4	30.1	31.7	32.1
	과수	34.3	38.3	40.2	34.7	34.6	34.8

※ 분야별 비중은 해당 분야의 농·임업 생산액 대비 생산액 비중이다.
※ 곡물, 화훼, 과수는 농·임업 일부 분야이다.

〈농·임업 부가가치 현황〉

(단위 : 십억 원, %)

구분		2018년	2019년	2020년	2021년	2022년	2023년
농·임업 부가가치		22,587	23,540	24,872	26,721	27,359	27,376
GDP 대비 비중	농업	2.1	2.1	2.0	2.1	2.0	2.0
	임업	0.1	0.1	0.2	0.1	0.2	0.2

※ GDP 대비 비중은 해당 분야의 GDP 대비 부가가치 비중이다.
※ 농·임업은 농업과 임업으로만 구성된다.

보기

㉠ 농·임업 생산액이 전년보다 적은 해에는 농·임업 부가가치도 전년보다 적다.
㉡ 화훼 생산액은 매년 증가한다.
㉢ 매년 곡물 생산액은 과수 생산액의 50% 이상이다.
㉣ 매년 농업 부가가치는 농·임업 부가가치의 85% 이상이다.

① ㉠, ㉡
② ㉠, ㉢
③ ㉡, ㉣
④ ㉢, ㉣

14 다음은 청소년의 경제의식에 대한 설문조사 결과이다. 이에 대한 설명으로 옳은 것은?

〈경제의식에 대한 설문조사 결과〉

(단위 : %)

설문 내용	구분	전체	성별		학교별	
			남	여	중학교	고등학교
용돈을 받는지 여부	예	84.2	82.9	85.4	87.6	80.8
	아니오	15.8	17.1	14.6	12.4	19.2
월간 용돈 금액	5만 원 미만	75.2	73.9	76.5	89.4	60
	5만 원 이상	24.8	26.1	23.5	10.6	40
금전출납부 기록 여부	기록한다.	30	22.8	35.8	31	27.5
	기록 안 한다.	70	77.2	64.2	69.0	72.5

① 용돈을 받는 남학생의 비율이 용돈을 받는 여학생의 비율보다 높다.
② 월간 용돈을 5만 원 미만으로 받는 비율은 중학생이 고등학생보다 높다.
③ 고등학생 전체 인원을 100명이라 한다면, 월간 용돈을 5만 원 이상 받는 학생은 40명이다.
④ 금전출납부는 기록하는 비율이 기록 안 하는 비율보다 높다.

15 K사는 사무실을 새롭게 꾸미기 위해 바닥에 붙일 타일을 구매하려고 한다. 타일을 붙일 사무실 바닥의 크기는 가로 8m, 세로 10m이다. 다음 3개의 타일 중 하나를 선택하여 구매하려고 할 때, 가장 저렴한 타일은 어느 타일이고, 이때 지불해야 하는 총가격은 얼마인가?

〈업체별 타일 정보〉

구분	크기(가로×세로)	단가	배송비
A타일	20cm×20cm	1,000원	50,000원
B타일	250mm×250mm	1,500원	30,000원
C타일	25cm×20cm	1,250원	75,000원

① A, 2,050,000원
② A, 1,950,000원
③ B, 1,950,000원
④ C, 1,950,000원

16 다음은 K중학교 여름방학 방과 후 학교 신청 학생 중 과목별 학생 수를 비율로 나타낸 그래프이다. 방과 후 학교를 신청한 전체 학생이 200명일 때, 수학을 선택한 학생은 미술을 선택한 학생보다 몇 명이 더 적은가?

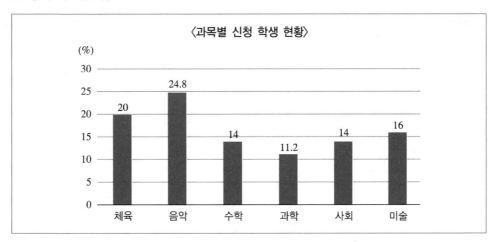

〈과목별 신청 학생 현황〉

① 3명　　　　　　　　　② 4명
③ 5명　　　　　　　　　④ 6명

17 용산에서 출발하여 춘천에 도착하는 ITX–청춘 열차가 있다. 이 열차가 용산에서 청량리로 가는 길에는 240m 길이의 다리가 있고, 가평에서 춘천으로 가는 길에는 840m 길이의 터널이 있다. 열차가 다리와 터널을 완전히 통과하는 데 각각 16초, 40초가 걸렸다. 이때 열차의 길이는 몇 m인가?(단, 열차의 속력은 일정하다)

① 140m　　　　　　　　② 150m
③ 160m　　　　　　　　④ 170m

※ 다음은 궁능원 관람객 수에 대한 자료이다. 이어지는 질문에 답하시오. [18~19]

〈2016 ~ 2023년 궁능원 관람객 수〉

(단위 : 천 명)

구분	2016년	2017년	2018년	2019년	2020년	2021년	2022년	2023년
유료 관람객 수	6,688	6,805	6,738	6,580	7,566	6,118	7,456	5,187
무료 관람객 수	3,355	3,619	4,146	4,379	5,539	6,199	6,259	7,511
외국인 관람객 수	1,877	2,198	2,526	2,222	2,690	2,411	3,849	2,089

〈2019 ~ 2023년 궁능원 관람객 수〉

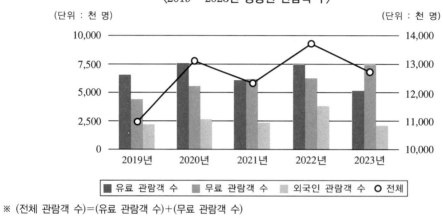

※ (전체 관람객 수)=(유료 관람객 수)+(무료 관람객 수)

18 다음 〈보기〉 중 옳지 않은 것을 모두 고르면?

> **보기**
>
> ㄱ. 2021년 전체 관람객 수는 전년보다 감소하였으나 무료 관람객 수는 전년보다 소폭 증가하였다.
> ㄴ. 2023년 외국인 관람객 수는 전년 대비 43% 미만 감소하였다.
> ㄷ. 2020 ~ 2023년의 전체 관람객 수와 유료 관람객 수의 증감 추이는 같다.
> ㄹ. 2017 ~ 2023년 중 전체 관람객 수가 전년 대비 가장 많이 증가한 해는 2018년이다.

① ㄱ, ㄴ   ② ㄱ, ㄷ

③ ㄴ, ㄷ   ④ ㄴ, ㄹ

19 다음 중 2024년 궁능원 관람객 수 예측 자료를 참고하여 2024년 예상 전체 관람객 수와 예상 외국인 관람객 수를 바르게 구한 것은?(단, 소수점 이하는 버린다)

〈2024년 궁능원 관람객 수 예측 자료〉

- 고궁 야간관람 및 '문화가 있는 날' 행사 확대 운영으로 유료 관람객 수는 2023년 대비 24% 정도 증가할 전망이다.
- 적극적인 무료 관람 콘텐츠 개발로 무료 관람객 수는 2016년 무료 관람객 수의 2.4배 수준일 것으로 예측된다.
- 외국인을 위한 문화재 안내판, 해설 등 서비스의 품질 향상 노력과 각종 편의시설 개선 노력으로 외국인 관람객 수는 2023년보다 약 35,000명 정도 증가할 전망이다.

	예상 전체 관람객 수	예상 외국인 관람객 수
①	13,765천 명	1,973천 명
②	14,483천 명	2,124천 명
③	14,768천 명	2,365천 명
④	15,822천 명	3,128천 명

20 영희는 과일을 주문하려 인터넷 쇼핑몰에 들어갔다. 쇼핑몰에서는 사과, 수박, 감, 귤, 바나나, 자두, 포도, 딸기 총 8개의 과일 중에서 최대 4개의 과일을 주문할 수 있다. 영희가 감, 귤, 포도, 딸기 4개 과일 중에서 최대 두 종류까지만 선택을 하고, 총 세 종류의 과일을 주문한다고 할 때, 영희가 주문할 수 있는 경우의 수는 몇 가지인가?

① 48가지　　　　　　　② 52가지
③ 56가지　　　　　　　④ 60가지

※ 다음은 K마트의 배송이용약관이다. 이어지는 질문에 답하시오. **[21~22]**

<배송이용약관>

▲ **배송기간**
① 당일배송상품은 오전 주문 시 당일 오후 배송(단, 당일 배송 주문마감 시간은 지점마다 상이함)
② 일반배송상품은 전국 택배점 상품의 경우 상품 결제 완료 후 평균 2 ~ 4일 이내 배송완료
③ 일반배송상품은 택배사를 이용해 배송되므로 주말, 공휴일, 연휴에는 배송되지 않음
④ 당일배송의 경우 각 지점에 따라 배송정책이 상이하므로 이용매장에 직접 확인해야 함
⑤ 꽃 배송은 전국 어디서나 3시간 내에 배달 가능(단, 도서 산간지역 등 일부 지역 제외, 근무시간 내 주문접수되어야 함)

▲ **배송비**
① K클럽(K마트 점포배송)을 제외한 상품은 무료배송이 원칙(단, 일부 상품의 경우 상품가격에 배송비가 포함될 수 있으며, 도서지역의 경우 도선료, 항공료 등이 추가될 수 있음)
② K클럽 상품은 지점별로 배송비 적용 정책이 상이함(해당점 이용안내 확인 필요)
③ 도서상품은 배송비 무료
④ CD / DVD 상품은 39,000원 미만 주문 시 배송비 3,000원 부과
⑤ 화장품 상품은 30,000원 미만 주문 시 배송비 3,000원 부과
⑥ 기타 별도의 배송비 또는 설치비가 부과되는 경우에는 해당 상품의 구매페이지에 게재함

▲ **배송확인**
① [나의 e쇼핑 > 나의 쇼핑정보 > 주문 / 배송현황]에서 배송현황의 배송조회 버튼을 클릭하여 확인할 수 있음
② 주문은 [주문완료] > [결제완료] > [상품준비 중] > [배송 중] > [배송완료] 순으로 진행
  • [주문완료] : 상품대금의 입금 미확인 또는 결제가 미완료된 접수 상태
  • [결제완료] : 대금결제가 완료되어 주문을 확정한 상태
  • [상품준비 중] : 공급처가 주문내역을 확인 후 상품을 준비하여 택배사에 발송을 의뢰한 상태
  • [배송 중] : 공급처에 배송지시를 내린 상태(공급처가 상품을 발송한 상태)
  • [배송완료] : 배송이 완료되어 고객이 상품을 인수한 상태

  ※ 배송주소가 2곳 이상인 경우 주문할 상품의 상세페이지에서 [대량주문하기] 버튼을 클릭하면 여러 배송지로 상품 보내기 가능(배송주소를 여러 곳 설정할 때는 직접 입력 또는 엑셀파일로 작성 후 파일업로드 2가지 방식 이용)

21 서울 R대학의 기숙사 룸메이트인 갑과 을은 K마트에서 각각 상품을 구매했다. 두 명 모두 일반배송 상품을 이용하였으며, 갑은 화장품 세트를, 을은 책 3권을 구매하였다. 이때, 각각 상품을 구매하는 데 배송비를 포함하여 얼마가 들었는가?(단, 갑이 구매한 화장품 세트는 29,900원이며, 을이 구매한 책은 각각 10,000원이다)

	갑	을
①	29,900원	30,000원
②	29,900원	33,000원
③	30,900원	33,000원
④	32,900원	30,000원

22 서울에 사는 병은 K마트에서 해운대에 사시는 부모님께 보내드릴 사과 한 박스를 주문했다. 사과는 K마트 일반배송상품으로 가격은 32,000원이고, 현재 25% 할인을 하고 있다. 배송비를 포함하여 상품을 구매하는 데 총 얼마가 들었으며, 상품은 부모님 댁에 늦어도 언제까지 배송될 예정인가?

일	월	화	수	목	금	토
1	2	3	4	5	6 상품 결제완료	7
8	9	10	11	12	13	14

	총가격	배송완료일
①	24,000원	9일 월요일
②	24,000원	12일 목요일
③	27,000원	10일 화요일
④	32,000원	12일 목요일

23 업무수행과정에서 발생하는 문제를 발생형, 탐색형, 설정형의 세 가지 문제 유형으로 분류한다고 할 때, 다음 〈보기〉의 ㉠ ~ ㉮을 문제 유형에 따라 바르게 분류한 것은?

> **보기**
>
> ㉠ 제품을 배송하는 과정에서 고객의 개인정보를 잘못 기입하는 바람에 배송이 지연되고 있다.
> ㉡ 제약업계는 개발의 효율성 및 성과를 위해 매출액 가운데 상당 부분을 연구·개발에 투자하고 있으나, 기대만큼의 성과를 도출하지 못하고 있다.
> ㉢ 제품에서 기준치를 초과한 발암물질이 검출됨에 따라 회사는 전 제품에 대한 리콜을 고민하고 있다.
> ㉣ 연구팀은 제품 개발에 필수적인 제작 과정을 획기적으로 줄일 수 있는 기술을 개발할 것을 요청받았다.
> ㉤ 회사는 10대 전략 과제를 선정하고 부서별 역할과 세부추진계획을 점검하기로 하였다.
> ㉥ 정부의 사업 허가 기준이 강화될 것이라는 예측에 따라 새로운 사업 계획서 작성 방향에 대한 기업의 고민도 커질 것으로 예상된다.

	발생형	탐색형	설정형
①	㉠, ㉢	㉡, ㉣	㉤, ㉥
②	㉡, ㉢	㉠, ㉣	㉤, ㉥
③	㉢, ㉣	㉠, ㉤	㉡, ㉥
④	㉣, ㉤	㉡, ㉥	㉠, ㉢

24 발산적 사고를 개발하기 위한 방법으로는 자유연상법, 강제연상법, 비교발상법이 있다. 다음 중 보고회에서 사용된 사고 개발 방법으로 가장 적절한 것은?

> 충남 보령시는 보령해양머드박람회와 연계할 사업을 발굴하기 위한 보고회를 개최하였다. 경제적·사회적 파급 효과의 극대화를 통한 성공적인 박람회 개최를 도모하기 위해 마련된 보고회는 각 부서의 업무에 국한하지 않은 채 가능한 많은 양의 아이디어를 자유롭게 제출하는 방식으로 진행됐다.
> 홍보미디어실에서는 박람회 기간 가상현실(VR)·증강현실(AR) 체험을 통해 사계절 머드 체험을 할 수 있도록 사계절 머드체험센터 조성을, 자치행정과에서는 박람회 임시주차장 조성 및 박람회장 전선 지중화 사업을, 교육체육과에서는 세계 태권도 대회 유치를 제안했다. 또한, 문화새마을과에서는 KBS 열린음악회 및 전국노래자랑 유치를, 세무과에서는 e-스포츠 전용경기장 조성을, 회계과에서는 해상케이블카 조성 및 폐광지구 자립형 농어촌 숙박단지 조성 등을 제안했다. 그리고 사회복지과에서는 여성 친화 플리마켓을, 교통과에서는 장항선 복선전철 조기 준공 및 열차 증편을, 관광과에서는 체험·놀이·전시 등 보령머드 테마파크 조성 등의 다양한 아이디어를 내놓았다.
> 보령시는 이번에 제안된 아이디어를 토대로 실현 가능성 등을 검토하고, 박람회 추진에 참고자료로 적극 활용할 계획이다.

① 브레인스토밍　　　　　　　　② SCAMPER 기법
③ NM법　　　　　　　　　　　④ Synectics법

25 김대리는 체육대회에 참여할 직원 명단을 작성하고자 한다. A ~ F 6명의 직원들이 다음 〈조건〉에 따라 참여한다고 할 때, 체육대회에 반드시 참여하는 직원의 수는?

> **조건**
> • A가 참여하면 F는 참여하지 않고, B는 체육대회에 참여한다.
> • C가 체육대회에 참여하면 D는 체육대회에 참여하지 않는다.
> • E가 체육대회에 참여하지 않으면 C는 체육대회에 참여한다.
> • B와 E 중 1명만 체육대회에 참여한다.
> • D는 체육대회에 참여한다.

① 2명   ② 3명
③ 4명   ④ 5명

26 K사 인사팀 직원인 A씨는 사내 설문조사를 통해 요즘 사람들이 연봉보다는 일과 삶의 균형을 더 중요시하고 직무의 전문성을 높이고 싶어 한다는 결과를 도출했다. 다음 중 설문조사 결과와 K사 임직원의 근무 여건을 참고하여 인사제도를 합리적으로 변경한 것은?

〈임직원 근무 여건〉

구분	주당 근무 일수(평균)	주당 근무시간(평균)	직무교육 여부	퇴사율
정규직	6일	52시간 이상	○	17%
비정규직 1	5일	40시간 이상	○	12%
비정규직 2	5일	20시간 이상	×	25%

① 정규직의 연봉을 7% 인상한다.
② 정규직을 비정규직으로 전환한다.
③ 비정규직 1의 직무교육을 비정규직 2와 같이 조정한다.
④ 정규직의 주당 근무시간을 비정규직 1과 같이 조정하고 비정규직 2의 직무교육을 시행한다.

27 K회사에서는 폐수를 1급수로 만들기 위해서 정해진 순서대로 총 7가지 과정(A ~ G)을 거쳐야 한다. 다음 〈조건〉을 참고하여 5번째 과정이 F일 때, 네 번째로 해야 할 과정은 무엇인가?

> **조건**
> • F보다 뒤에 거치는 과정은 D와 B이다.
> • A 바로 앞에 수행하는 과정은 C이다.
> • A 바로 뒤에는 E를 수행한다.
> • G는 E와 A보다 뒤에 수행하는 과정이다.

① A
② C
③ D
④ G

28 K공사의 D과장은 우리나라 사람들의 해외취업을 돕기 위해 박람회를 열고자 한다. 다음 〈조건〉을 참고할 때, D과장이 박람회 장소로 선택할 나라는?

> **조건**
> 1. K공사의 해외 EPS센터가 있는 나라여야 한다.
>   – 해외 EPS센터(15개국) : 필리핀, 태국, 인도네시아, 베트남, 스리랑카, 몽골, 우즈베키스탄,
>   파키스탄, 캄보디아, 중국, 방글라데시, 키르기스스탄, 네팔, 미얀마, 동티모르
> 2. 100개 이상의 한국 기업이 진출해 있어야 한다.

〈국가별 상황〉

국가	경쟁력	비고
인도네시아	한국 기업이 100개 이상 진출해 있으며, 안정적인 정치 및 경제 구조를 가지고 있다.	두 번의 박람회를 열었으나 실제 취업까지 연결되는 성과가 미미하였다.
아랍에미리트	UAE 자유무역지역에 다양한 다국적 기업이 진출해 있다.	석유가스산업, 금융산업에는 외국 기업의 진출이 불가하다.
중국	한국 기업이 170개 이상 진출해 있으며, 현지 기업의 80% 이상이 우리나라 사람의 고용을 원한다.	중국 청년의 실업률이 높아 사회문제가 되고 있다.
미얀마	2023년 기준 약 2,500명의 한인이 거주 중이며, 한류 열풍이 거세게 불고 있다.	내전으로 우리나라 사람들의 치안이 보장되지 않는다.

① 인도네시아
② 아랍에미리트
③ 중국
④ 미얀마

29 귀하는 전세버스 대여를 전문으로 하는 여행업체인 K사에 근무하고 있다. 지난 10년 동안 상당한 규모로 성장해 온 K사는 현재 보유하고 있는 버스의 현황을 실시간으로 파악할 수 있도록 식별 코드를 부여하였다. 식별 코드 부여 방식과 자사보유 전세버스 현황이 다음과 같을 때, 옳지 않은 것은?

〈식별 코드 부여 방식〉

[버스등급] – [승차인원] – [제조국가] – [모델번호] – [제조연월]

버스등급	코드	제조국가	코드
대형버스	BX	한국	KOR
중형버스	MF	독일	DEU
소형버스	RT	미국	USA

예 BX – 45 – DEU – 15 – 2406

2024년 6월 독일에서 생산된 45인승 대형버스 15번 모델

〈자사보유 전세버스 현황〉

BX – 28 – DEU – 24 – 1308	MF – 35 – DEU – 15 – 0910	RT – 23 – KOR – 07 – 0628
MF – 35 – KOR – 15 – 1206	BX – 45 – USA – 11 – 0712	BX – 45 – DEU – 06 – 1105
MF – 35 – DEU – 20 – 1110	BX – 41 – DEU – 05 – 1408	RT – 16 – USA – 09 – 0712
RT – 25 – KOR – 18 – 0803	RT – 25 – DEU – 12 – 0904	MF – 35 – KOR – 17 – 0901
BX – 28 – USA – 22 – 1404	BX – 45 – USA – 19 – 1108	BX – 28 – USA – 15 – 1012
RT – 16 – DEU – 23 – 1501	MF – 35 – KOR – 16 – 0804	BX – 45 – DEU – 19 – 1312
MF – 35 – DEU – 20 – 1005	BX – 45 – USA – 14 – 1007	–

① 보유하고 있는 소형버스의 절반 이상은 독일에서 생산되었다.
② 대형버스 중 28인승은 3대이며, 한국에서 생산된 차량은 없다.
③ 보유 중인 대형버스는 전체의 40% 이상을 차지한다.
④ 중형버스는 3대 이상이며, 모두 2013년 이전에 생산되었다.

30 갑은 효율적인 월급 관리를 위해 펀드에 가입하고자 한다. A ~ D펀드 중에 하나를 골라 가입하려고 하는데, 안정적이고 우수한 펀드에 가입하기 위해 〈조건〉에 따라 비교하여 다음과 같은 결과를 얻었다. 이를 토대로 〈보기〉에서 옳은 것을 모두 고르면?

조건

- 둘을 비교하여 우열을 가릴 수 있으면 우수한 쪽에는 5점, 아닌 쪽에는 2점을 부여한다.
- 둘을 비교하여 어느 한 쪽이 우수하다고 말할 수 없는 경우에는 둘 다 0점을 부여한다.
- 각 펀드는 다른 펀드 중 두 개를 골라 총 4번의 비교를 했다.
- 총합의 점수로는 우열을 가릴 수 없으며 각 펀드와의 비교를 통해서만 우열을 가릴 수 있다.

〈결과〉

A펀드	B펀드	C펀드	D펀드
7점	7점	4점	10점

보기

ㄱ. D펀드는 C펀드보다 우수하다.

ㄴ. B펀드가 D펀드보다 우수하다고 말할 수 없다.

ㄷ. A펀드와 B펀드의 우열을 가릴 수 있으면 A ~ D까지의 우열순위를 매길 수 있다.

---

① ㄱ, ㄴ   ② ㄱ, ㄷ

③ ㄴ, ㄷ   ④ ㄱ, ㄴ, ㄷ

31 다음 중 A씨가 시간관리를 통해 일상에서 얻을 수 있는 효과로 적절하지 않은 것은?

> A씨는 일과 생활의 균형을 유지하기 위해 항상 노력한다. 매일 아침 가족들과 함께 아침 식사를 하며 대화를 나눈 후 출근 준비를 한다. 출근길 지하철에서는 컴퓨터 자격증 공부를 틈틈이 하고 있다. 업무를 진행하는 데 있어서 컴퓨터 사용 능력이 부족하다는 것을 스스로 느꼈기 때문이다. 회사에 출근 시간보다 여유롭게 도착하면 먼저 오늘의 업무 일지를 작성하여 무슨 일을 해야 하는지 파악한다. 근무 시간에는 일정표를 바탕으로 정해진 순서대로 일을 진행한다. 퇴근 후에는 가족과 영화를 보거나 저녁 식사를 하며 시간을 보낸다. A씨는 철저한 시간관리를 통해 후회 없는 생활을 하고 있다.

① 스트레스 감소　　　　　　② 균형적인 삶
③ 생산성 향상　　　　　　　④ 사회적 인정

PART 3

32 오전 5시 40분에 당고개역에서 출발하는 4호선 오이도행 열차가 있다. 다음은 오이도역에서 출발하는 4호선 당고개행 열차의 출발 시각표이다. 오이도에서 당고개까지 총 47개의 역일 때, 당고개역에서 출발하는 열차는 오이도역에서 출발하는 열차와 몇 번째 역에서 마주치게 되겠는가?(단, 다음 정차역까지 걸리는 시간은 모두 2분 간격이며, 오이도역을 1번으로 하여 순번을 매긴다)

〈당고개행 열차 오이도역 출발 시각〉	
열차	출발 시각
㉮	06:00
㉯	06:24
㉰	06:48

	㉮	㉯	㉰
①	21번째 역	15번째 역	9번째 역
②	19번째 역	13번째 역	7번째 역
③	17번째 역	11번째 역	5번째 역
④	14번째 역	10번째 역	4번째 역

※ K공사는 직원들의 복지를 개선하고자 체육관 개선공사를 계획하고 있다. 다음은 체육관 개선공사 입찰에 참여한 A ~ F기업을 입찰기준에 따라 분야별로 10점 척도로 점수화한 자료이다. 이어지는 질문에 답하시오. [33~34]

〈입찰업체의 분야별 점수〉

(단위 : 점)

입찰기준 / 입찰업체	운영건전성 점수	환경친화자재 점수	시공실적 점수	디자인 점수	공간효율성 점수
A	6	7	3	4	7
B	7	3	9	8	5
C	5	9	6	1	3
D	8	2	8	2	9
E	9	6	5	8	5
F	6	4	6	3	4

〈입찰업체별 입찰가격〉

입찰업체	입찰가격(억 원)
A	5
B	11
C	7
D	6
E	9
F	10

33 K공사는 다음 선정방식에 따라 체육관 개선공사 업체를 선정하고자 한다. 다음 중 최종 선정될 업체는?

- 입찰가격이 9억 원 이하인 업체를 선정대상으로 한다.
- 운영건전성 점수와 시공실적 점수, 공간효율성 점수에 1 : 2 : 2의 가중치를 적용하여 합산한 값이 가장 높은 3개 업체를 중간 선정한다.
- 중간 선정된 업체들 중 디자인 점수가 가장 높은 곳을 최종 선정한다.

① A
② C
③ D
④ E

34 K공사는 내부 판단에 따라 환경친화자재 점수도 포함하여 공정하게 업체를 선정하고자 한다. 다음 중 변경된 선정방식에 따라 최종 선정될 업체는?

> - 입찰가격이 11억 원 미만인 업체를 선정대상으로 한다.
> - 운영건전성 점수, 환경친화자재 점수, 시공실적 점수, 디자인 점수의 가중치를 2 : 1 : 3 : 1로 하여 점수를 합산한다.
> - 시공실적 점수가 16점 미만인 업체는 선정에서 제외한다.
> - 합산한 점수가 가장 높은 2개 업체를 중간 선정한다.
> - 중간 선정된 업체들 중 운영건전성 점수가 더 높은 곳을 최종 선정한다.

① A   ② B
③ C   ④ D

PART 3

35 다음 주 당직 근무에 대한 일정표를 작성하고 있는데, 잘못된 점이 보여 수정을 하려고 한다. 한 사람만 옮겨 일정표를 완성하려고 할 때, 다음 중 일정을 변경해야 하는 사람은?

〈당직 근무 규칙〉

- 낮에 2명, 야간에 2명은 항상 당직을 서야 하고, 더 많은 사람이 당직을 설 수도 있다.
- 낮과 야간을 합하여 하루에 최대 6명까지 당직을 설 수 있다.
- 같은 날에 낮과 야간 당직 근무는 함께 설 수 없다.
- 낮과 야간 당직을 합하여 주에 세 번 이상 다섯 번 미만으로 당직을 서야 한다.
- 월요일부터 일요일까지 모두 당직을 선다.

〈당직 근무 일정〉

직원	낮	야간	직원	낮	야간
가	월요일	수요일, 목요일	바	금요일, 일요일	화요일, 수요일
나	월요일, 화요일	수요일, 금요일	사	토요일	수요일, 목요일
다	화요일, 수요일	금요일, 일요일	아	목요일	화요일, 금요일
라	토요일	월요일, 수요일	자	목요일, 금요일	화요일, 토요일
마	월요일, 수요일	화요일, 토요일	차	토요일	목요일, 일요일

① 나   ② 라
③ 마   ④ 사

36 K사에 근무하는 L주임은 입사할 신입사원에게 지급할 볼펜과 스케줄러를 구매하기 위해 A ~ C 세 도매업체의 판매정보를 다음과 같이 정리하였다. 입사 예정인 신입사원은 총 600명이고, 신입사원 1명당 볼펜과 스케줄러를 각각 1개씩 증정한다고 할 때, 가장 저렴하게 구매할 수 있는 업체와 구매가격을 바르게 나열한 것은?

<세 업체의 상품가격표>

업체명	품목	수량(1SET당)	가격(1SET당)
A도매업체	볼펜	150개	13만 원
	스케줄러	100권	25만 원
B도매업체	볼펜	200개	17만 원
	스케줄러	600권	135만 원
C도매업체	볼펜	100개	8만 원
	스케줄러	300권	65만 원

<세 업체의 특가상품 정보>

업체명	볼펜의 특가상품 구성	특가상품 구매 조건
A도매업체	300개 25.5만 원 or 350개 29만 원	스케줄러 150만 원 이상 구입
B도매업체	600개 48만 원 or 650개 50만 원	스케줄러 100만 원 이상 구입
C도매업체	300개 23.5만 원 or 350개 27만 원	스케줄러 120만 원 이상 구입

※ 특가상품 구매 조건을 만족했을 때 볼펜을 특가로 구매할 수 있다.
※ 각 물품은 묶음 단위로 판매가 가능하며, 개당 판매는 불가능하다.
※ 업체별 특가상품은 둘 중 한 가지만 선택해 1회 구입 가능하다.

	도매업체	구매가격
①	A업체	183만 원
②	B업체	177.5만 원
③	C업체	183만 원
④	C업체	177.5만 원

37 K사 총무부에 근무하는 A씨는 K사 사원들을 대상으로 사무실에 필요한 사무용품에 대해 설문조사하여 다음과 같은 결과를 얻게 되었다. 설문조사 시 사원들에게 하나의 제품만 선택하도록 하였고, 연령을 구분하여 추가적으로 분석한 결과에 대해 비고란에 적었다. 설문조사 결과에 대한 설명으로 옳은 것은?(단, 설문조사에 참여한 K사 사원들은 총 100명이다)

〈사무용품 필요도 설문조사 결과〉

구분	비율	비고
복사기	15%	• 복합기를 원하는 사람들 중 20대는 절반을 차지했다. • 정수기를 원하는 사람들은 모두 30대이다. • 냉장고를 원하는 사람들 중 절반은 40대이다. • 복사기를 원하는 사람들 중 20대는 2/3를 차지했다. • 안마의자를 원하는 사람들은 모두 40대이다. • 기타용품을 원하는 20대, 30대, 40대 인원은 동일하다.
냉장고	26%	
안마의자	6%	
복합기	24%	
커피머신	7%	
정수기	13%	
기타용품	9%	

① 냉장고를 원하는 20대가 복합기를 원하는 20대보다 적다.
② 기타용품을 원하는 40대가 안마의자를 원하는 40대보다 많다.
③ 사원들 중 20대가 총 25명이라면, 냉장고를 원하는 20대는 없다.
④ 복합기를 원하는 30대가 냉장고를 원하는 40대보다 많을 수 있다.

38 K회사 B과장이 내년에 해외근무 신청을 하기 위해서는 의무 교육이수 기준을 만족해야 한다. B과장이 지금까지 글로벌 경영교육 17시간, 해외사무영어교육 50시간, 국제회계교육 24시간을 이수하였다면, 의무 교육이수 기준에 미달인 과목과 그 과목의 부족한 점수는 몇 점인가?

〈의무 교육이수 기준〉

(단위 : 점)

구분	글로벌 경영	해외사무영어	국제회계
이수 완료 점수	15	60	20
시간당 점수	1	1	2

※ 초과 이수 시간은 시간당 0.2점으로 환산하여 해외사무영어 점수에 통합한다.

	과목	점수		과목	점수
①	해외사무영어	6.8점	②	해외사무영어	7.0점
③	글로벌 경영	7.0점	④	국제회계	6.8점

39 다음 사례는 어떤 자원 활용의 방해요인인가?

> 신설학교 조사위원회는 K시 교육청이 신설학교를 개교하면서 책걸상과 교탁 수납장 등 18종의 비품과 기자재를 일괄 구매하여 매년 수십억 원의 예산이 사장되고 있다고 발표했다. 신설학교 기자재는 학생 수가 100% 차는 완성 학급을 기준으로 구입하지만 개교 1 ~ 2년 차에는 완성 학급 수가 절반 수준에 불과한 학교가 상당수여서 기자재와 비품이 남아돌아 방치되고 있는 것이다. 신설학교 조사위원회는 "지난해 개교한 24개 학교의 교육청 일괄 구매 예산은 53억 3천여만 원이었으나 15억 원 규모에 달하는 비품을 사용하지 않고 방치했다."라고 밝혔다.

① 시간자원
② 예산자원
③ 물적자원
④ 인적자원

40 철수, 영희, 상수는 재충전 횟수에 따른 업체들의 견적을 비교하여 리튬이온배터리를 구매하려고 한다. 다음 〈조건〉을 참고할 때 옳지 않은 것은?

〈리튬이온배터리 가격 정보〉

재충전 \ 누적방수액	유	무
0회 이상 100회 미만	5,000원	5,000원
100회 이상 300회 미만	10,000원	5,000원
300회 이상 500회 미만	20,000원	10,000원
500회 이상 1000회 미만	30,000원	15,000원
12,000회 이상	50,000원	20,000원

> **조건**
> 철수 : 재충전이 12,000회 이상은 되어야 해.
> 영희 : 나는 재충전이 그렇게 많이는 필요하지 않고, 200회면 충분해.
> 상수 : 나는 무조건 누적방수액을 발라야 해.

① 철수, 영희, 상수가 리튬이온배터리를 가장 저렴하게 구매하는 가격의 합은 30,000원이다.
② 철수, 영희, 상수가 리튬이온배터리를 가장 비싸게 구매하는 가격의 합은 110,000원이다.
③ 영희가 리튬이온배터리를 가장 저렴하게 구매하는 가격은 10,000원이다.
④ 영희가 가장 비싸게 구매하는 가격과 상수가 가장 비싸게 구매하는 가격의 차이는 30,000원 이상이다.

| 01 | 경영

41 다음 중 목표 달성과 새로운 가치창출을 위해 공급업체들과 자원 및 정보를 협력하여 하나의 기업처럼 움직이는 생산시스템은?

① 공급사슬관리(SCM) ② 적시생산시스템(JIT)
③ 유연생산시스템(FMS) ④ 컴퓨터통합생산(CIM)

42 다음 중 집약적 유통채널에 대한 설명으로 옳은 것은?

① 특정 지역에서 단일의 유통업자와 거래한다.
② 주로 과자나 저가 소비재 등 소비자들이 구매의 편의성을 중시하는 품목에서 채택한다.
③ 고도의 상품지식을 필요로 하는 전문 품목에서 채택한다.
④ 제조업자의 통제력이 매우 높다.

43 다음 사례에 해당하는 마케팅 기법은?

> 올해 8월 무더운 더위 속 팀원 모두가 휴가를 떠난 사이 홀로 사무실에 남아 업무를 보고 있는 A씨는 휴가를 떠나지 못했다고 해서 전혀 아쉽지 않다. 모두가 직장에 복귀하여 열심히 업무에 매진하는 9월에 A씨는 애인과 함께 갈 제주도 여행을 저렴한 가격으로 예약했기 때문이다.

① 디마케팅(Demarketing)
② 니치 마케팅(Niche Marketing)
③ 그린 마케팅(Green Marketing)
④ 동시화 마케팅(Synchro Marketing)

44 다음 중 아웃소싱의 기대효과로 옳지 않은 것은?

① 조직구조를 유연하게 유지하여 환경 대응력을 강화할 수 있다.

② 조직에서 핵심 및 비핵심 분야를 포괄하는 다양한 인재의 역량을 육성할 수 있다.

③ 외부 인력을 활용하여 아웃소싱 업무의 생산성을 높일 수 있다.

④ 핵심역량을 가진 사업분야에 경영자원을 집중할 수 있다.

45 다음 중 촉진믹스(Promotion Mix) 활동으로 옳지 않은 것은?

① 광고   ② 인적판매

③ 개방적 유통   ④ 간접마케팅

46 다음 중 경영계획에 대한 설명으로 옳지 않은 것은?

① 경영자가 수행하는 최초 경영관리 과정이면서 경영관리의 최종적 과정인 경영통제의 전제조건이다.

② 경영계획은 기업조직의 장래 관리활동코스에 대한 의사결정 및 그 과정이다.

③ 경영계획은 관리활동의 출발점으로 기업 조직이 지향해야 할 목표를 제시한다.

④ 광의의 경영계획 개념은 방침, 절차, 프로그램, 규정, 예산만을 경영계획에 포함시킨다.

47 다음 중 자회사 주식의 일부 또는 전부를 소유해서 자회사 경영권을 지배하는 지주회사와 관련이 있는 기업결합은?

① 콘체른(Konzern)   ② 카르텔(Cartel)

③ 트러스트(Trust)   ④ 콤비나트(Kombinat)

48 다음 중 재무제표의 요소에 대한 설명으로 옳지 않은 것은?

① 인식이란 거래나 사건의 경제적 효과를 재무제표에 기록하고 계상하는 것을 의미한다.

② 자본의 금액은 자산과 부채 금액의 측정에 따라 그 차이를 통해 결정된다.

③ 부채는 과거 사건이나 거래의 결과 현재 기업이 부담하고 미래에 자원의 유출이 예상되는 의무이다.

④ 일반적으로 자산의 취득과 지출의 발생은 밀접한 관련이 있으므로 무상으로 증여받은 자산은 자산의 정의를 충족할 수 없다.

49 다음 중 다국적 기업에 대한 설명으로 옳지 않은 것은?

① 2개국 또는 그 이상의 국가에서 직접적으로 기업 활동을 한다.

② 기업의 소유권이 다국적성을 띤다.

③ 이윤의 현지기업에 대한 재투자는 이루어지지 않는다.

④ 국제투자를 위한 수입국과 투자국과의 마찰문제가 있을 수 있다.

50 다음 자료를 이용하여 당기순이익을 계산하면?(단, 회계기간은 1월 1일부터 12월 31일까지이다)

영업이익	300,000원
이자비용	10,000원
영업외 수익	50,000원
법인세 비용	15,000원

① 275,000원　　　　　　　　　② 290,000원

③ 325,000원　　　　　　　　　④ 335,000원

51 다음 중 동일한 제품이나 지역, 고객, 업무과정을 중심으로 조직을 분화하여 만든 부문별 조직(사업부제 조직)의 장점으로 옳지 않은 것은?

① 책임소재가 명확하다.
② 환경변화에 대해 유연하게 대처할 수 있다.
③ 특정한 제품, 지역, 고객에게 특화된 영업을 할 수 있다.
④ 자원의 효율적인 활용으로 규모의 경제를 얻을 수 있다.

52 다음 중 직무분석에 대한 설명으로 옳지 않은 것은?

① 직무분석은 직무와 관련된 정보를 수집·정리하는 활동이다.
② 직무분석을 통해 얻어진 정보는 전반적인 인적자원관리 활동의 기초자료로 활용된다.
③ 직무분석을 통해 직무기술서와 직무명세서를 작성한다.
④ 직무기술서는 직무를 수행하는 데 필요한 인적요건을 중심으로 작성한다.

53 다음 중 인사고과에서 평가문항의 발생빈도를 근거로 피고과자를 평가하는 방법은?

① 직접서열법 ② 행위관찰평가법
③ 분류법 ④ 요인비교법

54 다음 중 자본예산기법과 포트폴리오에 대한 설명으로 옳지 않은 것은?

① 포트폴리오의 분산은 각 구성주식의 분산을 투자비율로 가중평균하여 산출한다.
② 비체계적 위험은 분산투자를 통해 제거할 수 있는 위험이다.
③ 단일 투자안의 경우 순현가법과 내부수익률법의 경제성 평가 결과는 동일하다.
④ 포트폴리오 기대수익률은 각 구성주식의 기대수익률을 투자비율로 가중평균하여 산출한다.

55 다음 중 BCG 매트릭스에 대한 설명으로 옳은 것은?

① 횡축은 시장성장률, 종축은 상대적 시장점유율이다.

② 물음표 영역은 시장성장률이 높고, 상대적 시장점유율은 낮아 계속적인 투자가 필요하다.

③ 별 영역은 시장성장률이 낮고, 상대적 시장점유율은 높아 현상유지를 해야 한다.

④ 현금젖소 영역은 현금창출이 많지만, 상대적 시장점유율이 낮아 많은 투자가 필요하다.

56 다음 중 기계적 조직과 유기적 조직에 대한 설명으로 옳지 않은 것은?

① 기계적 조직은 효율성과 생산성 향상을 목표로 한다.

② 기계적 조직에서는 공식적 커뮤니케이션이 주로 이루어지고, 상급자가 조정자 역할을 한다.

③ 유기적 조직에서는 주로 분권화된 의사결정이 이루어진다.

④ 유기적 조직은 고객의 욕구 및 환경이 안정적이고 예측가능성이 높은 경우에 효과적이다.

57 다음 중 슈퍼 리더십(Super Leadership)에 대한 설명으로 옳지 않은 것은?

① 슈퍼 리더는 구성원 개인의 능력을 중시하며, 인재를 영입하고 육성하는 조직문화를 만든다.

② 진정한 리더십은 구성원의 자각에서 비롯되기 때문에 구성원의 잠재력을 발현할 수 있게 하는 것이 리더의 역할이라고 생각한다.

③ 자기 밑에 뛰어난 인재가 없다고 말하는 리더는 무능하다고 보며, 성공적인 리더가 되기 위해서는 평범한 사람을 인재로 키울 수 있는 능력이 있어야 한다고 생각한다.

④ 부하에게 지적자극을 일으키고, 카리스마를 통한 비전을 제시한다.

58 다음 중 시계열 분해법의 4가지 구성요소로 옳지 않은 것은?

① 계절(Seasonal) 변동   ② 추세(Trend) 변동

③ 불규칙(Irregular) 변동   ④ 인과(Causal) 변동

59 다음은 마이클 포터(Michael Porter)의 산업구조 분석모델(Five Forces Model)이다. 빈칸 A에 들어갈 용어는?

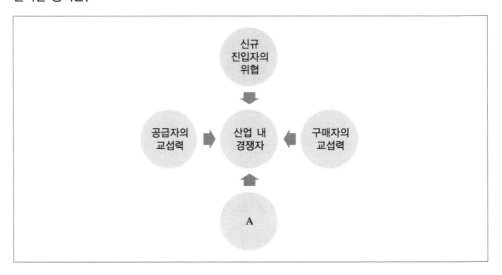

① 정부의 규제 완화　　　　　　② 대체재의 위협
③ 공급업체의 규모　　　　　　④ 가격의 탄력성

60 다음 중 목표설정이론 및 목표관리(MBO)에 대한 설명으로 옳지 않은 것은?

① 목표는 구체적이고 도전적으로 설정하는 것이 바람직하다.
② 성과는 경영진이 평가하여 부하직원 개개인에게 통보한다.
③ 목표를 설정하는 과정에 부하직원이 함께 참여한다.
④ 조직의 목표를 구체적인 부서별 목표로 전환하게 된다.

61 다음 중 르윈(K. Lewin)의 3단계 변화모형에서 변화과정을 순서대로 바르게 나열한 것은?

① 각성(Arousal) → 해빙(Unfreezing) → 변화(Changing)

② 각성(Arousal) → 실행(Commitment) → 재동결(Refreezing)

③ 해빙(Unfreezing) → 변화(Changing) → 재동결(Refreezing)

④ 해빙(Unfreezing) → 실행(Commitment) → 수용(Acceptance)

62 다음은 민츠버그(Mintzberg)의 5P 전략 중 하나에 대한 설명이다. 이 전략은 무엇인가?

> 기존의 패러다임, 사업의 방식을 변형하는 것을 말한다. 예를 들어 환자가 내원하는 것이 병원의 주된 사업 논리라고 한다면, 환자가 원할 때 내원하지 않고 병원의 의사가 직접 방문하여 의료서비스를 제공하는 것이다.

① Ploy

② Perspective

③ Pattern

④ Position

63 다음 중 제품 – 시장 매트릭스에서 기존시장에 그대로 머물면서 신제품으로 매출을 늘려 시장점유율을 높여가는 성장전략은?

① 시장침투 전략

② 신제품개발 전략

③ 시장개발 전략

④ 다각화 전략

64 다음 중 지식관리에 대한 설명으로 옳지 않은 것은?

① 기업에서는 구성원의 지식공유를 활성화하기 위하여 인센티브(Incentive)를 도입한다.

② 암묵적 지식은 조직에서 명시적 지식보다 강력한 힘을 발휘하기도 한다.

③ 형식적 지식은 경쟁기업이 쉽게 모방하기 어려운 지식으로, 경쟁우위 창출의 기반이 된다.

④ 암묵적 지식은 사람의 머릿속에 있는 지식이며, 지적자본(Intellectual Capital)이라고도 한다.

65 다음 중 목표관리(MBO)의 SMART 기법에 대한 설명으로 옳지 않은 것은?

① Specific : 목표는 통상 6개월에서 1년 내에 달성이 가능해야 한다.

② Management : 목표는 그 결괏값이 측정 가능해야 한다.

③ Achievable : 목표는 적당히 도전적이어야 한다.

④ Result – Oriented : 목표는 결과지향적이어야 한다.

66 다음 중 동기부여 이론의 내용이론에 해당하지 않는 것은?

① 매슬로(Maslow)의 욕구단계 이론

② 허즈버그(Herzberg)의 2요인 이론

③ 맥클리랜드(Meclelland)의 성취동기 이론

④ 애덤스(Adams)의 공정성 이론

67 다음 중 시장지향적 마케팅에 대한 설명으로 옳지 않은 것은?

① 고객지향적 사고의 장점을 포함하면서 그 한계점을 극복하기 위한 포괄적 마케팅이다.

② 기업이 최종고객들과 원활한 교환을 통하여 최상의 가치를 제공하기 위함을 목표로 한다.

③ 기존 사업시장에 집중하여 경쟁우위를 점하기 위한 마케팅이다.

④ 다양한 시장구성요소들이 원만하게 상호작용하며 마케팅 전략을 구축한다.

68 다음 중 인사평가제도에서 상대평가에 해당하는 기법은?

① 평정척도법   ② 강제할당법

③ 중요사건기술법   ④ 체크리스트법

69 다음 〈보기〉 중 아담스의 공정성 이론(Equity Theory)에서 불공정성으로 인한 긴장을 해소할 수 있는 방법을 모두 고르면?

> **보기**
>
> ㄱ. 투입의 변경
> ㄴ. 산출의 변경
> ㄷ. 준거대상의 변경
> ㄹ. 현장 또는 조직으로부터 이탈

① ㄱ, ㄴ   ② ㄷ, ㄹ

③ ㄴ, ㄷ, ㄹ   ④ ㄱ, ㄴ, ㄷ, ㄹ

70 다음 중 복수 브랜드 전략(Multi Brand Strategy)에 대한 설명으로 옳지 않은 것은?

① 동일한 제품 범주 내에서 서로 경쟁하는 다수의 브랜드이다.

② 제품에 대한 충성도를 이끌어 낼 수 있다.

③ 회사의 제품믹스를 공통점을 기준으로 나누어 집단마다 공통요소가 있는 개별 상표를 적용한다.

④ 소비자들의 욕구와 동질성을 파악한 후 각각의 세분 시장마다 별도의 개별 브랜드를 도입한다.

41 다음 글을 읽고 공통적으로 추론할 수 있는 경제현상은?

> • 채무자가 채권자보다 유리하다.
> • 실물자산보유자가 금융자산보유자보다 유리하다.
> • 현재 현금 10만 원은 다음 달에 받게 될 현금 10만 원보다 훨씬 가치가 있다.

① 높은 실업률
② 환율의 급속한 하락
③ 물가의 급속한 상승
④ 통화량의 급속한 감소

42 소비함수이론 중 생애주기(Life – cycle)가설에 대한 설명으로 옳지 않은 것은?

① 소비자는 일생동안 발생한 소득을 염두에 두고 적절한 소비 수준을 결정한다.
② 청소년기에는 소득보다 더 높은 소비수준을 유지한다.
③ 저축과 달리 소비의 경우는 일생에 걸쳐 거의 일정한 수준이 유지된다.
④ 동일한 수준의 가처분소득을 갖고 있는 사람들은 같은 한계소비성향을 보인다.

43 완전경쟁시장에 100개의 개별기업이 존재하며, 모든 기업은 동일한 비용함수 $C=5q^2+10$을 가진다. 시장의 수요함수가 $Q=350-60P$일 경우 완전경쟁시장의 단기균형가격은 얼마인가?(단, C는 생산비용, q는 산출량이고, P는 시장가격, Q는 시장산출량이다)

① 5 　　　　　　　　　　　② 10
③ 15 　　　　　　　　　　　④ 20

44 A국과 B국은 각각 고구마와 휴대폰을 생산한다. A국은 고구마 1kg 생산에 200명이, 휴대폰 한 대 생산에 300명이 투입된다. B국은 고구마 1kg 생산에 150명이, 휴대폰 한 대 생산에 200명이 투입된다. 두 나라에 각각 6천 명의 투입 가능한 인력이 있다고 할 때 비교우위에 의한 생산량을 바르게 계산한 것은?

① A국 휴대폰 20대, B국 고구마 30kg

② A국 휴대폰 20대, B국 고구마 40kg

③ A국 고구마 30kg, B국 휴대폰 30대

④ A국 고구마 30kg, B국 휴대폰 40대

45 다음 중 물적자본의 축적을 통한 경제성장을 설명하는 솔로우(R. Solow)모형에서 수렴현상이 발생하는 원인은?

① 자본의 한계생산체감

② 경제성장과 환경오염

③ 내생적 기술진보

④ 기업가 정신

46 다음 중 인플레이션에 대한 설명으로 옳은 것은?

① 피셔가설은 '(명목이자율)=(실질이자율)+(물가상승률)'이라는 명제로, 예상된 인플레이션이 금융거래에 미리 반영됨을 의미한다.

② 예상된 인플레이션의 경우에는 어떤 형태의 사회적 비용도 발생하지 않는다.

③ 실제 물가상승률이 예상된 물가상승률보다 더 큰 경우, 채권자는 이득을 보고 채무자는 손해를 본다.

④ 실제 물가상승률이 예상된 물가상승률보다 더 큰 경우, 고정된 명목임금을 받는 노동자와 기업 사이의 관계에서 노동자는 이득을 보고 기업은 손해를 보게 된다.

47 다음 중 노동인구통계에 대한 설명으로 옳지 않은 것은?

① (실업자)=(마찰적 실업자)+(구조적 실업자)

② (경제활동인구)=(취업자)+(실업자)

③ (생산가능연령인구)=(경제활동인구)+(비경제활동인구)

④ (실업률)=(실업자/경제활동인구)×100

48 다음 중 총수요와 총공급 모형에서 총수요곡선을 이동시키는 요인으로 옳지 않은 것은?

① 주요 원자재 가격의 하락

② 신용카드사기 증가로 인한 현금사용의 증가

③ 가계의 신용카드 사용액에 대한 소득공제 축소

④ 가계의 미래소득에 대한 낙관인 전망

49 다음 중 파레토효율성에 대한 설명으로 옳지 않은 것은?

① 파레토효율적인 자원배분은 일반적으로 무수히 많이 존재한다.

② 파레토효율적인 자원배분하에서는 항상 사회후생이 극대화된다.

③ 파레토효율적인 자원배분이 평등한 소득분배를 보장해 주는 것은 아니다.

④ 일정한 조건이 충족될 때 완전경쟁시장에서의 일반균형은 파레토효율적이다.

50 다른 조건이 일정할 때, 통화승수의 증가를 가져오는 요인으로 옳은 것을 〈보기〉에서 모두 고르면?

> **보기**
> ㄱ. 법정지급준비율 증가
> ㄴ. 초과지급준비율 증가
> ㄷ. 현금통화비율 하락

① ㄱ

② ㄴ

③ ㄷ

④ ㄱ, ㄴ

51 다음 중 정부의 가격통제에 대한 설명으로 옳지 않은 것은?(단, 시장은 완전경쟁이며 암시장은 존재하지 않는다)

① 가격상한제란 정부가 설정한 최고가격보다 낮은 가격으로 거래하지 못하도록 하는 제도이다.

② 가격하한제는 시장의 균형가격보다 높은 수준에서 설정되어야 효력을 가진다.

③ 최저임금제는 저임금근로자의 소득을 유지하기 위해 도입하지만 실업을 유발할 수 있는 단점이 있다.

④ 전쟁 시에 식료품 가격안정을 위해서 시장균형보다 낮은 수준에서 최고가격을 설정하여야 효력을 가진다.

52 다음 중 실업자로 분류되는 경우로 옳은 것은?

① 두 달 후에 있을 공무원 시험을 치기 위해 공부하고 있는 A씨

② 서류전형에서 거듭 낙방한 후, 산속에 들어가 버섯 재배업을 시작한 B씨

③ 주중 내내 부모님의 식당일을 도와 생활비를 얻어 쓰는 C씨

④ 다니던 직장에 만족하지 못해 사직한 후, 외국계 회사에 면접을 보러 다니는 D씨

53 다음 〈보기〉 중 총수요곡선을 우측으로 이동시키는 요인으로 옳은 것을 모두 고르면?

> **보기**
> ㄱ. 주택담보대출의 이자율 인하
> ㄴ. 종합소득세율 인상
> ㄷ. 기업에 대한 투자세액공제 확대
> ㄹ. 물가수준 하락으로 가계의 실질자산가치 증대
> ㅁ. 해외경기 호조로 순수출 증대

① ㄱ, ㄴ, ㄹ

② ㄱ, ㄷ, ㅁ

③ ㄴ, ㄷ, ㅁ

④ ㄴ, ㄷ, ㄹ, ㅁ

54 다음 중 실물적 경기변동이론(Real Business Cycle Theory)에 대한 설명으로 옳은 것은?

① 이자율이 상승하면 현재의 노동공급이 감소한다.

② 통화량의 변화가 경기변동을 초래하는 원인이다.

③ 물가수준의 변화에 대한 예상착오가 경기변동의 주요요인이다.

④ 경기변동을 경제 전체의 충격에 대한 경제주체들의 동태적 최적화 행동의 결과로 본다.

55 다음 중 케인스의 소비함수에 대한 설명으로 옳지 않은 것은?

① 한계소비성향은 0보다 크고 1보다 작다.

② 소비는 현재 소득의 함수이다.

③ 소득이 없어도 기본적인 소비는 있다.

④ 소득이 증가할수록 평균소비성향은 증가한다.

56 다음 중 여러 형태의 시장 또는 기업에 대한 설명으로 옳지 않은 것은?

① 독점기업이 직면한 수요곡선은 시장수요곡선 그 자체이다.

② 독점시장의 균형에서 가격과 한계수입의 차이가 클수록 독점도는 커진다.

③ 독점적 경쟁시장에서 제품의 차별화가 클수록 수요의 가격탄력성이 커진다.

④ 모든 기업의 이윤극대화 필요조건은 한계수입과 한계비용이 같아지는 것이다.

57 다음 〈보기〉 중 펀더멘털(Fundamental)에 해당하는 것을 모두 고르면?

> **보기**
>
> ㄱ. 금융기관 매출액
> ㄴ. 경제성장률
> ㄷ. 물가상승률
> ㄹ. 경상수지

① ㄱ, ㄴ   ② ㄷ, ㄹ

③ ㄱ, ㄴ, ㄷ   ④ ㄴ, ㄷ, ㄹ

58 완전경쟁시장에서 수요곡선과 공급곡선이 다음과 같을 때, 시장균형에서 공급의 가격탄력성은? (단, P는 가격, Q는 수량이다)

> - 수요곡선 : $P=7-0.5Q$
> - 공급곡선 : $P=2+2Q$

① 0.75
② 1
③ 1.25
④ 1.5

59 비용을 최소화하는 기업 A의 생산함수는 $Q=min(2L,\ K)$이다. 노동시장과 자본시장은 모두 완전경쟁시장이고 W는 임금율, R은 자본의 임대가격을 나타낸다. $W=2$, $R=5$일 때, 기업 A의 한계비용(MC) 곡선은?[단, Q는 생산량, L은 노동투입량, K는 자본투입량이고, Q, L, K는 모두 양($+$)의 실수이다]

① $MC=3Q$
② $MC=7Q$
③ $MC=3$
④ $MC=6$

60 다음 중 경기침체기에 경기를 부양하기 위해 취하였던 통화 공급, 감세 등과 같은 완화정책이나 과도하게 풀린 자금을 경제회복의 조짐이 있는 상황에서 도로 거두어들이는 경제정책은?

① 출구전략
② 통화 스와프
③ 입구전략
④ 긴축재정정책

61 다음 중 인플레이션에 대한 설명으로 옳지 않은 것은?

① 수요견인 인플레이션은 총수요의 증가가 인플레이션의 주요한 원인이 되는 경우이다.
② 정부가 화폐공급량 증가를 통해 얻게 되는 추가적인 재정수입을 화폐발행이득(Seigniorage)이라고 한다.
③ 예상한 인플레이션의 경우에는 메뉴비용(Menu Cost)이 발생하지 않는다.
④ 예상하지 못한 인플레이션은 채권자에게서 채무자에게로 소득재분배를 야기한다.

62 다음 중 통화정책의 단기적 효과를 높이는 요인으로 옳은 것을 〈보기〉에서 모두 고르면?

> **보기**
> ㄱ. 화폐수요의 이자율 탄력성이 높은 경우
> ㄴ. 투자의 이자율 탄력성이 높은 경우
> ㄷ. 한계소비성향이 높은 경우

① ㄱ   ② ㄴ
③ ㄱ, ㄴ   ④ ㄴ, ㄷ

63 다음 중 국제수지표상 경상계정(Current Accounts)에 속하지 않는 항목은?

① 내국인의 해외주식 및 채권 투자
② 해외교포로부터의 증여성 송금
③ 해외금융자산으로부터 발생하는 이자 등의 투자 소득
④ 내국인의 해외여행 경비

64 K국의 2022년 명목 GDP는 100억 원이었고, 2023년 명목 GDP는 150억 원이었다. 기준년도인 2022년 GDP 디플레이터가 100이고, 2023년 GDP 디플레이터는 120인 경우, 다음 중 2023년의 전년 대비 실질 GDP 증가율은?

① 10%   ② 15%
③ 20%   ④ 25%

65 다음 중 장기 총공급곡선의 이동에 대한 설명으로 옳지 않은 것은?

① 자연실업률이 증가하면, 왼쪽으로 이동한다.
② 인적자본이 증가하면, 오른쪽으로 이동한다.
③ 생산을 증가시키는 자원이 발견되면, 오른쪽으로 이동한다.
④ 예상물가수준이 하락하면, 왼쪽으로 이동한다.

66 다음 빈칸 (가) ~ (다)에 들어갈 내용을 순서대로 바르게 나열한 것은?

> 기업들에 대한 투자세액공제가 확대되면, 대부자금에 대한 수요가 ___(가)___ 한다. 이렇게 되면 실질이자율이 ___(나)___ 하고 저축이 늘어난다. 그 결과, 대부자금의 균형거래량은 ___(다)___ 한다(단, 실질이자율에 대하여 대부자금 수요곡선은 우하향하고, 대부자금 공급곡선은 우상향한다).

	(가)	(나)	(다)
①	증가	상승	증가
②	증가	하락	증가
③	증가	상승	감소
④	감소	하락	증가

67 법정지불준비율이 0.2이고, 은행시스템 전체의 지불준비금은 300만 원이다. 은행시스템 전체로 볼 때, 요구불예금의 크기는?(단, 초과지불준비금은 없고, 현금통화비율은 0이다)

① 1,000만 원 ② 1,200만 원
③ 1,500만 원 ④ 2,000만 원

68 다음 중 통화공급이 감소하고 정부지출이 증가할 때 IS – LM 분석에 대한 설명으로 옳은 것은?(단, 물가가 고정된 폐쇄경제이고, IS곡선은 우하향, LM곡선은 우상향한다)

① 이자율은 불변이고, 소득은 감소한다.
② 이자율은 상승하고, 소득은 증가한다.
③ 이자율은 하락하고, 소득은 감소한다.
④ 이자율은 상승하고, 소득의 증감은 불확실하다.

69 갑국은 4개의 기업이 자동차 시장을 동일하게 점유하고 있다. 완전경쟁시장의 수요곡선은 $P = 10 - Q$이고, 각 기업의 한계비용은 6으로 고정되어 있다. 4개의 기업이 합병을 통해 하나의 독점기업이 되어 한계비용이 2로 낮아지고 합병 기업은 독점 가격을 설정할 경우, 독점시장에서의 생산량으로 옳은 것은?

① 2

② 4

③ 6

④ 8

70 다음 중 노동수요의 임금탄력성에 대한 설명으로 옳지 않은 것은?

① 노동수요의 임금탄력성은 단기보다 장기에서 더 크다.

② 노동수요의 임금탄력성은 총생산비 중 노동비용이 차지하는 비중에 의해 영향을 받는다.

③ 노동을 대체할 수 있는 다른 생산요소로의 대체가능성이 클수록 동일한 임금상승에 대하여 고용 감소는 작아진다.

④ 노동수요는 노동을 생산요소로 사용하는 최종생산물 수요의 가격탄력성에 영향을 받는다.

| 03 | 행정

41 다음 중 대표관료제에 대한 설명으로 옳지 않은 것은?

① 관료의 행정에 출신배경이 고려되므로 합리적 행정이 저해될 수 있다.

② 행정의 합리성보다는 민주성이 강조되는 제도이다.

③ 공직임용에 소외된 계층에 대한 균형인사가 가능하다.

④ 대표관료제는 실적주의에 입각한 제도이다.

42 다음 중 성과평가시스템으로서의 균형성과표(BSC; Balanced Score Card)에 대한 설명으로 옳지 않은 것은?

① BSC는 추상성이 높은 비전에서부터 구체적인 성과지표로 이어지는 위계적인 체제를 가진다.

② 잘 개발된 BSC라 할지라도 조직 구성원들에게 조직의 전략과 목적 달성에 필요한 성과가 무엇인지 알려주는 데 한계가 있기 때문에 조직전략의 해석지침으로는 적합하지 않다.

③ 내부 프로세스 관점의 대표적인 지표들로는 의사결정과정에 시민참여, 적법절차, 조직 내 커뮤니케이션 구조 등이 있다.

④ BSC를 공공부분에 적용할 때 재무적 관점은 국민이 요구하는 수준의 공공서비스를 제공할 수 있는 재정자원을 확보하여야 한다는 측면을 포함하며 지원시스템의 예산부분이 여기에 해당한다.

43 다음 중 옴부즈만 제도에 대한 설명으로 옳지 않은 것은?

① 1800년대 초반 스웨덴에서 처음으로 채택되었다.

② 옴부즈만은 입법기관에서 임명하는 옴부즈만이었으나, 국회의 제청에 의해 행정수반이 임명하는 옴부즈만도 등장하게 되었다.

③ 우리나라 지방자치단체는 시민고충처리위원회를 둘 수 있는데 이것은 지방자치단체의 옴부즈만이라고 할 수 있다.

④ 국무총리 소속으로 설치한 국민권익위원회는 행정체제 외의 독립통제기관이며, 대통령이 임명하는 옴부즈만의 일종이다.

44 다음 중 예산제도에 대한 설명으로 옳은 것을 〈보기〉에서 모두 고르면?

> **보기**
>
> ㄱ. 품목별 예산제도(LIBS) : 지출의 세부적인 사항에만 중점을 두므로 정부활동의 전체적인 상황을 알 수 없다.
> ㄴ. 성과주의 예산제도(PBS) : 예산배정 과정에서 필요사업량이 제시되지 않아서 사업계획과 예산을 연계할 수 없다.
> ㄷ. 기획예산제도(PPBS) : 모든 사업이 목표달성을 위해 유기적으로 연계되어 있어 부처 간의 경계를 뛰어넘는 자원배분의 합리화를 가져올 수 있다.
> ㄹ. 영기준예산제도(ZBB) : 모든 사업이나 대안을 총체적으로 분석하므로 시간이 많이 걸리고 노력이 과중할 뿐만 아니라 과도한 문서자료가 요구된다.
> ㅁ. 목표관리제도(MBO) : 예산결정 과정에 관리자의 참여가 어렵다는 점에서 집권적인 경향이 있다.

① ㄱ, ㄷ, ㄹ   ② ㄱ, ㄷ, ㅁ
③ ㄴ, ㄷ, ㄹ   ④ ㄱ, ㄴ, ㄹ, ㅁ

45 다음 중 행정통제에 대한 설명으로 옳지 않은 것은?

① 사전적 통제는 어떤 행동이 통제기준에서 이탈되는 결과를 발생시킬 때까지 기다리지 않고 그러한 결과의 발생을 유발할 수 있는 행동이 나타날 때마다 교정해 나간다.
② 통제주체에 의한 통제 분류의 대표적인 예는 외부적 통제와 내부적 통제이다.
③ 외부적 통제의 대표적인 예는 국회, 법원, 국민 등에 의한 통제이다.
④ 사후적 통제는 목표수행 행동의 결과가 목표 기준에 부합되는가를 평가하여 필요한 시정조치를 취하는 통제이다.

46 다음 중 위원회조직에 대한 설명으로 옳지 않은 것은?

① 의결위원회는 의사결정의 구속력과 집행력을 가진다.
② 자문위원회는 의사결정의 구속력이 없다.
③ 토론과 타협을 통해 운영되기 때문에 상호 협력과 조정이 가능하다.
④ 위원 간 책임이 분산되기 때문에 무책임한 의사결정이 발생할 수 있다.

47 다음 중 통계적 결론의 타당성 확보에 있어서 발생할 수 있는 오류와 그에 대한 설명을 바르게 연결한 것은?

> ㄱ. 정책이나 프로그램의 효과가 실제로 발생하였음에도 불구하고 통계적으로 효과가 나타나지 않은 것으로 결론을 내리는 경우
> ㄴ. 정책의 대상이 되는 문제 자체에 대한 정의를 잘못 내리는 경우
> ㄷ. 정책이나 프로그램의 효과가 실제로 발생하지 않았음에도 불구하고 통계적으로 효과가 나타난 것으로 결론을 내리는 경우

	제1종 오류	제2종 오류	제3종 오류
①	ㄱ	ㄴ	ㄷ
②	ㄱ	ㄷ	ㄴ
③	ㄴ	ㄱ	ㄷ
④	ㄷ	ㄱ	ㄴ

48 다음 중 정책참여자 간의 관계에 대한 설명으로 옳지 않은 것은?

① 다원주의는 개인 차원에서 정책결정에 직접적 영향력을 행사하기가 수월하다.
② 조합주의(Corporatism)는 정책결정에서 정부의 보다 적극적인 역할을 인정하고 이익집단과의 상호협력을 중시한다.
③ 엘리트주의에서는 권력은 다수의 집단에 분산되어 있지 않으며 소수의 힘 있는 기관에 집중되고, 기관의 영향력 역시 일부 고위층에 집중되어 있다고 주장한다.
④ 하위정부(Subgovernment)는 철의 삼각과 같이 정부관료, 선출직 의원, 그리고 이익집단의 역할에 초점을 맞춘다.

49 다음 중 리더십에 대한 설명으로 옳지 않은 것은?

① 행태론적 접근법은 효과적인 리더의 행동은 상황에 따라 다르다는 사실을 간과한다.
② 변혁적 리더십은 카리스마, 개별적 배려, 지적자극, 영감(Inspiration) 등을 강조한다.
③ 상황론적 접근법은 리더의 어떠한 행동이 리더십 효과성과 관계가 있는가를 파악하고자 하는 접근법이다.
④ 거래적 리더십은 합리적 과정이나 교환 과정의 중요성을 강조한다.

50 다음 중 시민들의 가치관 변화가 행정조직 문화에 미친 영향으로 옳지 않은 것은?

① 시민들의 프로슈머(Prosumer) 경향화는 관료주의적 문화와 적절한 조화를 형성할 것이다.

② 개인의 욕구를 중시하는 개인주의적 태도는 공동체적 가치관과 갈등을 빚기 시작했다.

③ 시민들의 가치관과 태도의 다양화에도 불구하고 행정기관들은 아직도 행정조직 고유의 가치관과 행동양식을 강조하고 있다고 볼 수 있다.

④ 1990년대 이전까지는 경제성장과 국가안보라는 뚜렷한 국가 목표가 있었다고 볼 수 있다.

51 다음 중 윌슨(Wilson)이 주장한 규제정치모형에서 감지된 비용은 좁게 집중되지만, 감지된 편익은 넓게 분산되는 경우에 나타나는 유형은?

① 대중 정치   ② 이익집단 정치
③ 고객 정치   ④ 기업가 정치

52 다음 중 다면평가제도의 장점에 대한 설명으로 옳지 않은 것은?

① 평가의 객관성과 공정성 제고에 기여할 수 있다.

② 계층제적 문화가 강한 사회에서 조직 간 화합을 제고해 준다.

③ 피평가자가 자기의 역량을 강화할 수 있는 기회를 제공해 준다.

④ 조직 내 상하 간, 동료 간, 부서 간 의사소통을 촉진할 수 있다.

53 다음 중 정책의제 설정에 대한 설명으로 옳지 않은 것은?

① 일반적으로 정책의제는 정치성, 주관성, 동태성 등의 성격을 가진다.

② 정책대안이 아무리 훌륭하더라도 정책문제를 잘못 인지하고 채택하여 정책문제가 여전히 해결되지 않은 상태로 남아있는 현상을 제2종 오류라 한다.

③ 킹던(Kingdon)의 정책의 창 모형은 정책문제의 흐름, 정책대안의 흐름, 정치의 흐름이 어떤 계기로 서로 결합함으로써 새로운 정책의제로 형성되는 것을 말한다.

④ 콥(R.W. Cobb)과 엘더(C.D. Elder)의 이론에 의하면 정책의제 설정과정은 사회문제 – 사회적 이슈 – 체제의제 – 제도의제의 순서로 정책의제로 선택됨을 설명하고 있다.

54 다음 중 대표관료제에 대한 설명으로 옳지 않은 것은?

① 대표관료제는 정부관료제가 그 사회의 인적 구성을 반영하도록 구성함으로써 관료제 내에 민주적 가치를 반영시키려는 의도에서 발달하였다.

② 대표관료제의 장점은 사회의 인구 구성적 특징을 반영하는 소극적 측면의 확보를 통해서 관료들이 출신 집단의 이익을 위해 적극적으로 행동하는 적극적인 측면을 자동적으로 확보하는 데 있다.

③ 크란츠(Kranz)는 대표관료제의 개념을 비례대표로까지 확대하여 관료제 내의 출신 집단별 구성 비율이 총인구 구성 비율과 일치해야 할 뿐만 아니라 나아가 관료제 내의 모든 직무 분야와 계급의 구성 비율까지도 총인구 비율에 상응하게 분포되어 있어야 한다고 주장한다.

④ 대표관료제는 할당제를 강요하는 결과를 초래해 현대 인사행정의 기본 원칙인 실적주의를 훼손하고 행정능률을 저해할 수 있다는 비판을 받는다.

PART 3

55 다음 중 개방형 인사관리에 대한 설명으로 옳지 않은 것은?

① 충원된 전문가들이 관료집단에서 중요한 역할을 수행하게 한다.

② 승진기회의 제약으로, 직무의 폐지는 대개 퇴직으로 이어진다.

③ 정치적 리더십의 요구에 따른 고위층의 조직 장악력 약화를 초래한다.

④ 공직의 침체, 무사안일주의 등 관료제의 병리를 억제한다.

56 다음 중 정부운영에서 예산이 가지는 특성에 대한 설명으로 옳지 않은 것은?

① 예산 과정을 통해 정부정책의 산출을 평가하고 측정할 수 있다.

② 예산은 정부정책 중 보수적인 영역에 속한다.

③ 예산이 결정되는 과정에는 다양한 주체들의 상호작용이 끊임없이 발생한다.

④ 정보를 제공하는 양식에 따라 예산제도는 품목별 예산 – 프로그램 예산 – 기획 예산 – 성과주의 예산 – 영기준 예산 등의 순으로 발전해 왔다.

57 다음 중 행정의 가치에 대한 설명으로 옳지 않은 것은?

① 능률성(Efficiency)은 일반적으로 '투입에 대한 산출의 비율'로 정의된다.

② 대응성(Responsiveness)은 행정이 시민의 이익을 반영하고, 그에 반응하는 행정을 수행해야 한다는 것을 뜻한다.

③ 가외성의 특성 중 중첩성(Overlapping)은 동일한 기능을 여러 기관들이 독자적인 상태에서 수행하는 것을 뜻한다.

④ 사이먼(Simon)은 합리성을 목표와 행위를 연결하는 기술적·과정적 개념으로 이해하고, 내용적 합리성(Substantive Rationality)과 절차적 합리성(Procedural Rationality)으로 구분하였다.

58 다음 중 공공서비스에 대한 설명으로 옳지 않은 것은?

① 의료나 교육과 같은 가치재(Worthy Goods)는 경합적이므로 시장을 통한 배급도 가능하지만 정부가 개입할 수도 있다.

② 공유재(Common Goods)는 정당한 대가를 지불하지 않는 사람들을 이용에서 배제하기 어렵다는 문제가 있다.

③ 노벨상을 수상한 오스트롬(E. Ostrom)은 정부의 규제에 의해 공유자원의 고갈을 방지할 수 있다는 보편적 이론을 제시하였다.

④ 공공재(Public Goods) 성격을 가진 재화와 서비스는 시장에 맡겼을 때 바람직한 수준 이하로 공급될 가능성이 높다.

59 다음 중 신제도주의에 대한 설명으로 옳지 않은 것은?

① 제도는 공식적·비공식적 제도를 모두 포괄한다.

② 개인의 선호는 제도에 의해서 제약이 되지만 제도가 개인들 간의 상호작용의 결과에 의해서 변화할 수도 있다고 본다.

③ 역사적 제도주의는 경로의존성에 의한 정책선택의 제약을 인정한다.

④ 사회학적 제도주의에서 제도는 개인들 간의 선택적 균형에 기반한 제도적 동형화 과정의 결과물로 본다.

60 다음 중 정책집행에 영향을 미치는 요인들에 대한 설명으로 옳지 않은 것은?

① 정책집행자의 전문성, 사기, 정책에 대한 인식 등이 집행효율성에 상당한 영향을 미친다.

② 정책결정자의 관심과 지도력은 정책집행의 성과에 큰 영향을 미친다.

③ 정책집행은 대상집단의 범위가 광범위하고 활동이 다양한 경우 더욱 용이하다.

④ 정책을 통해 해결하려는 문제가 정책집행 체계의 역량을 넘어서는 경우에는 정책집행이 지체된다.

61 다음 중 기획재정부에서 국가재정규모를 파악할 때 사용하는 '중앙정부 총지출'의 산출방식으로 옳은 것은?

① (일반회계)+(특별회계)+(기금)

② (일반회계)+(특별회계)+(기금)−(내부거래)

③ (경상지출)+(자본지출)+(융자지출)

④ (경상지출)+(자본지출)+(융자지출)−(융자회수)

62 다음 중 로위(Lowi)의 정책분류와 그 특징에 대한 설명으로 옳지 않은 것은?

① 배분정책 : 재화와 서비스를 사회의 특정 부분에 배분하는 정책으로, 수혜자와 비용부담자 간 갈등이 발생한다.

② 규제정책 : 특정 개인이나 집단에 대한 선택의 자유를 제한하는 유형의 정책으로, 정책불응자에게는 강제력을 행사한다.

③ 재분배정책 : 고소득층으로부터 저소득층으로의 소득이전을 목적으로 하기 때문에 계급대립적 성격을 지닌다.

④ 구성정책 : 정부기관의 신설과 선거구 조정 등과 같이 정부기구의 구성 및 조정과 관련된 정책이다.

63 다음 중 동기부여에 대한 과정이론을 〈보기〉에서 모두 고르면?

> **보기**
>
> ㄱ. 애덤스(Adams)의 공정성 이론
> ㄴ. 브룸(Vroom)의 기대이론
> ㄷ. 맥클레랜드(McClelland)의 성취동기 이론
> ㄹ. 로크(Locke)의 목표설정 이론

① ㄱ, ㄴ   ② ㄷ, ㄹ
③ ㄱ, ㄴ, ㄹ   ④ ㄴ, ㄷ, ㄹ

64 다음 중 신공공관리론자들이 지향하는 가치와 거리가 먼 것을 〈보기〉에서 모두 고르면?

> **보기**
>
> ㄱ. 하이예크의 『노예에로의 길』
> ㄴ. 미국의 '위대한 사회(The Great Society)' 정책
> ㄷ. 성과에 의한 관리
> ㄹ. 오스본과 게블러의 『정부 재창조』
> ㅁ. 유럽식의 '최대의 봉사자가 최선의 정부'

① ㄱ, ㄴ   ② ㄱ, ㄷ
③ ㄴ, ㄹ   ④ ㄴ, ㅁ

65 다음 중 인사행정제도에 대한 설명으로 옳지 않은 것은?

① 엽관주의는 정당에의 충성도와 공헌도를 관직 임용의 기준으로 삼는 제도이다.
② 엽관주의는 국민의 요구에 대한 관료적 대응성을 확보하기 어렵다는 단점을 갖는다.
③ 행정국가 현상의 등장은 실적주의 수립의 환경적 기반을 제공하였다.
④ 직업공무원제는 계급제와 폐쇄형 공무원제, 그리고 일반행정가주의를 지향한다.

66 다음 중 균형성과표(BSC)에 대한 설명으로 옳은 것을 〈보기〉에서 모두 고르면?

> **보기**
>
> ㄱ. 조직의 비전과 목표, 전략으로부터 도출된 성과지표의 집합체이다.
> ㄴ. 재무지표 중심의 기존 성과관리의 한계를 극복하기 위한 것이다.
> ㄷ. 조직의 내부요소보다는 외부요소를 중시한다.
> ㄹ. 재무, 고객, 내부 프로세스, 학습 및 성장이라는 네 가지 관점 간의 균형을 중시한다.
> ㅁ. 성과관리의 과정보다는 결과를 중시한다.

① ㄱ, ㄴ   ② ㄷ, ㄹ
③ ㄱ, ㄴ, ㄹ   ④ ㄷ, ㄹ, ㅁ

PART 3

67 다음 빈칸 ㉠, ㉡에 들어갈 내용을 순서대로 바르게 나열한 것은?

> 정부회계의 '발생주의'는 정부의 수입을 ___㉠___ 시점으로, 정부의 지출을 ___㉡___ 시점으로 계산하는 방식을 의미한다.

	㉠	㉡
①	현금수취	현금지불
②	현금수취	지출원인행위
③	납세고지	현금지불
④	납세고지	지출원인행위

68 다음 중 고위공무원단에 대한 설명으로 옳지 않은 것은?

① 우리나라에서 고위공무원이 되기 위해서는 고위공무원후보자과정을 이수해야 하고, 역량평가를 통과해야 한다.
② 미국의 고위공무원단 제도에는 엽관주의적 요소가 혼재되어 있다.
③ 우리나라의 경우 이명박 정부 시기인 2008년 7월 1일에 고위공무원단 제도를 도입하였다.
④ 미국에서는 고위공무원단 제도를 카터 행정부 시기인 1978년에 공무원제도개혁법 개정으로 도입하였다.

69 다음 중 정책의제의 설정에 영향을 미치는 요인에 대한 설명으로 옳지 않은 것은?

① 일상화된 정책문제보다는 새로운 문제가 보다 쉽게 정책의제화된다.

② 정책 이해관계자가 넓게 분포하고 조직화 정도가 낮은 경우에는 정책의제화가 상당히 어렵다.

③ 사회 이슈와 관련된 행위자가 많고, 이 문제를 해결하기 위한 정책의 영향이 많은 집단에 영향을 미치거나 정책으로 인한 영향이 중요한 것일 경우 상대적으로 쉽게 정책의제화된다.

④ 국민의 관심 집결도가 높거나 특정 사회 이슈에 대해 정치인의 관심이 큰 경우에는 정책의제화가 쉽게 진행된다.

70 다음 중 정부의 역할에 관한 입장에 대한 설명으로 옳은 것을 〈보기〉에서 모두 고르면?

> **보기**
> ㄱ. 진보주의 정부관에 따르면 정부에 대한 불신이 강하고 정부실패를 우려한다.
> ㄴ. 공공선택론은 정부를 공공재의 생산자로 규정하고 대규모 관료제에 의한 행정의 효율성을 높이는 것이 중요하다고 본다.
> ㄷ. 보수주의 정부관은 자유방임적 자본주의를 옹호한다.
> ㄹ. 신공공서비스론에 따르면 정부의 역할은 시민들로 하여금 공유된 가치를 창출하고 충족시킬 수 있도록 봉사하는 데 있다.
> ㅁ. 행정국가 시대에는 '최대의 봉사가 최선의 정부'로 받아들여졌다.

① ㄱ, ㄴ, ㄷ   ② ㄴ, ㄷ, ㄹ

③ ㄷ, ㄹ, ㅁ   ④ ㄱ, ㄴ, ㄹ, ㅁ

| 04 | 법

41 다음 중 법률효과가 처음부터 발생하지 않는 것은 어느 것인가?

① 착오   ② 취소

③ 무효   ④ 사기

42 다음 중 행정행위에 대한 설명으로 옳은 것은?(단, 다툼이 있는 경우 판례에 따른다)

① 허가는 원칙적으로 재량행위, 특허는 원칙적으로 기속행위로 본다.

② 건설업면허증 및 건설업면허수첩의 재교부는 건설업의 면허를 받았다고 하는 특정사실에 대하여 형식적으로 그것을 증명하고 공적인 증거력을 부여하는 행정행위이다.

③ 인가란 타인의 법률적 행위를 보충하여 그 법률적 효력을 완성시켜 주는 행정행위를 말하는데, 기본행위의 하자가 있는 경우 인가행위를 다투는 것이 원칙이다.

④ 담배일반소매인으로 지정되어 있는 기존업자가 신규 담배구내소매인 지정처분을 다투는 경우에는 원고적격이 있다.

43 다음 중 소멸시효에 걸리는 권리는?(단, 다툼이 있는 경우 판례에 따른다)

① 지역권   ② 유치권

③ 점유권   ④ 공유물분할청구권

44 다음 중 임의대리권의 범위가 수권행위에 의해 정해지지 않거나 명백하지 않은 경우, 대리인이 할 수 없는 행위는?

① 소멸시효의 중단행위

② 예금을 주식으로 바꾸는 행위

③ 미등기부동산을 등기하는 행위

④ 기한이 도래한 채무를 변제하는 행위

45 다음 중 무효에 대한 설명으로 옳지 않은 것은?(단, 다툼이 있는 경우 판례에 따른다)

① 법률행위의 일부분이 무효인 경우, 다른 규정이 없으면 원칙적으로 법률행위 전부가 무효이다.

② 반사회적 법률행위는 당사자가 무효임을 알고 추인하여도 유효가 될 수 없다.

③ 무효인 법률행위를 당사자가 무효임을 알고 추인한 때에는 특별한 사정이 없는 한 소급하여 효력이 있다.

④ 반사회적 법률행위는 법률행위를 한 당사자 사이에서 뿐만 아니라 제3자에 대한 관계에서도 무효이다.

46 다음 중 甲이 관할 행정청으로부터 영업허가취소처분을 받았고, 이에 대해 취소소송을 제기하여 취소판결이 확정된 경우, 이에 대한 설명으로 옳은 것은?(단, 다툼이 있는 경우 판례에 따른다)

① 위 취소판결에는 기판력은 발생하지만 형성력은 발생하지 않는다.

② 취소판결을 통해 위 영업허가취소처분은 국가배상법상 공무원의 고의 또는 과실에 의한 불법행위로 인정된다.

③ 위 영업허가취소처분에 대한 취소판결은 사실심 변론종결 시까지의 법령의 개폐 및 사실상태의 변동을 고려하여 내려진 것이다.

④ 甲이 영업허가취소처분이 있은 후 취소판결 이전에 영업행위를 하였더라도 이는 무허가영업에 해당하지 않는다.

47 다음 글의 ㉠과 ㉡이 의미하는 행정구제제도의 명칭이 바르게 연결된 것은?

> ㉠ 지방자치단체가 건설한 교량이 시공자의 흠으로 붕괴되어 지역주민들에게 상해를 입혔을 때, 지방자치단체가 상해를 입은 주민들의 피해를 구제해 주었다.
> ㉡ 도로확장사업으로 인하여 토지를 수용당한 주민들의 피해를 국가가 변상하여 주었다.

	㉠	㉡
①	손실보상	행정소송
②	손해배상	행정심판
③	행정소송	손실보상
④	손해배상	손실보상

48 다음 중 경찰관이 목전에 급박한 장해를 제거할 필요가 있거나 그 성질상 미리 의무를 명할 시간적 여유가 없을 때, 자신이 근무하는 국가중요시설에 무단으로 침입한 자의 신체에 직접 무기를 사용하여 저지하는 행위는?

① 행정대집행　　　　　　　　　② 행정상 즉시강제
③ 행정상 강제집행　　　　　　　④ 집행벌

49 다음 행정쟁송절차에서 빈칸에 들어갈 관할 대상을 순서대로 바르게 나열한 것은?

```
                      시정 ↰
위법·부당한 행정처분 → (        ) → (        ) → (        ) → (        )
               취소, 변경 청구    소의 제기       항소        상고
```

① 지방법원 → 고등법원 → 대법원 → 헌법재판소
② 고등법원 → 대법원 → 행정기관 → 헌법재판소
③ 당해 행정관청 → 행정법원 → 고등법원 → 대법원
④ 상급감독관청 → 지방법원 → 대법원 → 헌법재판소

50 다음 중 행정행위의 무효와 취소의 구별에 대한 설명으로 옳지 않은 것은?(단, 다툼이 있는 경우 판례에 따른다)

① 취소할 수 있는 행정행위는 민사소송에서 선결문제로서 그 효력을 부인할 수 없지만, 무효인 행정행위는 민사소송에서 그 선결문제로서 무효를 확인할 수 있다.
② 무효인 행정행위에 대하여 취소소송을 제기하는 경우에는 제소기간의 제한이 적용되지 않는다.
③ 행정소송법 제18조 제1항 단서에 따라 행정심판전치주의가 적용되는 경우에도 무효확인의 소를 제기함에 있어서는 행정심판을 거쳐야만 하는 것은 아니다.
④ 현행법상 거부처분에 대한 무효확인판결에 대하여서는 간접강제가 인정되지 않는다.

51 다음 중 표현대리에 대한 설명으로 옳지 않은 것은?(단, 다툼이 있는 경우 판례에 따른다)

① 기본대리권이 표현대리행위와 동종·유사한 것이 아니면 권한을 넘은 표현대리가 성립할 수 없다.

② 유권대리에 대한 주장 속에는 무권대리에 속하는 표현대리의 주장이 포함되어 있다고 볼 수 없다.

③ 상대방이 계약체결 당시 대리권 없음을 안 때에는 대리권 수여의 표시에 의한 표현대리가 성립할 수 없다.

④ 본인을 위한 것임을 표시하지 않은 경우, 특별한 사정이 없는 한 대리 또는 표현대리의 법리가 적용될 수 없다.

52 다음 상황에 대한 설명으로 옳지 않은 것은?(단, 다툼이 있는 경우 판례에 따른다)

> 甲은 A구청장으로부터 식품위생법의 관련 규정에 따라 적법하게 유흥접객업 영업허가를 받아 영업을 시작하였다. 영업을 시작한 지 1년이 지난 후에 甲의 영업장을 포함한 일부지역이 새로이 적법한 절차에 따라 학교환경위생정화구역으로 설정되었다. A구청장은 甲의 영업이 관할 학교환경위생정화위원회의 심의에 따라 금지되는 행위로 결정되었다는 이유로 청문을 거친 후에 甲의 영업허가를 취소하였다. 甲은 A구청장의 취소처분이 위법하다고 주장하면서 영업허가취소처분에 대하여 취소소송을 제기하였다.

① 甲에 대한 영업허가를 철회하기 위하여서는 중대한 공익상의 필요가 있어야 한다.

② A구청장은 甲에 대한 영업허가의 허가권자로서 이에 대한 철회권도 갖고 있다.

③ A구청장은 甲의 영업허가를 철회함에 있어 그 근거가 되는 법령이나 취소권 유보의 부관 등을 명시하여야 하나, 피처분자가 처분 당시 그 취지를 알고 있었다거나 그 후 알게 된 경우에는 생략할 수 있다.

④ A구청장의 甲에 대한 영업허가 취소는 처분 시로 소급하여 효력을 소멸시키는 것이 아니라 장래효를 갖는다.

53 다음 중 행정심판에 의해 구제받지 못한 자가 위법한 행정행위에 대하여 최종적으로 법원에 구제를 청구하는 절차는?

① 헌법소원　　　　　　　　　② 손해배상청구

③ 손실보상청구　　　　　　　④ 행정소송

54 다음 중 재산법상의 법률관계에서 소급효가 인정되지 않는 것은?

① 실종선고의 취소

② 착오에 의한 의사표시의 취소

③ 사기·강박에 의한 의사표시의 취소

④ 법원의 부재자재산관리에 대한 처분허가의 취소

55 다음 중 현행 지방자치법에 대한 설명으로 옳지 않은 것은?

① 지방자치단체는 다른 법률에 특별한 규정이 없는 한 농산물·임산물·축산물·수산물 및 양곡의 수급조절과 수출입 등 전국적 규모의 사무를 처리할 수 없다.

② 주민은 그 지방자치단체의 장 및 지방의회의원을 소환할 권리가 있으나, 비례대표 지방의회의원에 대해서는 그러하지 아니하다.

③ 지방의회는 매년 2회 정례회를 개최하며, 지방의회의장은 지방자치단체의 장이나 재적의원 3분의 1 이상의 의원이 요구하면 15일 이내에 임시회를 소집하여야 한다.

④ 지방자치단체의 장은 주무부장관 또는 시·도 지사의 직무이행 명령에 이의가 있으면, 주무부장관의 이행명령에 대해서는 대법원에, 시·도지사의 이행명령에 대해서는 고등법원에 각각 소를 제기할 수 있다.

56 다음 중 공물의 사용관계에 대한 설명으로 옳은 것은?(단, 다툼이 있는 경우 판례에 따른다)

① 도로의 일반사용의 경우 도로사용자가 원칙적으로 도로의 폐지를 다툴 법률상 이익이 있다.

② 하천의 점용허가권은 특허에 의한 공물 사용권의 일종으로서 하천의 관리주체에 대하여 일정한 특별사용을 청구할 수 있는 채권이 아니다.

③ 하천점용권은 일종의 재산권으로서 처분청의 허가를 받아 양도할 수 있음이 원칙이다.

④ 공유수면으로서 자연공물인 바다의 일부가 매립에 의하여 토지로 변경된 경우에 묵시적 공용폐지가 된 것으로 본다.

57 다음 중 법률행위가 유효한 경우는?

① 불공정한 법률행위
② 의사무능력자의 법률행위
③ 부첩관계 유지를 위한 증여계약
④ 타인 소유에 속하는 목적물에 대한 매매계약

58 다음 중 사단법인에 대한 설명으로 옳지 않은 것은?(단, 다툼이 있는 경우 판례에 따른다)

① 정관의 변경과 임의해산은 사원총회의 권한에 속한다.
② 사원총회의 소집절차가 법률 또는 정관에 위반된 경우에도 특별한 사정이 없는 한 총회의 결의는 유효하다.
③ 이사의 임면에 대한 사항은 정관의 필요적 기재사항이다.
④ 감사가 이사의 업무집행에 관하여 부정한 것이 있음을 발견한 경우, 이를 보고하기 위하여 필요한 때에는 사원총회를 소집할 권한이 있다.

59 다음 중 위임계약에 대한 설명으로 옳지 않은 것은?(단, 다툼이 있는 경우 판례에 따른다)

① 위임은 원칙적으로 당사자 일방의 사망으로 종료한다.
② 복위임은 위임인이 승낙한 경우나 부득이한 경우에만 허용된다.
③ 위임계약은 유상·무상을 묻지 않고 위임인이나 수임인이 언제든지 해지할 수 있다.
④ 당사자 일방이 상대방의 불리한 시기에 위임계약을 부득이한 사유로 해지한 때에는 그 손해를 배상하여야 한다.

60 다음 중 행정심판법 및 행정소송법상의 집행정지에 대한 설명으로 옳지 않은 것은?

① 행정심판청구와 취소소송의 제기는 모두 처분의 효력이나 그 집행 또는 절차의 속행에 영향을 주지 아니한다.

② 공공복리에 중대한 영향을 미칠 우려가 있을 때에는 행정심판법 및 행정소송법상의 집행정지가 모두 허용되지 아니한다.

③ 행정소송법은 집행정지결정에 대한 즉시항고에 관하여 규정하고 있는 반면, 행정심판법은 집행정지결정에 대한 즉시항고에 관하여 규정하고 있지 아니하다.

④ 행정소송법이 집행정지의 요건 중 하나로 중대한 손해가 생기는 것을 예방할 필요성에 관하여 규정하고 있는 반면, 행정심판법은 집행정지의 요건 중 하나로 회복하기 어려운 손해를 예방할 필요성에 관하여 규정하고 있다.

61 다음 중 행정작용에 대한 설명으로 옳지 않은 것을 〈보기〉에서 모두 고르면?

> **보기**
> ㄱ. 하명은 명령적 행정행위이다.
> ㄴ. 인가는 형성적 행정행위이다.
> ㄷ. 공증은 법률행위적 행정행위이다.
> ㄹ. 공법상 계약은 권력적 사실행위이다.

① ㄱ, ㄴ　　　　　　　　　② ㄱ, ㄹ
③ ㄴ, ㄷ　　　　　　　　　④ ㄷ, ㄹ

62 다음 중 행정주체가 국민에 대하여 명령·강제하고, 권리나 이익(利益)을 부여하는 등 법을 집행하는 행위를 무엇이라고 하는가?

① 행정조직　　　　　　　　② 행정처분
③ 행정구제　　　　　　　　④ 행정강제

63 불가분채무자 중 1인에게 발생한 사유 중 다른 불가분채무자에게 그 효력이 미치지 않는 것은?

① 변제　　　　　　　　　　② 공탁
③ 면제　　　　　　　　　　④ 대물변제

64 다음 중 소멸시효에 대한 설명으로 옳지 않은 것은?(단, 다툼이 있는 경우 판례에 따른다)

① 지급명령에서 확정된 채권은 단기의 소멸시효에 해당하더라도 그 소멸시효기간이 10년으로 연장된다.

② 권리자의 개인적 사정이나 법률지식의 부족과 같은 사실상 장애는 소멸시효의 진행에 영향을 미치지 않는다.

③ 채무자가 소멸시효 완성 후 채무를 승인하였다면 시효완성의 사실을 알고 그 이익을 포기한 것이라고 추정할 수 있다.

④ 특정한 채무의 이행을 청구할 수 있는 기간을 제한하고 그 기간을 도과할 경우 채무가 소멸하도록 하는 약정은 무효이다.

65 다음 중 행정벌에 대한 설명으로 옳지 않은 것은?(단, 다툼이 있는 경우 판례에 따른다)

① 행정형벌의 과벌절차로서의 통고처분은 행정소송의 대상이 되는 행정처분이 아니다.

② 고의 또는 과실이 없는 질서위반행위는 과태료를 부과하지 아니한다.

③ 과태료의 부과는 서면으로 하여야 한다. 이때 당사자가 동의하는 경우에는 전자문서도 여기서의 서면에 포함된다.

④ 과태료의 부과·징수의 절차에 관해 질서위반행위규제법의 규정에 저촉되는 다른 법률의 규정이 있는 경우에는 그 다른 법률의 규정이 정하는 바에 따른다.

66 다음 중 행정입법에 대한 설명으로 옳지 않은 것은?(단, 다툼이 있는 경우 판례에 따른다)

① 상위법령의 시행을 위하여 제정한 집행명령은 그 상위법령이 개정되더라도 개정법령과 성질상 모순·저촉되지 않는 이상 여전히 그 효력을 가진다.

② 행정규칙인 고시가 집행행위의 개입 없이도 그 자체로서 국민의 구체적인 권리·의무에 직접적인 변동을 초래하는 경우에는 항고소송의 대상이 된다.

③ 행정각부의 장관이 정한 고시가 상위 법령의 수권에 의한 것으로 법령 내용을 보충하는 기능을 하는 경우에도 그 규정 형식이 법령의 위임 범위를 벗어난 것이라면 법규명령으로서의 대외적 구속력이 인정되지 않는다.

④ 상위법령의 시행을 위하여 법규명령을 제정하여야 할 의무가 인정됨에도 불구하고 법규명령을 제정하고 있지 않은 경우, 그러한 부작위는 부작위 위법확인소송을 통하여 다툴 수 있다.

67 다음 중 행정법상 행정작용에 대한 설명으로 옳지 않은 것은?

① 기속행위는 행정주체에 대하여 재량의 여지를 주지 않고 그 법규를 집행하도록 하는 행정행위를 말한다.

② 특정인에게 새로운 권리나 포괄적 법률관계를 설정해 주는 특허는 형성적 행정행위이다.

③ 의사표시 이외의 정신작용 등의 표시를 요소로 하는 행위는 준법률행위적 행정행위이다.

④ 개인에게 일정한 작위의무를 부과하는 하명은 형성적 행정행위이다.

68 다음 중 지방자치단체에서 제정한 법을 무엇이라고 하는가?

① 조례   ② 규칙

③ 지방자치법   ④ 조약

69 다음 중 행정법상 행정주체로 옳지 않은 것은?

① 국가   ② 지방자치단체장

③ 영조물법인   ④ 공무수탁사인

70 다음 중 손해배상과 손실보상의 가장 본질적 구별기준은?

① 침해의 위법·적법성 여부

② 고의·과실

③ 공무원 직무행위

④ 손해액수

71 다음 중 한국수자원공사가 관리하는 댐이 아닌 것은?

① 나주댐   ② 섬진강댐

③ 충주댐   ④ 평화의 댐

72 다음 중 대한민국 최초의 상수도는?

① 고성정수장   ② 단양정수장

③ 뚝도정수장   ④ 충주정수장

73 한국수자원공사는 물·에너지·도시 융합 서비스를 확대하고 있다. 다음 중 이와 관련되어 진행하고 있는 사업으로 옳지 않은 것은?

① 댐 수면을 활용한 수상태양광 모델을 상용화하였다.

② 주민참여형 친환경 에너지 사업 모델을 만들었다.

③ 바닷물을 활용한 도심 분산형 수열에너지 사업 표준모델을 개발하였다.

④ 세계 최대 규모의 시화조력발전소를 운영하고 있다.

74 다음 중 수력발전소의 운용방식별 유형에 대한 설명으로 옳은 것은?

① 유압식(Run – Of – River)은 저수지의 규모가 크지 않아 계절변화에 따른 유량의 조절이 가능하고 하천의 하류나 소계곡에 건설되는 방식이다.

② 저수지식(Reservoir Type)은 우기에 저수를 하고 건기에 저장된 물을 공급하여 연중 발전이 가능한 방식 유형이다.

③ 수로식(Waterway Type)은 하천을 따라 급경사 지역에 수로를 설치하고, 완경사와 굴곡 등을 이용하여 낙차를 얻어내어 발전하는 방식이다.

④ 댐수로식(Dam And Water – Way)은 유입식과 저수지식을 혼합한 형태로, 유입식과 저수지식의 장점을 활용하여 경제적인 설계 방법으로 건설한다.

75 다음 〈보기〉 중 풍력발전기의 분류로 옳은 것을 모두 고르면?

㉠ 회전축에 따른 분류 : 가변속형 풍력발전기
㉡ 회전축에 따른 분류 : 수평축 풍력발전기
㉢ 로터 블레이드의 회전수에 따른 분류 : 정속형 풍력발전기
㉣ 로터 블레이드의 회전수에 따른 분류 : 수직축 풍력발전기

① ㉠, ㉡
② ㉠, ㉢
③ ㉡, ㉢
④ ㉢, ㉣

76 다음 〈보기〉 중 콘크리트댐에 대한 설명으로 옳은 것은 모두 몇 개인가?

㉠ 중력댐은 댐의 자중으로 물의 압력을 지탱하는 댐이다.
㉡ 아치댐은 댐에 작용하는 저수지로부터의 수압하중을 주로 아치작용을 이용하여 기초암반에 전달하고 이를 통해 수압하중에 저항하는 형식이다.
㉢ 부벽댐은 물의 압력을 부벽을 통해 기초 지반에 전달하는 형식이다.
㉣ 중공댐은 외형은 아치댐과 유사하나, 속을 비게 하여 재료의 절약을 도모하고 역학적 세기를 유지하는 형태이다.

① 1개
② 2개
③ 3개
④ 4개

77 한국수자원공사는 국민이 직접 정책 및 사업을 제하하고, 심사, 우선순위 결정 등 모든 과정에 참여하는 국민 참여예산제를 시행하고 있다. 다음 중 이에 대한 설명으로 옳지 않은 것은?

① 국민이 제안한 사항에 대해 사업 추진 시 참고하며, 관련 부서의 답변을 주는 것으로 마무리된다.
② 의결권자 중 투표반영 비중은 제안자나 참여예산위원보다 일반국민이 높다.
③ 물 서비스 격차 해소, 일자리 창출, 물 서비스 격차 해소 등에 대한 의견을 제안할 수 있다.
④ 공무원, 정부 및 지자체의 산하기관 또는 투자기관에 종사하는 사람은 의견을 제안할 수 없다.

78 다음 중 환경영향평가에 대한 설명으로 옳은 것은?

① 전략환경영향평가는 사업의 평가 단계에서 이루어지는 평가이다.
② 입지의 타당성을 검토하는 단계는 전략환경영향평가이다.
③ 환경영향평가 및 소규모 환경영향평가는 사업의 종료 단계에서 이루어진다.
④ 인구, 산업은 평가분야 중 생활환경 분야에 해당한다.

79 다음 중 용수전용댐이 아닌 것은?

① 사연댐   ② 대곡댐
③ 영천댐   ④ 군남댐

80 다음 〈보기〉 중 치수조사 시 치수사업 현황에 속하는 것을 모두 고르면?

> **보기**
>
> ㉠ 하천구역
> ㉡ 피해복구비
> ㉢ 수문 · 통관 · 통문 현황
> ㉣ 홍수방어시설
> ㉤ 하천개수율

① ㉠, ㉡, ㉤   ② ㉠, ㉢, ㉣
④ ㉡, ㉢, ㉣   ④ ㉢, ㉣, ㉤

작은 기회로부터 종종 위대한 업적이 시작된다.

– 데모스테네스 –

제2회
최종점검 모의고사

※ 한국수자원공사 최종점검 모의고사는 2024년 상반기 채용공고 및 후기를 기준으로 구성한 것으로 실제 시험과 다를 수 있습니다.

※ 응시 직렬에 맞추어 해당 영역을 학습하시기 바랍니다.

※ 모바일 OMR 답안분석 서비스

경영

경제

행정

법

■ 취약영역 분석

| 01 | 직업기초능력평가

번호	O/×	영역	번호	O/×	영역	번호	O/×	영역
01		의사소통능력	16		수리능력	31		자원관리능력
02			17			32		
03			18			33		
04			19			34		
05			20			35		
06			21		문제해결능력	36		
07			22			37		
08			23			38		
09			24			39		
10			25			40		
11		수리능력	26					
12			27					
13			28					
14			29					
15			30					

| 02 | 직무능력평가

번호	41	42	43	44	45	46	47	48	49	50
O/×	경영 / 경제 / 행정 / 법									

번호	51	52	53	54	55	56	57	58	59	60
O/×	경영 / 경제 / 행정 / 법									

번호	61	62	63	64	65	66	67	68	69	70
O/×	경영 / 경제 / 행정 / 법									

번호	71	72	73	74	75	76	77	78	79	80
O/×	K-water 수행사업(공통)									

평가문항	80문항	평가시간	80분
시작시간	:	종료시간	:
취약영역			

최종점검 모의고사

🕐 응시시간 : 80분   📝 응시시간 : 80분   정답 및 해설 p.106

---

01   직업기초능력평가

01   다음 문단을 논리적 순서대로 바르게 나열한 것은?

> (가) 그뿐 아니라, 자신을 알아주는 이, 즉 지기자(知己者)를 위해서라면 기꺼이 자신의 전부를 버릴 수 있어야 하며, 더불어 은혜는 은혜대로, 원수는 원수대로 자신이 받은 만큼 되갚기 위해 진력하여야 한다.
>
> (나) 무공이 높다고 하여 반드시 협객으로 인정되지 않는 이유는 바로 이런 원칙에 위배되는 경우가 심심치 않게 발생하기 때문이다. 요컨대 협이란 사생취의(捨生取義)의 정신에 입각하여 살신성명(殺身成名)의 의지를 실천하는 것, 또는 그러한 실천을 기꺼이 감수할 준비가 되어 있는 상태를 뜻한다고 할 수 있다.
>
> (다) 협으로 인정받기 위해서는 무엇보다도 절개와 의리를 숭상하여야 하며, 개인의 존엄을 중시하고 간악함을 제거하기 위해 노력해야만 한다. 신의(信義)를 목숨보다 중히 여길 것도 강조되는데, 여기서의 신의란 상대방을 향한 것인 동시에 스스로에게 해당되는 것이기도 하다.
>
> (라) 무(武)와 더불어 보다 신중하게 다루어야 할 것이 '협(俠)'의 개념이다. 무협 소설에서 문제가 되는 협이란 무덕(武德), 즉 무인으로서의 덕망이나 인격과 관계가 되는 것으로, 이는 곧 무공 사용의 전제가 되는 기준 내지는 원칙이라고 할 수 있다.

① (나) – (다) – (가) – (라)   ② (나) – (다) – (라) – (가)
③ (라) – (가) – (다) – (나)   ④ (라) – (다) – (가) – (나)

02 다음 글의 빈칸 (가) ~ (다)에 들어갈 문장을 〈보기〉에서 찾아 순서대로 바르게 나열한 것은?

조선시대 우리의 전통적인 전술은 흔히 장병(長兵)이라고 불리는 것이었다. 장병은 기병(騎兵)과 보병(步兵)이 모두 궁시(弓矢)나 화기(火器) 같은 장거리 무기를 주무기로 삼아 원격전(遠隔戰)에서 적을 제압하는 것이 특징이었다. _____ (가) _____ 이러한 전술상의 차이로 인해 임진왜란 이전에는 조선의 전력(戰力)이 일본의 전력을 압도하는 형세였다. 조선의 화기 기술은 고려 말 왜구를 효과적으로 격퇴하는 방도로 수용된 이래 발전을 거듭했지만, 단병에 주력하였던 일본은 화기 기술을 습득하지 못하고 있었다.

_____ (나) _____ 일본의 새로운 장병 무기가 된 조총은 조선의 궁시나 화기보다도 사거리나 정확도 등에서 훨씬 우세하였다. 조총은 단지 조선의 장병 무기류를 압도하는 데 그치지 않고 일본이 본래 가지고 있던 단병 전술의 장점을 십분 발휘하게 하였다. 조선이 임진왜란 때 육전(陸戰)에서 참패를 거듭한 것은 정치·사회 전반의 문제가 일차적 원인이겠지만, 이러한 전술상의 문제에도 전혀 까닭이 없지 않았던 것이다. 그러나 일본은 근접전이 불리한 해전(海戰)에서 조총의 화력을 압도하는 대형 화기의 위력에 눌려 끝까지 열세를 만회하지 못했다. _____ (다) _____ 반면 화기 사용의 전통이 오래된 조선의 경우 비록 육전에서는 소형 화기가 조총의 성능을 당해내지 못했지만, 해전에서는 함선에 탑재한 대형 화포의 화력이 조총의 성능을 압도하였다. 해전에서 조선 수군이 거둔 승리는 이순신의 탁월한 지휘력에도 힘입은 바 컸지만, 이러한 장병 전술의 우위가 승리의 기본적인 토대가 되었던 것이다.

> **보기**
> ㉠ 이에 반해 일본의 전술은 창과 검을 주무기로 삼아 근접전(近接戰)에 치중하였기 때문에 단병(短兵)이라 일컬어졌다.
> ㉡ 그러나 이러한 전력상의 우열관계는 임진왜란 전에 일본이 네덜란드 상인들로부터 조총을 구입함으로써 역전되고 말았다.
> ㉢ 일본은 화약무기 사용의 전통이 길지 않았기 때문에 해전에서도 조총만을 사용하였다.

	(가)	(나)	(다)
①	㉠	㉡	㉢
②	㉠	㉢	㉡
③	㉡	㉠	㉢
④	㉡	㉢	㉠

03 다음 글의 내용 전개상 특징으로 가장 적절한 것은?

인간 사회의 주요한 자원 분배 체계로 '시장(市場)', '재분배(再分配)', '호혜(互惠)'를 들 수 있다. 시장에서 이루어지는 교환은 물질적 이익을 증진시키기 위해 재화나 용역을 거래하는 행위이며, 재분배는 국가와 같은 지배 기구가 잉여 물자나 노동력 등을 집중시키거나 분배하는 것을 말한다. 실업 대책, 노인 복지 등과 같은 것이 재분배의 대표적인 예이다. 그리고 호혜는 공동체 내에서 혈연 및 동료 간의 의무로서 행해지는 증여 관계이다. 명절 때의 선물 교환 같은 것이 이에 속한다.

이 세 분배 체계는 각각 인류사의 한 부분을 담당해 왔다. 고대 부족 국가에서는 호혜를 중심으로, 전근대 국가 체제에서는 재분배를 중심으로 분배 체계가 형성되었다. 근대에 와서는 시장이라는 효율적인 자원 분배 체계가 활발하게 그 기능을 수행하고 있다. 그러나 이 세 분배 체계는 인류사 대부분의 시기에 공존했다고 말할 수 있다. 고대 사회에서도 시장은 미미하게나마 존재했었고, 오늘날에도 호혜와 재분배는 시장의 결함을 보완하는 경제적 기능을 수행하고 있기 때문이다.

효율성의 측면에서 보았을 때, 인류는 아직 시장만한 자원 분배 체계를 발견하지 못하고 있다. 그러나 시장은 소득 분배의 형평(衡平)을 보장하지 못할 뿐만 아니라, 자원의 효율적 분배에도 실패하는 경우가 종종 있다. 그래서 때로는 국가가 직접 개입한 재분배 활동으로 소득 불평등을 개선하고 시장의 실패를 시정하기도 한다. 우리나라의 경우 IMF 경제 위기 상황에서 실업자를 구제하기 위한 정부 정책들이 그 예라 할 수 있다.

그러나 호혜는 시장뿐 아니라 국가가 대신하기 어려운 소중한 기능을 담당하고 있다. 부모가 자식을 보살피는 관행이나 친척들이나 친구들이 서로 길흉사(吉凶事)가 생겼을 때 도움을 주는 행위, 아무런 연고가 없는 불우 이웃에 대한 기부와 봉사 등은 시장이나 국가가 대신하기 어려운 부분이다. 호혜는 다른 분배 체계와는 달리, 물질적으로는 이득을 볼 수 없을 뿐만 아니라 때로는 손해까지도 감수해야 하는 행위이다. 그러면서도 호혜가 이루어지는 이유는 무엇인가? 이는 그 행위의 목적이 인간적 유대 관계를 유지하고 증진시키는 데 있기 때문이다. 인간은 사회적 존재이므로 사회적으로 고립된 개인은 결코 행복할 수 없다. 따라서 인간적 유대 관계는 물질적 풍요 못지않게 중요한 행복의 기본 조건이다. 그렇기에 사람들은 소득 증진을 위해 투입해야 할 시간과 재화를 인간적 유대를 위해 기꺼이 할당하게 되는 것이다.

우리는 물질적으로 풍요로울 뿐 아니라, 정신적으로도 풍족한 사회에서 행복하게 살기를 바란다. 그러나 우리가 지향하는 이러한 사회는 효율적인 시장과 공정한 국가만으로는 이루어질 수 없다. 건강한 가정·친척·동료가 서로 지원하면서 조화를 이룰 때, 그 꿈은 실현될 수 있을 것이다. 이처럼 호혜는 건전한 시민 사회를 이루기 위해서 반드시 필요한 것이라고 할 수 있다. 사회를 따뜻하게 만드는 시민들의 기부와 봉사의 관행이 정착되기를 기대하는 것이다.

① 구체적 현상을 분석하여 일반적 원리를 추출하고 있다.
② 시간적 순서에 따라 개념이 형성되어 가는 과정을 밝히고 있다.
③ 대상에 대한 여러 가지 견해를 소개하고 이를 비교하여 평가하고 있다.
④ 다른 대상과의 비교를 통해 대상이 지닌 특성과 가치를 설명하고 있다.

04 다음 글의 제목으로 가장 적절한 것은?

우리는 처음 만난 사람의 외모를 보고, 그를 어떤 방식으로 대우해야 할지를 결정할 때가 많다. 그가 여자인지 남자인지, 얼굴색이 흰지 검은지, 나이가 많은지 적은지 혹은 그의 스타일이 조금은 상류층의 모습을 띠고 있는지 아니면 너무나 흔해서 별 특징이 드러나 보이지 않는 외모를 하고 있는지 등을 통해 그들과 나의 차이를 재빨리 감지한다. 일단 감지가 되면 우리는 둘 사이의 지위 차이를 인식하고 우리가 알고 있는 방식으로 그를 대하게 된다. 한 개인이 특정 집단에 속한다는 것은 단순히 다른 집단의 사람과 다르다는 것뿐만 아니라, 그 집단이 다른 집단보다는 지위가 높거나 우월하다는 믿음을 갖게 한다. 모든 인간은 평등하다는 우리의 신념에도 불구하고 왜 인간들 사이의 이러한 위계화(位階化)를 당연한 것으로 받아들일까? 위계화란 특정 부류의 사람들은 자원과 권력을 소유하고 다른 부류의 사람들은 낮은 사회적 지위를 갖게 되는 사회적이며 문화적인 체계이다. 다음에서 우리는 이러한 불평등이 어떠한 방식으로 경험되고 조직화되는지를 살펴보기로 하자.

인간이 불평등을 경험하게 되는 방식은 여러 측면으로 나눌 수 있다. 산업 사회에서의 불평등은 계층과 계급의 차이를 통해서 정당화되는데, 이는 재산, 생산 수단의 소유 여부, 학력, 집안 배경 등등의 요소들의 결합에 의해 사람들 사이의 위계를 만들어 낸다. 또한 모든 사회에서 인간은 태어날 때부터 얻게 되는 인종, 성, 종족 등의 생득적 특성과 나이를 통해 불평등을 경험한다. 이러한 특성들은 단순히 생물학적인 차이를 지칭하는 것이 아니라, 개인의 열등성과 우등성을 가늠하게 만드는 사회적 개념이 되곤 한다.

한편 불평등이 재생산되는 다양한 사회적 기제들이 때로는 관습이나 전통이라는 이름 아래 특정 사회의 본질적인 문화적 특성으로 간주되고 당연시되는 경우가 많다. 불평등은 체계적으로 조직되고 개인에 의해 경험됨으로써 문화의 주요 부분이 되었고, 그 결과 같은 문화권 내의 구성원들 사이에 권력 차이와 그에 따른 폭력이나 비인간적인 행위들이 자연스럽게 수용될 때가 많다.

문화 인류학자들은 사회 집단의 차이와 불평등, 사회의 관습 또는 전통이라고 얘기되는 문화 현상에 대해 어떤 입장을 취해야 할지 고민을 한다. 문화 인류학자가 이러한 문화 현상은 고유한 역사적 산물이므로 나름대로 가치를 지닌다는 입장만을 반복하거나 단순히 관찰자로서의 입장에 안주한다면, 이러한 차별의 형태를 제거하는 데 도움을 줄 수 없다. 실제로 문화 인류학 연구는 기존의 권력 관계를 유지시켜주는 다양한 문화적 이데올로기를 분석하고, 인간 간의 차이가 우등성과 열등성을 구분하는 지표가 아니라 동등한 다름일 뿐이라는 것을 일깨우는 데 기여해 왔다.

① 차이와 불평등
② 차이의 감지 능력
③ 문화 인류학의 역사
④ 위계화의 개념과 구조

05 다음 글을 통해 글쓴이가 말하고자 하는 바로 가장 적절한 것은?

> 프랜시스 베이컨은 사람을 거미와 같은 사람, 개미와 같은 사람, 꿀벌과 같은 사람 세 종류로 나누어 보았다.
>
> 첫째, '거미'와 같은 사람이 있다. 거미는 벌레들이 자주 날아다니는 장소에 거미줄을 쳐놓고 숨어 있다가, 벌레가 거미줄에 걸리면 슬그머니 나타나 잡아먹는다. 거미와 같은 사람은 땀 흘려 노력하지 않으며, 누군가 실수를 하기 기다렸다가 그것을 약점으로 삼아 그 사람의 모든 것을 빼앗는다.
>
> 둘째, '개미'와 같은 사람이 있다. 개미는 부지런함의 상징이 되는 곤충이다. 더운 여름에도 쉬지 않고 땀을 흘리며 먹이를 물어다 굴속에 차곡차곡 저장한다. 그러나 그 개미는 먹이를 남에게 나누어 주지는 않는다. 개미와 같은 사람은 열심히 일하고 노력하여 돈과 재산을 많이 모으지만, 남을 돕는 일에는 아주 인색하여 주변 이웃의 불행을 모른 체하며 살아간다.
>
> 셋째, '꿀벌'과 같은 사람이 있다. 꿀벌은 꽃의 꿀을 따면서도 꽃에 상처를 남기지 않고, 이 꽃 저 꽃으로 날아다니며 꽃이 열매를 맺도록 도와준다. 만약 꿀벌이 없다면 많은 꽃은 열매를 맺지 못할 것이다. 꿀벌과 같은 사람은 책임감을 갖고 열심히 일하면서도 남에게 도움을 준다. 즉, 꿀벌과 같은 사람이야말로 우리 사회에 반드시 있어야 할 이타적 존재이다.

① 노력하지 않으면서 성공을 바라는 사람은 결코 성공할 수 없다.

② 다른 사람의 실수를 모른 채 넘어가 주는 배려가 필요하다.

③ 자신의 일만 열심히 하다 보면 누군가는 반드시 알아봐 준다.

④ 맡은 바 책임을 다하면서도 남을 돌볼 줄 아는 사람이 되어야 한다.

06 다음 글을 이해한 내용으로 가장 적절한 것은?

개인의 합리성과 사회의 합리성은 병행할 수 있을까? 이 문제와 관련하여 고전 경제학에서는 개인이 합리적으로 행동하면 사회 전체적으로도 합리적인 결과를 얻을 수 있다고 말한다. 물론 여기에서 '합리성'이란 여러 가지 가능한 대안 가운데 효용의 극대화를 추구하는 방향으로 선택을 한다는 의미의 경제적 합리성을 의미한다. 따라서 개인이 최대한 자신의 이익에 충실하면 모든 자원이 효율적으로 분배되어 사회적으로도 이익이 극대화된다는 것이 고전 경제학의 주장이다.

그러나 개인의 합리적 선택이 반드시 사회적인 합리성으로 연결되지는 못한다는 주장도 만만치 않다. 이른바 '죄수의 딜레마' 이론에서는 서로 의사소통을 할 수 없도록 격리된 두 용의자가 각각의 수준에서 가장 합리적으로 내린 선택이 오히려 집합적인 결과에서는 두 사람 모두에게 비합리적인 결과를 초래할 수 있다고 설명하고 있다. 즉, 다른 사람을 고려하지 않고 자신의 이익만을 추구하는 개인적 차원의 합리성만을 강조하면 오히려 사회 전체적으로는 비합리적인 결과를 초래할 수 있다는 것이다. 죄수의 딜레마 이론을 지지하는 쪽에서는 심각한 환경오염 등 우리 사회에 존재하는 문제의 대부분을 이 이론으로 설명한다.

일부 경제학자들은 이러한 주장에 대하여 강하게 반발한다. 그들은 죄수의 딜레마 현상이 보편적인 현상이라면 우리 주위에서 흔히 발견할 수 있는 협동은 어떻게 설명할 수 있느냐고 반문한다. 사실 우리 주위를 돌아보면, 사람들은 의외로 약간의 손해를 감수하더라도 협동을 하는 모습을 곧잘 보여 주곤 한다. 그들은 이런 행동들도 합리성을 들어 설명한다. 안면이 있는 사이에서는 오히려 상대방과 협조를 하는 행동이 장기적으로는 이익이 된다는 것을 알기 때문에 협동을 한다는 것이다. 즉, 협동도 크게 보아 개인적 차원의 합리적 선택이 집합적으로 나타난 결과로 보는 것이다.

그러나 이런 해명에도 불구하고 우리 주변에서는 각종 난개발이 도처에서 자행되고 있으며, 환경오염은 이제 전 지구적으로 만연해 있는 것이 엄연한 현실이다. 자기 집 부근에 도로나 공원이 생기기를 원하면서도 정작 그 비용은 부담하려고 하지 않거나 남에게 해를 끼치는 일인 줄 뻔히 알면서도 쓰레기를 무단 투기하는 등의 행위를 서슴지 않고 한다. '합리적인 개인'이 '비합리적인 사회'를 초래하고 있는 것이다.

그렇다면 죄수의 딜레마와 같은 현상을 극복하고 사회적인 합리성을 확보할 수 있는 방안은 무엇인가? 그것은 개인적으로는 도덕심을 고취하고, 사회적으로는 의사소통 과정을 원활하게 하는 것이라고 할 수 있다. 개인들이 자신의 욕망을 적절하게 통제하고 남을 배려하는 태도를 지니면 죄수의 딜레마 같은 현상에 빠지지 않고도 개인의 합리성을 추구할 수 있을 것이다. 아울러 서로 간의 원활한 의사소통을 통해 공감의 폭을 넓히고 신뢰감을 형성하며, 적절한 의사 수렴과정을 거친다면 개인의 합리성이 보다 쉽게 사회적 합리성으로 이어지는 길이 열릴 것이다.

① 사회의 이익은 개인의 이익을 모두 합한 것이다.
② 사람들은 이기심보다 협동심이 더 강하다.
③ 사회적 합리성을 위해서는 개인의 노력만으로는 안 된다.
④ 전체 사회를 위해 개인의 희생은 감수할 수밖에 없다.

※ 다음 기사를 읽고 이어지는 질문에 답하시오. [7~9]

피보나치 수열은 운명적으로 가장 아름답다는 황금비를 만들어 낸다. 황금비는 피라미드, 파르테논 신전이나 다빈치, 미켈란젤로의 작품에서 시작해 오늘날에는 신용카드와 담뱃갑, 종이의 가로와 세로의 비율까지 광범위하게 쓰인다. 이러한 황금비는 태풍과 은하수의 형태, 초식동물의 뿔, 바다의 파도에도 있다. 배꼽을 기준으로 한 사람의 상체와 하체, 목을 기준으로 머리와 상체의 비율도 황금비이다. 이런 사례를 찾다 보면 우주가 피보나치 수열의 장난으로 만들어졌는지도 모른다는 생각까지 든다.

피보나치 수열은 12세기 말 이탈리아 천재 수학자 레오나르도 피보나치가 제안했다. 한 쌍의 토끼가 계속 새끼를 낳을 경우 몇 마리로 불어나는가를 숫자로 나타낸 것이 이 수열인 것이다. 이 수열은 앞서 나오는 두 개의 숫자의 합이다. 1, 1, 1+1=2, 1+2=3, 2+3=5, 3+5=8, 5+8=13, 8+13=21, 13+21=34, 21+34=55, 34+55=89, … 이처럼 계속 수열을 만들어 가는 것이다.

우리 주변의 꽃잎을 세어보면 거의 모든 꽃잎이 3장, 5장, 8장, 13장 …으로 되어 있다. 백합과 붓꽃은 꽃잎이 3장, 채송화·패랭이·동백·야생장미는 5장, 모란·코스모스는 8장, 금불초와 금잔화는 13장이다. 과꽃과 치커리는 21장, 질경이와 데이지는 34장, 쑥부쟁이는 종류에 따라 55장과 89장이다. 신기하게도 모두 피보나치 숫자인 것이다.

피보나치 수열은 해바라기나 데이지 꽃 머리의 씨앗 배치에도 존재한다. 해바라기 씨앗이 촘촘히 박혀 있는 꽃 머리를 유심히 보면 최소의 공간에 최대의 씨앗을 배치하기 위한 '최적의 수학적 해법'으로 꽃이 피보나치 수열을 선택한다는 것을 알 수 있다. 씨앗은 꽃 머리에서 왼쪽과 오른쪽 두 개의 방향으로 엇갈리게 나선 모양으로 자리 잡는다. 데이지 꽃 머리에는 서로 다른 34개와 55개의 나선이 있고, 해바라기 꽃 머리에는 55개와 89개의 나선이 있다.

피보나치 수열은 식물의 잎차례에도 잘 나타나 있다. 잎차례는 줄기에서 잎이 나와 배열하는 방식으로 t/n 로 표시한다. t번 회전하는 동안 잎이 n개 나오는 비율이 참나무·벚꽃·사과는 2/5이고, 포플러·장미·배·버드나무는 3/8, 갯버들과 아몬드는 5/13이다. 모두 피보나치 숫자로 전체 식물의 90%가 피보나치 수열의 잎차례를 따르고 있다. 이처럼 잎차례가 피보나치 수열을 따르는 것은 잎이 바로 위의 잎에 가리지 않고, 햇빛을 최대한 받을 수 있는 최적의 수학적 해법이기 때문이다.

예전에는 식물의 DNA가 피보나치 수열을 만들어 낸다고 생각했다. 그러나 요즘에는 식물이 새로 자라면서 환경에 적응해 최적의 성장 방법을 찾아가는 과정에서 자연스럽게 피보나치 수열이 형성된다고 생각하는 학자들이 많아졌다. 최근 들어 생물뿐만 아니라 전하를 입힌 기름방울을 순서대로 떨어뜨려도 해바라기 씨앗처럼 퍼진다는 사실이 ㉠ 밝혀졌다. 이처럼 피보나치 수열과 이 수열이 만들어 내는 황금비는 생물은 물론 자연과 우주 어디에나 숨어 있다.

07 다음 중 기사의 내용으로 적절하지 않은 것은?

① 꽃잎과 식물의 잎에서 피보나치 수열을 찾을 수 있으며, 이 수열은 피라미드, 신용카드 등에 나타나는 황금비를 만들어 낸다.

② 해바라기 꽃 머리를 보면 최소의 공간에 최대의 씨앗이 배치될 수 있도록 피보나치 수열을 선택했음을 알 수 있다.

③ 식물의 잎차례에도 피보나치 수열이 잘 나타나며, 모든 식물의 잎차례는 이 수열을 따르고 있다.

④ 식물의 잎차례는 햇빛을 최대한 받을 수 있도록 피보나치 수열을 따르고 있다.

08 다음 중 기사의 제목으로 가장 적절한 것은?

① 일상 생활 속에서 광범위하게 사용되는 황금비
② 피보나치 수열의 정의와 형성 원리
③ 피보나치 수열에 대한 학자들의 기존 입장과 새롭게 밝혀진 원리
④ 식물에서 찾아볼 수 있는 피보나치 수열

09 다음 중 밑줄 친 부분이 ㉠과 다른 의미로 사용된 것은?

① 그동안 숨겨왔던 진실이 <u>밝혀졌다</u>.
② 철수는 돈과 지위를 <u>밝히기로</u> 유명하다.
③ 나의 결백함이 <u>밝혀질</u> 것으로 믿는다.
④ 오랜 연구의 결과로 옛 문헌의 가치가 <u>밝혀졌다</u>.

10 다음 중 밑줄 친 단어의 표기가 옳은 것은?

① 각 분야에서 <u>내로라하는</u> 사람들이 모였다.
② <u>생각컨대</u> 그가 거짓말을 하는 것이 분명했다.
③ 철수야, 친구를 괴롭히면 <u>안되요</u>.
④ 그를 <u>만난지</u> 한 달이 지났다.

11 수영장에 오염농도가 5%인 물 20kg이 있다. 이 물에 깨끗한 물을 넣어 오염농도를 1% 줄이려고 한다. 이때 깨끗한 물을 얼마나 넣어야 하는가?

① 3kg
② 4kg
③ 5kg
④ 6kg

12 소연이는 각각 가격이 500원, 700원, 900원인 세 종류의 음료수를 선택할 수 있는 자판기에서 현금 28,000원을 남김없이 사용하여 40개의 음료수를 구입하려고 한다. 세 종류의 음료수를 각각 두 개 이상 구매한다고 할 때, 가격이 500원인 음료수의 최대 구매 가능 개수는 몇 개인가?(단, 자판기에는 각 음료수가 충분히 들어 있다)

① 16개
② 17개
③ 18개
④ 19개

13 어떤 공원의 트랙 모양의 산책로를 걷는데 시작 지점에서 민주는 분속 40m의 속력으로, 세희는 분속 45m의 속력으로 서로 반대 방향으로 걷고 있다. 출발한 지 40분 후에 둘이 두 번째로 마주치게 된다고 할 때, 산책로의 길이는?

① 1,320m
② 1,400m
③ 1,550m
④ 1,700m

14 K공사의 2024년 상반기 신입사원 지원자 수는 7,750명이다. 채용절차는 서류전형 → 면접전형 → 최종 합격 순서이며 합격자 조건이 다음과 같을 때, 서류 합격자의 비율은 얼마인가?

서류 합격자 비율	면접 합격자 비율	최종 합격
	30%	93명

① 18%
② 12%
③ 7%
④ 4%

※ 다음은 K중학교 졸업자를 대상으로 실시한 진로에 대한 조사 결과이다. 이어지는 질문에 답하시오.
　[15~16]

<K중학교 졸업자 진로 현황>

(단위 : 명)

구분	성별		중학교 종류		
	남자	여자	국립	공립	사립
중학교 졸업자	908,388	865,323	11,733	1,695,431	66,547
고등학교 진학자	861,517	838,650	11,538	1,622,438	66,146
진학 후 취업자	6,126	3,408	1	9,532	1
직업학교 진학자	17,594	11,646	106	29,025	109
진학 후 취업자	133	313	0	445	1
취업자(진학자 제외)	21,639	8,913	7	30,511	34
실업자	7,523	6,004	82	13,190	255
사망, 실종	155	110	0	222	3

15 남자와 여자의 고등학교 진학률은 각각 얼마인가?

　　　　남자　　　　여자
① 약 94.8%　　약 96.9%
② 약 94.8%　　약 94.9%
③ 약 95.9%　　약 96.9%
④ 약 95.9%　　약 94.9%

16 공립 중학교를 졸업한 남자 중 취업자는 몇 %인가?

① 50%　　　　　　　　② 60%

③ 70%　　　　　　　　④ 알 수 없음

17 다음은 공연예술의 연도별 행사 추이를 나타낸 자료이다. 이에 대한 설명으로 옳은 것은?

〈공연예술의 연도별 행사 추이〉

(단위 : 건)

구분	2015년	2016년	2017년	2018년	2019년	2020년	2021년	2022년	2023년
양악	2,658	2,658	2,696	3,047	3,193	3,832	3,934	4,168	4,628
국악	617	1,079	1,002	1,146	1,380	1,440	1,884	1,801	2,192
무용	660	626	778	1,080	1,492	1,323	미집계	1,480	1,521
연극	610	482	593	717	1,406	1,113	1,300	1,929	1,794

① 2015 ~ 2023년 동안 매년 국악 공연건수가 연극 공연건수보다 더 많았다.

② 2015 ~ 2023년 동안 매년 양악 공연건수가 국악, 무용, 연극 공연건수의 합보다 더 많았다.

③ 2015년에 비해 2023년 공연건수의 증가율이 가장 높은 장르는 국악이다.

④ 연극 공연건수가 무용 공연건수보다 많아진 것은 2022년부터였다.

18 다음은 신재생에너지원별 산업 현황에 대한 자료이다. 이에 대한 설명으로 옳은 것은?(단, 비율은 소수점 둘째 자리에서 반올림한다)

〈신재생에너지원별 산업 현황〉

구분	기업체 수 (개)	고용인원 (명)	매출액 (억 원)	내수 (억 원)	수출액 (억 원)	해외공장 매출 (억 원)	투자액 (억 원)
태양광	127	8,698	75,637	22,975	33,892	18,770	5,324
태양열	21	228	290	290	–	–	1
풍력	37	2,369	14,571	5,123	5,639	3,809	583
연료전지	15	802	2,837	2,143	693	–	47
지열	26	541	1,430	1,430	–	–	251
수열	3	46	29	29	–	–	–
수력	4	83	129	116	13	–	–
바이오	128	1,511	12,390	11,884	506	–	221
폐기물	132	1,899	5,763	5,763	–	–	1,539
합계	493	16,177	113,076	49,753	40,743	22,579	7,966

① 태양광에너지 분야의 기업체 수가 가장 많다.

② 태양광에너지 분야에 고용된 인원이 전체 고용인원의 50% 이상을 차지한다.

③ 전체 매출액 중 풍력에너지 분야의 매출액이 차지하는 비율은 15% 이상이다.

④ 바이오에너지 분야의 수출액은 전체 수출액의 1% 미만이다.

19 다음은 국가별 이산화탄소 배출량에 대한 자료이다. 〈조건〉에 따라 빈칸 ㉠ ~ ㉣에 해당하는 국가 명을 순서대로 나열한 것은?

〈국가별 이산화탄소 배출량〉

(단위 : 백만 CO_2톤)

구분	1995년	2005년	2015년	2020년	2023년
일본	1,041	1,141	1,112	1,230	1,189
미국	4,803	5,642	5,347	5,103	5,176
㉠	232	432	551	572	568
㉡	171	312	498	535	556
㉢	151	235	419	471	507
독일	940	812	759	764	723
인도	530	890	1,594	1,853	2,020
㉣	420	516	526	550	555
중국	2,076	3,086	7,707	8,980	9,087
러시아	2,163	1,474	1,529	1,535	1,468

> **조건**
> • 한국과 캐나다는 제시된 5개 연도의 이산화탄소 배출량 순위에서 8위를 두 번 했다.
> • 사우디의 2020년 대비 2023년의 이산화탄소 배출량 증가율은 5% 이상이다.
> • 이란과 한국의 이산화탄소 배출량의 합은 2015년부터 이란과 캐나다의 배출량의 합보다 많아진다.

① 캐나다, 이란, 사우디, 한국
② 캐나다, 사우디, 한국, 이란
③ 한국, 이란, 캐나다, 사우디
④ 한국, 이란, 사우디, 캐나다

20 다음은 국가별 지적재산권 출원 건수 및 비중에 대한 자료이다. 이에 대한 설명으로 옳지 않은 것은?

〈국가별 지적재산권(PCT) 출원 건수 및 비중〉

(단위 : 건, %)

구분		2017년	2018년	2019년	2020년	2021년	2022년	2023년
한국	건수	4,686	5,945	7,064	7,899	8,035	9,669	9,292
	비중	3.43	3.97	4.42	4.84	5.17	5.88	5.75
일본	건수	24,870	27,025	27,743	28,760	29,802	32,150	35,331
	비중	18.19	18.06	17.35	17.62	19.18	19.57	21.85
중국	건수	2,503	3,942	5,455	6,120	7,900	12,296	14,318
	비중	1.83	2.63	3.41	3.75	5.08	7.48	8.86
독일	건수	15,991	16,736	17,821	18,855	16,797	17,568	16,675
	비중	11.69	11.18	11.14	11.55	10.81	10.69	10.31
프랑스	건수	5,742	6,256	6,560	7,072	7,237	7,245	6,474
	비중	4.20	4.18	4.10	4.33	4.66	4.41	4.00
미국	건수	26,882	51,280	54,042	51,642	45,625	45,000	43,076
	비중	34.28	34.27	33.79	31.64	29.36	27.39	26.64

① 한국의 지적재산권 출원 비중은 2023년을 제외하고는 매년 모두 증가하고 있는 추세이다.

② 2017년 대비 2023년 지적재산권 출원 비중이 가장 크게 증가한 국가는 중국이다.

③ 2017년 대비 2023년 지적재산권 출원 비중이 낮아진 국가는 모두 세 국가이다.

④ 프랑스의 출원 건수는 한국의 출원 건수보다 매년 조금씩 많다.

21 다음은 미성년자(만 19세 미만)의 전자금융서비스 신규·변경·해지 신청에 필요한 서류에 대한 자료이다. 이를 이해한 내용으로 가장 적절한 것은?

구분	미성년자 본인 신청 (만 14세 이상)	법정대리인 신청 (만 14세 미만은 필수)
신청서류	• 미성년자 실명확인증표 • 법정대리인(부모) 각각의 동의서 • 법정대리인 각각의 인감증명서 • 미성년자의 가족관계증명서 • 출금계좌통장, 통장인감(서명)	• 미성년자의 기본증명서 • 법정대리인(부모) 각각의 동의서 • 내방 법정대리인 실명확인증표 • 미내방 법정대리인 인감증명서 • 미성년자의 가족관계증명서 • 출금계좌통장, 통장인감
	※ 유의사항 ① 미성년자 실명확인증표 : 학생증(성명·주민등록번호·사진 포함), 청소년증, 주민등록증, 여권 등(단, 학생증에 주민등록번호가 포함되지 않은 경우 미성년자의 기본증명서 추가 필요) ② 전자금융서비스 이용신청을 위한 법정대리인 동의서 : 법정대리인 미방문 시 인감 날인(단, 한부모가정인 경우 친권자 동의서 필요 – 친권자 확인 서류 : 미성년자의 기본증명서) ③ 법정대리인이 자녀와 함께 방문한 경우 법정대리인의 실명확인증표로 인감증명서 대체 가능 ※ 법정대리인 동의서 양식은 '홈페이지 → 고객센터 → 약관·설명서·서식 → 서식자료' 중 '전자금융게시' 내용 참고	

① 만 13세인 희수가 전자금융서비스를 해지하려면 반드시 법정대리인이 신청해야 한다.
② 법정대리인이 자녀와 함께 방문하여 신청할 경우 반드시 인감증명서가 필요하다.
③ 올해로 만 18세인 지성이가 전자금융서비스를 변경하려면 신청서류로 이름과 사진이 들어있는 학생증과 법정대리인 동의서가 필요하다.
④ 법정대리인 신청 시 동의서는 부모 중 한 명만 있으면 된다.

PART 3

22 J씨는 페인트 도장 전문업자이다. 최근 A건물의 외벽 페인트 도장을 진행했을 때, 총 3명의 직원이 15시간 동안 36통의 페인트를 사용하여 작업을 완료하였다. 두 번째 작업장인 B건물에서는 근로시간을 고려하여 총 5명을 투입하였다. 다음 〈조건〉을 고려할 때, B건물 작업에 소요되는 작업시간과 페인트 수량이 바르게 짝지어진 것은?

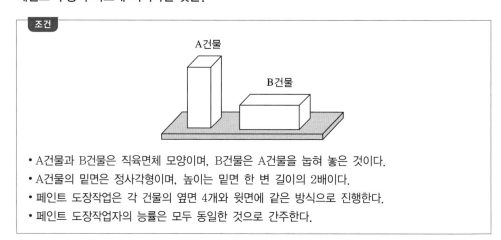

조건

- A건물과 B건물은 직육면체 모양이며, B건물은 A건물을 눕혀 놓은 것이다.
- A건물의 밑면은 정사각형이며, 높이는 밑면 한 변 길이의 2배이다.
- 페인트 도장작업은 각 건물의 옆면 4개와 윗면에 같은 방식으로 진행한다.
- 페인트 도장작업자의 능률은 모두 동일한 것으로 간주한다.

	작업시간	페인트 수량
①	8시간	30통
②	8시간	32통
③	10시간	34통
④	10시간	32통

23 K공사는 최근 새로운 건물로 이사하면서 팀별 층 배치를 변경하기로 하였다. 층 배치 변경 사항과 현재 층 배치도가 다음과 같을 때, 이사 후 층 배치에 대한 설명으로 옳지 않은 것은?

〈층 배치 변경 사항〉

• 인사팀과 생산팀이 위치한 층 사이에 한 팀을 배치한다.
• 연구팀과 영업팀은 기존 층보다 아래층으로 배치한다.
• 총무팀은 6층에 배치한다.
• 탕비실은 4층에 배치한다.
• 생산팀은 연구팀보다 높은 층에 배치한다.
• 전산팀은 2층에 배치한다.

〈현재 층 배치도〉

층수	부서
7층	전산팀
6층	영업팀
5층	연구팀
4층	탕비실
3층	생산팀
2층	인사팀
1층	총무팀

① 연구팀은 1층에 배치될 수 있다.
② 인사팀은 5층에 배치될 수 있다.
③ 영업팀은 3층에 배치될 수 있다.
④ 생산팀은 3층에 배치될 수 있다.

※ 상반기에 연수를 마친 A ~ E 5명은 다음 〈조건〉에 따라 세계 각국에 있는 해외사업본부로 배치될 예정이다. 이어지는 질문에 답하시오. [24~25]

조건

- A ~ E는 인도네시아, 미국 서부, 미국 남부, 칠레, 노르웨이에 있는 서로 다른 해외사업본부로 배치된다.
- C와 D 중 한 명은 미국 서부에 배치된다.
- B는 칠레에 배치되지 않는다.
- E는 노르웨이로 배치된다.
- 미국 서부에는 회계직이 배치된다.
- C가 인도네시아에 배치되면 A는 칠레에 배치된다.
- A가 미국 남부에 배치되면 B는 인도네시아에 배치된다.
- A, D, E는 회계직이고, B, C는 기술직이다.

24 다음 중 D가 배치될 해외사업본부는 어디인가?

① 인도네시아　　　　　　　　② 미국 서부
③ 미국 남부　　　　　　　　　④ 칠레

25 위의 〈조건〉을 바탕으로 할 때, 다음 〈보기〉 중 옳은 것을 모두 고르면?

보기

㉠ C가 인도네시아에 배치되면 B는 미국 남부에 배치된다.
㉡ A가 미국 남부에 배치되면 C는 인도네시아에 배치된다.
㉢ A는 반드시 칠레에 배치된다.
㉣ 노르웨이에는 회계직이 배치된다.

① ㉠, ㉡　　　　　　　　　　② ㉠, ㉣
③ ㉡, ㉢　　　　　　　　　　④ ㉡, ㉣

26 다음 글에 나타난 창의적 사고 개발 방법으로 가장 적절한 것은?

> '신차 출시'라는 같은 주제에 대해서 판매방법, 판매대상 등의 힌트를 통해 사고 방향을 미리 정해서 발상한다. 이때, 판매방법이라는 힌트에 대해서는 '신규 해외 수출 지역을 물색한다.'라는 아이디어를 떠올릴 수 있을 것이다.

① 자유연상법　　　　　　　　　　② 강제연상법
③ 비교발상법　　　　　　　　　　④ 비교연상법

27 다음 대화를 참고할 때, A대리가 제안할 수 있는 보완 방법으로 가장 적절한 것은?

> B팀장 : 오늘 발표 내용 참 좋았어. 그런데 고객 맞춤형 서비스 실행방안이 조금 약한 것 같아. 보완할 수 있는 방안을 찾아서 보고서에 추가해 주게.
> A대리 : 네, 팀장님. 감사합니다. 보완 방법을 찾아본 후 다시 보고 드리도록 하겠습니다.

① 고객 접점에 있는 직원에게 고객상담 전용 휴대폰 지급
② 모바일용 고객지원센터 운영 서비스 제공
③ 고객지원센터 24시간 운영 확대
④ 빅데이터를 활용한 고객유형별 전문상담사 사전 배정 서비스

다음 자료와 상황을 근거로 판단할 때, 〈보기〉에서 옳은 것을 모두 고르면?

K국에서는 모든 법인에 대하여 다음과 같이 구분하여 주민세를 부과하고 있다.

구분	세액(원)
• 자본금액 100억 원을 초과하는 법인으로서 종업원 수가 100명을 초과하는 법인	500,000
• 자본금액 50억 원 초과 100억 원 이하 법인으로서 종업원 수가 100명을 초과하는 법인	350,000
• 자본금액 50억 원을 초과하는 법인으로서 종업원 수가 100명 이하인 법인 • 자본금액 30억 원 초과 50억 원 이하 법인으로서 종업원 수가 100명을 초과하는 법인	200,000
• 자본금액 30억 원 초과 50억 원 이하 법인으로서 종업원 수가 100명 이하인 법인 • 자본금액 10억 원 초과 30억 원 이하 법인으로서 종업원 수가 100명을 초과하는 법인	100,000
• 그 밖의 법인	50,000

〈상황〉

법인	자본금액(억 원)	종업원 수(명)
갑	200	?
을	20	?
병	?	200

보기

ㄱ. 갑이 납부해야 할 주민세 최소 금액은 20만 원이다.
ㄴ. 을의 종업원이 50명인 경우 10만 원의 주민세를 납부해야 한다.
ㄷ. 병이 납부해야 할 주민세 최소 금액은 10만 원이다.
ㄹ. 갑, 을, 병이 납부해야 할 주민세 금액의 합계는 최대 110만 원이다.

① ㄱ, ㄴ
② ㄱ, ㄷ
③ ㄱ, ㄹ
④ ㄴ, ㄷ

송달이란 소송의 당사자와 그 밖의 이해관계인에게 소송상의 서류의 내용을 알 수 있는 기회를 주기 위해 법에 정한 방식에 따라 하는 통지행위를 말하며, 송달에 드는 비용을 송달료라고 한다. 소 또는 상소를 제기하려는 사람은 소장이나 상소장을 제출할 때 당사자 수에 따른 계산방식으로 산출된 송달료를 수납은행(대부분 법원구내 은행)에 납부하고 그 은행으로부터 교부받은 송달료 납부서를 소장이나 상소장에 첨부하여야 한다. 송달료 납부의 기준은 아래와 같다.

• 소 또는 상소 제기 시 납부해야 할 송달료
  가. 민사 제1심 소액사건 : (당사자 수)×(송달료 10회분)
  나. 민사 제1심 소액사건 이외의 사건 : (당사자 수)×(송달료 15회분)
  다. 민사 항소사건 : (당사자 수)×(송달료 12회분)
  라. 민사 상고사건 : (당사자 수)×(송달료 8회분)
• 송달료 1회분 : 3,200원
• 당사자 : 원고, 피고
• 사건의 구별
  가. 소액사건 : 소가 2,000만 원 이하의 사건
  나. 소액사건 이외의 사건 : 소가 2,000만 원을 초과하는 사건
  ※ 소가(訴價)는 원고가 승소하면 얻게 될 경제적 이익을 화폐단위로 평가한 금액을 말한다.

〈상황〉

갑은 보행로에서 자전거를 타다가 을의 상품진열대에 부딪쳐서 부상을 당하였고, 이 상황을 병이 목격하였다. 갑은 을에게 자신의 병원치료비와 위자료를 요구하였다. 그러나 을은 갑의 잘못으로 부상당한 것이므로 자신에게는 책임이 없으며, 오히려 갑 때문에 진열대가 파손되어 손해가 발생했으므로 갑이 손해를 배상해야 한다고 주장하였다. 갑은 자신을 원고로, 을을 피고로 하여 병원치료비와 위자료로 합계 금 2,000만 원을 구하는 소를 제기하였다. 제1심 법원은 증인 병의 증언을 바탕으로 갑에게 책임이 있다는 을의 주장이 옳다고 인정하여, 갑의 청구를 기각하는 판결을 선고하였다. 이 판결에 대해서 갑은 항소를 제기하였다.

① 76,800원
② 104,800원
③ 124,800원
④ 140,800원

30 다음 중 SWOT 분석에 대한 설명으로 적절하지 않은 것은?

⟨SWOT 분석⟩

강점, 약점, 기회, 위협 요인을 분석·평가하고 이들을 서로 연관 지어 전략을 개발하고 문제해결 방안을 개발하는 방법이다.

	강점 (Strengths)	약점 (Weaknesses)
기회 (Opportunities)	SO	WO
위협 (Threats)	ST	WT

---

① 강점과 약점은 외부환경 요인에 해당하며, 기회와 위협은 내부환경 요인에 해당한다.
② SO전략은 강점을 살려 기회를 포착하는 전략을 의미한다.
③ ST전략은 강점을 살려 위협을 회피하는 전략을 의미한다.
④ WO전략은 약점을 보완하여 기회를 포착하는 전략을 의미한다.

31 한국은 뉴욕보다 16시간 빠르고, 런던은 한국보다 8시간 느릴 때, 다음 중 빈칸 ㉠, ㉡에 들어갈 날짜 및 시간이 바르게 짝지어진 것은?

구분	출발 일자	출발 시각	비행 시간	도착 시각
뉴욕행 비행기	6월 6일	22:20	13시간 40분	㉠
런던행 비행기	6월 13일	18:15	12시간 15분	㉡

	㉠	㉡
①	6월 6일 09시	6월 13일 09시 30분
②	6월 6일 20시	6월 13일 22시 30분
③	6월 7일 09시	6월 14일 09시 30분
④	6월 7일 13시	6월 14일 15시 30분

32 K공사는 신축 본사에 비치할 사무실 명패를 제작하기 위해 다음과 같은 팸플릿을 참고하고 있다. 신축 본사에 비치할 사무실 명패는 사무실마다 국문과 영문으로 함께 주문했다. 총 주문비용이 80만 원일 때, 사무실에 최대 몇 개의 국문과 영문 명패를 함께 비치할 수 있는가?(단, 추가 구입 가격은 1SET를 구입할 때 한 번씩만 적용된다)

〈명패 제작 가격〉

- 국문 명패 : 1SET(10개)에 10,000원, 5개 추가 시 2,000원
- 영문 명패 : 1SET(5개)에 8,000원, 3개 추가 시 3,000원

---

① 345개 ② 350개
③ 355개 ④ 360개

---

33 다음은 K공사 소속 인턴들의 직업선호 유형 및 책임자의 관찰 사항에 대한 자료이다. 이를 참고할 때, 소비자들의 불만을 접수해서 처리하는 업무를 맡기기에 가장 적절한 인턴은 누구인가?

〈직업선호 유형 및 책임자의 관찰 사항〉

구분	유형	유관 직종	책임자의 관찰 사항
A인턴	RI	DB개발, 요리사, 철도기관사, 항공기 조종사, 직업군인, 운동선수, 자동차 정비원	부서 내 기기 사용에 문제가 생겼을 때 해결방법을 잘 찾아냄
B인턴	AS	배우, 메이크업 아티스트, 레크리에이션 강사, 광고기획자, 디자이너, 미술교사, 사회복지사	자기주장이 강하고 아이디어가 참신한 경우가 종종 있었음
C인턴	CR	회계사, 세무사, 공무원, 비서, 통역가, 영양사, 사서, 물류전문가	무뚝뚝하나 잘 흥분하지 않으며, 일처리가 신속하고 정확함
D인턴	SE	사회사업가, 여행안내원, 교사, 한의사, 응급구조 요원, 스튜어디스, 헤드헌터, 국회의원	부서 내 사원들에게 인기 있으나 일처리는 조금 늦은 편임

① A인턴 ② B인턴
③ C인턴 ④ D인턴

34 K공사에서 다음 면접방식으로 면접을 진행할 때, 심층면접을 할 수 있는 최대 인원수와 마지막 심층면접자의 기본면접 종료 시각을 바르게 짝지은 것은?

〈면접방식〉

- 면접은 기본면접과 심층면접으로 구분된다. 기본면접실과 심층면접실은 각 1개이고, 면접대상자는 1명씩 입실한다.
- 기본면접과 심층면접은 모두 개별면접의 방식을 취한다. 기본면접은 심층면접의 진행 상황에 관계없이 10분 단위로 계속되고, 심층면접은 기본면접의 진행 상황에 관계없이 15분 단위로 계속된다.
- 기본면접을 마친 면접대상자는 순서대로 심층면접에 들어간다.
- 첫 번째 기본면접은 오전 9시 정각에 실시되고, 첫 번째 심층면접은 첫 번째 기본면접이 종료된 시각에 시작된다.
- 기본면접과 심층면접 모두 낮 12시부터 오후 1시까지 점심 및 휴식 시간을 가진다.
- 각각의 면접 도중에 점심 및 휴식 시간을 가질 수 없고, 1인을 위한 기본면접 시간이나 심층면접 시간이 확보되지 않으면 새로운 면접을 시작하지 않는다.
- 기본면접과 심층면접 모두 오후 1시에 오후 면접 일정을 시작하고, 기본면접의 일정과 관련 없이 심층면접은 오후 5시 정각에는 종료되어야 한다.
- ※ 면접대상자의 이동 및 교체 시간 등 다른 조건은 고려하지 않는다.

	최대 인원수	종료 시각
①	27명	오후 2시 30분
②	27명	오후 2시 40분
③	28명	오후 2시 30분
④	28명	오후 2시 40분

35 K공사는 사원들에게 사택을 제공하고 있다. 현재 2명이 사택을 제공받을 수 있으며, 사택 신청자는 A ~ E 5명이다. 다음 기준표를 적용하여 사택 제공자 2명을 선발할 때, 〈보기〉의 A ~ E 중 사택을 제공받을 수 있는 사람은?

〈사택 입주자 선정 기준표〉

항목	산정 기준
직급	차장 5점, 과장 4점, 대리 3점, 주임 2점, 사원 1점
직종	연구직·기술직 10점, 사무직 5점
호봉	1호봉마다 0.5점
근속연수	실 근무연수 10년까지 매1년 1점
동반가족	가족 1인당 7점(최대 50점)

※ 근속연수에 휴직기간은 포함하지 않는다. 해고 또는 퇴직 후 일정기간을 경과하여 다시 재고용된 경우에는 이전에 고용되었던 기간을 통산하여 근속연수에 포함한다. 근속연수 산정은 2024. 01. 01.을 기준으로 한다.
※ 6개월 이상 1년 미만 근무 시 해당 연도를 1점으로 처리한다.
※ 무주택자는 10점을 가산한다.
※ 동반가족 : 배우자 및 직계존비속(배우자 포함) 중 실제 동거 가족
※ 동점일 경우 가족부양 수가 많은 사람이 우선순위로 선발된다.

보기

구분	직종	호봉	입사일	동반가족(실제 동거)	주택유무	비고
A대리	사무직	3	2020. 08. 20.	아내	무주택	–
B사원	기술직	1	2023. 05. 17.	아내, 아들 1명	무주택	–
C과장	연구직	6	2016. 02. 13.	어머니, 아내, 딸 1명	유주택	• 2020. 12. 17. 퇴사 • 2022. 03. 15. 재입사
D주임	사무직	2	2022. 03. 03.	아내, 아들 1명, 딸 2명	무주택	–
E차장	기술직	4	2017. 05. 06.	아버지, 어머니, 아내, 아들 2명	유주택	–

① A, C

② A, D

③ B, C

④ D, E

36 A씨와 B씨는 카셰어링 업체인 K카를 이용하여 각각 일정을 소화하였다. K카의 이용요금표와 일정이 다음과 같을 때, A씨와 B씨가 지불해야 하는 요금이 바르게 연결된 것은?

<K카 이용요금표>

구분	기준요금 (10분)	누진 할인요금				주행요금
		대여요금(주중)		대여요금(주말)		
		1시간	1일	1시간	1일	
모닝	880원	3,540원	35,420원	4,920원	49,240원	160원/km
레이		3,900원	39,020원	5,100원	50,970원	
아반떼	1,310원	5,520원	55,150원	6,660원	65,950원	170원/km
K3						

※ 주중 / 주말 기준
　– 주중 : 일요일 20:00 ~ 금요일 12:00
　– 주말 : 금요일 12:00 ~ 일요일 20:00(공휴일 및 당사 지정 성수기 포함)
※ 최소 예약은 30분이며 10분 단위로 연장할 수 있습니다(1시간 이하는 10분 단위로 환산하여 과금합니다).
※ 예약시간이 4시간을 초과하는 경우에는 누진 할인요금이 적용됩니다(24시간 한도).
※ 연장요금은 기준요금으로 부과합니다.
※ 이용시간 미연장에 따른 반납지연 패널티 요금은 초과한 시간에 대한 기준요금의 2배가 됩니다.

<일정>

• A씨
　– 차종 : 아반떼
　– 예약시간 : 3시간(토요일 11:00 ~ 14:00)
　– 주행거리 : 92km
　– A씨는 저번 주 토요일에 친구 결혼식에 참석하기 위해 인천에 다녀왔다. 인천으로 가는 길은 순탄하였으나 돌아오는 길에는 고속도로에서 큰 사고가 있었던 모양인지 예상했던 시간보다 1시간 30분이 더 걸렸다. A씨는 이용시간을 연장해야 한다는 사실을 몰라 하지 못했다.
• B씨
　– 차종 : 레이
　– 예약시간 : 목요일, 금요일 00:00 ~ 08:00
　– 주행거리 : 243km
　– B씨는 납품지연에 따른 상황을 파악하기 위해 강원도 원주에 있는 거래처에 들러 이틀에 걸쳐 일을 마무리한 후 예정된 일정에 맞추어 다시 서울로 돌아왔다.

	A씨	B씨
①	61,920원	120,140원
②	62,800원	122,570원
③	62,800원	130,070원
④	63,750원	130,070원

37 다음 일정표를 보고 〈조건〉에 따라 모든 직원이 외부출장을 갈 수 있는 날짜는 언제인가?

〈10월 일정표〉

일	월	화	수	목	금	토
		1 건축목공기능사 시험	2	3	4	5
6	7	8	9 경영지도사 시험	10	11 건축도장기능사 합격자 발표	12
13	14	15 가스기사 시험	16	17 기술행정사 합격자 발표	18	19
20 기술행정사 원서 접수일	21 기술행정사 원서 접수일	22 기술행정사 원서 접수일	23 기술행정사 원서 접수일	24 경영지도사 합격자 발표	25 물류관리사 원서 접수일	26 물류관리사 원서 접수일
27 물류관리사 원서 접수일	28 물류관리사 원서 접수일	29	30	31		

※ 기사, 기능사, 기술사, 기능장, 산업기사 외에는 전문자격시험에 해당한다.

조건
- 기능사 시험이 있는 주에는 외부출장을 갈 수 없다.
- 전문자격시험이 있는 주에는 책임자 한 명은 남아 있어야 한다.
- 전문자격시험 원서 접수 및 시험 시행일에는 모든 직원이 시외 출장을 갈 수 없다.
- 전문자격시험별 담당자는 1명이며, 합격자 발표일에 담당자는 사무실에서 대기 근무를 해야 한다.
- 전문자격시험 시행일이 있는 주에는 직무 교육을 실시할 수 없으며 모든 직원이 의무는 아니다.
- 대리자는 담당자의 책임과 권한이 동등하다.
- 출장은 주중에만 갈 수 있다.

① 10월 10일   ② 10월 17일
③ 10월 19일   ④ 10월 29일

38 다음 사례에서 A씨가 물적자원을 적절하게 활용하지 못하는 이유로 옳지 않은 것은?

> A씨는 홈쇼핑이나 SNS 광고를 보다가 혹하여 구매를 자주 하는데, 이는 지금 당장은 필요 없지만 추후에 필요한 경우가 반드시 생길 것이라 생각하기 때문이다. 이렇다 보니 쇼핑 중독 수준에 이르러 집에는 포장도 뜯지 않은 박스들이 널브러져 있었다. 이에 A씨는 오늘 모든 물품들을 정리하였는데, 지금 당장 필요한 것만 빼놓고 나머지를 창고에 마구잡이로 올려놓는 식이었다. 며칠 뒤 A씨는 전에 샀던 물건이 필요하게 되어 창고에 들어갔지만, 물건이 순서 없이 쌓여져 있는 탓에 찾다가 포기하고 돌아서 나오다가 옆에 있던 커피머신을 떨어뜨려 고장 내었다.

① 물품을 정리하지 않고 보관한 경우
② 물품의 보관 장소를 파악하지 못하는 경우
③ 물품이 훼손된 경우
④ 물품을 분실한 경우

39 S대리는 주말에 부모님 댁을 방문하려고 한다. S대리의 집부터 부모님 댁까지 가는 도중에 세 곳의 휴게소가 있으며, 새벽 6시에 출발하여 휴게소에서 아침으로 백반을 먹고, 휘발유 15L를 주유한 다음 커피 한 잔을 구입하려고 한다. 다음 중 S대리가 지출할 총비용이 가장 저렴한 휴게소는 어디이며, 그 비용은 얼마인가?

〈휴게소별 금액 현황〉

구분	백반	커피	휘발유
A휴게소	7,500원	2,800원	1,580원/L
B휴게소	7,000원	3,200원	1,590원/L
C휴게소	7,300원	3,000원	1,640원/L

※ A휴게소는 주유 시 커피 1,000원 할인쿠폰을 준다.

	휴게소	금액
①	A	32,000원
②	B	33,000원
③	A	33,000원
④	C	34,050원

40 귀하는 비품 담당자로서 지폐 계수기 구매 사업을 진행하여야 한다. 다음 지폐 계수기의 비교 평가 결과와 구매 지침을 참고할 때, 어떤 제품을 선택해야 하는가?(단, 구매 지침을 모두 만족하는 제품 중 가장 저렴한 제품을 선택한다)

〈지폐 계수기 비교 평가 결과〉

구분	위폐감별	분당 계수 속도	투입구 용량	두께 조절 여부	가격	A/S
A제품	UV	1,400장	250장	가능	20만 원	방문
B제품	IR	1,500장	250장	가능	25만 원	1일 소요
C제품	UV / IR 선택 가능	1,500장	250장	불가능	35만 원	방문
D제품	UV	1,500장	250장	가능	22만 원	방문

〈구매 지침〉

• 위폐감별 방식은 UV 방식이나 IR 방식이어야 한다.
• 방문 A/S가 가능하여야 하나 불가한 경우 수리 기일이 3일 이내인 업체를 선정한다.
• 원화와 두께가 다른 외화 또한 계수가 가능하여야 한다.
• 계수 속도가 가능한 한 빠르고 투입구 용량은 큰 것이 좋다.

① A제품   ② B제품
③ C제품   ④ D제품

| 01 | 경영

41 다음 중 제약회사 등에서 많이 사용하는 상표전략으로, 제품마다 다른 상표를 적용하는 전략은?

① 개별상표   ② 가족상표

③ 상표확장   ④ 복수상표

42 다음 중 인간관계론에 대한 설명으로 옳은 것은?

① 과학적 관리법과 유사한 이론이다.

② 인간 없는 조직이란 비판을 들었다.

③ 심리요인과 사회요인은 생산성에 영향을 주지 않는다.

④ 메이요(E. Mayo)와 뢰슬리스버거(F. Roethlisberger)를 중심으로 호손실험을 거쳐 정리되었다.

43 다음 중 재무제표 관련 용어의 설명이 바르게 연결된 것을 〈보기〉에서 모두 고르면?

> **보기**
>
> ㉠ 매출채권 : 기업이 상품을 판매하는 과정에서 발생한 채권으로, 외상매출금과 받을어음으로 구분된다.
> ㉡ 당좌자산 : 기업이 판매하기 위하여 또는 판매를 목적으로 제조 과정 중에 있는 자산을 의미한다.
> ㉢ 미수수익 : 수익이 실현되어 청구권이 발생했으나 아직 회수되지 않은 수익을 의미한다.
> ㉣ 자본잉여금 : 기업의 법정자본금을 초과하는 순자산금액 중 이익을 원천으로 하는 잉여금을 의미한다.

① ㉠, ㉡   ② ㉠, ㉢

③ ㉡, ㉢   ④ ㉡, ㉣

44 다음 중 특정 기업이 자사 제품을 경쟁제품과 비교하여 유리하고 독특한 위치를 차지하도록 하는 마케팅 전략은?

① 관계마케팅
② 포지셔닝
③ 표적시장 선정
④ 일대일 마케팅

45 다음 중 기업의 경영전략을 평가할 때 BSC를 통해 평가하는 관점으로 볼 수 없는 것은?

① 재무적 관점
② 고객 관점
③ 내부 프로세스 관점
④ 성공요인 관점

46 다음 중 수요예측기법(Demand Forecasting Technique)에 대한 설명으로 옳은 것은?

① 시계열 분석법으로는 이동평균법과 회귀분석법이 있다.
② 지수평활법은 평활상수가 클수록 최근 자료에 더 높은 가중치를 부여한다.
③ 수요예측과정에서 발생하는 예측오차들의 합은 영(Zero)에 수렴하는 것은 옳지 않다.
④ 이동평균법은 이동평균의 계산에 사용되는 과거자료의 개수가 많을수록 수요예측의 정확도가 높아진다.

47 다음 중 확률표본추출 방법에 해당하는 것은?

① 층화추출법
② 편의추출법
③ 판단추출법
④ 할당추출법

48 다음 마케팅 STP 전략 중 시장세분화 단계에서 실시하는 내용으로 옳은 것은?

① 포지셔닝 맵을 작성한다.

② 시장 조사 및 분석을 통해 시장 프로필을 작성한다.

③ 세분시장에 맞는 포지셔닝을 개발한다.

④ 시장의 매력도를 평가한다.

49 K주식의 금년도 말 1주당 배당금은 3,500원으로 추정되며, 이후 배당금은 매년 5%씩 증가할 것으로 예상된다. K주식에 대한 요구수익률이 12%일 경우, 고든(M. J. Gordon)의 항상성장모형에 의한 K주식의 1주당 현재가치는?

① 24,400원   ② 37,333원

③ 41,000원   ④ 50,000원

50 다음 중 연구조사방법론에서 사용하는 타당성(Validity)에 대한 설명으로 옳지 않은 것은?

① 기준 타당성(Criterion Related Validity)은 하나의 측정도구를 이용하여 측정한 결과와 다른 기준을 적용하여 측정한 결과를 비교했을 때 도출된 연관성의 정도이다.

② 구성 타당성(Construct Validity)은 연구에서 이용된 이론적 구성개념과 이를 측정하는 측정수단 간에 일치하는 정도를 의미한다.

③ 내용 타당성(Content Validity)은 측정도구를 구성하는 측정지표 간의 일관성이다.

④ 수렴적 타당성(Convergent Validity)은 동일한 개념을 다른 측정 방법으로 측정했을 때 측정된 값 간의 상관관계를 의미한다.

51 다음 사례에 해당하는 브랜드 개발 전략은 무엇인가?

> 바나나맛 우유는 1974년 출시된 이후 꾸준히 인기를 끌고 있는 장수 제품이다. 빙그레는 최근 기존의 바나나맛 우유에서 벗어나 멜론의 달콤한 향을 더한 메론맛 우유를 내놓았는데, 그로 인해 사람들은 기존 제품에서 벗어난 신선함에 관심을 가졌고, 바나나맛 우유라는 상표를 다시금 사람들의 머릿속에 기억시키는 전략적 성과를 거두었다.

① 카테고리 확장　　　　　　　　　② 라인 확장
③ 시장침투 전략　　　　　　　　　④ 생산라인 확대

52 다음 중 경제적 주문량(EOQ) 모형이 성립하기 위한 가정으로 옳지 않은 것은?

① 구입단가는 주문량과 관계없이 일정하다.
② 재고 부족현상이 발생할 수 있으며, 주문 시 정확한 리드타임이 적용된다.
③ 연간 재고 수요량을 정확히 파악하고 있다.
④ 단위당 재고유지비용과 1회당 재고주문비용은 주문량과 관계없이 일정하다.

53 다음 중 투자안 분석기법으로서의 순현가(NPV)법에 대한 설명으로 옳은 것은?

① 순현가는 투자의 결과 발생하는 현금유입의 현재가치에서 현금유입의 미래가치를 차감한 것이다.
② 순현가법에서는 수익과 비용에 의하여 계산한 회계적 이익만을 사용한다.
③ 순현가법에서는 투자안의 내용연수 동안 발생할 미래의 모든 현금흐름을 반영한다.
④ 순현가법에서는 현금흐름을 최대한 큰 할인율로 할인한다.

54 다음 중 정보시스템 구축 시 최소 규모의 개발 팀을 이용하여 프로젝트를 능률적으로 신속하게 개발하는 방식은?

① 최종 사용자(End – User) 개발
② 컴포넌트 기반(Component – Based) 개발
③ 애자일(Agile) 개발
④ 웹마이닝(Web Mining) 개발

55 다음 중 최고경영자, 중간경영자, 하위경영자 모두가 공통적으로 가져야 할 인간적 자질은?

① 타인에 대한 이해력과 동기부여 능력

② 지식과 경험을 해당 분야에 적용시키는 능력

③ 복잡한 상황 등 여러 상황을 분석하여 조직 전체에 적용하는 능력

④ 담당 업무를 수행하기 위한 육체적, 지능적 능력

56 다음 중 원가우위 전략에 대한 설명으로 옳지 않은 것은?

① 원가우위에 영향을 미치는 여러 가지 요소를 활용하여 경쟁우위를 획득한다.

② 경쟁사보다 더 낮은 가격으로 제품이나 서비스를 생산하는 전략이다.

③ 가격, 디자인, 브랜드 충성도, 성능 등으로 우위를 점하는 전략이다.

④ 시장에 더 저렴한 제품이 출시되면 기존 고객의 충성도를 기대할 수 없다.

57 다음 설명에 해당하는 이론은 무엇인가?

> • 조직의 생존을 위해 이해관계자들로부터 정당성을 얻는 것이 중요하다.
> • 동일 산업 내의 조직 형태 및 경영 관행 등이 유사성을 보이는 것은 조직들이 서로 모방하기 때문이다.

① 대리인 이론 　　　　　　　　　② 제도화 이론

③ 자원의존 이론 　　　　　　　　④ 조직군 생태학 이론

58 다음 〈보기〉 중 서비스의 특성에 해당되는 것을 모두 고르면?

> **보기**
>
> ㄱ. 무형성 : 서비스는 보거나 만질 수 없다.
> ㄴ. 비분리성 : 서비스는 생산과 소비가 동시에 발생한다.
> ㄷ. 소멸성 : 서비스는 재고로 보관될 수 없다.
> ㄹ. 변동성 : 서비스의 품질은 표준화가 어렵다.

① ㄱ, ㄴ, ㄷ   ② ㄱ, ㄷ, ㄹ
③ ㄴ, ㄷ, ㄹ   ④ ㄱ, ㄴ, ㄷ, ㄹ

59 다음 중 조직설계 요소에서 통제범위에 대한 설명으로 옳지 않은 것은?

① 과업이 복잡할수록 통제범위는 좁아진다.
② 관리자가 스텝으로부터 업무상 조언과 지원을 많이 받을수록 통제의 범위가 좁아진다.
③ 관리자가 작업자에게 권한과 책임을 위임할수록 통제범위는 넓어진다.
④ 작업자와 관리자의 상호작용 및 피드백이 많이 필요할수록 통제범위는 좁아진다.

60 다음 중 샤인(Schein)이 제시한 경력 닻의 내용으로 옳지 않은 것은?

① 전문역량 닻 : 일의 실제 내용에 주된 관심이 있으며, 전문분야에 종사하기를 원한다.
② 관리역량 닻 : 특정 전문영역보다 관리직에 주된 관심이 있다.
③ 자율지향 닻 : 조직의 규칙과 제약조건에서 벗어나 스스로 결정할 수 있는 경력을 선호한다.
④ 안전지향 닻 : 타인의 삶을 향상시키고 사회를 위해 봉사하는 데 주된 관심이 있다.

61 다음 글에서 설명하는 용어는 무엇인가?

> 사람들은 자신의 성공에 대해서는 자신의 능력 때문이라고 생각하는 반면에, 실패에 대해서는 상황이나 운 때문이라고 생각한다.

① 자존적 편견   ② 후광 효과
③ 투사   ④ 통제의 환상

62 다음 중 STP 전략의 목표시장선정(Targeting) 단계에서 집중화 전략에 대한 설명으로 옳지 않은 것은?

① 세분시장 내 소비자욕구의 변화에 민감하게 반응하여야 위험부담을 줄일 수 있다.

② 자원이 한정되어 있을 때 자원을 집중화하고 시장 안에서의 강력한 위치를 점유할 수 있다.

③ 대량생산 및 대량유통, 대량광고 등을 통해 규모의 경제로 비용을 최소화할 수 있다.

④ 대기업 경쟁사의 진입이 쉬우며 위험이 분산되지 않을 경우 시장의 불확실성으로 높은 위험을 감수해야 한다.

63 다음 중 마케팅믹스의 4P와 로터본(Lauterborn)의 4C의 대응 관계가 옳지 않은 것은?

	4P	4C
①	기업 관점	소비자 관점
②	제품	소비자 문제해결
③	가격	소비자 비용
④	판매 촉진	제품 접근성

64 다음 중 생산시스템 측면에서 신제품 개발 프로세스를 순서대로 바르게 나열한 것은?

ㄱ. 아이디어 창출	ㄴ. 제품선정
ㄷ. 최종설계	ㄹ. 설계의 평가 및 개선
ㅁ. 제품원형 개발 및 시험마케팅	ㅂ. 예비설계

① ㄱ → ㄴ → ㅂ → ㄹ → ㅁ → ㄷ

② ㄱ → ㄷ → ㅁ → ㄹ → ㄴ → ㅂ

③ ㄴ → ㄱ → ㄷ → ㅁ → ㄹ → ㅂ

④ ㄴ → ㅁ → ㄹ → ㄱ → ㄷ → ㅂ

65 다음 중 데이터 웨어하우스에 대한 설명으로 옳지 않은 것은?

① 데이터는 의사결정 주제 영역별로 분류되어 저장된다.

② 대용량 데이터에 숨겨져 있는 데이터 간 관계와 패턴을 탐색하고 모형화한다.

③ 데이터는 통일된 형식으로 변환 및 저장된다.

④ 데이터는 읽기 전용으로 보관되며, 더 이상 갱신되지 않는다.

66 다음 중 GE / 맥킨지 매트릭스에서 시장 지위를 유지하며 집중 투자를 고려해야 하는 위치는?

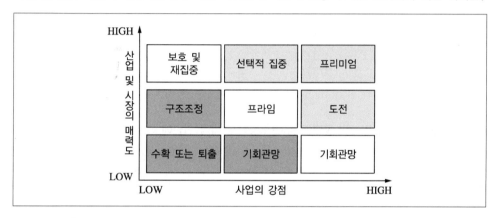

① 보호 및 재집중

② 구조조정

③ 선택적 집중

④ 프리미엄

67 다음 중 기업의 경쟁력 강화와 비전달성을 목표로 미래 사업구조를 근본적으로 구체화하는 기업혁신방안은?

① 벤치마킹(Benchmarking)

② 학습조직(Learning Organization)

③ 리엔지니어링(Re − Engineering)

④ 리스트럭처링(Restructuring)

68 다음 중 앤소프의 의사결정에 대한 설명으로 옳지 않은 것은?

① 전략적, 운영적, 관리적 의사결정으로 분류된다.

② 단계별 접근법을 따라 체계적인 분석이 가능하다.

③ 단계별로 피드백이 이루어진다.

④ 분석 결과에 따라 초기 기업 목적과 시작 단계에서의 평가 수정이 불가능하다.

69 다음 중 켈리(Kelly)의 공변(입방체)모형에서 내적 귀인에 해당하는 경우는?

① 특이성이 높은 경우   ② 합의성이 높은 경우

③ 일관성이 높은 경우   ④ 합의성과 일관성이 낮은 경우

70 다음 중 조직차원의 공식적 커뮤니케이션에 해당하지 않는 것은?

① 군집형 커뮤니케이션   ② 대각적 커뮤니케이션

③ 수평적 커뮤니케이션   ④ 상향식 커뮤니케이션

| 02 | 경제

41 다음 중 조세정책에 대한 설명으로 옳지 않은 것은?

① 조세정책은 정부가 경제영역 중 분배영역에 개입할 수 있는 중요한 수단 중 하나이다.

② 정부는 기업의 고용 및 투자를 촉진하기 위한 수단으로 소득세, 법인세 감면 등을 시행한다.

③ 조세정책을 시행하는 곳은 한국은행이다.

④ 세율을 높이면 세수입이 늘어나지만 일정 수준 이상의 세율에서는 오히려 세금이 줄어드는 현상이 나타난다.

42 다음 중 수요공급곡선의 이동에 대한 설명으로 옳은 것을 〈보기〉에서 모두 고르면?

> **보기**
> ㉠ 생산비용이 줄어들거나 생산기술이 발전하면 공급곡선이 오른쪽으로 이동한다.
> ㉡ 정상재의 경우 수입이 증가하면 수요곡선은 왼쪽으로 이동한다.
> ㉢ A와 B가 대체재인 경우 A의 가격이 높아지면 B의 수요곡선은 오른쪽으로 이동한다.
> ㉣ 상품의 가격이 높아질 것으로 예상되면 공급곡선은 오른쪽으로 이동한다.

① ㉠, ㉡   ② ㉠, ㉢

③ ㉡, ㉢   ④ ㉡, ㉣

43 다음 중 소비자잉여와 생산자잉여에 대한 설명으로 옳은 것을 〈보기〉에서 모두 고르면?

> **보기**
> ㉠ 외부효과가 발생하는 완전경쟁시장에서의 경제적 후생은 소비자잉여와 생산자잉여의 합이다.
> ㉡ 경제적 후생은 소비자잉여와 생산자잉여로 측정한다.
> ㉢ 가격이 하락하면 소비자잉여는 증가한다.
> ㉣ 생산자잉여는 소비자의 지불가능 금액에서 실제 지불금액을 뺀 것을 말한다.

① ㉠, ㉡   ② ㉠, ㉢

③ ㉡, ㉢   ④ ㉡, ㉣

44 다음 중 수요의 가격탄력성이 0이면서 공급곡선은 우상향하고 있는 재화에 대해 조세가 부과될 때 조세부담의 귀착에 대한 설명으로 옳은 것은?

① 조세부담은 모두 소비자에게 귀착된다.
② 조세부담은 모두 판매자에게 귀착된다.
③ 조세부담은 양측에 귀착되지만 소비자에게 더 귀착된다.
④ 조세부담은 양측에 귀착되지만 판매자에게 더 귀착된다.

45 다음 중 과점시장의 굴절수요곡선 이론에 대한 설명으로 옳지 않은 것은?

① 한계수입곡선에는 불연속한 부분이 있다.
② 굴절수요곡선은 원점에 대해 볼록한 모양을 갖는다.
③ 한 기업이 가격을 내리면 나머지 기업들도 같이 내리려 한다.
④ 한 기업이 가격을 올리더라도 나머지 기업들은 따라서 올리려 하지 않는다.

46 기업 K가 생산하는 재화에 투입하는 노동의 양을 L이라 하면, 노동의 한계생산은 $27-5L$이다. 이 재화의 가격이 20이고 임금이 40이라면, 이윤을 극대화하는 기업 K의 노동수요량은?

① 2 　　　　　　　　　　　② 3
③ 4 　　　　　　　　　　　④ 5

47 다음 〈보기〉 중 최고가격제에 대한 설명으로 옳은 것을 모두 고르면?

> **보기**
> ㄱ. 암시장을 출현시킬 가능성이 있다.
> ㄴ. 초과수요를 야기한다.
> ㄷ. 사회적 후생을 증대시킨다.
> ㄹ. 최고가격은 시장의 균형가격보다 높은 수준에서 설정되어야 한다.

① ㄱ, ㄴ 　　　　　　　　　② ㄱ, ㄷ
③ ㄱ, ㄹ 　　　　　　　　　④ ㄴ, ㄷ

48 다음 중 이자율과 화폐수요의 관계에 대한 설명으로 옳지 않은 것은?

① 케인스 학파는 이자율이 화폐의 수요와 공급에 의해 결정된다고 주장하였다.
② 화폐의 공급이 고정되어 있는 상태에서 소득이 증가할 경우, 이자율은 하락한다.
③ 총 화폐수요를 결정하는 세 가지 요소는 이자율, 물가수준, 실질국민소득이다.
④ 이자율이 상승하면 화폐의 상대적 수익률이 낮아지게 되어 화폐수요가 감소한다.

49 다음 중 통화공급 모형의 외생변수에 해당하지 않는 것은?

① 이자율
② 본원통화
③ 지급준비율
④ 현금예금비율

50 다음 중 새고전학파와 새케인스학파의 경기변동이론에 대한 설명으로 옳은 것은?

① 새고전학파는 합리적 기대를 전제로 경기변동이론을 전개하는 반면, 새케인스학파는 적응적 기대를 전제로 경기변동이론을 전개한다.
② 새고전학파는 경기변동을 완전고용의 국민소득수준에서 이탈하면서 발생하는 현상으로 보는 반면, 새케인스학파는 완전고용의 국민소득수준 자체가 변하면서 발생하는 현상으로 본다.
③ 새고전학파나 새케인스학파 모두 정부의 재량적인 개입은 불필요하다고 주장한다.
④ 새고전학파는 항상 시장청산이 이루어진다고 보는 반면, 새케인스학파는 임금과 재화가격이 경직적이므로 시장청산이 이루어지지 않는다고 본다.

51 다음 중 공공재의 특성에 대한 설명으로 옳은 것은?

① 한 사람의 소비가 다른 사람의 소비를 감소시킨다.
② 소비에 있어서 경합성 및 배제성의 원리가 작용한다.
③ 무임승차 문제로 과소 생산의 가능성이 있다.
④ 공공재는 민간이 생산하거나 공급할 수 없다.

52 다음은 A사와 B사의 시간당 최대 생산량을 나타낸 자료이다. 이에 대한 설명으로 옳은 것은?

구분	A사	B사
모터(개)	4	2
펌프(개)	4	3

① A사는 펌프 생산에만 절대우위가 있다.

② B사는 펌프 생산에 비교우위가 있다.

③ B사는 모터 생산에 비교우위가 있다.

④ A사는 모터 생산에만 절대우위가 있다.

53 어느 경제의 로렌츠 곡선은 다음과 같다. 이에 대한 설명으로 옳은 것은?

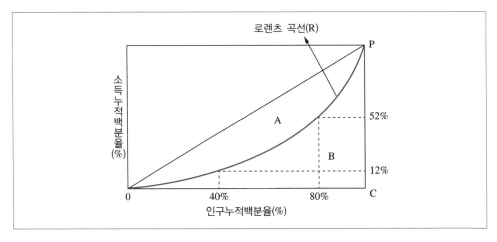

① 10분위분배율의 값은 4이다.

② 지니계수는 삼각형 OCP 면적을 면적 A로 나눈 값으로 산출한다.

③ 중산층 붕괴현상이 발생하면 A의 면적은 감소하고, B의 면적은 증가한다.

④ 불경기로 인해 저소득층의 소득이 상대적으로 크게 감소하면 A의 면적이 커진다.

54 다음 중 소비자잉여와 생산자잉여에 대한 설명으로 옳지 않은 것은?

① 소비자잉여는 소비자의 선호 체계에 의존한다.

② 독점시장의 시장가격은 완전경쟁시장의 가격보다 높게 형성되지만 소비자잉여는 줄어들지 않는다.

③ 완전경쟁시장에서는 소비자잉여와 생산자잉여의 합인 사회적 잉여가 극대화된다.

④ 소비자잉여는 어떤 상품에 소비자가 최대한으로 지급할 용의가 있는 가격에서 실제 지급한 가격을 차감한 차액이다.

55 다음 중 임금결정이론에 대한 설명으로 옳지 않은 것은?

① 중첩임금계약 모형은 실질임금이 경직적인 이유를 설명한다.

② 효율임금이론에 따르면 실질임금이 근로자의 생산성 또는 근로의욕에 영향을 미친다.

③ 효율임금이론에 따르면 높은 임금이 근로자의 도덕적 해이(Moral Hazard)를 억제하는 데 기여한다.

④ 내부자 – 외부자 모형에 따르면 내부자의 실질임금이 시장균형보다 높아져서 비자발적 실업이 발생한다.

56 다음의 보수행렬(Payoff Matrix)을 갖는 게임에 대한 설명으로 옳지 않은 것은?

구분		참가자 을	
		전략 A	전략 B
참가자 갑	전략 A	(10, 6)	(4, 4)
	전략 B	(4, 4)	(6, 10)

① 우월전략균형이 존재하지 않는다.

② 내쉬균형이 1개 존재한다.

③ 두 참가자가 서로 다른 전략을 선택하면 내쉬균형이 달성되지 않는다.

④ 내쉬균형 상태에서는 각 참가자가 자신의 전략을 바꿀 유인이 존재하지 않는다.

57 다음 〈보기〉 중 가격차별 행위로 옳지 않은 것을 모두 고르면?

> **보기**
>
> 가. 전월세 상한제
> 나. 학생과 노인에게 극장표 할인
> 다. 수출품 가격과 내수품 가격을 다르게 책정
> 라. 전력 사용량에 따라 단계적으로 다른 가격 적용
> 마. 대출 최고 이자율 제한

① 가, 마 ② 다, 라
③ 나, 다, 라 ④ 나, 다, 마

58 다음 중 도덕적 해이(Moral Hazard)를 해결하는 방안에 해당하는 것을 〈보기〉에서 모두 고르면?

> **보기**
>
> 가. 스톡옵션(Stock Option)
> 나. 은행담보대출
> 다. 자격증 취득
> 라. 전자제품 다년간 무상수리
> 마. 사고 건수에 따른 보험료 할증

① 가, 나 ② 가, 라
③ 다, 마 ④ 가, 나, 마

59 다음 중 우상향하는 총공급곡선(AS)을 왼쪽으로 이동시키는 요인으로 옳은 것은?

① 임금 상승 ② 통화량 증가
③ 독립투자 증가 ④ 정부지출 증가

60 초기 노동자 10명이 생산에 참여할 때 1인당 평균생산량은 30단위였다. 노동자를 한 사람 더 고용하여 생산하니 1인당 평균생산량은 28단위로 줄었다. 이 경우 노동자의 한계생산량은 얼마인가?

① 2단위   ② 8단위

③ 10단위   ④ 28단위

61 다음 중 환율(원/미국달러 환율)에 대한 설명으로 옳지 않은 것은?

① 환율이 올라간다는 것은 원화 가치가 미국달러화의 가치에 비해 상대적으로 하락함을 의미한다.

② 장기에서 우리나라의 물가상승률이 미국의 물가상승률보다 더 높은 경우 환율은 올라간다.

③ 환율이 내려가면 국내 대미 수출기업들의 수출은 증가한다.

④ 환율이 내려가면 미국에 유학생 자녀를 둔 부모들의 학비 송금에 대한 부담이 줄어든다.

62 다음 중 독점기업의 가격차별에 대한 설명으로 옳은 것은?

① 1급 가격차별(완전가격차별)을 시행하더라도 자중손실(Deadweight Loss)이 발생한다.

② 1급 가격차별(완전가격차별)을 시행할 경우 소비자 잉여는 0이 된다.

③ 3급 가격차별의 경우 수요의 가격탄력성이 상대적으로 낮은 시장에서 더 낮은 가격이 설정된다.

④ 3급 가격차별의 경우 한 시장에서는 한계수입이 한계비용보다 높게 되고, 다른 시장에서는 한계수입이 한계비용보다 낮게 된다.

63 다음 중 노동시장에 대한 설명으로 옳은 것은?

① 노동비용이 총비용에서 차지하는 비중이 클수록 노동수요의 임금탄력성은 작아진다.

② 노동을 자본으로 대체하기 쉬울수록 노동수요의 임금탄력성은 작아진다.

③ 완전경쟁기업의 노동수요량은 명목임금이 노동의 한계생산물가치와 같은 수준에서 결정된다.

④ 노동에 대한 수요독점이 있을 경우, 완전경쟁에 비해 균형임금이 높고 균형고용량은 적다.

64 다음 중 아이스크림 수요곡선의 이동을 발생시키는 원인으로 옳지 않은 것은?

① 아이스크림 소비자의 소득이 증가하였다.

② 대체재인 냉동요구르트의 가격이 상승하였다.

③ 아이스크림의 가격이 상승하였다.

④ 날씨가 갑자기 더워졌다.

65 소비재와 여가가 정상재라고 가정할 때, 다음 〈보기〉에서 소득 – 여가 선택모형을 토대로 임금률 상승의 효과로 옳은 것을 모두 고르면?

> **보기**
> ㄱ. 후방굴절형 노동공급곡선은 소득효과가 대체효과보다 작기 때문에 발생한다.
> ㄴ. 소득효과는 임금률 변화에 따른 소득변화가 노동공급에 미치는 영향을 말한다.
> ㄷ. 임금률 상승 시 소득효과는 노동공급을 증가시킨다.
> ㄹ. 임금률 상승 시 대체효과는 여가의 기회비용 상승 때문에 발생한다.

① ㄱ, ㄴ   ② ㄱ, ㄷ

③ ㄴ, ㄷ   ④ ㄴ, ㄹ

66 다음 중 통화정책과 재정정책에 대한 설명으로 옳지 않은 것은?

① 경제가 유동성 함정에 빠져 있을 경우에는 통화정책보다는 재정정책이 효과적이다.

② 전통적인 케인스 경제학자들은 통화정책이 재정정책보다 더 효과적이라고 주장했다.

③ 재정정책과 통화정책을 적절히 혼합하여 사용하는 것을 정책혼합(Policy Mix)이라고 한다.

④ 화폐공급의 증가가 장기에서 물가만을 상승시킬 뿐 실물변수에는 아무런 영향을 미치지 못하는 현상을 화폐의 장기중립성이라고 한다.

67 노동의 한계생산물이 체감하고 노동공급곡선은 우상향한다고 가정할 때, 다음 〈보기〉에서 노동시장에 대한 주장으로 옳은 것을 모두 고르면?

> **보기**
>
> ㄱ. 노동시장이 수요독점인 경우, 노동시장이 완전경쟁인 경우보다 고용량이 적다.
> ㄴ. 생산물시장은 독점이고 노동시장이 수요독점이면, 임금은 한계요소비용보다 낮다.
> ㄷ. 노동시장이 완전경쟁이면, 개별 기업의 노동수요곡선은 우하향한다.

① ㄱ, ㄴ   ② ㄱ, ㄷ
③ ㄴ, ㄷ   ④ ㄱ, ㄴ, ㄷ

PART 3

68 완전경쟁기업의 단기 총비용함수가 $C = 100 + Q^2$일 경우, 다음 중 옳지 않은 것은?(단, C는 비용, Q는 생산량이다)

① 이 기업의 고정비용은 100이다.

② 이 기업의 가변비용은 Q^2이다.

③ 이 기업의 평균가변비용은 Q이다.

④ 이 기업의 평균비용은 $100 + Q$이다.

69 이윤극대화를 추구하는 독점기업의 시장수요함수가 $Q = 300 - P$이고 비용함수가 $C = 0.5Q^2$일 때, 다음 중 옳지 않은 것은?(단, Q는 수량, P는 가격, C는 비용이다)

① 독점기업의 이윤극대화 가격은 $P = 100$이다.

② 독점기업의 한계수입은 $MR = 300 - 2Q$이다.

③ 독점기업의 한계비용은 $MC = Q$이다.

④ 독점기업의 이윤극대화 생산량은 $Q = 100$이다.

70 다음 중 실업에 대한 주장으로 옳은 것은?

① 정부는 경기적 실업을 줄이기 위하여 기업의 설비투자를 억제시켜야 한다.

② 취업자가 존재하는 상황에서 구직포기자의 증가는 실업률을 감소시킨다.

③ 전업주부가 직장을 가지면 경제활동참가율과 실업률은 모두 낮아진다.

④ 실업급여의 확대는 탐색적 실업을 감소시킨다.

41 다음 중 조직구조 형태의 하나인 매트릭스 조직이 유용하게 쓰일 수 있는 조건에 해당하지 않는 것은?

① 조직의 규모가 너무 크거나 너무 작지 않은 중간 정도의 크기일 것
② 기술적 전문성이 높고 산출의 변동도 빈번해야 한다는 이원적 요구가 강력할 것
③ 조직이 사용하는 기술이 일상적일 것
④ 사업부서들이 사람과 장비 등을 함께 사용해야 할 필요가 클 것

42 다음 중 신공공관리론(NPM)의 오류에 대한 반작용으로 대두된 신공공서비스론(NPS)에서 주장하는 원칙에 해당하는 것은?

① 지출보다는 수익 창출
② 노젓기보다는 방향잡기
③ 서비스 제공보다 권한 부여
④ 고객이 아닌 시민에 대한 봉사

43 다음 중 합리적 정책결정 과정에서 정책문제를 정의할 때의 주요 요인으로 옳지 않은 것은?

① 관련 요소 파악
② 관련된 사람들이 원하는 가치에 대한 판단
③ 정책대안의 탐색
④ 관련 요소 간의 인과관계 파악

44 다음 중 정책문제의 구조화 방법의 일종인 브레인스토밍(Brainstorming)에 대한 설명으로 옳지 않은 것은?

① 브레인스토밍 집단은 조사되고 있는 문제상황의 본질에 따라 구성되어야 한다.
② 아이디어 개발과 아이디어 평가는 동시에 이루어져야 한다.
③ 아이디어 평가는 첫 단계에서 모든 아이디어가 총망라된 다음에 시작되어야 한다.
④ 아이디어 개발단계에서의 브레인스토밍 활동의 분위기는 개방적이고 자유롭게 유지되어야 한다.

45 다음 중 시장실패에 따른 정부의 대응에 대한 설명으로 옳지 않은 것은?

① 공공재에 대한 무임승차 현상 발생 시 정부는 공적공급을 통해 해결할 수 있다.

② 외부효과가 발생할 때는 규제를 통한 부정적 외부효과 제한만이 문제를 해결할 수 있다.

③ 정보 비대칭 발생 시 공적규제를 통해 사회주체 간 정보격차를 완화할 수 있다.

④ 불완전경쟁 문제를 해결하기 위해서는 공적규제를 시행하는 것이 효과적이다.

46 다음 중 행정지도에 대한 설명으로 옳은 것은?

① 분쟁의 가능성이 낮다는 장점이 있다.

② 행정지도는 행정 강제와 같이 강제력을 갖는 행위이다.

③ 행정환경 변화에 대해 신속한 적용이 어렵다.

④ 행정지도는 상대방의 임의적 협력 또는 동의하에 일정 행정질서의 형성을 달성하기 위한 권력적 사실행위이다.

47 다음 중 행정의 특성에 대한 설명으로 옳지 않은 것은?

① 행정은 합리적 기준과 절차에 따라 이루어져야 한다.

② 행정은 특정 집단의 사익이 아닌 공공의 이익을 추구해야 한다.

③ 행정은 국민의 요구와 필요를 충족시키기 위한 고객 지향적 성격을 지닌다.

④ 윌슨의 정치행정이원론에 따르면 행정은 법과 규제에 기반을 두어야 한다는 점에서 비정치성을 갖는다.

48 다음 중 정책네트워크에 대한 설명으로 옳지 않은 것은?

① 정책공동체의 경우, 하위정부모형에 비해 정책참여자의 범위가 더 제한적이다.

② 이슈네트워크는 참여자의 범위에 제한을 두지 않아 개방적 의견수렴이 가능하다.

③ 정책공동체는 동일한 목표를 공유하는 사회주체들에 의해 정책적 의사결정이 이루어진다.

④ 하위정부모형은 의회 상임위원회, 정부관료, 이익집단에 의해 정책적 의사결정이 이루어진다고 본다.

49 다음 중 정부 각 기관에 배정될 예산의 지출한도액은 중앙예산기관과 행정수반이 결정하고 각 기관의 장에게는 그러한 지출한도액의 범위 내에서 자율적으로 목표달성 방법을 결정하는 자율권을 부여하는 예산관리모형은 무엇인가?

① 총액배분 자율편성예산제도   ② 목표관리 예산제도

③ 성과주의 예산제도   ④ 결과기준 예산제도

50 다음 중 피터스의 정부모형 중 참여적 정부모형에 대한 설명으로 옳지 않은 것은?

① 참여와 협의를 통한 행정운영을 강조하였다.

② 정부조직 내 위원회와 자문집단의 역할 확대를 지향하였다.

③ 정부의 공공부문의 독점성에 대한 문제의식에서 유래되었다.

④ 시민뿐만 아니라 관료조직 내 하급자의 참여기회 확대를 추구하였다.

51 다음 글에서 설명하고 있는 부패의 유형으로 옳은 것은?

> 행정체제 내에서 조직의 임무수행에 필요한 행동규범이 예외적인 것으로 전락되고, 부패가 일상적으로 만연화되어 있는 상황을 지칭한다.

① 일탈형 부패   ② 제도화된 부패

③ 백색 부패   ④ 생계형 부패

52 다음 중 점증주의(Incrementalism)에 대한 설명으로 옳지 않은 것은?

① 합리적인 요소뿐만 아니라 직관과 통찰력 같은 초합리적 요소의 중요성을 강조한다.

② 기존의 정책에서 소폭의 변화를 조정하여 정책대안으로 결정한다.

③ 정책결정은 다양한 정치적 이해관계자들의 타협과 조정의 산물이다.

④ 정책의 목표와 수단은 뚜렷이 구분되지 않으므로 목표와 수단 사이의 관계 분석은 한계가 있다.

53 다음 중 정부 내의 인적자원을 효율적으로 활용하기 위한 배치전환의 본질적인 용도로 옳지 않은 것은?

① 선발에서의 불완전성을 보완하여 개인의 능력을 촉진한다.

② 조직구조 변화에 따른 저항을 줄이고 비용을 절감한다.

③ 부서 간 업무 협조를 유도하고 구성원 간 갈등을 해소한다.

④ 징계의 대용이나 사임을 유도하는 수단으로 사용한다.

54 다음 근무성적평정의 오류 중 강제배분법으로 방지할 수 있는 것을 〈보기〉에서 모두 고르면?

> **보기**
>
> ㄱ. 첫머리 효과   ㄴ. 집중화 경향
> ㄷ. 엄격화 경향   ㄹ. 선입견에 의한 오류

① ㄱ, ㄴ   ② ㄱ, ㄷ

③ ㄴ, ㄷ   ④ ㄴ, ㄹ

55 다음 중 정책결정의 혼합모형(Mixed Scanning Model)에 대한 설명으로 옳은 것은?

① 비정형적인 결정의 경우 직관의 활용, 가치판단, 창의적 사고, 브레인스토밍(brainstorming)을 통한 초합리적 아이디어까지 고려할 것을 주장한다.

② 거시적이고 장기적인 안목에서 대안의 방향성을 탐색하는 한편 그 방향성 안에서 심층적이고 대안적인 변화를 시도하는 것이 바람직하다.

③ 불확실성과 혼란이 심한 상태로 정상적인 권위구조와 결정규칙이 작동하지 않는 상황에 주로 적용된다.

④ 목표와 수단이 분리될 수 없으며 전체를 하나의 패키지로 하여 정치적 지지와 합의를 이끌어 내는 것이 중요하다.

56 다음 중 갈등에 대한 설명으로 옳지 않은 것은?

① 집단 간 갈등의 해결은 구조적 분화와 전문화를 통해서 찾을 필요가 있다.

② 업무의 상호의존성이 갈등상황을 발생시키는 원인이 될 수 있다.

③ 갈등을 해결하기 위해서는 목표수준을 차별화할 필요가 있다.

④ 행태주의적 관점은 조직 내 갈등은 필연적이고 완전한 제거가 불가능하기 때문에 갈등을 인정하고 받아들여야 한다는 입장이다.

57 다음 중 민영화의 장점으로 옳지 않은 것은?

① 행정의 효율성 향상

② 행정의 책임성 확보

③ 경쟁의 촉진

④ 작은 정부의 실현

58 다음 중 우리나라의 예산과정에 대한 설명으로 옳지 않은 것은?

① 각 중앙관서의 장은 매년 1월 31일까지 당해 회계연도부터 5회계연도 이상의 기간 동안의 신규사업 및 기획재정부장관이 정하는 주요 계속사업에 대한 중기사업계획서를 기획재정부장관에게 제출하여야 한다.

② 국가가 특정한 목적을 위하여 특정한 자금을 신축적으로 운용할 필요가 있을 때에 법률로써 설치하는 기금은 세입세출예산에 의하지 아니하고 운용할 수 있다.

③ 예산안편성지침은 부처의 예산 편성을 위한 것이기 때문에 국무회의의 심의를 거쳐 대통령의 승인을 받아야 하지만 국회 예산결산특별위원회에 보고할 필요는 없다.

④ 정부는 회계연도마다 예산안을 편성하여 회계연도 개시 90일 전까지 국회에 제출하도록 헌법에 규정되어 있다.

59 다음 중 우리나라의 공무원 인사제도에 대한 설명으로 옳지 않은 것은?

① 공무원을 수직적으로 이동시키는 내부 임용의 방법으로는 전직과 전보가 있다.

② 강등은 1계급 아래로 직급을 내리고(고위공무원단에 속하는 공무원은 3급으로 임용하고, 연구관 및 지도관은 연구사 및 지도사로 한다) 공무원 신분은 보유하나 3개월간 직무에 종사하지 못하며 그 기간 중 보수는 전액을 감한다.

③ 청렴하고 투철한 봉사 정신으로 직무에 모든 힘을 다하여 공무집행의 공정성을 유지하고 깨끗한 공직 사회를 구현하는 데에 다른 공무원의 귀감이 되는 공무원은 특별승진임용하거나 일반승진시험에 우선 응시하게 할 수 있다.

④ 임용권자는 만 8세 이하 또는 초등학교 2학년 이하의 자녀를 양육하기 위하여 필요하거나 여성공무원이 임신 또는 출산하게 되어 휴직을 원하면 대통령령으로 정하는 특별한 사정이 없으면 휴직을 명하여야 한다.

60 다음 중 공공서비스 제공 시 사용료 부과 등 수익자 부담의 원칙을 적용할 때 발생할 수 있는 현상은?

① 공공서비스의 불필요한 수요를 줄일 수 있다.

② 누진세에 비해 사회적 형평성 제고 효과가 크다.

③ 일반 세금에 비해 조세저항을 강하게 유발한다.

④ 비용편익분석이 곤란하게 되어 경제적 효율성을 저하시킨다.

61 다음 정책과정을 바라보는 이론적 관점에 대한 설명으로 옳은 것은?

> 사회의 현존 이익과 특권적 분배 상태를 변화시키려는 요구가 표현되기도 전에 질식·은폐되거나, 그러한 요구가 국가의 공식 의사결정 단계에 이르기 전에 소멸되기도 한다.

① 정책은 많은 이익집단의 경쟁과 타협의 산물이다.

② 정책 연구는 모든 행위자들이 이기적인 존재라는 기본 전제하에서 경제학적인 모형을 적용한다.

③ 실제 정책과정은 기득권의 이익을 수호하려는 보수적인 성격을 나타낼 가능성이 높다.

④ 정부가 단독으로 정책을 결정·집행하는 것이 아니라 시장(Market) 및 시민사회 등과 함께한다.

62 다음 중 다국적 기업과 같은 중요 산업조직이 국가 또는 정부와 긴밀한 동맹관계를 형성하고 이들이 경제 및 산업정책을 함께 만들어 간다고 설명하는 이론은?

① 신마르크스주의 이론　　　　　　② 엘리트 이론
③ 공공선택이론　　　　　　　　　　④ 신조합주의 이론

63 다음 중 경제적 비용편익분석(Benefit Cost Analysis)에 대한 설명으로 옳지 않은 것은?

① 비용과 편익을 가치의 공통단위인 화폐로 측정한다.
② 장기적인 안목에서 사업의 바람직한 정도를 평가할 수 있는 방법이다.
③ 편익비용비(B / C Ratio)로 여러 분야의 프로그램들을 비교할 수 있다.
④ 형평성과 대응성을 정확하게 대변할 수 있는 수치를 제공한다.

64 다음 중 공무원 단체활동 제한론의 근거로 옳지 않은 것은?

① 실적주의 원칙을 침해할 우려가 있다.
② 공무원의 정치적 중립성이 훼손될 수 있다.
③ 공직 내 의사소통을 약화시킨다.
④ 보수 인상 등 복지 요구 확대는 국민 부담으로 이어진다.

65 다음 중 예산원칙의 예외에 대한 설명으로 옳지 않은 것은?

① 특별회계는 단일성의 원칙에 대한 예외이다.
② 준예산제도는 사전의결의 원칙에 대한 예외이다.
③ 예산의 이용(移用)은 한계성의 원칙에 대한 예외이다.
④ 목적세는 공개성의 원칙에 대한 예외이다.

66 다음 중 조직이론에 대한 설명으로 옳은 것을 〈보기〉에서 모두 고르면?

> **보기**
>
> ㄱ. 베버(M. Weber)의 관료제론에 따르면, 규칙에 의한 규제는 조직에 계속성과 안정성을 제공한다.
> ㄴ. 행정관리론에서는 효율적 조직관리를 위한 원리들을 강조한다.
> ㄷ. 호손(Hawthorne)실험을 통하여 조직 내 비공식집단의 중요성이 부각되었다.
> ㄹ. 조직군생태이론(Population Ecology Theory)에서는 조직과 환경의 관계를 분석함에 있어 조직의 주도적·능동적 선택과 행동을 강조한다.

① ㄱ, ㄴ   ② ㄱ, ㄴ, ㄷ
③ ㄱ, ㄷ, ㄹ   ④ ㄴ, ㄷ, ㄹ

PART 3

67 다음 중 유비쿼터스 정부(U – Government)의 특성으로 옳지 않은 것은?

① 중단 없는 정보서비스 제공
② 맞춤 정보 제공
③ 고객 지향성, 실시간성, 형평성 등의 가치 추구
④ 일방향 정보 제공

68 다음 중 조직 내부에서 발생하는 갈등에 대한 설명으로 옳지 않은 것은?

① 갈등은 양립할 수 없는 둘 이상의 목표를 추구하는 상황에서도 발생한다.
② 고전적 조직이론에서는 갈등을 중요하게 고려하지 않는다.
③ 행태론적 입장에서는 모든 갈등이 조직성과에 부정적 영향을 미치므로 제거되어야 한다고 본다.
④ 현대적 접근방식은 갈등을 정상적인 현상으로 보고 경우에 따라서는 조직 발전의 원동력으로 본다.

69 다음 중 사회자본(Social Capital)이 형성되는 모습으로 옳지 않은 것은?

① 지역주민들의 소득이 지속적으로 증가하고 있다.

② 많은 사람들이 알고 지내는 관계를 유지하는 가운데 대화 및 토론하면서 서로에게 도움을 준다.

③ 이웃과 동료에 대한 기본적인 믿음이 존재하며 공동체 구성원들이 서로 신뢰한다.

④ 지역 구성원들이 삶과 세계에 대한 도덕적·윤리적 규범을 공유하고 있다.

70 다음 중 보너스 산정방식에서 스캔론 플랜(Scanlon Plan)에 대한 설명으로 옳은 것은?

① 보너스 산정 비율은 생산액에 있어서 재료 및 에너지 등을 포함하여 계산한다.

② 노동비용을 판매액에서 재료 및 에너지, 간접비용을 제외한 부가가치로 나누어 계산한다.

③ 종업원의 참여는 거의 고려되지 않고 산업공학기법을 이용한 공식을 활용하여 계산한다.

④ 성과측정의 기준으로서 노동비용이나 생산비용, 생산 이외에도 품질 향상, 소비자 만족 등 각 기업이 중요성을 부여하는 부분에 초점을 둔 새로운 지표를 사용하여 계산한다.

| 04 | 법

41 다음 중 행정청이 건물의 철거 등 대체적 작위의무의 이행과 관련하여 의무자가 행할 작위를 스스로 행하거나 또는 제3자로 하여금 이를 행하게 하고 그 비용을 의무자로부터 징수하는 행정상의 강제집행수단은?

① 행정대집행　　　　　　　　　　② 행정벌
③ 직접강제　　　　　　　　　　　④ 행정상 즉시강제

42 다음 중 법인의 불법행위책임에 대한 설명으로 옳지 않은 것은?(단, 다툼이 있는 경우 판례에 따른다)

① 행위의 외형상 대표기관의 직무행위라고 인정될 수 있다면, 법령에 위반된 것이라도 직무에 대한 행위에 해당한다.
② 법인은 대표기관의 불법행위에 대해 선임·감독상의 과실이 없음을 증명하더라도 책임을 면할 수 없다.
③ 노동조합의 대표자들이 불법쟁의행위를 주도한 경우, 노동조합은 법인의 불법행위책임을 질 수 있다.
④ 대표권이 없는 이사의 행위에 대하여도 법인은 불법행위책임을 진다.

43 다음 중 행정심판에 대한 설명으로 옳은 것은?(단, 다툼이 있는 경우 판례에 따른다)

① 거부처분에 대하여서는 의무이행심판을 제기하여야 하며, 취소심판을 제기할 수 없다.
② 행정심판청구서는 피청구인인 행정청을 거쳐 행정심판위원회에 제출하여야 한다.
③ 임시처분은 집행정지로 목적을 달성할 수 있는 경우에는 허용되지 아니한다.
④ 행정심판의 재결에 고유한 위법이 있는 경우에는 재결에 대하여 다시 행정심판을 청구할 수 있다.

44 다음 중 행정심판에 있어서 당사자와 관계인에 대한 설명으로 옳지 않은 것은?

① 심판청구의 대상과 관계되는 권리나 이익을 양수한 자는 위원회의 허가를 받아 청구인의 지위를 승계할 수 있다.

② 법인이 아닌 사단 또는 재단으로서 대표자나 관리인이 정하여져 있는 경우에는 그 대표자나 관리인의 이름으로 심판청구를 할 수 있다.

③ 청구인이 피청구인을 잘못 지정한 경우에는 위원회는 직권으로 또는 당사자의 신청에 의하여 결정으로써 피청구인을 경정할 수 있다.

④ 행정심판의 경우 여러 명의 청구인이 공동으로 심판청구를 할 때에는 청구인들 중에서 3명 이하의 선정대표자를 선정할 수 있다.

45 다음 중 행정기관에 대한 설명으로 옳은 것은?

① 행정청의 자문기관은 합의제이며, 그 구성원은 공무원으로 한정된다.

② 보좌기관은 행정조직의 내부기관으로서 행정청의 권한 행사를 보조하는 것을 임무로 하는 행정기관이다.

③ 국무조정실, 각 부의 차관보·실장·국장 등은 행정조직의 보조기관이다.

④ 행정청은 행정주체의 의사를 결정하여 외부에 표시하는 권한을 가진 기관이다.

46 다음 중 행정행위에 대한 설명으로 옳지 않은 것은?

① 내용이 명확하고 실현 가능하여야 한다.

② 법률상 절차와 형식을 갖출 필요는 없다.

③ 법률의 규정에 위배되지 않아야 한다.

④ 정당한 권한을 가진 자의 행위라야 한다.

47 다음 중 물건에 대한 설명으로 옳지 않은 것은?(단, 다툼이 있는 경우 판례에 따른다)

① 부동산 외의 물건은 모두 동산이다.

② 당사자는 주물을 처분할 때 특약으로 종물을 제외할 수 없다.

③ 종물은 주물의 구성부분이 아닌 독립한 물건이어야 한다.

④ 부동산은 주물뿐만 아니라 종물도 될 수 있다.

48 다음 중 실효의 원칙에 대한 설명으로 옳지 않은 것은?(단, 다툼이 있는 경우 판례에 따른다)

① 소멸시효의 대상이 아닌 권리도 실효의 원칙이 적용될 수 있다.
② 실효의 원칙의 적용 여부는 당사자의 주장이 없더라도 법원이 직권으로 판단할 수 있다.
③ 실효의 원칙은 항소권과 같은 소송법상의 권리에는 적용될 수 없다.
④ 권리자가 장기간 권리를 행사하지 않았다는 사실만으로 권리가 실효되는 것은 아니다.

49 다음 중 조례에 대한 설명으로 옳지 않은 것은?(단, 다툼이 있는 경우 판례에 따른다)

① 조례가 법률 등 상위법령에 위배되면 비록 그 조례를 무효라고 선언한 대법원의 판결이 선고되지 않았더라도 그 조례에 근거한 행정처분은 당연무효가 된다.
② 시(市)세의 과세 또는 면제에 관한 조례가 납세의무자에게 불리하게 개정된 경우에 있어서 개정 조례 부칙에서 종전의 규정을 개정 조례 시행 후에도 계속 적용한다는 경과규정을 두지 아니한 이상, 다른 특별한 사정이 없는 한 법률불소급의 원칙상 개정 전후의 조례 중에서 납세의무가 성립한 당시에 시행되는 조례를 적용하여야 할 것이다.
③ 시·도의회에 의하여 재의결된 사항이 법령에 위반된다고 판단되면 주무부장관은 시·도지사에게 대법원에 제소를 지시하거나 직접 제소할 수 있다. 다만 재의결된 사항이 둘 이상의 부처와 관련되거나 주무부장관이 불분명하면 행정안전부장관이 제소를 지시하거나 직접 제소할 수 있다.
④ 법률이 주민의 권리의무에 관한 사항에 관하여 구체적으로 범위를 정하지 않은 채 조례로 정하도록 포괄적으로 위임한 경우에도 지방자치단체는 법령에 위반되지 않는 범위 내에서 주민의 권리의무에 관한 사항을 조례로 제정할 수 있다.

50 다음 중 부재자의 재산관리에 대한 설명으로 옳은 것은?(단, 다툼이 있는 경우 판례에 따른다)

① 부재자가 스스로 선임한 재산관리인은 일종의 법정대리인이다.
② 법원이 선임한 부재자의 재산관리인은 부재자의 재산을 자기 재산과 동일한 주의의무로 관리하여야 한다.
③ 법원이 선임한 부재자의 재산관리인은 그 부재자의 사망이 확인되면 즉시 관리인으로서의 권한을 잃는다.
④ 부재자 재산관리인에 의한 부재자 소유의 부동산 매매행위에 대한 법원의 허가결정은 그 허가를 받은 재산에 대한 장래의 처분행위 뿐만 아니라 기왕의 매매를 추인하는 방법으로도 할 수 있다.

51 다음 중 공동불법행위에 대한 설명으로 옳지 않은 것은?(단, 다툼이 있는 경우 판례에 따른다)

① 공동불법행위자는 피해자에 대하여 부진정연대채무를 부담한다.

② 공동불법행위자는 내부관계에서 과실의 정도에 따라 책임의 부담부분이 정하여진다.

③ 방조행위와 피방조자의 불법행위 사이에 상당인과관계가 있으면 방조자도 공동불법행위책임을 진다.

④ 노동조합의 불법쟁의행위 시 일반조합원이 노동조합의 지시에 따라 단순히 노무를 정지한 경우에도, 원칙적으로 노동조합과 함께 공동불법행위책임을 진다.

52 다음 중 항고소송의 대상이 될 수 있는 것은?(단, 다툼이 있는 경우 판례에 따른다)

① 상훈대상자를 결정할 권한이 없는 국가보훈처장이 기포상자에게 훈격재심사계획이 없다고 한 회신

② 농지법에 의하여 군수가 특정지역의 주민들을 대리경작자로 지정한 행위에 따라 그 지역의 읍장과 면장이 영농할 세대를 선정하는 행위

③ 지방자치단체의 장이 그 지방자치단체 소유의 밭에 측백나무 300그루를 식재하는 행위

④ 교도소장이 수형자를 '접견내용 녹음·녹화 및 접견 시 교도관 참여대상자'로 지정하는 행위

53 다음 중 상계에 대한 설명으로 옳지 않은 것은?(단, 다툼이 있는 경우 판례에 따른다)

① 상계할 채권이 있는 연대채무자가 상계하지 아니한 때에는 그 채무자의 부담부분에 한하여 다른 연대채무자가 상계할 수 있다.

② 고의의 불법행위로 인한 손해배상채권을 자동채권으로 하는 상계는 허용되지 않는다.

③ 채무자는 채권자와의 상계금지특약을 가지고 선의의 채권양수인에게 대항하지 못한다.

④ 수탁보증인이 주채무자에 대하여 가지는 사전구상권을 자동채권으로 하는 상계는 원칙적으로 허용되지 않는다.

54 다음 중 법정대리인의 동의 없이 소송을 제기할 수 있는 능력은?

① 행위능력   ② 소송능력

③ 권리능력   ④ 당사자능력

55 다음 중 국가공무원법상 공무원에 대한 징계로 옳지 않은 것은?

① 직위해제   ② 감봉

③ 견책   ④ 강등

56 다음 중 위법·부당한 행정행위로 인하여 권익을 침해당한 자가 행정기관에 그 시정을 구하는 절차는?

① 행정소송   ② 행정심판

③ 행정상 손해배상제도   ④ 행정상 손실보상제도

57 다음 중 행정기관이 그 소관 사무의 범위에서 일정한 행정목적을 실현하기 위하여 특정인에게 일정한 행위를 하거나 하지 아니하도록 지도, 권고, 조언 등을 하는 행정작용은 무엇인가?

① 행정예고   ② 행정계획

③ 행정지도   ④ 의견제출

58 다음 중 행정청이 타인의 법률행위를 보충하여 그 행위의 효력을 완성시켜 주는 행정행위의 강학 상의 용어는 무엇인가?

① 인가   ② 면제

③ 허가   ④ 특허

59 다음 중 행정상 강제집행으로 옳지 않은 것은?

① 즉시강제　　　　　　　　　② 강제징수
③ 직접강제　　　　　　　　　④ 이행강제금

60 다음 중 관할행정청 甲이 乙의 경비업 허가신청에 대해 거부처분을 한 경우, 이에 불복하는 乙이 제기할 수 있는 행정심판은 무엇인가?

① 당사자심판　　　　　　　　② 부작위위법확인심판
③ 거부처분부당확인심판　　　④ 의무이행심판

61 다음 중 비권력적 사실행위로 옳지 않은 것은?

① 무허가건물의 강제철거　　　② 각종 공공시설 건설
③ 금전출납　　　　　　　　　④ 행정지도

62 다음 중 준법률행위 행정행위로 옳은 것은?

① 하명　　　　　　　　　　　② 특허
③ 승인　　　　　　　　　　　④ 공증

63 다음 중 법률행위의 취소에 대한 설명으로 옳지 않은 것은?

① 취소의 효과는 선의의 제3자에게 대항할 수 없는 것이 원칙이다.
② 취소할 수 있는 법률행위는 취소의 원인이 종료되기 전에 추인을 할 수 있는 것이 원칙이다.
③ 취소된 법률행위는 처음부터 무효인 것으로 보는 것이 원칙이다.
④ 취소할 수 있는 의사표시를 한 자의 대리인도 그 행위를 취소할 수 있다.

64 다음 중 甲이 전파상에 고장난 라디오를 수리 의뢰한 경우, 전파상 주인이 수리대금을 받을 때까지 甲에게 라디오의 반환을 거부할 수 있는 권리는?

① 저당권   ② 질권

③ 지역권   ④ 유치권

65 다음 중 민법상 소멸시효기간이 3년인 것은?

① 의복의 사용료 채권

② 여관의 숙박료 채권

③ 연예인의 임금 채권

④ 도급받은 자의 공사에 대한 채권

66 다음 중 보증채무에 대한 설명으로 옳지 않은 것은?

① 주채무가 소멸하면 보증채무도 소멸한다.

② 보증채무는 주채무가 이행되지 않을 때 비로소 이행하게 된다.

③ 채무를 변제한 보증인은 선의의 주채무자에 대해서는 구상권을 행사하지 못한다.

④ 채권자가 보증인에 대하여 이행을 청구하였을 때, 보증인은 주채무자에게 먼저 청구할 것을 요구할 수 있다.

67 다음 〈보기〉 중 근대민법의 기본원리에 해당하는 것을 모두 고르면?

> **보기**
>
> ㉠ 소유권 절대의 원칙   ㉡ 계약 공정의 원칙
> ㉢ 계약 자유의 원칙   ㉣ 과실 책임의 원칙
> ㉤ 권리남용금지의 원칙

① ㉠, ㉡, ㉢   ② ㉠, ㉢, ㉣

③ ㉠, ㉣, ㉤   ④ ㉡, ㉢, ㉣

68 다음 중 민법상 주소에 대한 설명으로 옳은 것을 〈보기〉에서 모두 고르면?

> **보기**
> ㉠ 주소는 정주의 의사를 요건으로 한다.
> ㉡ 주소는 부재와 실종의 표준이 된다.
> ㉢ 법인의 주소는 그 주된 사무소의 소재지에 있는 것으로 한다.
> ㉣ 거래안전을 위해 주소는 동시에 두 곳 이상 둘 수 없다.

① ㉠, ㉡   ② ㉠, ㉢
③ ㉡, ㉢   ④ ㉡, ㉣

69 다음 중 권리의 원시취득 사유에 해당하지 않는 것을 〈보기〉에서 모두 고르면?(단, 다툼이 있는 경우 판례에 따른다)

> **보기**
> ㉠ 무주물인 동산의 선점   ㉡ 피상속인의 사망에 의한 상속
> ㉢ 회사의 합병   ㉣ 시효취득
> ㉤ 건물의 신축

① ㉠, ㉡   ② ㉡, ㉢
③ ㉡, ㉢, ㉣   ④ ㉢, ㉣, ㉤

70 다음 중 행정행위의 직권취소 및 철회에 대한 설명으로 옳지 않은 것은?(단, 다툼이 있는 경우 판례에 의함)

① 수익적 행정행위의 철회는 법령에 명시적인 규정이 있거나 행정행위의 부관으로 그 철회권이 유보되어 있는 등의 경우가 아니라면, 원래의 행정행위를 존속시킬 필요가 없게 된 사정변경이 생겼거나 또는 중대한 공익상의 필요가 발생한 경우 등의 예외적인 경우에만 허용된다.

② 행정행위의 처분권자는 취소사유가 있는 경우 별도의 법적 근거가 없더라도 직권취소를 할 수 있다.

③ 행정청이 행한 공사중지명령의 상대방은 그 명령 이후에 그 원인사유가 소멸하였음을 들어 행정청에게 공사중지명령의 철회를 요구할 수 있는 조리상의 신청권이 없다.

④ 외형상 하나의 행정처분이라 하더라도 가분성이 있거나 그 처분대상의 일부가 특정될 수 있다면 그 일부만의 취소도 가능하고 그 일부의 취소는 당해 취소부분에 관하여 효력이 생긴다.

71 다음 중 수돗물의 맛과 냄새를 개선하기 위한 한국수자원공사의 노력으로 옳지 않은 것은?

① 미량의 맛과 냄새 물질을 줄이기 위해 강력한 산화력이 있는 오존을 이용한다.

② 맛과 냄새를 관리하기 위해 정수장에서 측정해야 할 항목을 만들어 매주 검사하고 있다.

③ 표준정수처리로 제거할 수 없는 냄새물질 등을 제거하기 위해 별도의 공정을 추가로 실시한다.

④ 유기물 제거를 위해서 활성탄을 이용한다.

72 다음 중 한국수자원공사법과 공공기관의 운영에 관한 법률에 따른 K-water의 설립 및 운영에 대한 설명으로 옳지 않은 것을 〈보기〉에서 모두 고르면?

> **보기**
>
> ㉠ K-water의 법정자본금을 출자할 수 있는 주체는 국가와 지방자치단체, 한국산업은행 등으로 제한된다.
>
> ㉡ 위의 ㉠에 따라 국가가 출자하는 법정자본금의 비율은 30% 이내로 제한된다.
>
> ㉢ K-water는 자산규모가 2조 원 이상인 시장형 공기업으로 분류된다.

① ㉠

② ㉠, ㉡

③ ㉠, ㉢

④ ㉡, ㉢

73 다음 중 한국수자원공사 수변사업의 미래방향에 대한 설명으로 옳지 않은 것은?

① 수변사업은 스마트시티로의 전환이 가속화될 것이다.

② 미래에는 친환경성과 더불어 다양하고 복잡화된 수요가 수변공간에 요구될 것이다.

③ 수변공간에 4차 산업, 탄소중립 등을 융합시켜 차별화된 창의적 공간으로 조성해야 한다.

④ 사회·경제·문화적 환경이 분리된 수변공간의 잠재적 가치를 인정하는 인식의 전환이 필요하다.

74 다음 중 한국수자원공사법 제9조에서 정하는 수행사업의 범위로 옳지 않은 것은?

① 수도시설의 사용 및 유지·관리

② 상류의 수질조사와 댐 상류의 하수도 운영·관리

③ 하구둑 및 다목적용수로 건설 및 운영·관리

④ 공사가 시행하지 않은 산업단지 및 특수지역의 개발

75 다음 중 한국수자원공사(K-water)의 기업형태로 옳은 것은?

① 시장형 공기업 　　　　　　　② 준시장형 공기업

③ 기금관리형 준정부기관 　　　④ 위탁집행형 준정부기관

76 다음 중 점오염원의 특성으로 옳은 것은?

① 관거배출 및 수집이 어렵다.

② 처리시설의 설계 및 유지관리가 어렵다.

③ 오염물질의 유출 및 배출경로가 불명확하다.

④ 계절에 따른 영향을 적게 받아 연중 배출량이 일정하다.

77 다음 중 한국수자원공사(K-water)에서 담당하는 신재생에너지의 종류로 옳은 것은?

① 수소에너지 　　　　　　　　② 태양광에너지

③ 바이오매스 　　　　　　　　④ 폐기물에너지

78 다음 중 필댐에 대한 설명으로 옳지 않은 것은?

① 필댐은 월류에 대한 저항력이 거의 없다.

② 필댐은 모래, 자살, 암석 등을 쌓아 올린 댐이다.

③ 필댐은 댐 지점 주위에서 천연재료를 이용할 수 있다.

④ 필댐은 기초지반에 대한 제약이 크다.

79 다음은 댐 주변지역지원사업에 대한 설명이다. 빈칸 ㉠, ㉡에 들어갈 내용을 순서대로 바르게 나열한 것은?

댐 주변지역에 입게 되는 상대적 불이익 해소를 위해 댐하류 수혜자의 부담으로 댐 주변지역을 지원해 지역 간 불공평 문제를 해소하고 댐 주변지역 주민소득 증대 및 복지 증진을 도모하는 댐 주변지역지원사업의 대상이 되는 댐의 규모는 저수면적이 ___㉠___ 이상 또는 저수용량이 ___㉡___ 이상이어야 한다.

	㉠	㉡
①	200만 m^2	2,000만 m^3
②	500만 m^2	2,000만 m^3
③	200만 m^2	4,000만 m^3
④	500만 m^2	4,000만 m^3

80 다음은 댐 주변지역지원사업의 재원에 충당되는 출연금 조성에 대한 설명이다. 빈칸 ㉠, ㉡에 들어갈 내용을 순서대로 바르게 나열한 것은?

댐관리청, 댐사용권자나 생활용수댐·공업용수댐의 수도사업자는 다음 ㉮ ~ ㉯에 해당하는 비율의 금액을 댐관리청이나 댐사용권자의 출연금, 생활용수댐·공업용수댐의 수도사업자의 출연금으로 출연하여야 한다.
㉮ 전전년도 발전판매(發電販賣) 수입금의 ___㉠___ 이내
㉯ 전전년도 생활용수·공업용수 판매량에 전전년도 K-water의 댐용수요금 단가를 곱한 금액의 ___㉡___ 이내

	㉠	㉡
①	6%	22%
②	15%	22%
③	6%	44%
④	15%	44%

아이들이 답이 있는 질문을 하기 시작하면 그들이 성장하고 있음을 알 수 있다.

– 존 J. 플롬프 –

PART 4

채용 가이드

CHAPTER

01 | 블라인드 채용 소개

1. 블라인드 채용이란?

채용 과정에서 편견이 개입되어 불합리한 차별을 야기할 수 있는 출신지, 가족관계, 학력, 외모 등의 편견요인은 제외하고, 직무능력만을 평가하여 인재를 채용하는 방식입니다.

2. 블라인드 채용의 필요성

• 채용의 공정성에 대한 사회적 요구
  - 누구에게나 직무능력만으로 경쟁할 수 있는 균등한 고용기회를 제공해야 하나, 아직도 채용의 공정성에 대한 불신이 존재
  - 채용상 차별금지에 대한 법적 요건이 권고적 성격에서 처벌을 동반한 의무적 성격으로 강화되는 추세
  - 시민의식과 지원자의 권리의식 성숙으로 차별에 대한 법적 대응 가능성 증가
• 우수인재 채용을 통한 기업의 경쟁력 강화 필요
  - 직무능력과 무관한 학벌, 외모 위주의 선발로 우수인재 선발기회 상실 및 기업경쟁력 약화
  - 채용 과정에서 차별 없이 직무능력중심으로 선발한 우수인재 확보 필요
• 공정한 채용을 통한 사회적 비용 감소 필요
  - 편견에 의한 차별적 채용은 우수인재 선발을 저해하고 외모·학벌 지상주의 등의 심화로 불필요한 사회적 비용 증가
  - 채용에서의 공정성을 높여 사회의 신뢰수준 제고

3. 블라인드 채용의 특징

편견요인을 요구하지 않는 대신 직무능력을 평가합니다.

※ 직무능력중심 채용이란?
  기업의 역량기반 채용, NCS기반 능력중심 채용과 같이 직무수행에 필요한 능력과 역량을 평가하여 선발하는 채용방식을 통칭합니다.

4. 블라인드 채용의 평가요소

직무수행에 필요한 지식, 기술, 태도 등을 과학적인 선발기법을 통해 평가합니다.

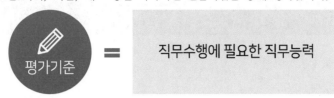

※ 과학적 선발기법이란?
 직무분석을 통해 도출된 평가요소를 서류, 필기, 면접 등을 통해 체계적으로 평가하는 방법으로 입사지원서, 자기소개서,
 직무수행능력평가, 구조화 면접 등이 해당됩니다.

5. 블라인드 채용 주요 도입 내용

- 입사지원서에 인적사항 요구 금지
    - 인적사항에는 출신지역, 가족관계, 결혼여부, 재산, 취미 및 특기, 종교, 생년월일(연령), 성별, 신장
      및 체중, 사진, 전공, 학교명, 학점, 외국어 점수, 추천인 등이 해당
    - 채용 직무를 수행하는 데 있어 반드시 필요하다고 인정될 경우는 제외
        예 특수경비직 채용 시 : 시력, 건강한 신체 요구
           연구직 채용 시 : 논문, 학위 요구 등
- 블라인드 면접 실시
    - 면접관에게 응시자의 출신지역, 가족관계, 학교명 등 인적사항 정보 제공 금지
    - 면접관은 응시자의 인적사항에 대한 질문 금지

6. 블라인드 채용 도입의 효과성

- 구성원의 다양성과 창의성이 높아져 기업 경쟁력 강화
    - 편견을 없애고 직무능력 중심으로 선발하므로 다양한 직원 구성 가능
    - 다양한 생각과 의견을 통하여 기업의 창의성이 높아져 기업경쟁력 강화
- 직무에 적합한 인재선발을 통한 이직률 감소 및 만족도 제고
    - 사전에 지원자들에게 구체적이고 상세한 직무요건을 제시함으로써 허수 지원이 낮아지고, 직무에
      적합한 지원자 모집 가능
    - 직무에 적합한 인재가 선발되어 직무이해도가 높아져 업무효율 증대 및 만족도 제고
- 채용의 공정성과 기업이미지 제고
    - 블라인드 채용은 사회적 편견을 줄인 선발 방법으로 기업에 대한 사회적 인식 제고
    - 채용과정에서 불합리한 차별을 받지 않고 실력에 의해 공정하게 평가를 받을 것이라는 믿음을 제공
      하고, 지원자들은 평등한 기회와 공정한 선발과정 경험

PART 4

02 | 서류전형 가이드

01 채용공고문

1. 채용공고문의 변화

기존 채용공고문	변화된 채용공고문
• 취업준비생에게 불충분하고 불친절한 측면 존재 • 모집분야에 대한 명확한 직무관련 정보 및 평가기준 부재 • 해당분야에 지원하기 위한 취업준비생의 무분별한 스펙 쌓기 현상 발생	• NCS 직무분석에 기반한 채용공고를 토대로 채용전형 진행 • 지원자가 입사 후 수행하게 될 업무에 대한 자세한 정보 공지 • 직무수행내용, 직무수행 시 필요한 능력, 관련된 자격, 직업기초능력 제시 • 지원자가 해당 직무에 필요한 스펙만을 준비할 수 있도록 안내
• 모집부문 및 응시자격 • 지원서 접수 • 전형절차 • 채용조건 및 처우 • 기타사항	• 채용절차 • 채용유형별 선발분야 및 예정인원 • 전형방법 • 선발분야별 직무기술서 • 우대사항

2. 지원 유의사항 및 지원요건 확인

채용 직무에 따른 세부사항을 공고문에 명시하여 지원자에게 적격한 지원 기회를 부여함과 동시에 채용과정에서의 공정성과 신뢰성을 확보합니다.

구성	내용	확인사항
모집분야 및 규모	고용형태(인턴 계약직 등), 모집분야, 인원, 근무지역 등	채용직무가 여러 개일 경우 본인이 해당되는 직무의 채용규모 확인
응시자격	기본 자격사항, 지원조건	지원을 위한 최소자격요건을 확인하여 불필요한 지원을 예방
우대조건	법정 · 특별 · 자격증 가점	본인의 가점 여부를 검토하여 가점 획득을 위한 사항을 사실대로 기재
근무조건 및 보수	고용형태 및 고용기간, 보수, 근무지	본인이 생각하는 기대수준에 부합하는지 확인하여 불필요한 지원을 예방
시험방법	서류 · 필기 · 면접전형 등의 활용방안	전형방법 및 세부 평가기법 등을 확인하여 지원전략 준비
전형일정	접수기간, 각 전형 단계별 심사 및 합격자 발표일 등	본인의 지원 스케줄을 검토하여 차질이 없도록 준비
제출서류	입사지원서(경력 · 경험기술서 등), 각종 증명서 및 자격증 사본 등	지원요건 부합 여부 및 자격 증빙서류 사전에 준비
유의사항	임용취소 등의 규정	임용취소 관련 법적 또는 기관 내부 규정을 검토하여 해당여부 확인

02 　직무기술서

직무기술서란 직무수행의 내용과 필요한 능력, 관련 자격, 직업기초능력 등을 상세히 기재한 것으로 입사후 수행하게 될 업무에 대한 정보가 수록되어 있는 자료입니다.

1. 채용분야

[설명]

NCS 직무분류 체계에 따라 직무에 대한「대분류 – 중분류 – 소분류 – 세분류」체계를 확인할 수 있습니다. 채용 직무에 대한 모든 직무기술서를 첨부하게 되며 실제 수행 업무를 기준으로 세부적인 분류정보를 제공합니다.

채용분야	분류체계			
사무행정	대분류	중분류	소분류	세분류
분류코드	02. 경영·회계·사무	03. 재무·회계	01. 재무	01. 예산
				02. 자금
			02. 회계	01. 회계감사
				02. 세무

2. 능력단위

[설명]

직무분류 체계의 세분류 하위능력단위 중 실질적으로 수행할 업무의 능력만 구체적으로 파악할 수 있습니다.

능력단위	(예산)	03. 연간종합예산수립	04. 추정재무제표 작성
		05. 확정예산 운영	06. 예산실적 관리
	(자금)	04. 자금운용	
	(회계감사)	02. 자금관리	04. 결산관리
		05. 회계정보시스템 운용	06. 재무분석
		07. 회계감사	
	(세무)	02. 결산관리	05. 부가가치세 신고
		07. 법인세 신고	

3. 직무수행내용

[설명]

세분류 영역의 기본정의를 통해 직무수행내용을 확인할 수 있습니다. 입사 후 수행할 직무내용을 구체적으로 확인할 수 있으며, 이를 통해 입사서류 작성부터 면접까지 직무에 대한 명확한 이해를 바탕으로 자신의 희망직무인지 아닌지, 해당 직무가 자신이 알고 있던 직무가 맞는지 확인할 수 있습니다.

직무수행내용	(예산) 일정기간 예상되는 수익과 비용을 편성, 집행하며 통제하는 일
	(자금) 자금의 계획 수립, 조달, 운용을 하고 발생 가능한 위험 관리 및 성과평가
	(회계감사) 기업 및 조직 내·외부에 있는 의사결정자들이 효율적인 의사결정을 할 수 있도록 유용한 정보를 제공, 제공된 회계정보의 적정성을 파악하는 일
	(세무) 세무는 기업의 활동을 위하여 주어진 세법범위 내에서 조세부담을 최소화시키는 조세전략을 포함하고 정확한 과세소득과 과세표준 및 세액을 산출하여 과세당국에 신고·납부하는 일

4. 직무기술서 예시

태도	(예산) 정확성, 분석적 태도, 논리적 태도, 타 부서와의 협조적 태도, 설득력
	(자금) 분석적 사고력
	(회계 감사) 합리적 태도, 전략적 사고, 정확성, 적극적 협업 태도, 법률준수 태도, 분석적 태도, 신속성, 책임감, 정확한 판단력
	(세무) 규정 준수 의지, 수리적 정확성, 주의 깊은 태도
우대 자격증	공인회계사, 세무사, 컴퓨터활용능력, 변호사, 워드프로세서, 전산회계운용사, 사회조사분석사, 재경관리사, 회계관리 등
직업기초능력	의사소통능력, 문제해결능력, 자원관리능력, 대인관계능력, 정보능력, 조직이해능력

5. 직무기술서 내용별 확인사항

항목	확인사항
모집부문	해당 채용에서 선발하는 부문(분야)명 확인 예 사무행정, 전산, 전기
분류체계	지원하려는 분야의 세부직무군 확인
주요기능 및 역할	지원하려는 기업의 전사적인 기능과 역할, 산업군 확인
능력단위	지원분야의 직무수행에 관련되는 세부업무사항 확인
직무수행내용	지원분야의 직무군에 대한 상세사항 확인
전형방법	지원하려는 기업의 신입사원 선발전형 절차 확인
일반요건	교육사항을 제외한 지원 요건 확인(자격요건, 특수한 경우 연령)
교육요건	교육사항에 대한 지원요건 확인(대졸 / 초대졸 / 고졸 / 전공 요건)
필요지식	지원분야의 업무수행을 위해 요구되는 지식 관련 세부항목 확인
필요기술	지원분야의 업무수행을 위해 요구되는 기술 관련 세부항목 확인
직무수행태도	지원분야의 업무수행을 위해 요구되는 태도 관련 세부항목 확인
직업기초능력	지원분야 또는 지원기업의 조직원으로서 근무하기 위해 필요한 일반적인 능력사항 확인

1. 입사지원서의 변화

기존지원서		능력중심 채용 입사지원서	
직무와 관련 없는 학점, 개인신상, 어학점수, 자격, 수상경력 등을 나열하도록 구성	VS	해당 직무수행에 꼭 필요한 정보들을 제시할 수 있도록 구성	

직무기술서

직무수행내용

요구지식 / 기술

관련 자격증

사전직무경험

인적사항	성명, 연락처, 지원분야 등 작성 (평가 미반영)
교육사항	직무지식과 관련된 학교교육 및 직업교육 작성
자격사항	직무관련 국가공인 또는 민간자격 작성
경력 및 경험사항	조직에 소속되어 일정한 임금을 받거나(경력) 임금 없이(경험) 직무와 관련된 활동 내용 작성

2. 교육사항

- 지원분야 직무와 관련된 학교 교육이나 직업교육 혹은 기타교육 등 직무에 대한 지원자의 학습 여부를 평가하기 위한 항목입니다.
- 지원하고자 하는 직무의 학교 전공교육 이외에 직업교육, 기타교육 등을 기입할 수 있기 때문에 전공 제한 없이 직업교육과 기타교육을 이수하여 지원이 가능하도록 기회를 제공합니다.
  (기타교육 : 학교 이외의 기관에서 개인이 이수한 교육과정 중 지원직무와 관련이 있다고 생각되는 교육내용)

구분	교육과정(과목)명	교육내용	과업(능력단위)

PART 4

3. 자격사항

- 채용공고 및 직무기술서에 제시되어 있는 자격 현황을 토대로 지원자가 해당 직무를 수행하는 데 필요한 능력을 가지고 있는지를 평가하기 위한 항목입니다.
- 채용공고 및 직무기술서에 기재된 직무관련 필수 또는 우대자격 항목을 확인하여 본인이 보유하고 있는 자격사항을 기재합니다.

자격유형	자격증명	발급기관	취득일자	자격증번호

4. 경력 및 경험사항

- 직무와 관련된 경력이나 경험 여부를 표현하도록 하여 직무와 관련한 능력을 갖추었는지를 평가하기 위한 항목입니다.
- 해당 기업에서 직무를 수행함에 있어 필요한 사항만을 기록하게 되어 있기 때문에 직무와 무관한 스펙을 갖추지 않아도 됩니다.
- 경력 : 금전적 보수를 받고 일정기간 동안 일했던 경우
- 경험 : 금전적 보수를 받지 않고 수행한 활동

※ 기업에 따라 경력 / 경험 관련 증빙자료 요구 가능

구분	조직명	직위 / 역할	활동기간(년 / 월)	주요과업 / 활동내용

Tip

입사지원서 작성 방법

○ 경력 및 경험사항 작성
- 직무기술서에 제시된 지식, 기술, 태도와 지원자의 교육사항, 경력(경험)사항, 자격사항과 연계하여 개인의 직무역량에 대해 스스로 판단 가능

○ 인적사항 최소화
- 개인의 인적사항, 학교명, 가족관계 등을 노출하지 않도록 유의

부적절한 입사지원서 작성 사례
- 학교 이메일을 기입하여 학교명 노출
- 거주지 주소에 학교 기숙사 주소를 기입하여 학교명 노출
- 자기소개서에 부모님이 재직 중인 기업명, 직위, 직업을 기입하여 가족관계 노출
- 자기소개서에 석·박사 과정에 대한 이야기를 언급하여 학력 노출
- 동아리 활동에 대한 내용을 학교명과 더불어 언급하여 학교명 노출

1. 자기소개서의 변화

- 기존의 자기소개서는 지원자의 일대기나 관심 분야, 성격의 장·단점 등 개괄적인 사항을 묻는 질문으로 구성되어 지원자가 자신의 직무능력을 제대로 표출하지 못합니다.
- 능력중심 채용의 자기소개서는 직무기술서에 제시된 직업기초능력(또는 직무수행능력)에 대한 지원자의 과거 경험을 기술하게 함으로써 평가 타당도의 확보가 가능합니다.

1. 우리 회사와 해당 지원 직무분야에 지원한 동기에 대해 기술해 주세요.

2. 자신이 경험한 다양한 사회활동에 대해 기술해 주세요.

3. 지원 직무에 대한 전문성을 키우기 위해 받은 교육과 경험 및 경력사항에 대해 기술해 주세요.

4. 인사업무 또는 팀 과제 수행 중 발생한 갈등을 원만하게 해결해 본 경험이 있습니까? 당시 상황에 대한 설명과 갈등의 대상이 되었던 상대방을 설득한 과정 및 방법을 기술해 주세요.

5. 과거에 있었던 일 중 가장 어려웠던(힘들었었던) 상황을 고르고, 어떤 방법으로 그 상황을 해결했는지를 기술해 주세요.

자기소개서 작성 방법

① 자기소개서 문항이 묻고 있는 평가 역량 추측하기

예시

- 팀 활동을 하면서 갈등 상황 시 상대방의 니즈나 의도를 명확히 파악하고 해결하여 목표 달성에 기여했던 경험에 대해서 작성해 주시기 바랍니다.
- 다른 사람이 생각해내지 못했던 문제점을 찾고 이를 해결한 경험에 대해 작성해 주시기 바랍니다.

② 해당 역량을 보여줄 수 있는 소재 찾기(시간×역량 매트릭스)

예시

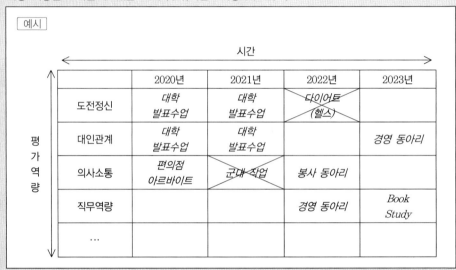

③ 자기소개서 작성 Skill 익히기
- 두괄식으로 작성하기
- 구체적 사례를 사용하기
- '나'를 중심으로 작성하기
- 직무역량 강조하기
- 경험 사례의 차별성 강조하기

03 | 인성검사 소개 및 모의테스트

01 인성검사 유형

인성검사는 지원자의 성격특성을 객관적으로 파악하고 그것이 각 기업에서 필요로 하는 인재상과 가치에 부합하는가를 평가하기 위한 검사입니다. 인성검사는 KPDI(한국인재개발진흥원), K-SAD(한국사회적성개발원), KIRBS(한국행동과학연구소), SHR(에스에이치알) 등의 전문기관을 통해 각 기업의 특성에 맞는 검사를 선택하여 실시합니다. 대표적인 인성검사의 유형에는 크게 다음과 같은 세 가지가 있으며, 채용 대행업체에 따라 달라집니다.

1. KPDI 검사

조직적응성과 직무적합성을 알아보기 위한 검사로 인성검사, 인성역량검사, 인적성검사, 직종별 인적성검사 등의 다양한 검사 도구를 구현합니다. KPDI는 성격을 파악하고 정신건강 상태 등을 측정하고, 직무검사는 해당 직무를 수행하기 위해 기본적으로 갖추어야 할 인지적 능력을 측정합니다. 역량검사는 특정 직무 역할을 효과적으로 수행하는 데 직접적으로 관련 있는 개인의 행동, 지식, 스킬, 가치관 등을 측정합니다.

2. KAD(Korea Aptitude Development) 검사

K-SAD(한국사회적성개발원)에서 실시하는 적성검사 프로그램입니다. 개인의 성향, 지적 능력, 기호, 관심, 흥미도를 종합적으로 분석하여 적성에 맞는 업무가 무엇인가 파악하고, 직무수행에 있어서 요구되는 기초능력과 실무능력을 분석합니다.

3. SHR 직무적성검사

직무수행에 필요한 종합적인 사고 능력을 다양한 적성검사(Paper and Pencil Test)로 평가합니다. SHR의 모든 직무능력검사는 표준화 검사입니다. 표준화 검사는 표본집단의 점수를 기초로 규준이 만들어진 검사이므로 개인의 점수를 규준에 맞추어 해석·비교하는 것이 가능합니다. S(Standardized Tests), H(Hundreds of Version), R(Reliable Norm Data)을 특징으로 하며, 직군·직급별 특성과 선발 수준에 맞추어 검사를 적용할 수 있습니다.

인성검사는 특히 면접질문과 관련성이 높습니다. 면접관은 지원자의 인성검사 결과를 토대로 질문을 하기 때문입니다. 일관적이고 이상적인 답변을 하는 것이 가장 좋지만, 실제 시험은 매우 복잡하여 전문가라 해도 일정 성격을 유지하면서 답변을 하는 것이 힘듭니다. 또한, 인성검사에는 라이 스케일(Lie Scale) 설문이 전체 설문 속에 교묘하게 섞여 들어가 있으므로 겉치레적인 답을 하게 되면 회답태도의 허위성이 그대로 드러나게 됩니다. 예를 들어 '거짓말을 한 적이 한 번도 없다.'에 '예'로 답하고, '때로는 거짓말을 하기도 한다.'에 '예'라고 답하여 라이 스케일의 득점이 올라가게 되면 모든 회답의 신빙성이 사라지고 '자신을 돋보이게 하려는 사람'이라는 평가를 받을 수 있으므로 주의해야 합니다. 따라서 모의테스트를 통해 인성검사의 유형과 실제 시험 시 어떻게 문제를 풀어야 하는지 연습해 보고 체크한 부분 중 자신의 단점과 연결되는 부분은 면접에서 질문이 들어왔을 때 어떻게 대처해야 하는지 생각해 보는 것이 좋습니다.

03　　**유의사항**

1. 기업의 인재상을 파악하라!

인성검사를 통해 개인의 성격 특성을 파악하고 그것이 기업의 인재상과 가치에 부합하는지를 평가하는 시험이기 때문에 해당 기업의 인재상을 먼저 파악하고 시험에 임하는 것이 좋습니다. 모의테스트에서 인재상에 맞는 가상의 인물을 설정하고 문제에 답해 보는 것도 많은 도움이 됩니다.

2. 일관성 있는 대답을 하라!

짧은 시간 안에 다양한 질문에 답을 해야 하는데, 그 안에는 중복되는 질문이 여러 번 나옵니다. 이때 앞서 자신이 체크했던 대답을 잘 기억해뒀다가 일관성 있는 답을 하는 것이 중요합니다.

3. 모든 문항에 대답하라!

많은 문제를 짧은 시간 안에 풀려다 보니 다 못 푸는 경우도 종종 생깁니다. 하지만 대답을 누락하거나 끝까지 다 못했을 경우 좋지 않은 결과를 가져올 수도 있으니 최대한 주어진 시간 안에 모든 문항에 답할 수 있도록 해야 합니다.

※ 모의테스트는 질문 및 답변 유형 연습을 위한 것으로 실제 시험과 다를 수 있습니다.
※ 인성검사는 정답이 따로 없는 유형의 검사이므로 결과지를 제공하지 않습니다.

번호	내용	예	아니요
001	나는 솔직한 편이다.	☐	☐
002	나는 리드하는 것을 좋아한다.	☐	☐
003	법을 어겨서 말썽이 된 적이 한 번도 없다.	☐	☐
004	거짓말을 한 번도 한 적이 없다.	☐	☐
005	나는 눈치가 빠르다.	☐	☐
006	나는 일을 주도하기보다는 뒤에서 지원하는 것을 선호한다.	☐	☐
007	앞일은 알 수 없기 때문에 계획은 필요하지 않다.	☐	☐
008	거짓말도 때로는 방편이라고 생각한다.	☐	☐
009	사람이 많은 술자리를 좋아한다.	☐	☐
010	걱정이 지나치게 많다.	☐	☐
011	일을 시작하기 전 재고하는 경향이 있다.	☐	☐
012	불의를 참지 못한다.	☐	☐
013	처음 만나는 사람과도 이야기를 잘 한다.	☐	☐
014	때로는 변화가 두렵다.	☐	☐
015	나는 모든 사람에게 친절하다.	☐	☐
016	힘든 일이 있을 때 술은 위로가 되지 않는다.	☐	☐
017	결정을 빨리 내리지 못해 손해를 본 경험이 있다.	☐	☐
018	기회를 잡을 준비가 되어 있다.	☐	☐
019	때로는 내가 정말 쓸모없는 사람이라고 느낀다.	☐	☐
020	누군가 나를 챙겨주는 것이 좋다.	☐	☐
021	자주 가슴이 답답하다.	☐	☐
022	나는 내가 자랑스럽다.	☐	☐
023	경험이 중요하다고 생각한다.	☐	☐
024	전자기기를 분해하고 다시 조립하는 것을 좋아한다.	☐	☐

PART 4

025	감시받고 있다는 느낌이 든다.	☐	☐
026	난처한 상황에 놓이면 그 순간을 피하고 싶다.	☐	☐
027	세상엔 믿을 사람이 없다.	☐	☐
028	잘못을 빨리 인정하는 편이다.	☐	☐
029	지도를 보고 길을 잘 찾아간다.	☐	☐
030	귓속말을 하는 사람을 보면 날 비난하고 있는 것 같다.	☐	☐
031	막무가내라는 말을 들을 때가 있다.	☐	☐
032	장래의 일을 생각하면 불안하다.	☐	☐
033	결과보다 과정이 중요하다고 생각한다.	☐	☐
034	운동은 그다지 할 필요가 없다고 생각한다.	☐	☐
035	새로운 일을 시작할 때 좀처럼 한 발을 떼지 못한다.	☐	☐
036	기분 상하는 일이 있더라도 참는 편이다.	☐	☐
037	업무능력은 성과로 평가받아야 한다고 생각한다.	☐	☐
038	머리가 맑지 못하고 무거운 느낌이 든다.	☐	☐
039	가끔 이상한 소리가 들린다.	☐	☐
040	타인이 내게 자주 고민상담을 하는 편이다.	☐	☐

※ 모의테스트는 질문 및 답변 유형 연습을 위한 것으로 실제 시험과 다를 수 있습니다.
※ 인성검사는 정답이 따로 없는 유형의 검사이므로 결과지를 제공하지 않습니다.

※ 이 성격검사의 각 문항에는 서로 다른 행동을 나타내는 네 개의 문장이 제시되어 있습니다. 이 문장들을 비교하여, 자신의 평소 행동과 가장 가까운 문장을 'ㄱ' 열에 표기하고, 가장 먼 문장을 'ㅁ' 열에 표기하십시오.

01   나는 _____

	ㄱ	ㅁ
A. 실용적인 해결책을 찾는다.	☐	☐
B. 다른 사람을 돕는 것을 좋아한다.	☐	☐
C. 세부 사항을 잘 챙긴다.	☐	☐
D. 상대의 주장에서 허점을 잘 찾는다.	☐	☐

02   나는 _____

	ㄱ	ㅁ
A. 매사에 적극적으로 임한다.	☐	☐
B. 즉흥적인 편이다.	☐	☐
C. 관찰력이 있다.	☐	☐
D. 임기응변에 강하다.	☐	☐

03   나는 _____

	ㄱ	ㅁ
A. 무서운 영화를 잘 본다.	☐	☐
B. 조용한 곳이 좋다.	☐	☐
C. 가끔 울고 싶다.	☐	☐
D. 집중력이 좋다.	☐	☐

04   나는 _____

	ㄱ	ㅁ
A. 기계를 조립하는 것을 좋아한다.	☐	☐
B. 집단에서 리드하는 역할을 맡는다.	☐	☐
C. 호기심이 많다.	☐	☐
D. 음악을 듣는 것을 좋아한다.	☐	☐

PART 4

05 나는 _____

	ㄱ	ㅁ
A. 타인을 늘 배려한다.	☐	☐
B. 감수성이 예민하다.	☐	☐
C. 즐겨하는 운동이 있다.	☐	☐
D. 일을 시작하기 전에 계획을 세운다.	☐	☐

06 나는 _____

	ㄱ	ㅁ
A. 타인에게 설명하는 것을 좋아한다.	☐	☐
B. 여행을 좋아한다.	☐	☐
C. 정적인 것이 좋다.	☐	☐
D. 남을 돕는 것에 보람을 느낀다.	☐	☐

07 나는 _____

	ㄱ	ㅁ
A. 기계를 능숙하게 다룬다.	☐	☐
B. 밤에 잠이 잘 오지 않는다.	☐	☐
C. 한 번 간 길을 잘 기억한다.	☐	☐
D. 불의를 보면 참을 수 없다.	☐	☐

08 나는 _____

	ㄱ	ㅁ
A. 종일 말을 하지 않을 때가 있다.	☐	☐
B. 사람이 많은 곳을 좋아한다.	☐	☐
C. 술을 좋아한다.	☐	☐
D. 휴양지에서 편하게 쉬고 싶다.	☐	☐

09 나는 _____

	ㄱ	ㅁ
A. 뉴스보다는 드라마를 좋아한다.	☐	☐
B. 길을 잘 찾는다.	☐	☐
C. 주말엔 집에서 쉬는 것이 좋다.	☐	☐
D. 아침에 일어나는 것이 힘들다.	☐	☐

10 나는 _____

	ㄱ	ㅁ
A. 이성적이다.	☐	☐
B. 할 일을 종종 미룬다.	☐	☐
C. 어른을 대하는 게 힘들다.	☐	☐
D. 불을 보면 매혹을 느낀다.	☐	☐

11 나는 _____

	ㄱ	ㅁ
A. 상상력이 풍부하다.	☐	☐
B. 예의 바르다는 소리를 자주 듣는다.	☐	☐
C. 사람들 앞에 서면 긴장한다.	☐	☐
D. 친구를 자주 만난다.	☐	☐

12 나는 _____

	ㄱ	ㅁ
A. 나만의 스트레스 해소 방법이 있다.	☐	☐
B. 친구가 많다.	☐	☐
C. 책을 자주 읽는다.	☐	☐
D. 활동적이다.	☐	☐

04 면접전형 가이드

01 면접유형 파악

1. 면접전형의 변화

기존 면접전형에서는 일상적이고 단편적인 대화나 지원자의 첫인상 및 면접관의 주관적인 판단 등에 의해서 입사 결정 여부를 판단하는 경우가 많았습니다. 이러한 면접전형은 면접 내용의 일관성이 결여되거나 직무 관련 타당성이 부족하였고, 면접에 대한 신뢰도에 영향을 주었습니다.

기존 면접(전통적 면접)		능력중심 채용 면접(구조화 면접)

• 일상적이고 단편적인 대화
• 인상, 외모 등 외부 요소의 영향
• 주관적인 판단에 의존한 총점 부여
 	
⇩
 	
• 면접 내용의 일관성 결여
• 직무관련 타당성 부족
• 주관적인 채점으로 신뢰도 저하
	VS	• 일관성
		  – 직무관련 역량에 초점을 둔 구체적 질문 목록
		  – 지원자별 동일 질문 적용
		• 구조화
		  – 면접 진행 및 평가 절차를 일정한 체계에 의해 구성
		• 표준화
		  – 평가 타당도 제고를 위한 평가 Matrix 구성
		  – 척도에 따라 항목별 채점, 개인 간 비교
		• 신뢰성
		  – 면접진행 매뉴얼에 따라 면접위원 교육 및 실습

2. 능력중심 채용의 면접 유형

① 경험 면접
- 목적 : 선발하고자 하는 직무 능력이 필요한 과거 경험을 질문합니다.
- 평가요소 : 직업기초능력과 인성 및 태도적 요소를 평가합니다.

② 상황 면접
- 목적 : 특정 상황을 제시하고 지원자의 행동을 관찰함으로써 실제 상황의 행동을 예상합니다.
- 평가요소 : 직업기초능력과 인성 및 태도적 요소를 평가합니다.

③ 발표 면접
- 목적 : 특정 주제와 관련된 지원자의 발표와 질의응답을 통해 지원자 역량을 평가합니다.
- 평가요소 : 직무수행능력과 인지적 역량(문제해결능력)을 평가합니다.

④ 토론 면접
- 목적 : 토의과제에 대한 의견수렴 과정에서 지원자의 역량과 상호작용능력을 평가합니다.
- 평가요소 : 직무수행능력과 팀워크를 평가합니다.

1. 경험 면접

① 경험 면접의 특징

- 주로 직업기초능력에 관련된 지원자의 과거 경험을 심층 질문하여 검증하는 면접입니다.
- 직무능력과 관련된 과거 경험을 평가하기 위해 심층 질문을 하며, 이 질문은 지원자의 답변에 대하여 '꼬리에 꼬리를 무는 형식'으로 진행됩니다.

- 능력요소, 정의, 심사 기준
  - 평가하고자 하는 능력요소, 정의, 심사기준을 확인하여 면접위원이 해당 능력요소 관련 질문을 제시합니다.
- Opening Question
  - 능력요소에 관련된 과거 경험을 유도하기 위한 시작 질문을 합니다.
- Follow-up Question
  - 지원자의 경험 수준을 구체적으로 검증하기 위한 질문입니다.
  - 경험 수준 검증을 위한 상황(Situation), 임무(Task), 역할 및 노력(Action), 결과(Result) 등으로 질문을 구분합니다.

경험 면접의 형태

[면접관 1] [면접관 2] [면접관 3]   [면접관 1] [면접관 2] [면접관 3]

[지원자]   [지원자 1] [지원자 2] [지원자 3]

〈일대다 면접〉   〈다대다 면접〉

② 경험 면접의 구조

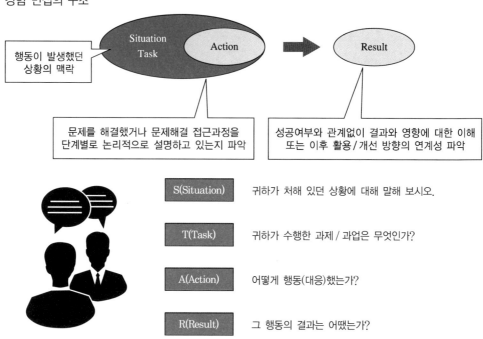

행동이 발생했던 상황의 맥락

문제를 해결했거나 문제해결 접근과정을 단계별로 논리적으로 설명하고 있는지 파악

성공여부와 관계없이 결과와 영향에 대한 이해 또는 이후 활용 / 개선 방향의 연계성 파악

S(Situation)	귀하가 처해 있던 상황에 대해 말해 보시오.
T(Task)	귀하가 수행한 과제 / 과업은 무엇인가?
A(Action)	어떻게 행동(대응)했는가?
R(Result)	그 행동의 결과는 어땠는가?

(   )에 관한 과거 경험에 대하여 말해 보시오.

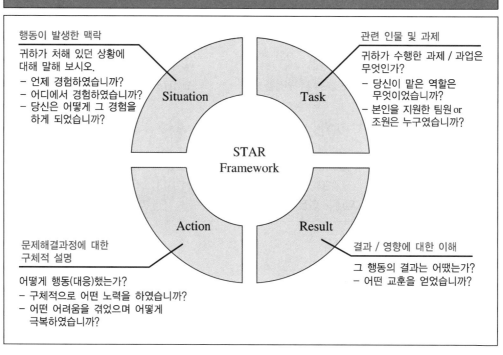

행동이 발생한 맥락
귀하가 처해 있던 상황에 대해 말해 보시오.
- 언제 경험하였습니까?
- 어디에서 경험하였습니까?
- 당신은 어떻게 그 경험을 하게 되었습니까?

관련 인물 및 과제
귀하가 수행한 과제 / 과업은 무엇인가?
- 당신이 맡은 역할은 무엇이었습니까?
- 본인을 지원한 팀원 or 조원은 누구였습니까?

STAR Framework

Situation

Task

Action

Result

문제해결과정에 대한 구체적 설명
어떻게 행동(대응)했는가?
- 구체적으로 어떤 노력을 하였습니까?
- 어떤 어려움을 겪었으며 어떻게 극복하였습니까?

결과 / 영향에 대한 이해
그 행동의 결과는 어땠는가?
- 어떤 교훈을 얻었습니까?

③ 경험 면접 질문 예시(직업윤리)

시작 질문	
1	남들이 신경 쓰지 않는 부분까지 고려하여 절차대로 업무(연구)를 수행하여 성과를 낸 경험을 구체적으로 말해 보시오.
2	조직의 원칙과 절차를 철저히 준수하며 업무(연구)를 수행한 것 중 성과를 향상시킨 경험에 대해 구체적으로 말해 보시오.
3	세부적인 절차와 규칙에 주의를 기울여 실수 없이 업무(연구)를 마무리한 경험을 구체적으로 말해 보시오.
4	조직의 규칙이나 원칙을 고려하여 성실하게 일했던 경험을 구체적으로 말해 보시오.
5	타인의 실수를 바로잡고 원칙과 절차대로 수행하여 성공적으로 업무를 마무리하였던 경험에 대해 말해 보시오.

후속 질문		
상황 (Situation)	상황	구체적으로 언제, 어디에서 경험한 일인가?
		어떤 상황이었는가?
	조직	어떤 조직에 속해 있었는가?
		그 조직의 특성은 무엇이었는가?
		몇 명으로 구성된 조직이었는가?
	기간	해당 조직에서 얼마나 일했는가?
		해당 업무는 몇 개월 동안 지속되었는가?
	조직규칙	조직의 원칙이나 규칙은 무엇이었는가?
임무 (Task)	과제	과제의 목표는 무엇이었는가?
		과제에 적용되는 조직의 원칙은 무엇이었는가?
		그 규칙을 지켜야 하는 이유는 무엇이었는가?
	역할	당신이 조직에서 맡은 역할은 무엇이었는가?
		과제에서 맡은 역할은 무엇이었는가?
	문제의식	규칙을 지키지 않을 경우 생기는 문제점 / 불편함은 무엇인가?
		해당 규칙이 왜 중요하다고 생각하였는가?
역할 및 노력 (Action)	행동	업무 과정의 어떤 장면에서 규칙을 철저히 준수하였는가?
		어떻게 규정을 적용시켜 업무를 수행하였는가?
		규정은 준수하는 데 어려움은 없었는가?
	노력	그 규칙을 지키기 위해 스스로 어떤 노력을 기울였는가?
		본인의 생각이나 태도에 어떤 변화가 있었는가?
		다른 사람들은 어떤 노력을 기울였는가?
	동료관계	동료들은 규칙을 철저히 준수하고 있었는가?
		팀원들은 해당 규칙에 대해 어떻게 반응하였는가?
		규칙에 대한 태도를 개선하기 위해 어떤 노력을 하였는가?
		팀원들의 태도는 당신에게 어떤 자극을 주었는가?
	업무추진	주어진 업무를 추진하는 데 규칙이 방해되진 않았는가?
		업무수행 과정에서 규정을 어떻게 적용하였는가?
		업무 시 규정을 준수해야 한다고 생각한 이유는 무엇인가?

결과 (Result)	평가	규칙을 어느 정도나 준수하였는가?
		그렇게 준수할 수 있었던 이유는 무엇이었는가?
		업무의 성과는 어느 정도였는가?
		성과에 만족하였는가?
		비슷한 상황이 온다면 어떻게 할 것인가?
	피드백	주변 사람들로부터 어떤 평가를 받았는가?
		그러한 평가에 만족하는가?
		다른 사람에게 본인의 행동이 영향을 주었다고 생각하는가?
	교훈	업무수행 과정에서 중요한 점은 무엇이라고 생각하는가?
		이 경험을 통해 느낀 바는 무엇인가?

2. 상황 면접

① 상황 면접의 특징

직무 관련 상황을 가정하여 제시하고 이에 대한 대응능력을 직무관련성 측면에서 평가하는 면접입니다.

> • 상황 면접 과제의 구성은 크게 2가지로 구분
> - 상황 제시(Description) / 문제 제시(Question or Problem)
> • 현장의 실제 업무 상황을 반영하여 과제를 제시하므로 직무분석이나 직무전문가 워크숍 등을 거쳐 현장성을 높임
> • 문제는 상황에 대한 기본적인 이해능력(이론적 지식)과 함께 실질적 대응이나 변수 고려능력(실천적 능력) 등을 고르게 질문해야 함

상황 면접의 형태

[면접관 1]　[면접관 2]

[연기자 1]　[연기자 2]　　　　　　[면접관 1]　[면접관 2]

[지원자]　　　　　　　[지원자 1]　[지원자 2]　[지원자 3]

〈시뮬레이션〉　　　　　　　〈문답형〉

② 상황 면접 예시

상황 제시	인천공항 여객터미널 내에는 다양한 용도의 시설(사무실, 통신실, 식당, 전산실, 창고 면세점 등)이 설치되어 있습니다.	실제 업무 상황에 기반함
	금년에 소방배관의 누수가 잦아 메인 배관을 교체하는 공사를 추진하고 있으며, 당신 은 이번 공사의 담당자입니다.	배경 정보
	주간에는 공항 운영이 이루어져 주로 야간에만 배관 교체 공사를 수행하던 중, 시공하 는 기능공의 실수로 배관 연결 부위를 잘못 건드려 고압배관의 소화수가 누출되는 사고가 발생하였으며, 이로 인해 인근 시설물에 누수에 의한 피해가 발생하였습니다.	구체적인 문제 상황
문제 제시	일반적인 소방배관의 배관연결(이음)방식과 배관의 이탈(누수)이 발생하는 원인 에 대해 설명해 보시오.	문제 상황 해결을 위한 기본 지식 문항
	담당자로서 본 사고를 현장에서 긴급히 처리하는 프로세스를 제시하고, 보수완료 후 사후적 조치가 필요한 부분 및 재발방지 방안에 대해 설명해 보시오.	문제 상황 해결을 위한 추가 대응 문항

3. 발표 면접

① 발표 면접의 특징

- 직무관련 주제에 대한 지원자의 생각을 정리하여 의견을 제시하고, 발표 및 질의응답을 통해 지원자
의 직무능력을 평가하는 면접입니다.
- 발표 주제는 직무와 관련된 자료로 제공되며, 일정 시간 후 지원자가 보유한 지식 및 방안에 대한
발표 및 후속 질문을 통해 직무적합성을 평가합니다.

- 주요 평가요소
  - 설득적 말하기 / 발표능력 / 문제해결능력 / 직무관련 전문성
- 이미 언론을 통해 공론화된 시사 이슈보다는 해당 직무분야에 관련된 주제가 발표면접의 과제로 선
정되는 경우가 최근 들어 늘어나고 있음
- 짧은 시간 동안 주어진 과제를 빠른 속도로 분석하여 발표문을 작성하고 제한된 시간 안에 면접관에
게 효과적인 발표를 진행하는 것이 핵심

발표 면접의 형태

[면접관 1] [면접관 2]

[면접관 1] [면접관 2]

[지원자]

〈개별 과제 발표〉

[지원자 1] [지원자 2] [지원자 3]

〈팀 과제 발표〉

※ 면접관에게 시각적 효과를 사용하여 메시지를 전달하는 쌍방향 커뮤니케이션 방식

※ 심층면접을 보완하기 위한 방안으로 최근 많은 기업에서 적극 도입하는 추세

② 발표 면접 예시

1. 지시문

당신은 현재 A사에서 직원들의 성과평가를 담당하고 있는 팀원이다. 인사팀은 지난주부터 사내 조직문화관련 인터뷰를 하던 도중 성과평가제도에 관련된 개선 니즈가 제일 많다는 것을 알게 되었다. 이에 팀장님은 인터뷰 결과를 종합하려 성과평가제도 개선 아이디어를 A4용지에 정리하여 신속 보고할 것을 지시하셨다. 당신에게 남은 시간은 1시간이다. 자료를 준비하는 대로 당신은 팀원들이 모인 회의실에서 5분 간 발표할 것이며, 이후 질의응답을 진행할 것이다.

2. 배경자료

〈성과평가제도 개선에 대한 인터뷰〉

최근 A사는 회사 사세의 급성장으로 인해 작년보다 매출이 두 배 성장하였고, 직원 수 또한 두 배로 증가하였다. 회사의 성장은 임금, 복지에 대한 상승 등 긍정적인 영향을 주었으나 업무의 불균형 및 성과보상의 불평등 문제가 발생하였다. 또한 수시로 입사하는 신입직원과 경력직원, 퇴사하는 직원들까지 인원들의 잦은 변동으로 인해 평가해야 할 대상이 변경되어 현재의 성과평가제도로는 공정한 평가가 어려운 상황이다.

[생산부서 김상호]
우리 팀은 지난 1년 동안 생산량이 급증했기 때문에 수십 명의 신규인력이 급하게 채용되었습니다. 이 때문에 저희 팀장님은 신규 입사자들의 이름조차 기억 못할 때가 많이 있습니다. 성과평가를 제대로 하고 있는지 의문이 듭니다.

[마케팅 부서 김흥민]
개인의 성과평가의 취지는 충분히 이해합니다. 그러나 현재 평가는 실적기반이나 정성적인 평가가 많이 포함되어 있어 객관성과 공정성에는 의문이 드는 것이 사실입니다. 이러한 상황에서 평가제도를 재수립하지 않고, 인센티브에 계속 반영한다면, 평가제도에 대한 반감이 커질 것이 분명합니다.

[교육부서 홍경민]
현재 교육부서는 인사팀과 밀접하게 일하고 있습니다. 그럼에도 인사팀에서 실시하는 성과평가제도에 대한 이해가 부족한 것 같습니다.

[기획부서 김경호 차장]
저는 저의 평가자 중 하나가 연구부서의 팀장님인데, 일 년에 몇 번 같이 일하지 않는데 어떻게 저를 평가할 수 있을까요? 특히 연구팀은 저희가 예산을 배정하는데, 저에게는 좋지만….

4. 토론 면접

① 토론 면접의 특징

- 다수의 지원자가 조를 편성해 과제에 대한 토론(토의)을 통해 결론을 도출해가는 면접입니다.
- 의사소통능력, 팀워크, 종합인성 등의 평가에 용이합니다.

> - 주요 평가요소
>   - 설득적 말하기, 경청능력, 팀워크, 종합인성
> - 의견 대립이 명확한 주제 또는 채용분야의 직무 관련 주요 현안을 주제로 과제 구성
> - 제한된 시간 내 토론을 진행해야 하므로 적극적으로 자신 있게 토론에 임하고 본인의 의견을 개진할 수 있어야 함

토론 면접의 형태

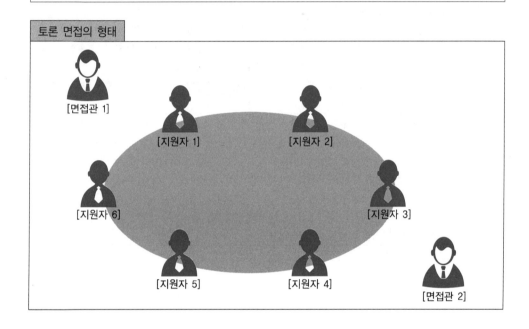

PART 4

② 토론 면접 예시

고객 불만 고충처리

1. 들어가며

최근 우리 상품에 대한 고객 불만의 증가로 고객고충처리 TF가 만들어졌고 당신은 여기에 지원해 배치받았다. 당신의 업무는 불만을 가진 고객을 만나서 애로사항을 듣고 처리해 주는 일이다. 주된 업무로는 고객의 니즈를 파악해 방향성을 제시해 주고 그 해결책을 마련하는 일이다. 하지만 경우에 따라서 고객의 주관적인 의견으로 인해 제대로 된 방향으로 의사결정을 하지 못할 때가 있다. 이럴 경우 설득이나 논쟁을 해서라도 의견을 관철시키는 것이 좋을지 아니면 고객의 의견대로 진행하는 것이 좋을지 결정해야 할 때가 있다. 만약 당신이라면 이러한 상황에서 어떤 결정을 내릴 것인지 여부를 자유롭게 토론해 보시오.

2. 1분 자유 발언 시 준비사항

• 당신은 의견을 자유롭게 개진할 수 있으며 이에 따른 불이익은 없습니다.
• 토론의 방향성을 이해하고, 내용의 장점과 단점이 무엇인지 문제를 명확히 말해야 합니다.
• 합리적인 근거에 기초하여 개선방안을 명확히 제시해야 합니다.
• 제시한 방안을 실행 시 예상되는 긍정적·부정적 영향요인도 동시에 고려할 필요가 있습니다.

3. 토론 시 유의사항

• 토론 주제문과 제공해드린 메모지, 볼펜만 가지고 토론장에 입장할 수 있습니다.
• 사회자의 지정 또는 발표자가 손을 들어 발언권을 획득할 수 있으며, 사회자의 통제에 따릅니다.
• 토론회가 시작되면, 팀의 의견과 논거를 정리하여 1분간의 자유발언을 할 수 있습니다. 순서는 사회자가 지정합니다. 이후에는 자유롭게 상대방에게 질문하거나 답변을 하실 수 있습니다.
• 핸드폰, 서적 등 외부 매체는 사용하실 수 없습니다.
• 논제에 벗어나는 발언이나 지나치게 공격적인 발언을 할 경우, 위에서 제시한 유의사항을 지키지 않을 경우 불이익을 받을 수 있습니다.

1. 면접 Role Play 편성

- 교육생끼리 조를 편성하여 면접관과 지원자 역할을 교대로 진행합니다.
- 지원자 입장과 면접관 입장을 모두 경험해 보면서 면접에 대한 적응력을 높일 수 있습니다.

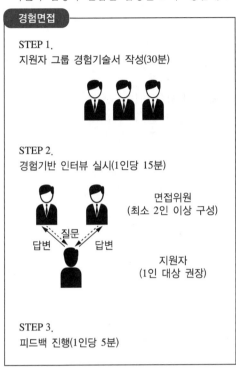

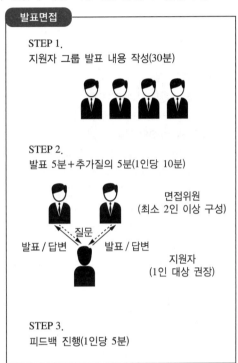

> **Tip**

면접 준비하기
1. 면접 유형 확인 필수
   - 기업마다 면접 유형이 상이하기 때문에 해당 기업의 면접 유형을 확인하는 것이 좋음
   - 일반적으로 실무진 면접, 임원면접 2차례에 거쳐 면접을 실시하는 기업이 많고 실무진 면접과 임원 면접에서 평가요소가 다르기 때문에 유형에 맞는 준비방법이 필요
2. 후속 질문에 대한 사전 점검
   - 블라인드 채용 면접에서는 주요 질문과 함께 후속 질문을 통해 지원자의 직무능력을 판단
     → STAR 기법을 통한 후속 질문에 미리 대비하는 것이 필요

05 │ 한국수자원공사 면접 기출질문

1. 개별PT면접 기출질문

[행정직]

- 한국수자원공사의 주요 홍보 활동 및 개선 방안에 대해 말해 보시오. [2023년 하반기]
- 한국수자원공사의 빅데이터 활용방안 및 기대 효과에 대해 말해 보시오. [2023년 하반기]
- BSC와 MBO의 개념을 설명하고, 특징을 비교 분석해 보시오. [2023년 하반기]
- 한국수자원공사의 SWOT 분석에 대해 말해 보시오. [2023년 상반기]
- 회계의 정의에 대해 말해 보시오. [2023년 상반기]
- 녹조의 발생 이유와 녹조가 발생했을 때 한국수자원공사에서 해야 할 일을 말해 보시오.
- BIM 공법이 무엇인지 말해 보시오.
- 댐 상류에 위치한 한 공장으로부터 오염물질이 유출되어 주민들이 피해를 입었을 때 조치할 사항을 공적 영역과 사적 영역으로 나누어 말해 보시오.
- 댐 건설 부지를 위한 토지 구입을 할 때, 기한이 다 되어도 불법점거하고 있는 주민에게 어떻게 대응할 것인지 말해 보시오.
- 생태관광 및 친환경적 댐체 조상 방안에 대해 말해 보시오.
- 취수 – 급수의 과정에 대해 말해 보시오.
- 한국수자원공사가 해외사업에 있어 해야 할 역할에 대해 말해 보시오.
- 한국수자원공사 해외사업 전략방안에 대해 말해 보시오.
- 한국수자원공사의 시스템에 대해 아는 대로 말해 보시오.
- 물 문화관에서 관광객(고객)이 다쳤을 때 배상책임을 법률적 관점에서 말해 보시오.
- 해안 / 도서지역의 물 부족 해결방안에 대해 말해 보시오.
- 한국수자원공사의 장단점 및 기회위협요인에 대해 말해 보시오.
- 통합 물 관리에 대해 알고 있는지 말해 보시오.
- 한국수자원공사가 세계 물 분쟁 해결을 위해 어떤 기여를 할 수 있을지 말해 보시오.
- 신재생에너지의 예시와 확대방안에 대해 말해 보시오.
- 한국수자원공사의 예산 범위 내에서 만들 수 있는 더 나은 홍보방안에 대해 말해 보시오.
- 한국수자원공사의 가치와 연결했을 때의 자신의 강점과 이 강점을 실현할 수 있는 가치에 대해 말해 보시오.
- 한국수자원공사가 추구하는 가치 중 어떤 것이 가장 중요하다고 생각하고, 어떻게 실현할 수 있을지 말해 보시오.
- 본인의 여러 강점 중 어떤 강점이 업무를 할 때 발휘가 될지 설명해 보시오.
- 4대강 보 16개 중 14개를 열었을 때 이에 대한 대책을 말해 보시오.
- 환경유해물질관리법이 강화되어 사용 금지된 물질이 정수장에서 불가피하게 쓰일 경우 해결방안에 대해 말해 보시오.

- 댐이 노후화되었을 경우 어떻게 해야 할지 말해 보시오.
- 양측의 권리가 상충할 경우 가장 좋은 해결방안은 무엇인지 말해 보시오.
- 공기업의 해외 진출에 대한 방안은 무엇인지 말해 보시오.
- 한국수자원공사에 지원했을 때 기회비용은 무엇인지 말해 보시오.
- 갈등의 기능과 역기능의 해소방안은 무엇인지 말해 보시오.
- 공기업 경영에 있어 공공성과 기업성 중 더 중요한 것은 무엇인지 말해 보시오.

[기술직]
- 물 순환 사업의 발전 방향 및 한국수자원공사의 역할에 대해 설명해 보시오. [2023년 하반기]
- 펌프 효율 개선을 위한 기술적 방안에 대해 말해 보시오. [2023년 하반기]
- 수격 현상의 발생 원인과 대처 방안에 대해 말해 보시오. [2023년 하반기]
- 수상태양광의 장단점에 대해 말해 보시오. [2023년 상반기]
- 몰드변압기에 대해 말해 보시오. [2023년 상반기]
- 베어링의 종류에 대해 말해 보시오. [2023년 상반기]
- 조류(潮流)의 종류에 대해 말해 보시오. [2023년 상반기]
- 비점오염원과 점오염원의 차이점에 대해 말해 보시오. [2023년 상반기]
- NATM 공법과 TBM 공법의 차이점에 대해 말해 보시오.
- 지질의 물리탐사 방법에 대해 말해 보시오.
- 수격현상에 대해 말해 보시오.
- 한국수자원공사의 신재생에너지 사업에 대해 말해 보시오.
- 수상태양광과 육상태양광의 차이에 대해 말해 보시오.
- 수열 에너지에 대해 말해 보시오.
- 홍수가 발생하는 메커니즘에 대해 말해 보시오.
- 중앙집중제어와 분산제어시스템의 차이점을 공급안정성 측면에서 말해 보시오.
- 수차의 손실 요소와 그 손실을 줄일 방법에 대해 말해 보시오.
- 베르누이 법칙에 대해 말해 보시오.
- 안전과 관련한 검사를 진행할 때 가장 마지막에 해야 하는 검사가 무엇인지 말해 보시오.
- 발전기기의 종류에 대해 말해 보시오.
- 수전 설비에는 무엇이 있는지 말해 보시오.
- 수변전설비가 무엇인지 아는 대로 말해 보시오.
- 전력과 전력량의 차이에 대해 말해 보시오.
- ICT를 활용한 수돗물 신뢰도 재고 방안에는 어떠한 것이 있는지 말해 보시오.
- 한국수자원공사의 5G 기술 활용방안에 대해 말해 보시오.
- 고도정수처리과정 후에도 물에서 흙냄새가 난다면 어떻게 처리할 것인지 말해 보시오.
- 한국수자원공사의 발전방향에 대해 말해 보시오.
- 지원동기 및 목표가 무엇인지 말해 보시오.
- 정수처리 과정에 대해 말해 보시오.
- 정수처리와 고도정수처리의 차이점에 대해 말해 보시오.
- 하수처리 과정에 대해 말해 보시오.
- 대체수자원 활용방안에 대해 말해 보시오.

- PLC(Power Line Communication)에 대해 말해 보시오.
- AR(Augmented Reality)에 대해 말해 보시오.
- VR(Virtual Reality : 가상 현실)에 대해 말해 보시오.
- IoT(Internet of Things : 사물인터넷)에 대해 말해 보시오.
- 4차 산업혁명에 대해 말해 보시오.
- 클라우드 컴퓨팅에 대해 말해 보시오.
- 디지털 계전기와 아날로그 계전기를 비교해서 말해 보시오.
- 조력발전의 장단점을 설명하고, 조력발전의 유지·보수방안에 대해 말해 보시오.
- 신재생에너지 생산·판매를 위한 본인만의 아이디어를 말해 보시오.
- 업무에 펌프 정비방법을 어떻게 활용할 수 있을지 말해 보시오.
- 댐 건설관련 유의사항 및 수력발전의 원리에 대해 말해 보시오.
- 유체역학 내용 중 수격현상에 대해 말해 보시오.
- 사물인터넷(IoT)을 수자원에 적용하고자 할 때 적용방안과 기대효과에 대해 말해 보시오.
- 상수도관에 쓰이는 관의 종류에 대해 4개 이상 설명하고 각각의 장단점에 대해 말해 보시오.
- 수력발전 기자재의 외국 의존도 심각성에 대한 국가적인 차원의 대응책에 대해 말해 보시오.
- 조류 현상이 '보 설치로 인한 유속의 감소' 때문인지, 아니면 '가뭄과 이상고온 현상' 때문인지 둘 중에 하나를 선택해 타당한 근거와 해결방안에 대해 말해 보시오.
- 총트리할로메탄의 정의와 특징, 저감방안, 그리고 염소소독, 오존소독, UV소독의 차이점에 대해 말해 보시오.
- 수자원을 관리하는 데 있어서 가장 중요한 것과 수질오염의 판단기준 및 개선방향에 대해 말해 보시오.

[토목직]
- 가뭄이나 홍수의 피해를 최소화하기 위한 댐의 역할에 대해 설명해 보시오. [2023년 하반기]
- 한국수자원공사 건축물의 특징에 대해 말해 보시오. [2023년 상반기]
- 바닷가 근처에 발전소를 건설할 때 어떤 점을 고려해야 하는지 말해 보시오.
- 평균 갈수량의 정의에 대해 말해 보시오.
- 자연유량은 무엇인지 말해 보시오.
- 통합수자원 관리 방안에 대해 말해 보시오.
- 가뭄대책방지에 대해 말해 보시오.
- 강변 여과수에 대해 말해 보시오.
- 유속공식에는 어떤 것이 있는지 말해 보시오.
- 연약지반을 개량할 수 있는 공법에는 무엇이 있는지 말해 보시오.
- CM에 대해 말해 보시오.
- 한국수자원공사의 해외사업에서의 강점에 대해 말해 보시오.
- 최근 가뭄에 대한 방안으로 해수 담수화의 장단점에 대해 말해 보시오.
- 국민들의 수돗물 불신이유와 해결방안에 대해 말해 보시오.
- SWG의 효율제고를 위한 본인 직무의 활용방안에 대해 말해 보시오.

2. 경험역량면접 기출질문

- 상사가 부당한 지시를 시키면 어떻게 대처할 것인지 말해 보시오. [2024년 상반기]
- 한국수자원공사에 입사한 후 어떠한 도움을 줄 수 있을지 말해 보시오. [2024년 상반기]
- 맡은 일을 해내기 위해 자신의 창의적인 아이디어를 적용했던 경험이 있다면 말해 보시오. [2024년 상반기]
- 동료들과 살아온 환경이나 사고방식이 달라 협업에 어려움을 느꼈던 경험이 있다면 말해 보시오. [2024년 상반기]
- 팀활동에서 주변 사람들에게 신뢰를 얻을 수 있는 본인만의 노하우가 있다면 말해 보시오. [2023년 하반기]
- 일을 처리할 때 정확성과 신속성 중 본인이 더 중시하는 것은 무엇인지 말해 보시오. [2023년 하반기]
- 평소 스트레스를 푸는 방법이 있다면 말해 보시오. [2023년 하반기]
- MZ세대의 장단점에 대해 설명해 보시오. [2023년 하반기]
- MZ세대로서 조직에 어떻게 적응할지 말해 보시오. [2023년 하반기]
- 조직의 원칙에 불만을 가졌을 때 어떻게 대처할 것인지 말해 보시오. [2023년 하반기]
- 공공기관 직원에게 가장 중요한 점은 무엇인지 말해 보시오. [2023년 상반기]
- 원칙을 어겼던 경험이 있는지 말해 보시오. [2023년 상반기]
- 본인의 직무가 무엇인지 말해 보시오. [2023년 상반기]
- 원치 않는 근무지로 발령받을 시 어떻게 할 것인지 말해 보시오. [2023년 상반기]
- 다른 사람과 협업을 진행할 때 부족한 점은 무엇인지 말해 보시오.
- 김영란법의 순기능과 역기능에 대해 말해 보시오.
- 업무 중 예상치 못하게 긴급한 업무가 생긴다면 어떻게 처리할지 말해 보시오.
- '젊은 꼰대'에 대해 말해 보시오.
- 친구들에게 어떤 존재인지 말해 보시오.
- 지금 하고 있는 노력에 대하여 말해 보시오.
- 부모님께 거짓말을 한 적이 있는지 말해 보시오.
- 댐 건설에 반대하는 지역주민과의 갈등을 어떻게 해결할 것인지 말해 보시오.
- 타인과의 갈등 발생 시 해결한 경험에 대해 말해 보시오.
- 댐의 수질이 오염되었을 때 이로 인해 발생하는 외적 문제에 대해 말해 보시오.
- 어떤 조직 내에서 리더십을 발휘하여 주어진 일을 해결한 경험이 있는지 말해 보시오.
- 고객의 컴플레인에 어떻게 대처할 것인지 말해 보시오.
- 어떤 봉사활동을 해 보았는지 말해 보시오.
- 한국수자원공사의 상징이 무엇인지 말해 보시오.
- 한국수자원공사가 어떠한 일을 하는지 말해 보시오.
- 전자기학에서 기억에 남는 식을 말해 보시오.
- 인문학 경험을 기르기 위해 어떠한 노력을 했는지 말해 보시오.
- 주변에서 성희롱이나 미투 운동과 관련된 이슈가 있었는지 말해 보시오.
- 한국수자원공사의 인재상 중 어디에 가장 부합하며, 그 이유는 무엇인지 말해 보시오.
- 미투 운동에 대해 어떻게 생각하는지 말해 보시오.
- 앞으로의 커리어 방향에 대해 말해 보시오.

- 녹조현상에 대해 말해 보시오.
- 상사와 의견이 다른 경우 어떻게 할 것인지 말해 보시오.
- 변압기의 2종 접지는 어디에 하는지 말해 보시오.
- 준법정신을 가지고 있는지 말해 보시오.
- 법을 지키면서 희생한 경험이 있는지 말해 보시오.
- 자신을 뽑아야 하는 이유를 말해 보시오.
- 토목직이 하는 일이 무엇인지 말해 보시오.
- 상수도가 새는 것을 알면 어떻게 할 것인지 말해 보시오.
- 자신을 동물에 빗대어 말해 보시오.
- 자신이 다른 지원자들보다 뛰어난 점에 대해 말해 보시오.
- 스트레스를 받으면 어떻게 푸는지 말해 보시오.
- 취미가 무엇인지 말해 보시오.
- 한국수자원공사에서 일하게 된다면 가장 중요한 역량은 무엇이라고 생각하는지 말해 보시오.
- 최근 본 한국수자원공사에 관련된 뉴스가 있는지 말해 보시오.
- 왜 복수전공을 하였는지 말해 보시오.
- 신입사원이 아니라 사장으로 임명되었다면 무엇부터 개선할 것인지 말해 보시오.
- 공기업들이 비난을 받고 있는데 그 이유가 뭐라고 생각하는지 말해 보시오.
- 자신의 생활신조나 신념을 통해 성공하거나 실패한 경험에 대해 말해 보시오.
- 좋아하거나 즐기는 스포츠가 있는지 말해 보시오.
- 평소 수돗물을 잘 마시는지 말해 보시오.
- 수돗물에 대한 사람들의 인식은 어떠한 것 같은지 말해 보시오.
- 졸업 후 한국수자원공사에 입사하기 위해 무엇을 준비했는지 말해 보시오.
- 한국수자원공사 외에 지원한 곳은 어디인지 말해 보시오.
- 마지막으로 하고 싶은 말을 해 보시오.
- 직업 선택의 기준은 무엇인지 말해 보시오.
- 업무를 진행하는 데 있어 무엇이 가장 중요하다고 생각하는지 말해 보시오.

현재 나의 실력을 객관적으로 파악해 보자!

모바일 OMR
답안채점 / 성적분석 서비스

도서에 수록된 모의고사에 대한 객관적인 결과(정답률, 순위)를 종합적으로 분석하여 제공합니다.

OMR 입력

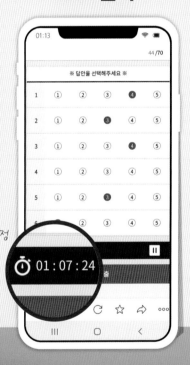

성적분석

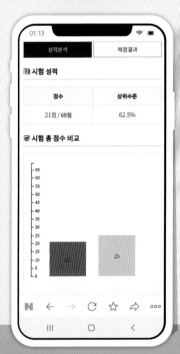

채점결과

※OMR 답안채점 / 성적분석 서비스는 등록 후 30일간 사용 가능합니다.

도서 내 모의고사 우측 상단에 위치한 QR코드 찍기 → 로그인 하기 → '시작하기' 클릭 → '응시하기' 클릭 → 나의 답안을 모바일 OMR 카드에 입력 → '성적분석 & 채점결과' 클릭 → 현재 내 실력 확인하기

시대에듀

공기업 취업을 위한 NCS 직업기초능력평가 시리즈

NCS부터 전공까지 완벽 학습 "통합서" 시리즈

공기업 취업의 기초부터 차근차근! 취업의 문을 여는 **Master Key!**

NCS 영역 및 유형별 체계적 학습 "집중학습" 시리즈

영역별 이론부터 유형별 모의고사까지! 단계별 학습을 통한 **Only Way!**

S

2024
전면개정판

한국
수자원공사

정답 및 해설

NCS + 전공 + 모의고사 4회

편저 | SDC(Sidae Data Center)

기출복원문제부터
대표기출유형 및
모의고사까지

**한 권으로
마무리!**

SDC

SDC는 시대에듀 데이터 센터의 약자로
약 30만 개의 NCS·적성 문제 데이터를
바탕으로 최신 출제경향을 반영하여
문제를 출제합니다.

D

시대에듀

Add+

합격의 공식 시대에듀 www.sdedu.co.kr

특별부록

01 | 2024년 상반기 주요 공기업 NCS 기출복원문제

01	02	03	04	05	06	07	08	09	10	11	12	13	14	15	16	17	18	19	20
③	④	⑤	③	②	③	①	③	④	⑤	②	③	③	①	④	②	①	⑤	①	②
21	22	23	24	25	26	27	28	29	30	31	32	33	34	35	36	37	38	39	40
①	④	③	③	②	④	③	②	②	④	②	④	③	④	①	②	④	③	②	③
41	42	43	44	45	46	47	48	49	50										
③	③	③	⑤	②	③	②	②	①	⑤										

01
정답 ③

제시된 시는 신라시대 6두품 출신의 문인인 최치원이 지은 『촉규화』이다. 최치원은 자신을 향기 날리는 탐스런 꽃송이에 비유하여 뛰어난 학식과 재능을 뽐내고 있지만, 수레와 말 탄 사람에 비유한 높은 지위의 사람들이 자신을 외면하는 현실을 한탄하고 있다.

> **최치원**
> 신라시대 6두품 출신의 문인으로, 12세에 당나라로 유학을 간 후 6년 만에 당의 빈공과에 장원으로 급제할 정도로 학문적 성취가 높았다. 그러나 당나라에서 제대로 인정을 받지 못했으며, 신라에 돌아와서도 6두품이라는 출신의 한계로 원하는 만큼의 관직에 오르지는 못하였다. 『촉규화』는 최치원이 당나라 유학시절에 지은 시로 알려져 있으며, 자신을 알아주지 않는 시대에 대한 개탄을 담고 있다. 최치원은 인간 중심의 보편성과 그에 따른 다양성을 강조하였으며, 신라의 쇠퇴로 인해 이러한 그의 정치 이념과 사상은 신라 사회에서는 실현되지 못하였으나 이후 고려 국가의 체제 정비에 영향을 미쳤다.

02
정답 ④

네 번째 문단에서 백성들이 적지 않고, 토산품이 구비되어 있지만 이로운 물건이 세상에 나오지 않고, 그렇게 하는 방법을 모르기 때문에 경제를 윤택하게 하는 것 자체를 모른다고 하였다. 따라서 조선의 경제가 윤택하지 못한 이유를 부족한 생산량이 아니라 유통의 부재로 보고 있다.

오답분석

① 세 번째 문단에서 쓸모없는 물건을 사용하여 유용한 물건을 유통하고 거래하지 않는다면 유용한 물건들이 대부분 한 곳에 묶여서 고갈될 것이라고 하며 유통이 원활하지 않은 현실을 비판하고 있다.

② 세 번째 문단에서 옛날의 성인과 제왕은 유통의 중요성을 알고 있었기 때문에 주옥과 화폐 등의 물건을 조성하여 재물이 원활하게 유통될 수 있도록 노력했다고 하며 재물 유통을 위한 성현들의 노력을 제시하고 있다.

③ 여섯 번째 문단에서 재물을 우물에 비유하여 설명하고 있다. 재물의 소비를 하지 않으면 물을 길어내지 않는 우물처럼 말라 버릴 것이며, 소비를 한다면 물을 퍼내는 우물처럼 물이 가득할 것이라며 재물에 대한 소비가 경제의 규모를 늘릴 것이라고 강조하고 있다.

⑤ 여섯 번째 문단에서 비단옷을 입지 않으면 비단을 짜는 사람과 베를 짜는 여인 등 관련 산업 자체가 황폐해질 것이라고 하고 있다. 따라서 산업의 발전을 위한 적당한 사치(소비)가 있어야 함을 제시하고 있다.

03
정답 ⑤

'말로는 친한 듯 하나 속으로는 해칠 생각이 있음'을 뜻하는 한자성어는 '口蜜腹劍(구밀복검)'이다.
• 刻舟求劍(각주구검) : 융통성 없이 현실에 맞지 않는 낡은 생각을 고집하는 어리석음

[오답분석]
① 水魚之交(수어지교) : 아주 친밀하여 떨어질 수 없는 사이
② 結草報恩(결초보은) : 죽은 뒤에라도 은혜를 잊지 않고 갚음
③ 靑出於藍(청출어람) : 제자나 후배가 스승이나 선배보다 나음
④ 指鹿爲馬(지록위마) : 윗사람을 농락하여 권세를 마음대로 함

04
정답 ③

③에서 '뿐이다'는 체언(명사, 대명사, 수사)인 '셋'을 수식하므로 조사로 사용되었다. 따라서 앞말과 붙여 써야 한다.

[오답분석]
① 종결어미 '-는지'는 앞말과 붙여 써야 한다.
② '만큼'은 용언(동사, 형용사)인 '애쓴'을 수식하므로 의존명사로 사용되었다. 따라서 앞말과 띄어 써야 한다.
④ '큰지'와 '작은지'는 모두 연결어미 '-ㄴ지'로 쓰였으므로 앞말과 붙여 써야 한다.
⑤ '-판'은 앞의 '씨름'과 합성어를 이루므로 붙여 써야 한다.

05
정답 ②

'채이다'는 '차이다'의 잘못된 표기이다. 따라서 '차였다'로 표기해야 한다.
• 차이다 : 주로 남녀 관계에서 일방적으로 관계가 끊기다.

[오답분석]
① 금세 : 지금 바로. '금시에'의 준말
③ 핼쑥하다 : 얼굴에 핏기가 없고 파리하다.
④ 낯설다 : 전에 본 기억이 없어 익숙하지 아니하다.
⑤ 곰곰이 : 여러모로 깊이 생각하는 모양

06
정답 ③

한자어에서 'ㄹ' 받침 뒤에 연결되는 'ㄷ, ㅅ, ㅈ'은 된소리로 발음되므로 [몰쌍식]으로 발음해야 한다.

[오답분석]
①·④ 받침 'ㄴ'은 'ㄹ'의 앞이나 뒤에서 [ㄹ]로 발음하지만, 결단력, 공권력, 상견례 등에서는 [ㄴ]으로 발음한다.
② 받침 'ㄱ(ㄲ, ㅋ, ㄳ, ㄺ), ㄷ(ㅅ, ㅆ, ㅈ, ㅊ, ㅌ, ㅎ), ㅂ(ㅍ, ㄼ, ㄿ, ㅄ)'은 'ㄴ, ㅁ' 앞에서 [ㅇ, ㄴ, ㅁ]으로 발음한다.
⑤ 받침 'ㄷ, ㅌ(ㄾ)'이 조사나 접미사의 모음 'ㅣ'와 결합되는 경우에는 [ㅈ, ㅊ]으로 바꾸어서 뒤 음절 첫소리로 옮겨 발음한다.

07
정답 ①

$865 \times 865 + 865 \times 270 + 135 \times 138 - 405$
$= 865 \times 865 + 865 \times 270 + 135 \times 138 - 135 \times 3$
$= 865 \times (865 + 270) + 135 \times (138 - 3)$
$= 865 \times 1,135 + 135 \times 135$
$= 865 \times (1,000 + 135) + 135 \times 135$
$= 865 \times 1,000 + (865 + 135) \times 135$
$= 865,000 + 135,000$
$= 1,000,000$
따라서 식을 계산하여 나온 수의 백의 자리는 0, 십의 자리는 0, 일의 자리는 0이다.

08

정답 ③

터널의 길이를 xm라 하면 다음과 같은 식이 성립한다.

$$\frac{x+200}{60} : \frac{x+300}{90} = 10 : 7$$

$$\frac{x+300}{90} \times 10 = \frac{x+200}{60} \times 7$$

→ $600(x+300)=630(x+200)$

→ $30x=54,000$

∴ $x=1,800$

따라서 터널의 길이는 1,800m이다.

09

정답 ④

나열된 수의 규칙은 (첫 번째 수)×[(두 번째 수)−(세 번째 수)]=(네 번째 수)이다.
따라서 빈칸에 들어갈 수는 $9 \times (16-9) = 63$이다.

10

정답 ⑤

제시된 수열은 +3, +5, +7, +9, … 씩 증가하는 수열이다.
따라서 빈칸에 들어갈 수는 $97+21=118$이다.

11

정답 ②

A반과 B반 모두 2번의 경기를 거쳐 결승에 만나는 경우는 다음과 같다.

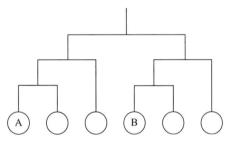

이때 남은 네 반을 배치할 때마다 모두 다른 경기가 진행되므로 구하고자 하는 경우의 수는 4!=24가지이다.

12

정답 ③

첫 번째 조건에 따라 ①, ②는 70대 이상에서 도시의 여가생활 만족도(1.7점)가 같은 연령대의 농촌(ㄹ) 만족도(3.5점)보다 낮으므로 제외되고, 두 번째 조건에 따라 도시에서 10대의 여가생활 만족도는 농촌에서 10대(1.8점)의 2배보다 높으므로 1.8×2=3.6점을 초과해야 하나 ④는 도시에서 10대(ㄱ)의 여가생활 만족도가 3.5점이므로 제외된다. 또한, 세 번째 조건에 따라 ⑤는 도시에서 여가생활 만족도가 가장 높은 연령대인 40대(3.9점)보다 30대(ㄴ)가 4.0점으로 높으므로 제외된다.
따라서 마지막 조건까지 만족하는 것은 ③이다.

13

정답 ③

가격을 10,000원 인상할 때 판매량은 (10,000−160)개이고, 20,000원 인상할 때 판매량은 (10,000−320)개이다. 또한, 가격을 10,000원 인하할 때 판매량은 (10,000+160)개이고, 20,000원 인하할 때 판매량은 (10,000+320)개이다. 따라서 가격이 $(500,000+10,000x)$원일 때 판매량은 $(10,000-160x)$개이므로, 총 판매금액을 y원이라 하면 $(500,000+10,000x)\times(10,000-160x)$원이 된다.

y는 x에 대한 이차식이므로 이를 표준형으로 표현하면 다음과 같다.

$y=(500,000+10,000x)\times(10,000-160x)$

$\quad =-1,600,000\times(x+50)\times(x-62.5)$

$\quad =-1,600,000\times(x^2-12.5x-3,125)$

$\quad =-1,600,000\times\left(x-\dfrac{25}{4}\right)^2+1,600,000\times\left(\dfrac{25}{4}\right)^2+1,600,000\times3,125$

따라서 $x=\dfrac{25}{4}$일 때 총 판매금액이 최대이지만 가격은 10,000원 단위로만 변경할 수 있으므로 $\dfrac{25}{4}$와 가장 가까운 자연수인 $x=6$일 때 총 판매금액이 최대가 된다. 따라서 제품의 가격은 $500,000+10,000\times6=560,000$원이다.

14

정답 ①

방사형 그래프는 여러 평가 항목에 대하여 중심이 같고 크기가 다양한 원 또는 다각형을 도입하여 구역을 나누고, 각 항목에 대한 도수 등을 부여하여 점을 찍은 후 그 점끼리 이어 생성된 다각형으로 자료를 분석할 수 있다. 따라서 방사형 그래프인 ①을 사용하면 항목별 균형을 쉽게 파악할 수 있다.

15

정답 ④

3월의 경우 K톨게이트를 통과한 영업용 승합차 수는 229천 대이고, 영업용 대형차 수는 139천 대이다.
$139\times2=278>229$이므로 3월의 영업용 승합차 수는 영업용 대형차 수의 2배 미만이다.
따라서 모든 달에서 영업용 승합차 수는 영업용 대형차 수의 2배 이상이 아니므로 옳지 않은 설명이다.

[오답분석]

① 각 달의 전체 승용차 수와 전체 승합차 수의 합은 다음과 같다.
- 1월 : $3,807+3,125=6,932$천 대
- 2월 : $3,555+2,708=6,263$천 대
- 3월 : $4,063+2,973=7,036$천 대
- 4월 : $4,017+3,308=7,325$천 대
- 5월 : $4,228+2,670=6,898$천 대
- 6월 : $4,053+2,893=6,946$천 대
- 7월 : $3,908+2,958=6,866$천 대
- 8월 : $4,193+3,123=7,316$천 대
- 9월 : $4,245+3,170=7,415$천 대
- 10월 : $3,977+3,073=7,050$천 대
- 11월 : $3,953+2,993=6,946$천 대
- 12월 : $3,877+3,040=6,917$천 대

따라서 전체 승용차 수와 승합차 수의 합이 가장 많은 달은 9월이고, 가장 적은 달은 2월이다.

② 비영업용 승합차가 가장 많이 통과한 달인 4월을 제외한 모든 달의 비영업용 승합차 수는 3,000천 대=$3,000\times1,000$= 3,000,000대 미만이다.

③ 모든 달에서 (영업용 대형차 수)$\times10 \geq$ (전체 대형차 수)이므로 영업용 대형차 수의 비율은 모든 달에서 전체 대형차 수의 10% 이상이다.

⑤ 승용차가 가장 많이 통과한 달은 9월이고, 이때 영업용 승용차 수의 비율은 9월 전체 승용차 수의 $\dfrac{140}{4,245}\times100\fallingdotseq3.3\%$로 3% 이상이다.

16

정답 ②

제시된 열차의 부산역 도착시간을 계산하면 다음과 같다.
- KTX
  8:00(서울역 출발) → 10:30(부산역 도착)
- ITX-청춘
  7:20(서울역 출발) → 8:00(대전역 도착) → 8:15(대전역 출발) → 11:05(부산역 도착)
- ITX-마음
  6:40(서울역 출발) → 7:20(대전역 도착) → 7:35(대전역 출발) → 8:15(울산역 도착) → 8:30(울산역 출발) → 11:00(부산역 도착)
- 새마을호
  6:30(서울역 출발) → 7:30(대전역 도착) → 7:40(ITX-마음 출발 대기) → 7:55(대전역 출발) → 8:55(울산역 도착) → 9:10(울산역 출발) → 10:10(동대구역 도착) → 10:25(동대구역 출발) → 11:55(부산역 도착)
- 무궁화호
  5:30(서울역 출발) → 6:50(대전역 도착) → 7:05(대전역 출발) → 8:25(울산역 도착) → 8:35(ITX-마음 출발 대기) → 8:50(울산역 출발) → 10:10(동대구역 도착) → 10:30(새마을호 출발 대기) → 10:45(동대구역 출발) → 12:25(부산역 도착)

따라서 가장 늦게 도착하는 열차는 무궁화호로, 12시 25분에 부산역에 도착한다.

오답분석
① ITX-청춘은 11시 5분에 부산역에 도착하고, ITX-마음은 11시에 부산역에 도착한다.
③ ITX-마음은 정차역인 대전역과 울산역에서 다른 열차와 시간이 겹치지 않는다.
④ 부산역에 가장 빨리 도착하는 열차는 KTX로, 10시 30분에 도착한다.
⑤ 무궁화호는 울산역에서 8시 15분에 도착한 ITX-마음으로 인해 8시 35분까지 대기하며, 동대구역에서 10시 10분에 도착한 새마을호로 인해 10시 30분까지 대기한다.

17

정답 ①

A과장과 팀원 1명은 7시 30분까지 사전 회의를 가져야 하므로 8시에 출발하는 KTX만 이용할 수 있다. 남은 팀원 3명은 11시 30분까지 부산역에 도착해야 하므로 10시 30분에 도착하는 KTX, 11시 5분에 도착하는 ITX-청춘, 11시에 도착하는 ITX-마음을 이용해야 한다. 이 중 가장 저렴한 열차를 이용해야 하므로 ITX-마음을 이용한다. 따라서 KTX 2인, ITX-마음 3인의 요금을 계산하면 $(59,800 \times 2) + (42,600 \times 3) = 119,600 + 127,800 = 247,400$이다.

18

정답 ⑤

A는 B의 부정적인 의견들을 구조화하여 B가 그러한 논리를 가지게 된 궁극적 원인인 경쟁력 부족을 찾아내었고, 이러한 원인을 해소할 수 있는 방법을 찾아 자신의 계획을 재구축하여 B에게 설명하였다. 따라서 제시문에서 나타난 논리적 사고의 구성요소는 상대 논리의 구조화이다.

오답분석
① 설득 : 논증을 통해 나의 생각을 다른 사람에게 이해・공감시키고, 타인이 내가 원하는 행동을 하도록 하는 것이다.
② 구체적인 생각 : 상대가 말하는 것을 잘 알 수 없을 때, 이미지를 떠올리거나 숫자를 활용하는 등 구체적인 방법을 활용하여 생각하는 것이다.
③ 생각하는 습관 : 논리적 사고를 개발하기 위해 일상적인 모든 것에서 의문점을 가지고 그 원인을 생각해 보는 습관이다.
④ 타인에 대한 이해 : 나와 상대의 주장이 서로 반대될 때, 상대의 주장 전부를 부정하지 않고 상대의 인격을 존중하는 것이다.

19

정답 ①

마지막 조건에 따라 C는 항상 두 번째에 도착하게 되고, 첫 번째 조건에 따라 A-B가 순서대로 도착했으므로 A, B는 첫 번째로 도착할 수 없다. 그러므로 가능한 경우를 정리하면 다음과 같다.

구분	첫 번째	두 번째	세 번째	네 번째	다섯 번째
경우 1	E	C	A	B	D
경우 2	E	C	D	A	B

따라서 E는 항상 가장 먼저 도착한다.

20

전제 1의 전건(P)인 'TV를 오래 보면'은 후건(Q)인 '눈이 나빠진다.'가 성립하는 충분조건이며, 후건은 전건의 필요조건이 된다(P → Q). 그러나 삼단논법에서 단순히 전건을 부정한다고 해서 후건 또한 부정되지는 않는다(~ P → ~ Q, 역의 오류). 철수가 TV를 오래 보지 않아도 눈이 나빠질 수 있는 가능성은 얼마든지 있기 때문이다. 이러한 형식적 오류를 '전건 부정의 오류'라고 한다.

[오답분석]
① 사개명사의 오류 : 삼단논법에서 개념이 4개일 때 성립하는 오류이다(A는 B이고, A와 C는 모두 D이다. 따라서 B는 C이다).
③ 후건 긍정의 오류 : 후건을 긍정한다고 전건 또한 긍정이라고 하는 오류이다(P → Q이므로 Q → P이다. 이의 오류).
④ 선언지 긍정의 오류 : 어느 한 명제를 긍정하는 것이 필연적으로 다른 명제의 부정을 도출한다고 여기는 오류이다(A는 B와 C이므로 A가 B라면 반드시 C는 아니다. ∵ B와 C 둘 다 해당할 가능성이 있음).
⑤ 매개념 부주연의 오류 : 매개념(A)이 외연 전부(B)에 대하여 성립되지 않을 때 발생하는 오류이다(A는 B이고 C는 B이므로 A는 C이다).

21

K공단에서 위촉한 자문 약사는 다제약물 관리사업 대상자가 먹고 있는 약물의 복용상태, 부작용, 중복 등을 종합적으로 검토하고 그 결과를 바탕으로 상담, 교육 및 처방조정 안내를 실시한다. 또한 우리나라는 2000년에 시행된 의약 분업의 결과, 일부 예외사항을 제외하면 약사는 환자에게 약물의 처방을 할 수 없다. 따라서 약사는 환자의 약물점검 결과를 의사에게 전달하여 처방에 반영될 수 있도록 할 뿐 직접적인 처방을 할 수는 없다.

[오답분석]
② 다제약물 관리사업으로 인해 중복되는 약물을 파악하고 조치할 수 있다. 실제로 세 번째 문단의 다제약물 관리사업 평가에서 효능이 유사한 약물을 중복해서 복용하는 환자가 40.2% 감소되는 등의 효과가 확인되었다.
③ 다제약물 관리사업은 10종 이상의 약을 복용하는 만성질환자를 대상으로 약물관리 서비스를 제공하는 사업이다.
④ 병원의 경우 입원 및 외래환자를 대상으로 의사, 약사 등으로 구성된 다학제팀이 약물관리 서비스를 제공하는 반면, 지역사회에서는 다학제 협업 시스템이 미흡하다는 의견이 나오고 있다. 이에 K공단은 도봉구 의사회와 약사회, 전문가로 구성된 지역협의체를 구성하여 의·약사 협업 모형을 개발하였다.

22

제시문의 첫 번째 문단은 아토피 피부염의 정의를 나타내므로 이어서 연결될 수 있는 문단은 아토피 피부염의 원인을 설명하는 (라) 문단이다. 또한, (가) 문단의 앞부분 내용이 (라) 문단의 뒷부분과 연계되므로 (가) 문단이 다음에 오는 것이 적절하다. 그리고 (나) 문단의 첫 번째 문장에서 앞의 약물치료와 더불어 일상생활에서의 예방법을 말하고 있으므로 (나) 문단의 앞에는 아토피 피부염의 약물치료 방법인 (다) 문단이 오는 것이 가장 자연스럽다. 따라서 (라) – (가) – (다) – (나)의 순서로 나열해야 한다.

23

제시문은 뇌경색이 발생하는 원인과 발생했을 때 치료 방법을 소개하고 있다. 따라서 글의 주제로 가장 적절한 것은 '뇌경색의 발병 원인과 치료 방법'이다.

[오답분석]
① 뇌경색의 주요 증상에 대해서는 제시문에서 언급하고 있지 않다.
② 뇌경색 환자는 기전에 따라 항혈소판제나 항응고제 약물 치료를 한다고 하였지만, 글의 전체 내용을 담는 주제는 아니다.
④ 뇌경색이 발생했을 때의 조치사항은 제시문에서 언급하고 있지 않다.

24

2021년의 건강보험료 부과 금액은 전년 대비 $69,480-63,120=6,360$십억 원 증가하였다. 이는 2020년 건강보험료 부과 금액의 10%인 $63,120×0.1=6,312$십억 원보다 크므로 2021의 건강보험료 부과 금액은 전년 대비 10% 이상 증가하였음을 알 수 있다. 2022년 또한 $76,775-69,480=7,295$십억 $> 69,480×0.1=6,948$십억 원이므로 건강보험료 부과 금액은 전년 대비 10% 이상 증가하였다.

오답분석

① 제시된 자료를 통해 확인할 수 있다.
② 연도별 전년 대비 1인당 건강보험 급여비 증가액을 구하면 다음과 같다.
- 2020년 : $1,400,000-1,300,000=100,000$원
- 2021년 : $1,550,000-1,400,000=150,000$원
- 2022년 : $1,700,000-1,550,000=150,000$원
- 2023년 : $1,900,000-1,700,000=200,000$원
따라서 1인당 건강보험 급여비가 전년 대비 가장 크게 증가한 해는 2023년이다.

④ 2019년 대비 2023년의 1인당 건강보험 급여비 증가율은 $\dfrac{1,900,000-1,300,000}{1,300,000}×100≒46\%$이므로 40% 이상 증가하였다.

25

'잎이 넓다.'를 P, '키가 크다.'를 Q, '더운 지방에서 자란다.'를 R, '열매가 많이 맺힌다.'를 S라 하면, 첫 번째 명제는 P → Q, 두 번째 명제는 ~P → ~R, 네 번째 명제는 R → S이다. 두 번째 명제의 대우인 R → P와 첫 번째 명제인 P → Q에 따라 R → P → Q이므로 네 번째 명제가 참이 되려면 Q → S인 명제 또는 이와 대우 관계인 ~S → ~Q인 명제가 필요하다.

오답분석

① ~P → S이므로 네 번째 명제가 참임을 판단할 수 없다.
③ '벌레가 많은 지역'은 네 번째 명제와 관련이 없다.
④ R → Q와 대우 관계인 명제로, 네 번째 명제가 참임을 판단할 수 없다.

26

'풀을 먹는 동물'을 P, '몸집이 크다.'를 Q, '사막에서 산다.'를 R, '물속에서 산다.'를 S라 하면, 첫 번째 명제는 P → Q, 두 번째 명제는 R → ~S, 네 번째 명제는 S → Q이다. 네 번째 명제가 참이 되려면 두 번째 명제와 대우 관계인 S → ~R일 때 ~R → P인 명제 또는 이와 대우 관계인 ~P → R인 명제가 필요하다.

오답분석

① Q → S로 네 번째 명제의 역이지만, 어떤 명제가 참이라고 해서 그 역이 반드시 참이 될 수는 없다.
② 제시된 모든 명제와 관련이 없는 명제이다.
③ R → Q이므로 네 번째 명제가 참임을 판단할 수 없다.

27

'비싼 책(을 산다)'을 P, '색이 다양하다.'를 Q, '안경을 쓰다.'를 R, '얇은 책(을 산다)'을 S라 하면, 두 번째 명제는 P → Q, 세 번째 명제는 ~R → S이고, 다섯 번째 명제는 P → R이다. 따라서 다섯 번째 명제가 참이 되려면 세 번째 명제와 대우 관계인 ~S → R에 의해 Q → ~S인 명제 또는 이와 대우 관계인 S → ~Q인 명제가 필요하다.

오답분석

① 세 번째 명제와 대우 관계이지만, 다섯 번째 명제가 참임을 판단할 수 없다.
② P → ~R로 다섯 번째 명제의 부정이다.
④ R → Q의 대우인 ~Q → ~R, 두 번째 명제의 대우인 ~Q → ~P로 다섯 번째 명제가 참인지는 알 수 없다.

28

정답 ②

- A : 초청 목적이 6개월가량의 외국인 환자의 간병이므로 G-1-10 비자를 발급받아야 한다.
- B : 초청 목적이 국내 취업조건을 모두 갖춘 자의 제조업체 취업이므로 E-9-1 비자를 발급받아야 한다.
- C : 초청 목적이 K대학교 교환학생이므로 D-2-6 비자를 발급받아야 한다.
- D : 초청 목적이 국제기구 정상회의 참석이므로 A-2 비자를 발급받아야 한다.

29

정답 ②

나열된 수의 규칙은 [(첫 번째 수)+(두 번째 수)]×(세 번째 수)−(네 번째 수)=(다섯 번째 수)이다.
따라서 빈칸에 들어갈 수는 $(9+7) \times 5 - 1 = 79$이다.

30

정답 ④

두 주사위 A, B를 던져 나온 수를 각각 a, b라 할 때, 가능한 순서쌍 (a, b)의 경우의 수는 $6 \times 6 = 36$가지이다.
이때 $a = b$의 경우의 수는 (1, 1), (2, 2), (3, 3), (4, 4), (5, 5), (6, 6)으로 6가지이므로 $a \neq b$의 경우의 수는 $36 - 6 = 30$가지이다.
따라서 $a \neq b$일 확률은 $\dfrac{30}{36} = \dfrac{5}{6}$이다.

31

정답 ②

$$\frac{(\text{빨간색 공 2개 중 1개를 뽑는 경우의 수}) \times (\text{노란색 공 3개 중 2개를 뽑는 경우의 수})}{(\text{전체 공 5개 중 3개를 뽑는 경우의 수})} = \frac{{}_2C_1 \times {}_3C_2}{{}_5C_3} = \frac{2 \times 3}{\dfrac{5 \times 4 \times 3}{3 \times 2 \times 1}} = \frac{3}{5}$$

32

정답 ④

A씨와 B씨가 만날 때 A씨의 이동거리와 B씨의 이동거리의 합은 산책로의 둘레 길이와 같다.
그러므로 두 번째 만났을 때 (A씨의 이동거리)+(B씨의 이동거리)=2×(산책로의 둘레 길이)이다. 이때 A씨가 출발 후 x시간이 지났다면 다음 식이 성립한다.

$$3x + 7\left(x - \frac{1}{2}\right) = 4$$
$$\rightarrow 3x + 7x - \frac{7}{2} = 4$$
$$\therefore x = \frac{15}{20}$$

그러므로 $\dfrac{15}{20}$시간, 즉 45분이 지났음을 알 수 있다.
따라서 A씨와 B씨가 두 번째로 만날 때의 시각은 오후 5시 45분이다.

33

정답 ③

모니터 화면을 분할하는 단축키는 '〈Window 로고 키〉+〈화살표 키〉'이다. 임의의 폴더나 인터넷 창 등이 열린 상태에서 '〈Window 로고 키〉+〈왼쪽 화살표 키〉'를 입력하면 모니터 중앙을 기준으로 절반씩 좌우로 나눈 후 열린 폴더 및 인터넷 창 등을 왼쪽 절반 화면으로 밀어서 띄울 수 있다. 이 상태에서 다른 폴더나 인터넷 창 등을 열고 '〈Window 로고 키〉+〈오른쪽 화살표 키〉'를 입력하면 같은 형식으로 오른쪽이 활성화된다. 또한, 왼쪽 또는 오른쪽으로 분할된 상태에서 〈Window 로고 키〉+〈위쪽 / 아래쪽 화살표 키〉'를 입력하여 최대 4분할까지 가능하다. 단 '〈Window 로고 키〉+〈위쪽 / 아래쪽 화살표 키〉'를 먼저 입력하여 화면을 상하로 분할할 수는 없다. 좌우 분할이 안 된 상태에서 '〈Window 로고 키〉+〈위쪽 / 아래쪽 화살표 키〉'를 입력하면 창을 최소화 / 원래 크기 / 최대 크기로 변경할 수 있다.

34

정답 ④

'〈Window 로고 키〉+〈D〉'를 입력하면 활성화된 모든 창을 최소화하고 바탕화면으로 돌아갈 수 있으며, 이 상태에서 다시 '〈Window 로고 키〉+〈D〉'를 입력하면 단축키를 입력하기 전 상태로 되돌아간다. 비슷한 기능을 가진 단축키로 '〈Window 로고 키〉+〈M〉'이 있지만, 입력하기 전 상태의 화면으로 되돌아갈 수는 없다.

오답분석

① 〈Window 로고 키〉+〈R〉 : 실행 대화 상자를 여는 단축키이다.
② 〈Window 로고 키〉+〈I〉 : 설정 창을 여는 단축키이다.
③ 〈Window 로고 키〉+〈L〉 : PC를 잠그거나 계정을 전환하기 위해 잠금화면으로 돌아가는 단축키이다.

35

정답 ①

특정 텍스트를 다른 텍스트로 수정하는 함수는 「=SUBSTITUTE(참조 텍스트,수정해야 할 텍스트,수정한 텍스트,[위치])」이며, [위치]가 빈칸이면 모든 수정해야 할 텍스트가 수정한 텍스트로 수정된다.
따라서 입력해야 할 함수식은 「=SUBSTITUTE("서울특별시 영등포구 홍제동","영등포","서대문")」이다.

오답분석

② IF(조건,참일 때 값,거짓일 때 값) 함수는 조건부가 참일 때 TRUE 값을 출력하고, 거짓일 때 FALSE 값을 출력하는 함수이다. "서울특별시 영등포구 홍제동"="영등포"는 항상 거짓이므로 빈칸으로 출력된다.
③ MOD(수,나눌 수) 함수는 입력한 수를 나눌 수로 나누었을 때 나머지를 출력하는 함수이므로 텍스트를 입력하면 오류가 발생한다.
④ NOT(인수) 함수는 입력된 인수를 부정하는 함수이며, 인수는 1개만 입력할 수 있다.

36

정답 ②

제시된 조건이 포함되는 셀의 수를 구하는 조건부 함수를 사용한다. 따라서 「=COUNTIF(B2:B16,">50000")」를 입력해야 한다.

37

정답 ④

지정된 자릿수 이하의 수를 버림하는 함수는 「=ROUNDDOWN(버림할 수,버림할 자릿수)」이다. 따라서 입력해야 할 함수는 「=ROUNDDOWN((AVERAGE(B2:B16)),-2)」이다.

오답분석

① LEFT 함수는 왼쪽에서 지정된 차례까지의 텍스트 또는 인수를 출력하는 함수이다. 따라서 「=LEFT((AVERAGE(B2:B16)),2)」를 입력하면 '65'가 출력된다.
② RIGHT 함수는 오른쪽에서 지정된 차례까지의 텍스트 또는 인수를 출력하는 함수이다. 따라서 「=RIGHT((AVERAGE(B2:B16)),2)」를 입력하면 '33'이 출력된다.
③ ROUNDUP 함수는 지정된 자릿수 이하의 수를 올림하는 함수이다. 따라서 「=ROUNDUP((AVERAGE(B2:B16)),-2)」를 입력하면 '65,400'이 출력된다.

38

정답 ③

오전 10시부터 오후 12시까지 근무를 할 수 있는 사람은 B뿐이고, 오후 6시부터 오후 8시까지 근무를 할 수 있는 사람은 D뿐이다. A와 C가 남은 오후 12시부터 오후 6시까지 나누어 근무해야 하지만, A는 오후 5시까지 근무할 수 있고 모든 직원의 최소 근무시간은 2시간이므로 A가 오후 12시부터 4시까지 근무하고, C가 오후 4시부터 오후 6시까지 근무할 때 인건비가 최소이다.

각 직원의 근무시간과 인건비를 정리하면 다음과 같다.

직원	근무시간	인건비
B	오전 10:00 ~ 오후 12:00	10,500×1.5×2=31,500원
A	오후 12:00 ~ 오후 4:00	10,000×1.5×4=60,000원
C	오후 4:00 ~ 오후 6:00	10,500×1.5×2=31,500원
D	오후 6:00 ~ 오후 8:00	11,000×1.5×2=33,000원

따라서 가장 적은 인건비는 31,500+60,000+31,500+33,000=156,000원이다.

39
정답 ②

「COUNTIF(셀의 범위, "조건")」 함수는 어떤 범위에서 제시되는 조건이 포함되는 셀의 수를 구하는 함수이다. 판매량이 30개 이상인 과일의 수를 구해야 하므로 [C9] 셀에 들어갈 함수식은 「=COUNTIF(C2:C8, ">=30")」이다.

오답분석
① MID 함수 : 지정한 셀의 텍스트의 일부를 추출하는 함수이다.
③ MEDIAN 함수 : 지정한 셀의 범위의 중간값을 구하는 함수이다.
④ AVERAGEIF 함수 : 어떤 범위에 포함되는 셀의 평균을 구하는 함수이다.
⑤ MIN 함수 : 지정한 셀의 범위의 최솟값을 구하는 함수이다.

40
정답 ③

팔로워십의 유형

구분	자아상	동료 / 리더의 시각	조직에 대한 자신의 느낌
소외형	• 자립적인 사람 • 일부러 반대의견 제시 • 조직의 양심	• 냉소적 • 부정적 • 고집이 셈	• 자신을 인정해 주지 않음 • 적절한 보상이 없음 • 불공정하고 문제가 있음
순응형	• 기쁜 마음으로 과업 수행 • 팀플레이를 함 • 리더나 조직을 믿고 헌신함	• 아이디어가 없음 • 인기 없는 일은 하지 않음 • 조직을 위해 자신의 요구를 양보	• 기존 질서를 따르는 것이 중요 • 리더의 의견을 거스르지 못함 • 획일적인 태도와 행동에 익숙함
실무형	• 조직의 운영 방침에 민감 • 사건을 균형 잡힌 시각으로 봄 • 규정과 규칙에 따라 행동함	• 개인의 이익을 극대화하기 위한 흥정에 능함 • 적당한 열의와 수완으로 업무 진행	• 규정 준수를 강조 • 명령과 계획의 빈번한 변경 • 리더와 부하 간의 비인간적 풍토
수동형	• 판단과 사고를 리더에 의존 • 지시가 있어야 행동	• 하는 일이 없음 • 제 몫을 하지 못함 • 업무 수행에는 감독이 필요	• 조직이 나의 아이디어를 원치 않음 • 노력과 공헌을 해도 소용이 없음 • 리더는 항상 자기 마음대로 함

41
정답 ③

갈등의 과정 단계
1. 의견 불일치 : 서로 생각이나 신념, 가치관, 성격이 다르므로 다른 사람들과의 의견 불일치가 발생한다. 의견 불일치는 상대방의 생각과 동기를 설명하는 기회를 주고 대화를 나누다 보면 오해가 사라지고 더 좋은 관계로 발전할 수 있지만, 그냥 내버려 두면 심각한 갈등으로 발전하게 된다.
2. 대결 국면 : 의견 불일치가 해소되지 않아 발생하며, 단순한 해결방안은 없고 다른 새로운 해결점을 찾아야 한다. 대결 국면에 이르게 되면 감정이 개입되어 상대방의 주장에 대한 문제점을 찾기 시작하고, 자신의 입장에 대해서는 그럴듯한 변명으로 옹호하면서 양보를 완강히 거부하는 상태에 이르는 등 상대방의 입장은 부정하면서 자기주장만 하려고 한다. 서로의 입장을 고수하려는 강도가 높아지면 긴장은 높아지고 감정적인 대응이 더욱 격화된다.
3. 격화 국면 : 상대방에 대하여 더욱 적대적으로 변하며, 설득을 통해 문제를 해결하기보다 강압적·위협적인 방법을 쓰려고 하며, 극단적인 경우 언어폭력이나 신체적 폭행으로 번지기도 한다. 상대방에 대한 불신과 좌절, 부정적인 인식이 확산되면서 갈등 요인이 다른 요인으로 번지기도 한다. 격화 국면에서는 상대방의 생각이나 의견, 제안을 부정하고, 상대방은 그에 대한 반격을 함으로써 자신들의 반격을 정당하게 생각한다.

4. 진정 국면 : 계속되는 논쟁과 긴장이 시간과 에너지를 낭비하고 있음을 깨달으며, 갈등상태가 무한정 유지될 수 없다는 것을 느끼고 흥분과 불안이 가라앉으면서 이성과 이해의 원상태로 돌아가려 한다. 이후 협상이 시작된다. 협상과정을 통해 쟁점이 되는 주제를 논의하고 새로운 제안을 하고 대안을 모색하게 된다. 진정 국면에서는 중개자, 조정자 등의 제3자가 개입함으로써 갈등 당사자 간에 신뢰를 쌓고 문제를 해결하는 데 도움이 되기도 한다.

5. 갈등의 해소 : 진정 국면에 들어서면 갈등 당사자들은 문제를 해결하지 않고는 자신들의 목표를 달성하기 어렵다는 것을 알게 된다. 모두가 만족할 수 없는 경우도 있지만, 불일치한 서로 간의 의견을 일치하려고 한다. 갈등의 해소는 회피형, 지배 또는 강압형, 타협형, 순응형, 통합 또는 협력형 등의 방법으로 이루어진다.

42
정답 ③

원만한 직업생활을 위해 직업인이 갖추어야 할 직업윤리는 근로윤리와 공동체윤리로 나누어지며, 각 윤리의 덕목은 다음과 같다.
• 근로윤리 : 일에 대한 존중을 바탕으로 근면하고, 성실하고, 정직하게 업무에 임하는 자세
  − 근면한 태도(㉠)
  − 정직한 행동(㉤)
  − 성실한 자세(㉣)
• 공동체윤리 : 인간존중을 바탕으로 봉사하며, 책임감 있게 규칙을 준수하고, 예의바른 태도로 업무에 임하는 자세
  − 봉사와 책임의식(㉡)
  − 준법성(㉢)
  − 예절과 존중(㉢)

43
정답 ③

직장 내 괴롭힘이 성립하려면 다음의 행위 요건이 성립해야 한다.
• 직장에서의 지위 또는 관계 등의 우위를 이용할 것
• 업무상 적정 범위를 넘는 행위일 것
• 신체적·정신적 고통을 주거나 근무환경을 악화시키는 행위일 것
A팀장이 지위를 이용하여 B사원에게 수차례 업무를 지시했지만 이는 업무상 필요성이 있는 정당한 지시이며, 완수해야 하는 적정 업무에 해당하므로 직장 내 괴롭힘으로 보기 어렵다.

오답분석
① 업무 이외에 개인적인 용무를 자주 지시하는 것은 업무상 적정 범위를 넘은 행위이다.
② 업무배제는 업무상 적정 범위를 넘은 행위로, 직장 내 괴롭힘의 주요 사례이다.
④ A대리는 동기인 B대리보다 지위상의 우위는 없으나, 다른 직원과 함께 수적 우위를 이용하여 괴롭혔으므로 직장 내 괴롭힘에 해당한다.
⑤ 지시나 주의, 명령행위의 모습이 폭행이나 과도한 폭언을 수반하는 등 사회 통념상 상당성을 결여하였다면 업무상 적정 범위를 넘었다고 볼 수 있으므로 직장 내 괴롭힘에 해당한다.

44
정답 ⑤

S는 자신의 일이 능력과 적성에 맞다 여기고 발전을 위해 열성을 가지고 성실히 노력하고 있다. 따라서 S의 사례에서 나타난 직업윤리 의식은 천직의식이다.

직업윤리 의식
• 소명의식 : 자신이 맡은 일은 하늘에 의해 맡겨진 일이라고 생각하는 태도이다.
• 천직의식 : 자신의 일이 자신의 능력과 적성에 꼭 맞는다 여기고 그 일에 열성을 가지고 성실히 임하는 태도이다.
• 직분의식 : 자신이 하고 있는 일이 사회나 기업을 위해 중요한 역할을 하고 있다고 믿고 자신의 활동을 수행하는 태도이다.
• 책임의식 : 직업에 대한 사회적 역할과 책무를 충실히 수행하고 책임을 다하는 태도이다.
• 전문가의식 : 자신의 일이 누구나 할 수 있는 것이 아니라 해당 분야의 지식과 교육을 밑바탕으로 성실히 수행해야만 가능한 것이라 믿고 수행하는 태도이다.
• 봉사의식 : 직업 활동을 통해 다른 사람과 공동체에 대하여 봉사하는 정신을 갖추고 실천하는 태도이다.

45

경력개발의 단계별 내용

1. 직업선택
   - 최대한 여러 직업의 정보를 수집하여 탐색한 후 나에게 적합한 최초의 직업을 선택함
   - 관련 학과 외부 교육 등 필요한 교육을 이수함
2. 조직입사
   - 원하는 조직에서 일자리를 얻음
   - 정확한 정보를 토대로 적성에 맞는 적합한 직무를 선택함
3. 경력 초기
   - 조직의 규칙과 규범에 대해 배움
   - 직업과 조직에 적응해 감
   - 역량(지식, 기술, 태도)을 증대시키고 꿈을 추구해 나감
4. 경력 중기
   - 경력초기를 재평가하고 더 업그레이드된 꿈으로 수정함
   - 성인 중기에 적합한 선택을 하고 지속적으로 열심히 일함
5. 경력 말기
   - 지속적으로 열심히 일함
   - 자존심을 유지함
   - 퇴직 준비의 자세한 계획을 세움(경력 중기부터 준비하는 것이 바람직)

46

나열된 수는 짝수 개이므로 수를 작은 수부터 순서대로 나열했을 때, 가운데에 있는 두 수의 평균이 중앙값이다.

- 빈칸의 수가 7 이하인 경우 : 가운데에 있는 두 수는 7, 8이므로 중앙값은 $\frac{7+8}{2}=7.5$이다.
- 빈칸의 수가 8인 경우 : 가운데에 있는 두 수는 8, 8이므로 중앙값은 8이다.
- 빈칸의 수가 9 이상인 경우 : 가운데에 있는 두 수는 8, 9이므로 중앙값은 $\frac{8+9}{2}=8.5$이다.

따라서 중앙값이 8일 때 빈칸에 들어갈 수는 8이다.

47

$1\sim200$의 자연수 중에서 2, 3, 5 중 어느 것으로도 나누어떨어지지 않는 수의 개수는 각각 2의 배수, 3의 배수, 5의 배수가 아닌 수의 개수이다.

- $1\sim200$의 자연수 중 2의 배수의 개수 : $\frac{200}{2}=100$이므로 100개이다.
- $1\sim200$의 자연수 중 3의 배수의 개수 : $\frac{200}{3}=66\cdots2$이므로 66개이다.
- $1\sim200$의 자연수 중 5의 배수의 개수 : $\frac{200}{5}=40$이므로 40개이다.
- $1\sim200$의 자연수 중 6의 배수의 개수 : $\frac{200}{6}=33\cdots2$이므로 33개이다.
- $1\sim200$의 자연수 중 10의 배수의 개수 : $\frac{200}{10}=20$이므로 20개이다.
- $1\sim200$의 자연수 중 15의 배수의 개수 : $\frac{200}{15}=13\cdots5$이므로 13개이다.
- $1\sim200$의 자연수 중 30의 배수의 개수 : $\frac{200}{30}=6\cdots20$이므로 6개이다.

따라서 $1\sim200$의 자연수 중에서 2, 3, 5 중 어느 것으로도 나누어떨어지지 않는 수의 개수는
$200-[(100+66+40)-(33+20+13)+6]=200-(206-66+6)=54$개이다.

48

A지점에서 출발하여 최단거로 이동하여 B지점에 도착하기까지 가능한 경로의 수를 구하면 다음과 같다.

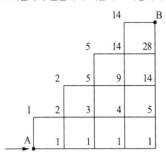

따라서 구하고자 하는 경우의 수는 42가지이다.

49

분침은 60분에 1바퀴 회전하므로 1분 지날 때 분침은 $\frac{360}{60}=6°$ 움직이고, 시침은 12시간에 1바퀴 회전하므로 1분 지날 때 시침은

$\frac{360}{12\times60}=0.5°$ 움직인다.

따라서 4시 30분일 때 시침과 분침이 만드는 작은 부채꼴의 각도는 $6\times30-0.5\times(60\times4+30)=180-135=45°$이므로,

부채꼴의 넓이와 전체 원의 넓이의 비는 $\frac{45}{360}=\frac{1}{8}$ 이다.

50

$2020\sim2023$년 동안 전년 대비 전체 설비 발전량 증감량과 신재생 설비 발전 증가량은 다음과 같다.
• 2020년
 전체 설비 발전량 : $563,040-570,647=-7,607$GWh, 신재생 설비 발전량 : $33,500-28,070=5,430$GWh
• 2021년
 전체 설비 발전량 : $552,162-563,040=-10,878$GWh, 신재생 설비 발전량 : $38,224-33,500=4,724$GWh
• 2022년
 전체 설비 발전량 : $576,810-552,162=24,648$GWh, 신재생 설비 발전량 : $41,886-38,224=3,662$GWh
• 2023년
 전체 설비 발전량 : $594,400-576,810=17,590$GWh, 신재생 설비 발전량 : $49,285-41,886=7,399$GWh
따라서 전체 설비 발전량 증가량이 가장 많은 해는 2022년이고, 신재생 설비 발전량 증가량이 가장 적은 해 또한 2022년이다.

오답분석
① $2020\sim2023$년 기력 설비 발전량의 전년 대비 증감 추이는 '감소 – 감소 – 증가 – 감소'이지만, 전체 설비 발전량의 전년 대비
 증감 추이는 '감소 – 감소 – 증가 – 증가'이다.
② $2019\sim2023$년 전체 설비 발전량의 1%와 수력 설비 발전량을 비교하면 다음과 같다.
 • 2019년 : $7,270>570,647\times0.01≒5,706$GWh
 • 2020년 : $6,247>563,040\times0.01≒5,630$GWh
 • 2021년 : $7,148>552,162\times0.01≒5,522$GWh
 • 2022년 : $6,737>576,810\times0.01≒5,768$GWh
 • 2023년 : $7,256>594,400\times0.01=5,944$GWh
 따라서 $2019\sim2023$년 동안 수력 설비 발전량은 항상 전체 설비 발전량의 1% 이상이다.

③ 2019 ~ 2023년 전체 설비 발전량의 5%와 신재생 설비 발전량을 비교하면 다음과 같다.
- 2019년 : 28,070 < 570,647×0.05 ≒ 28,532GWh
- 2020년 : 33,500 > 563,040×0.05 = 28,152GWh
- 2021년 : 38,224 > 552,162×0.05 ≒ 27,608GWh
- 2022년 : 41,886 > 576,810×0.05 ≒ 28,841GWh
- 2023년 : 49,285 > 594,400×0.05 = 29,720GWh

따라서 2019년 신재생 설비 발전량은 전체 설비 발전량의 5% 미만이고, 그 외에는 5% 이상이다.

④ 신재생 설비 발전량은 꾸준히 증가하였지만 원자력 설비 발전량은 2022년에 전년 대비 감소하였다.

02

전공 기출복원문제

01 경영

01	02	03	04	05	06	07	08	09	10	11	12	13	14	15	16	17	18	19	20
③	④	④	③	④	③	②	③	①	①	③	⑤	⑤	①	②	①	③	④	④	②

01
정답 ③

- (당기순이익)=(총수익)−(총비용)=35억−20억=15억 원
- (기초자본)=(기말자본)−(당기순이익)=65억−15억=50억 원
- (기초부채)=(기초자산)−(기초자본)=100억−50억=50억 원

02
정답 ④

상위에 있는 욕구를 충족시키지 못하면 하위에 있는 욕구는 더욱 크게 증가하여, 하위욕구를 충족시키기 위해 훨씬 더 많은 노력이 필요하게 된다.

오답분석
① 심리학자 앨더퍼가 인간의 욕구에 대해 매슬로의 욕구 5단계설을 발전시켜 주장한 이론이다.
②·③ 존재욕구를 기본적 욕구로 정의하며, 관계욕구, 성장욕구로 계층화하였다.

03
정답 ④

사업 다각화는 무리하게 추진할 경우 수익성에 악영향을 줄 수 있다는 단점이 있다.

오답분석
① 지속적인 성장을 추구하여 미래 유망산업에 참여하고, 구성원에게 더 많은 기회를 줄 수 있다.
② 기업이 한 가지 사업만 영위하는 데 따르는 위험에 대비할 수 있다.
③ 보유자원 중 남는 자원을 활용하여 범위의 경제를 실현할 수 있다.

04
정답 ③

공정성 이론에 따르면 공정성 유형은 크게 절차적 공정성, 상호작용적 공정성, 분배적 공정성으로 나누어진다.
- 절차적 공정성 : 과정통제, 접근성, 반응속도, 유연성, 적정성
- 상호작용적 공정성 : 정직성, 노력, 감정이입
- 분배적 공정성 : 형평성, 공평성

05
정답 ④

e−비즈니스 기업은 비용절감 등을 통해 더 낮은 가격으로 우수한 품질의 상품 및 서비스를 제공할 수 있다는 장점이 있다.

06

정답 ③

조직시민행동은 조직 구성원의 내재적 만족으로 인해 촉발되므로 구성원에 대한 처우가 합리적일수록 자발적으로 일어난다.

07

정답 ②

협상을 통해 공동의 이익을 확대(Win – Win)하는 것은 통합적 협상에 대한 설명이다.

분배적 협상과 통합적 협상의 비교
- 분배적 협상
  - 고정된 자원을 대상으로 합리적인 분배를 위해 진행하는 협상이다.
  - 한정된 자원량으로 인해 제로섬 원칙이 적용되어 갈등이 발생할 가능성이 많다.
  - 당사자 간 이익 확보를 목적으로 하며, 협상 참여자 간 관계는 단기적인 성격을 나타낸다.
- 통합적 협상
  - 당사자 간 이해관계를 조율하여 더 큰 이익을 추구하기 위해 진행하는 협상이다.
  - 협상을 통해 확보할 수 있는 자원량이 변동될 수 있어 갈등보다는 문제해결을 위해 노력한다.
  - 협상 참여자의 이해관계, 우선순위 등이 달라 장기적인 관계를 가지고 통합적인 문제해결을 추구한다.

08

정답 ③

워크 샘플링법은 전체 작업과정에서 무작위로 많은 관찰을 실시하여 직무활동에 대한 정보를 얻는 방법이다. 여러 직무활동을 동시에 기록하므로 전체 직무의 모습을 파악할 수 있다.

오답분석

① 관찰법 : 조사자가 직접 조사대상과 생활하면서 관찰을 통해 자료를 수집하는 방법이다.
② 면접법 : 조사자가 조사대상과 직접 대화를 통해 자료를 수집하는 방법이다.
④ 질문지법 : 설문지로 조사내용을 작성하고 자료를 수집하는 방법이다.
⑤ 연구법 : 기록물, 통계자료 등을 토대로 자료를 수집하는 방법이다.

09

정답 ①

가구, 가전제품 등은 선매품에 해당한다. 전문품에는 명품제품, 자동차, 아파트 등이 해당한다.

10

정답 ①

연속생산은 동일제품을 대량생산하기 때문에 규모의 경제가 적용되어 여러 가지 제품을 소량생산하는 단속생산에 비해 단위당 생산원가가 낮다.

오답분석

② 연속생산의 경우, 표준화된 상품을 대량으로 생산함에 따라 운반에 따른 자동화 비율이 매우 높고, 속도가 빨라 운반비용이 적게 소요된다.
③ㆍ④ 제품의 수요가 다양하거나 제품의 수명이 짧은 경우 단속생산 방식이 적합하다.
⑤ 연속생산은 작업자의 숙련도와 관계없이 작업에 참여가 가능하다.

11

정답 ③

테일러의 과학적 관리법은 하루 작업량을 과학적으로 설정하고 과업 수행에 따른 임금을 차별적으로 설정하는 차별적 성과급제를 시행한다.

오답분석

①・② 시간연구와 동작연구를 통해 표준 노동량을 정하고 해당 노동량에 따라 임금을 지급하여 생산성을 향상시킨다.
④ 각 과업을 전문화하여 관리한다.
⑤ 근로자가 노동을 하는 데 필요한 최적의 작업조건을 유지한다.

12

정답 ⑤

기능목록제도는 종업원별로 기능보유색인을 작성하여 데이터베이스에 저장하여 인적자원관리 및 경력개발에 활용하는 제도이며, 근로자의 직무능력 평가에 있어 필요한 정보를 파악하기 위해 개인능력평가표를 활용한다.

오답분석

① 자기신고제도 : 근로자에게 본인의 직무내용, 능력수준, 취득자격 등에 대한 정보를 직접 자기신고서에 작성하여 신고하게 하는 제도이다.
② 직능자격제도 : 직무능력을 자격에 따라 등급화하고 해당 자격을 취득하는 경우 직위를 부여하는 제도이다.
③ 평가센터제도 : 근로자의 직무능력을 객관적으로 발굴 및 육성하기 위한 제도이다.
④ 직무순환제도 : 담당직무를 주기적으로 교체함으로써 직무 전반에 대한 이해도를 높이는 제도이다.

13

정답 ⑤

데이터베이스 마케팅(DB 마케팅)은 고객별로 맞춤화된 서비스를 제공하기 위해 정보 기술을 이용하여 고객의 정보를 데이터베이스로 구축하여 관리하는 마케팅 전략이다. 이를 위해 고객의 성향, 이력 등 관련 정보가 필요하므로 기업과 고객 간 양방향 의사소통을 통해 1:1 관계를 구축하게 된다.

14

정답 ①

ELS는 주가연계증권으로, 사전에 정해진 조건에 따라 수익률이 결정되며 만기가 있다.

오답분석

② 주가연계파생결합사채(ELB)에 대한 설명이다.
③ 주가지수연동예금(ELD)에 대한 설명이다.
④ 주가연계신탁(ELT)에 대한 설명이다.
⑤ 주가연계펀드(ELF)에 대한 설명이다.

15

정답 ②

브룸은 동기 부여에 대해 기대이론을 적용하여 기대감, 수단성, 유의성을 통해 구성원의 직무에 대한 동기 부여를 결정한다고 주장하였다.

오답분석

① 로크의 목표설정이론에 대한 설명이다.
③ 매슬로의 욕구 5단계이론에 대한 설명이다.
④ 맥그리거의 XY이론에 대한 설명이다.
⑤ 허즈버그의 2요인이론에 대한 설명이다.

16

시장세분화 단계에서는 시장을 기준에 따라 세분화하고, 각 세분시장의 고객 프로필을 개발하여 차별화된 마케팅을 실행한다.

오답분석

② · ③ 표적시장 선정 단계에서는 각 세분시장의 매력도를 평가하여 표적시장을 선정한다.
④ 포지셔닝 단계에서는 각각의 시장에 대응하는 포지셔닝을 개발하고 전달한다.
⑤ 재포지셔닝 단계에서는 자사와 경쟁사의 경쟁위치를 분석하여 포지셔닝을 조정한다.

17

종단분석은 시간과 비용의 제약으로 인해 표본 규모가 작을수록 좋으며, 횡단분석은 집단의 특성 또는 차이를 분석해야 하므로 표본이 일정 규모 이상일수록 정확하다.

18

채권이자율이 시장이자율보다 높아지면 채권가격은 액면가보다 높은 가격에 거래된다. 단, 만기에 가까워질수록 채권가격이 하락하여 가격위험에 노출된다.

오답분석

① · ② · ③ 채권이자율이 시장이자율보다 낮은 할인채에 대한 설명이다.

19

물음표(Question Mark) 사업은 신규 사업 또는 현재 시장점유율은 낮으나, 향후 성장 가능성이 높은 사업이다. 기업 경영 결과에 따라 개(Dog) 사업 또는 스타(Star) 사업으로 바뀔 수 있다.

오답분석

① 스타(Star) 사업 : 성장 가능성과 시장점유율이 모두 높아서 계속 투자가 필요한 유망 사업이다.
② 현금젖소(Cash Cow) 사업 : 높은 시장점유율로 현금창출은 양호하나, 성장 가능성은 낮은 사업이다.
③ 개(Dog) 사업 : 성장 가능성과 시장점유율이 모두 낮아 철수가 필요한 사업이다.

20

테일러의 과학적 관리법에서는 작업에 사용하는 도구 등을 표준화하여 관리 비용을 낮추고 효율성을 높이는 것을 추구한다.

오답분석

① 과학적 관리법의 특징 중 표준화에 대한 설명이다.
③ 과학적 관리법의 특징 중 동기부여에 대한 설명이다.
④ 과학적 관리법의 특징 중 통제에 대한 설명이다.

01	02	03	04	05	06	07	08	09	10	11	12	13	14	15					
⑤	②	①	④	⑤	①	④	③	③	④	④	③	①	③	④					

01

정답 ⑤

가격탄력성이 1보다 크면 탄력적이라고 할 수 있다.

[오답분석]

①·② 수요의 가격탄력성은 가격의 변화에 따른 수요의 변화를 의미하는 것으로, 분모는 상품 가격의 변화량을 상품 가격으로 나눈 값이고, 분자는 수요량의 변화량을 수요량으로 나눈 값이다.
③ 대체재가 많을수록 해당 상품 가격 변동에 따른 수요의 변화는 더 크게 반응하게 된다.

02

정답 ②

GDP 디플레이터는 명목 GDP를 실질 GDP로 나누어 물가상승 수준을 예측할 수 있는 물가지수로, 국내에서 생산된 모든 재화와 서비스 가격을 반영한다. 따라서 GDP 디플레이터를 구하는 계산식은 (명목 GDP)÷(실질 GDP)×100이다.

03

정답 ①

한계소비성향은 소비의 증가분을 소득의 증가분으로 나눈 값으로, 소득이 1,000만 원 늘었을 때 현재 소비자들의 한계소비성향이 0.7이므로 소비는 700만 원이 늘었다고 할 수 있다. 따라서 소비의 변화폭은 700이다.

04

정답 ④

㉠ 환율이 상승하면 제품을 수입하기 위해 더 많은 원화를 필요로 하고, 이에 따라 수입이 감소하게 되므로 순수출이 증가한다.
㉡ 국내이자율이 높아지면 국내자산 투자수익률이 좋아져 해외로부터 자본유입이 확대되고, 이에 따라 환율은 하락한다.
㉢ 국내물가가 상승하면 상대적으로 가격이 저렴한 수입품에 대한 수요가 늘어나 환율은 상승한다.

05

정답 ⑤

독점적 경쟁시장은 광고, 서비스 등 비가격경쟁이 가격경쟁보다 더 활발히 진행된다.

06

정답 ①

케인스학파는 경기침체 시 정부가 적극적으로 개입하여 총수요의 증대를 이끌어야 한다고 주장하였다.

[오답분석]

② 고전학파의 거시경제론에 대한 설명이다.
③ 케인스학파의 거시경제론에 대한 설명이다.
④ 고전학파의 이분법에 대한 설명이다.
⑤ 케인스학파의 화폐중립성에 대한 설명이다.

07

[오답분석]
① 매몰비용의 오류 : 이미 투입한 비용과 노력 때문에 경제성이 없는 사업을 지속하여 손실을 키우는 것을 의미한다.
② 감각적 소비 : 제품을 구입할 때, 품질, 가격, 기능보다 디자인, 색상, 패션 등을 중시하는 소비 패턴을 의미힌다.
③ 보이지 않는 손 : 개인의 사적 영리활동이 사회 전체의 공적 이익을 증진시키는 것을 의미한다.
⑤ 희소성 : 사람들의 욕망에 비해 그 욕망을 충족시켜 주는 재화나 서비스가 부족한 현상을 의미한다.

08
정답 ③

• (실업률)=(실업자)÷(경제활동인구)×100
• (경제활동인구)=(취업자)+(실업자)
∴ $5,000÷(20,000+5,000)×100=20\%$

09
정답 ③

(한계비용)=(총비용 변화분)÷(생산량 변화분)
• 생산량이 50일 때 총비용 : 16(평균비용)×50(생산량)=800
• 생산량이 100일 때 총비용 : 15(평균비용)×100(생산량)=1,500
따라서 한계비용은 700÷50=14이다.

10
정답 ④

A국은 노트북을 생산할 때 기회비용이 더 크기 때문에 TV 생산에 비교우위가 있고, B국은 TV를 생산할 때 기회비용이 더 크기 때문에 노트북 생산에 비교우위가 있다.

구분	노트북 1대	TV 1대
A국	TV 0.75	노트북 1.33
B국	TV 1.25	노트북 0.8

11
정답 ④

다이내믹 프라이싱의 단점은 소비자 후생이 감소해 소비자의 만족도가 낮아진다는 것이다. 이로 인해 기업이 소비자의 불만에 직면할 수 있다는 리스크가 발생한다.

12
정답 ③

ⓒ 빅맥 지수는 동질적으로 판매되는 상품의 가치는 동일하다는 가정하에 나라별 화폐로 해당 제품의 가격을 평가하여 구매력을 비교하는 것이다.
ⓒ 맥도날드의 대표적 햄버거인 빅맥 가격을 기준으로 한 이유는 전 세계에서 가장 동질적으로 판매되고 있기 때문이며, 이처럼 품질, 크기, 재료가 같은 물건이 세계 여러 나라에서 팔릴 때 나라별 물가를 비교하기 수월하다.

[오답분석]
⊙ 빅맥 지수는 영국 경제지인 이코노미스트에서 최초로 고안하였다.
ⓔ 빅맥 지수에 사용하는 빅맥 가격은 제품 가격만 반영하고 서비스 가격은 포함하지 않기 때문에 나라별 환율에 대한 상대적 구매력 평가 외에 다른 목적으로 사용하기에는 측정값이 정확하지 않다.

13

정답 ①

확장적 통화정책은 국민소득을 증가시켜 이에 따른 보험료 인상 등 세수확대 요인으로 작용한다.

오답분석
② 이자율이 하락하고, 소비 및 투자가 증가한다.
③ · ④ 긴축적 통화정책이 미치는 영향이다.

14

정답 ③

토지, 설비 등이 부족하면 한계 생산가치가 떨어지기 때문에 노동자를 많이 고용하는 게 오히려 손해이다. 따라서 노동 수요곡선은
왼쪽으로 이동한다.

오답분석
① 노동 수요는 재화에 대한 수요가 아닌 재화를 생산하기 위해 파생되는 수요이다.
② 상품 가격이 상승하면 기업은 더 많은 제품을 생산하기 위해 노동자를 더 많이 고용한다.
④ 노동에 대한 인식이 긍정적으로 변화하면 노동시장에 더 많은 노동력이 공급된다.

15

정답 ④

S씨가 달리기를 선택할 경우 (기회비용)=1(순편익)+8(암묵적 기회비용)=9로 기회비용이 가장 작다.

오답분석
① 헬스를 선택할 경우
   (기회비용)=2(순편익)+8(암묵적 기회비용)=10
② 수영을 선택할 경우
   (기회비용)=5(순편익)+8(암묵적 기회비용)=13
③ 자전거를 선택할 경우
   (기회비용)=3(순편익)+7(암묵적 기회비용)=10

01	02	03	04	05	06	07	08	09	10	11	12	13	14	15					
③	④	③	②	④	②	②	④	①	②	②	②	②	①	②					

01

정답 ③

현대에는 민주주의의 심화 및 분야별 전문 민간기관의 성장에 따라 정부 등 공식적 참여자보다 비공식적 참여자의 중요도가 높아지고 있다.

오답분석

① 의회와 지방자치단체는 정부, 사법부 등과 함께 대표적인 공식적 참여자에 해당된다.
② 정당과 NGO, 언론 등은 비공식적 참여자에 해당된다.
④ 사회적 의사결정에서 정부의 역할이 줄어들면 비공식적 참여자가 해당 역할을 대체하므로 중요도가 높아진다.

02

정답 ④

효율 증대에 따른 이윤 추구라는 경제적 결정이 중심인 기업경영의 의사결정에 비해, 정책문제는 사회효율 등 수단적 가치뿐만 아니라 형평성, 공정성 등 목적적 가치들도 고려가 필요하므로 고려사항이 더 많고 복잡하다는 특성을 갖는다.

03

정답 ③

회사모형은 사이어트와 마치가 주장한 의사결정 모형으로, 준독립적이고 느슨하게 연결되어 있는 조직들의 상호 타협을 통해 의사결정이 이루어진다고 설명한다.

오답분석

① 드로어는 최적모형에 따른 의사결정 모형을 제시했다.
② 합리적 결정과 점증적 결정이 누적 및 혼합되어 의사결정이 이루어진다고 본 것은 혼합탐사모형이다.
④ 정책결정 단계를 초정책결정 단계, 정책결정 단계, 후정책결정 단계로 구분하여 설명한 것은 최적모형이다.

04

정답 ②

ㄱ. 호혜조직의 1차적 수혜자는 조직 구성원이 맞으나, 은행, 유통업체는 사업조직에 해당되며, 노동조합, 전문가단체, 정당, 사교클럽, 종교단체 등이 호혜조직에 해당된다.
ㄷ. 봉사조직의 1차적 수혜자는 이들과 접촉하는 일반적인 대중이다.

05

정답 ④

특수한 경우를 제외하고 일반적으로 해당 구성원 간 동일한 인사 및 보수 체계를 적용받는 구분은 직급이다.

06

실적주의에서는 개인의 역량, 자격에 따라 인사행정이 이루어지기 때문에 정치적 중립성 확보가 강조되지만, 엽관주의에서는 정치적 충성심 및 기여도에 따라 인사행정이 이루어지기 때문에 조직 수반에 대한 정치적 정합성이 더 강조된다.

오답분석

① 공공조직에서 엽관주의적 인사가 이루어지는 경우 정치적 충성심에 따라 구성원이 변경되므로, 정치적 사건마다 조직 구성원들의 신분유지 여부에 변동성이 생겨 불안정해진다.

07

발생주의 회계는 거래가 발생한 기간에 기록하는 원칙으로, 영업활동 관련 기록과 현금 유출입이 일치하지 않지만, 수익 및 비용을 합리적으로 일치시킬 수 있다는 장점이 있다.

오답분석

① · ③ · ④ · ⑤ 현금흐름 회계에 대한 설명이다.

08

ㄴ. X이론에서는 부정적인 인간관을 토대로 보상과 처벌, 권위적이고 강압적인 지도성을 경영전략으로 강조한다.
ㄹ. Y이론의 적용을 위한 대안으로 권한의 위임 및 분권화, 직무 확대, 업무수행능력의 자율적 평가, 목표 관리전략 활용, 참여적 관리 등을 제시하였다.

오답분석

ㄷ. Y이론에 따르면 인간은 긍정적이고 적극적인 존재이므로, 직접적 통제보다는 자율적 통제가 더 바람직한 경영전략이라고 보았다.

09

독립합의형 중앙인사기관의 위원들은 임기를 보장받으며, 각 정당의 추천인사나 초당적 인사로 구성되는 등 중립성을 유지하기 유리하다는 장점을 지닌다. 이로 인해 행정부 수반에 의하여 임명된 기관장 중심의 비독립단독형 인사기관에 비해 엽관주의 영향을 최소화하고, 실적 중심의 인사행정을 실현하기에 유리하다.

오답분석

② 비독립단독형 인사기관은 합의에 따른 의사결정 과정을 거치지 않으므로, 의견 불일치 시 조율을 하는 시간이 불필요하여 상대적으로 의사결정이 신속히 이루어진다.
③ 비독립단독형 인사기관은 기관장의 의사가 강하게 반영되는 만큼 책임소재가 분명한 데 비해, 독립합의형 인사기관은 다수의 합의에 따라 의사결정이 이루어지므로 책임소재가 불분명하다.
④ 독립합의형 인사기관의 개념에 대한 옳은 설명이다.

10

㉠ 정부가 시장에 대해 충분한 정보를 확보하는 데 실패함으로써 정보 비대칭에 따른 정부실패가 발생한다.
㉢ 정부행정은 단기적 이익을 중시하는 정치적 이해관계의 영향을 받아 사회에서 필요로 하는 바보다 단기적인 경향을 보인다. 이처럼 정치적 할인율이 사회적 할인율보다 높기 때문에 정부실패가 발생한다.

오답분석

㉡ 정부는 독점적인 역할을 수행하기 때문에 경쟁에 따른 개선효과가 미비하여 정부실패가 발생한다.
㉣ 정부의 공공재 공급은 사회적 무임승차를 유발하여 지속가능성을 저해하기 때문에 정부실패가 발생한다.

11

정답 ②

공익, 자유, 복지는 행정의 본질적 가치에 해당한다.

> **행정의 가치**
> • 본질적 가치(행정을 통해 실현하려는 궁극적인 가치) : 정의, 공익, 형평, 복지, 자유, 평등
> • 수단적 가치(본질적 가치 달성을 위한 수단적인 가치) : 합법성, 능률성, 민주성, 합리성, 효과성, 가외성, 생산성, 신뢰성, 투명성

12

정답 ②

영국의 대처주의와 미국의 레이거노믹스는 경쟁과 개방, 위임의 원칙을 강조하는 신공공관리론에 입각한 정치기조이다.

오답분석

① 뉴거버넌스는 시민 및 기업의 참여를 통한 공동생산을 지향하며, 민영화와 민간위탁을 통한 서비스의 공급은 뉴거버넌스가 제시되기 이전 거버넌스의 내용이다.
③ 뉴거버넌스는 정부가 사회의 문제해결을 주도하는 것이 아니라, 민간 주체들이 논의를 주도할 수 있도록 조력자의 역할을 하는 것을 추구한다.
④ 신공공관리론은 정부실패의 대안으로 등장하였으며, 작고 효율적인 시장지향적 정부를 추구한다.

13

정답 ②

네트워크를 통한 기기 간의 연결을 활용하지 않으므로 사물인터넷을 사용한 것이 아니다.

오답분석

① 스마트 팜을 통해 각종 센서를 기반으로 온도와 습도, 토양 등에 대한 정보를 정확하게 확인하고 필요한 영양분(물, 비료, 농약 등)을 시스템이 알아서 제공해 주는 것은 사물인터넷을 활용한 경우에 해당된다.
③ 커넥티드 카는 사물인터넷 기술을 통해 통신망에 연결된 차량으로, 가속기, 브레이크, 속도계, 주행 거리계, 바퀴 등에서 운행 데이터를 수집하여 운전자 행동과 차량 상태를 모두 모니터링할 수 있다.

14

정답 ①

ㄱ. 강임은 현재보다 낮은 직급으로 임명하는 것으로, 수직적 인사이동에 해당한다.
ㄴ. 승진은 직위가 높아지는 것으로, 수직적 인사이동에 해당한다.

오답분석

ㄷ. 전보는 동일 직급 내에서 다른 관직으로 이동하는 것으로, 수평적 인사이동에 해당한다.
ㄹ. 전직은 직렬을 변경하는 것으로, 수평적 인사이동에 해당한다.

15

정답 ②

국립공원 입장료는 2007년에 폐지되었다.

오답분석

ㄱ. 2023년 5월에 문화재보호법이 개정되면서 국가지정문화재 보유자 및 기관에 대해 정부 및 지방자치단체가 해당 비용을 지원할 수 있게 되어, 많은 문화재에 대한 관람료가 면제되었다. 그러나 이는 요금제가 폐지된 것이 아니라 법규상 유인책에 따라 감면된 것에 해당된다. 원론적으로 국가지정문화재의 소유자가 관람자로부터 관람료를 징수할 수 있음은 유효하기도 했다. 2023년 8월 새로운 개정을 통해 해당 법에서 칭하던 '국가지정문화재'가 '국가지정문화유산'으로 확대되었다.

01	02	03	04	05															
④	①	③	⑤	②															

01

근로자참여 및 협력증진에 관한 법은 집단적 노사관계법으로, 노동조합과 사용자단체 간의 노사관계를 규율한 법이다. 노동조합 및 노동관계조정법, 근로자참여 및 협력증진에 관한 법, 노동위원회법, 교원의 노동조합설립 및 운영 등에 관한 법률, 공무원직장협의회법 등이 이에 해당한다.

나머지는 근로자와 사용자의 근로계약을 체결하는 관계에 대해 규율한 법으로, 개별적 근로관계법이라고 한다. 근로기준법, 최저임금법, 산업안전보건법, 직업안정법, 남녀고용평등법, 선원법, 산업재해보상보험법, 고용보험법 등이 이에 해당한다.

02

용익물권은 타인의 토지나 건물 등 부동산의 사용가치를 지배하는 제한물권으로, 민법상 지상권, 지역권, 전세권이 이에 속한다.

용익물권의 종류
- 지상권 : 타인의 토지에 건물이나 수목 등을 설치하여 사용하는 물권
- 지역권 : 타인의 토지를 자기 토지의 편익을 위하여 이용하는 물권
- 전세권 : 전세금을 지급하고 타인의 토지 또는 건물을 사용·수익하는 물권

03

- 선고유예 : 형의 선고유예를 받은 날로부터 2년이 경과한 때에는 면소된 것으로 간주한다(형법 제60조).
- 집행유예 : 양형의 조건을 참작하여 그 정상에 참작할 만한 사유가 있는 때에는 1년 이상 5년 이하의 기간 형의 집행을 유예할 수 있다(형법 제62조 제1항).

04

몰수의 대상(형법 제48조 제1항)
1. 범죄행위에 제공하였거나 제공하려고 한 물건
2. 범죄행위로 인하여 생겼거나 취득한 물건
3. 제1호 또는 제2호의 대가로 취득한 물건

05

상법상 법원에는 상사제정법(상법전, 상사특별법령, 상사조약), 상관습법, 판례, 상사자치법(회사의 정관, 이사회 규칙), 보통거래약관, 조리 등이 있다. 조례는 해당되지 않는다.

PART 1

직업기초능력평가

01 | 의사소통능력

대표기출유형 01 기출응용문제

01
정답 ③

제시문에서 실재론은 세계가 정신과 독립적으로 존재함을, 반실재론은 세계가 감각적으로 인식될 때만 존재함을 주장한다. 따라서 두 이론 모두 세계는 존재한다는 전제를 바탕으로 하고 있음을 알 수 있다.

오답분석

① 세 번째 문단에서 어떤 사람이 버클리의 주장을 반박하기 위해 돌을 발로 차서 날아간 돌이 존재한다는 사실을 증명하려고 하였으나, 반실재론을 제대로 반박한 것은 아니라고 하였다. 따라서 발로 차서 날아간 돌이 실재론자의 주장이 옳다는 사실을 증명하는 것은 아니다.
② 세계가 감각으로 인식될 때만 존재한다는 것은 반실재론자의 입장이다.
④ 버클리는 객관적 성질이라고 여겨지는 것들도 우리가 감각할 수 있을 때만 존재하는 주관적 속성이라고 하였다.

02
정답 ②

세 번째 문단에서 이러한 문제가 있더라도 언어의 소멸을 그저 바라볼 수만은 없다고 하고 있다.

오답분석

① 네 번째 문단을 통해 알 수 있다.
③・④ 두 번째 문단을 통해 알 수 있다.

03
정답 ①

제시문은 '틱톡'을 예시로 들며, 1인 미디어의 유행으로 새로운 플랫폼이 등장하는 현상을 설명하고 있다.

오답분석

② 1인 크리에이터가 새로운 사회적 이슈가 된다고 언급하고 있지만, 돈을 벌고 있다는 내용은 제시문에서 확인할 수 없다.
③ 제시문을 통해 틱톡이 인기를 끄는 이유는 알 수 있지만, 1인 미디어가 인기를 끄는 이유가 양질의 정보를 전달하기 때문이라는 것은 알 수 없다.
④ 1인 미디어의 문제와 규제에 대한 내용은 제시문에서 확인할 수 없다.

04
정답 ④

『규합총서』는 일상생활에 필요한 내용을 담았고, 『청규박물지』는 천문, 지리의 내용까지 포함되어 있어 빙허각 이씨가 생각한 지식의 범주가 일상에 필요한 실용지식부터 인문, 천문, 지리에 이르기까지 방대했다고 볼 수 있지만, 잡과 시험과는 관련이 없다.

05

정답 ④

장피에르 교수 외 고대 그리스 수학자들의 학문에 대한 공통적 입장은 새로운 진리를 찾는 기쁨이라는 것이다.

[오답분석]
① · ③ 제시문과 반대되는 내용이므로 적절하지 않다.
② 제시문에 언급되어 있지 않아 알 수 없다.

대표기출유형 02 ┃ 기출응용문제

01

정답 ④

제시문에서는 아리스토텔레스의 '카타르시스'와 니체가 말한 비극의 기능을 제시하며 비극을 즐기는 이유를 설명하고 있다. 따라서 글의 제목으로 ④가 가장 적절하다.

02

정답 ①

제시문은 유전자 치료를 위해 프로브와 겔 전기영동법을 통해 비정상적인 유전자를 찾아내는 방법을 설명하고 있다. 따라서 글의 주제로 가장 적절한 것은 ①이다.

03

정답 ④

제시문에서는 시장 메커니즘의 부정적인 면을 강조하면서 인간과 자연이 어떠한 보호도 받지 못한 채 시장 메커니즘에 좌우된다면 사회가 견뎌낼 수 없을 것이라고 주장한다. 따라서 글의 주장으로 가장 적절한 것은 시장 메커니즘에 대한 적절한 제도적 보호 장치를 마련해야 한다는 ④이다.

[오답분석]
① 제시문은 무분별한 환경 파괴보다는 인간과 자연이라는 사회의 실패를 막기 위한 보호가 필요하다고 주장한다.
② 제시문은 구매력의 공급을 시장 기구의 관리에 맡기게 되면 영리 기업들은 주기적으로 파산하게 될 것이라고 주장한다.
③ 제시문은 시장 메커니즘이 인간의 존엄성을 파괴할 수 있다고 주장하지만, 한편으로는 시장 경제에 필수적인 존재임을 인정하므로 철폐되어야 한다는 주장은 적절하지 않다.

대표기출유형 03 ┃ 기출응용문제

01

정답 ②

먼저 다문화정책의 두 가지 핵심을 밝히고 있는 (다)가 가장 앞에 와야 하고, (다)의 내용을 뒷받침하기 위해 프랑스를 사례로 든 (가)를 두 번째에 배치하는 것이 자연스럽다. 그 다음으로는 이민자에 대한 지원 촉구 및 다문화정책의 개선 등에 대한 내용이 이어지는 것이 글의 흐름상 적절하므로 이민자에 대한 배려의 필요성을 주장하는 (라)가 와야 하며, 다문화정책의 패러다임 전환을 주장하는 (나)가 이어져야 한다. 따라서 (다) - (가) - (라) - (나)의 순서로 나열하는 것이 적절하다.

02

정답 ①

각 문단의 첫 문장을 고려하면 첫 번째에 배치될 수 있는 문단은 (가), (나), (라) 중에 하나다. 이 중 개념사의 출현에 대해 언급하고 있는 (라)가 가장 앞에 와야 하고, 코젤렉의 개념사와 개념에 관해 분석하는 (가)가 그 다음에 이어져야 한다. 이때 (가)의 마지막 문장과 (나)의 첫 번째 문장이 같은 내용을 다루고 있으므로, (가) 다음에는 (나)가 이어지는 것이 자연스러우며 '이상에서 보듯이'라는 표현을 통해 (다)가 가장 마지막에 배치되어야 함을 알 수 있다. 따라서 (라) – (가) – (나) – (마) – (다)의 순서로 나열하는 것이 적절하다.

03

정답 ③

제시문의 문맥상 먼저 속담을 제시하고 그 속담에 얽힌 이야기가 순서대로 나와야 하므로 (라) 문단이 가장 먼저 와야 한다. 다음으로 '앞집'과 '뒷집'의 다툼이 시작되는 (가) 문단이 와야 하고, 적반하장격으로 뒷집이 앞집에 닭 한 마리 값을 물어주게 된 상황을 설명하는 (다) 문단이 이어져야 한다. 또한, 이야기를 전체적으로 요약하고 평가하는 (나) 문단이 마지막에 와야 한다. 따라서 문단을 순서대로 바르게 나열하면 (라) – (가) – (다) – (나)이다.

대표기출유형 04 | 기출응용문제

01

정답 ④

제시문에 따르면 현대에는 텔레비전이나 만화책을 보는 문화가 신문이나 두꺼운 책을 읽는 문화를 대체하고 있다. 이처럼 휴식이 따라오는 보는 놀이는 사람들의 머리를 비게 하여 생각 없는 사회로 치닫게 한다. 따라서 사람들은 텔레비전을 보는 동안 휴식을 취하며 생각을 하지 않으므로 텔레비전을 많이 볼수록 생각하는 시간이 적어짐을 추론할 수 있다.

02

정답 ④

모바일을 활용한 마케팅은 텍스트를 줄이고, 재미와 즐거움을 줌으로써 고객을 사로잡아야 한다. 이런 부분에서 모든 것을 한 화면 안에서 보여주고, 시각과 청각을 자극하여 정보를 효과적으로 전달하는 비디오 콘텐츠를 활용한 ㉠이 더 효과적인 마케팅이다.

03

정답 ④

제시문에 따르면 어떤 대상이 반드시 가져야만 하고 그것을 다른 대상과 구분해 주는 속성이 본질이다. 반(反)본질주의에서 본질은 관습적으로 부여하는 의미를 표현한 것에 불과하며, 단지 인간의 가치가 투영된 것에 지나지 않는다는 것이다.

대표기출유형 05 | 기출응용문제

01

정답 ①

'시간적인 사이를 두고서 가끔씩'이라는 의미의 어휘는 '간간이'이다.

[오답분석]
② 왠지 : 왜 그런지 모르게. 또는 뚜렷한 이유도 없이
③ 박이다 : 손바닥, 발바닥 따위에 굳은살이 생기다.
④ –든지 : 나열된 동작이나 상태, 대상 중에서 어느 것이든 선택될 수 있음을 나타내는 연결 어미

02

정답 ①

• 떠올리다 : 기억을 되살려 내거나 잘 구상되지 않던 생각을 나게 하다.
• 회상하다 : 지난 일을 돌이켜 생각하다.

[오답분석]

② 연상하다 : 하나의 관념이 다른 관념을 불러일으키다.
③ 상상하다 : 실제로 경험하지 않은 현상이나 사물에 대하여 마음속으로 그려 보다.
④ 남고하다 : 고적(古跡)을 찾아보고 당시의 일을 회상하다.

03

정답 ②

'찌개 따위를 끓이거나 설렁탕 따위를 담을 때 쓰는 그릇'을 뜻하는 어휘는 '뚝배기'이다.

[오답분석]

① '손가락 따위로 어떤 방향이나 대상을 집어서 보이거나 말하거나 알리다.'의 의미를 가진 어휘는 '가리키다'이다.
③ '사람들의 관심이나 주의가 집중되는 사물의 중심 부분'의 의미를 가진 어휘는 '초점'이다.
④ '액체 따위를 끓여서 진하게 만들다, 약재 따위에 물을 부어 우러나도록 끓이다.'의 의미를 가진 어휘는 '달이다'이다(다려 → 달여).

02 | 수리능력

대표기출유형 01 기출응용문제

01

정답 ②

일의 양을 1이라고 하면 A, B가 하루에 할 수 있는 일의 양은 각각 $\frac{1}{4}$, $\frac{1}{6}$이다.

이때 B가 혼자 일할 기간을 x일이라고 하자.

$\frac{1}{4} \times 2 + \frac{1}{6} \times x = 1$

$\therefore x = 3$

따라서 B는 3일 동안 일을 해야 한다.

02

정답 ②

배의 속력을 시속 $x$km라고 하면, 강물을 거슬러 올라갈 때의 속력은 시속 $(x-3)$km이다. 이때, $(x-3) \times 1 = 9$이므로 배의 속력은 시속 12km이다. 강물을 따라 내려올 때의 속력은 시속 $12+3=15$km이고, 걸린 시간을 y시간이라고 하면 다음 식이 성립한다.

$15y=9$

$\therefore y = \frac{9}{15} = 36$

따라서 강물을 따라 내려올 때 36분이 걸린다.

03

정답 ④

7일 중 4일을 골라 수영을 하는 경우의 수는 $_7\text{C}_4 = {}_7\text{C}_3 = \frac{7 \times 6 \times 5}{3 \times 2} = 35$가지이다. 또한, 두 번째 조건에 따라 수영을 하지 않는 날 중 이틀 동안 농구, 야구, 테니스 중 두 종목을 고르는 경우의 수는 $_3\text{C}_2 \times {}_3\text{C}_2 \times 2! = 18$가지이다. 마지막으로 남은 하루는 세 종목에서 한 종목을 택하므로 3가지 경우가 가능하다. 따라서 철수가 세울 수 있는 일주일 동안의 운동 계획의 경우의 수는 $35 \times 18 \times 3 = 1,890$가지이다.

04

정답 ④

- 아이스크림 1개당 정가 : $a\left(1 + \frac{20}{100}\right) = 1.2a$원
- 아이스크림 1개당 판매가 : $(1.2a - 500)$원
- 아이스크림 1개당 이익 : $(1.2a - 500) - a = 700 \rightarrow 0.2a = 1,200$

$\therefore a = 6,000$

따라서 아이스크림 1개당 원가는 6,000원이다.

05

정답 ②

더 넣은 소금의 양을 xg이라고 하면 다음 식이 성립한다.

$$\frac{10}{100} \times 100 + x = \frac{25}{100} \times (100 + x)$$

$$\to 1,000 + 100x = 2,500 + 25x$$

$$\to 75x = 1,500$$

$$\therefore x = 20$$

따라서 더 넣은 소금의 양은 20g이다.

06

정답 ②

P지점에서 Q지점까지 가는 경우의 수와 S지점에서 R지점까지 가는 경우의 수를 곱하면 P지점에서 Q, S지점을 거쳐 R지점으로 가는 경우의 수를 구할 수 있다. P지점에서 Q지점으로 가는 최단거리의 경우의 수는 $\frac{5!}{3! \times 2!} = \frac{5 \times 4 \times 3 \times 2}{3 \times 2 \times 2} = 10$가지이고, S지점에서 R지점까지 가는 경우의 수는 $\frac{3!}{2!} = 3$가지이다. 따라서 P지점에서 Q, S지점을 거쳐 R지점으로 가는 경우의 수는 모두 $10 \times 3 = 30$가지이다.

07

정답 ④

K공사에서 출장지까지의 거리를 $x$km라 하면 K공사에서 휴게소까지의 거리는 $\frac{4}{10}x = \frac{2}{5}x$ 시간이고, 휴게소에서 출장지까지의 거리는 $\left(1 - \frac{2}{5}\right)x = \frac{3}{5}x$ km이다.

$$\left(\frac{2}{5}x \times \frac{1}{75}\right) + \frac{30}{60} + \left(\frac{3}{5}x \times \frac{1}{75+25}\right) = \frac{200}{60}$$

$$\to \frac{2}{375}x + \frac{3}{500}x = \frac{17}{6}$$

$$\to 8x + 9x = 4,250$$

$$\therefore x = 250$$

따라서 K공사에서 출장지까지의 거리는 250km이다.

08

정답 ①

30분까지의 기본료를 x원, 1분마다 추가 요금을 y원이라고 하면, 1시간 대여료와 2시간 대여료에 대한 다음 식이 성립한다.

$x + 30y = 50,000 \cdots \text{㉠}$

$x + 90y = 110,000 \cdots \text{㉡}$

두 식을 연립하면 $x = 20,000$, $y = 1,000$이다.

따라서 기본료는 20,000원, 30분 후 1분마다 추가 요금은 1,000원이므로 3시간 대여료는 $20,000 + 150 \times 1,000 = 170,000$원이다.

09

정답 ③

세 종류의 스낵을 최대로 구입하기 위해서는 가장 저렴한 스낵을 가장 많이 구매해야 한다. a, b, c스낵을 한 개씩 구매한 금액은 $1,000 + 1,500 + 2,000 = 4,500$원이고, 남은 금액은 $50,000 - 4,500 = 45,500$원이다. 이때 a, c스낵은 천 원 단위이므로 오백 원 단위를 맞추기 위해 b스낵을 하나 더 사야 하고, 남은 금액으로 가격이 가장 저렴한 a스낵을 $44,000 \div 1,000 = 44$개 구매한다.

따라서 a스낵 $44 + 1 = 45$개, b스낵 2개, c스낵 1개를 구입하여 최대 $45 + 2 + 1 = 48$개의 스낵을 구입할 수 있다.

01

정답 ④

매월 갑, 을 팀의 총득점과 병, 정 팀의 총득점이 같다. 따라서 빈칸에 들어갈 알맞은 수는 $1,156+2,000-1,658=1,498$이다.

02

정답 ②

통신회사의 기본요금을 x원이라 하면
$x+60a+(30\times2a)=21,600 \rightarrow x+120a=21,600 \cdots \text{㉠}$
$x+20a=13,600 \cdots \text{㉡}$
㉠, ㉡을 연립하면
$100a=8,000$
$\therefore a=80$

03

정답 ④

- 2023년 상반기 보훈 분야의 전체 청구건수 : $35+1,865=1,900$건
- 2024년 상반기 보훈 분야의 전체 청구건수 : $17+1,370=1,387$건

따라서 전년 동기 대비 2024년 상반기 보훈 분야의 전체 청구건수의 감소율은 $\dfrac{1,900-1,387}{1,900}\times100=27\%$이다.

04

정답 ①

2024년 상반기 입원 진료비 중 세 번째로 비싼 분야는 자동차 보험 분야이다.
- 2023년 상반기 자동차 보험 분야 입원 진료비 : 4,984억 원
- 2024년 상반기 자동차 보험 분야 입원 진료비 : 5,159억 원

따라서 전년 동기에 비해 2024년 상반기 자동차 보험 분야의 입원 진료비는 $5,159-4,984=175$억 원 증가했다.

05

정답 ②

대전의 지가변동율을 보면 2023년 10월부터 0.009%p씩 감소하고 있음을 알 수 있다. 따라서 2024년 1월 대전의 지가변동율은 $0.237-0.009=0.228\%$임을 알 수 있다.

01

정답 ③

ㄴ. 연령대별 아메리카노와 카페라테의 선호율의 차이를 구하면 다음과 같다.

구분	20대	30대	40대	50대
아메리카노 선호율	42%	47%	35%	31%
카페라테 선호율	8%	18%	28%	42%
차이	34%	29%	7%	11%

따라서 아메리카노와 카페라테의 선호율 차이가 가장 적은 연령대는 40대임을 알 수 있다.

ㄷ. 20대와 30대의 선호율 하위 3개 메뉴를 정리하면 다음과 같다.
- 20대 : 핫초코(6%), 에이드(3%), 아이스티(2%)
- 30대 : 아이스티(3%), 핫초코(2%), 에이드(1%)

따라서 20대와 30대의 선호율 하위 3개 메뉴는 동일함을 알 수 있다.

오답분석

ㄱ. 연령대별 아메리카노 선호율은 20대는 42%, 30대는 47%, 40대는 35%, 50대는 31%로, 30대의 선호율이 20대보다 높음을 알 수 있다.

ㄹ. 40대와 50대의 선호율 상위 2개 메뉴가 전체 선호율에서 차지하는 비율을 구하면 다음과 같다.
- 40대 : 아메리카노(35%), 카페라테(28%) → 63%
- 50대 : 카페라테(42%), 아메리카노(31%) → 73%

따라서 50대의 선호율 상위 2개 메뉴가 전체 선호율에서 차지하는 비율은 70%를 넘지만, 40대에서는 63%로 70% 미만이다.

02

정답 ②

㉠ 근로자가 총 90명이고 전체에게 지급된 임금의 총액이 2억 원이므로 근로자당 평균 월 급여액은 $\frac{2억\ 원}{90명}$ ≒222만 원이다.

따라서 평균 월 급여액은 230만 원 이하이다.

㉡ 월 210만 원 이상 급여를 받는 근로자 수는 26+12+8+4=50명이다. 따라서 총 90명의 절반인 45명보다 많으므로 옳은 설명이다.

오답분석

㉢ 월 180만 원 미만의 급여를 받는 근로자 수는 6+4=10명이다. 따라서 전체에서 $\frac{10}{90}$ ≒11%의 비율을 차지하고 있으므로 옳지 않은 설명이다.

㉣ '월 240만 원 이상 월 270만 원 미만'의 구간에서 월 250만 원 이상 받는 근로자의 수는 주어진 자료만으로는 확인할 수 없다.

03

정답 ③

매년 조사 인원의 수는 동일하게 2,500명이므로 비율의 누적 값으로만 판단한다. 3년간 월간 인터넷 쇼핑 이용 누적 비율을 구하면 다음과 같다.
- 1회 미만 : 30.4+8.9+18.6=57.9%
- 1회 이상 2회 미만 : 24.2+21.8+22.5=68.5%
- 2회 이상 3회 미만 : 15.9+20.5+19.8=56.2%
- 3회 이상 : 29.4+48.7+39.0=117.1%

따라서 두 번째로 많이 응답한 인터넷 쇼핑 이용 빈도수는 1회 이상 2회 미만이다.

오답분석

① 제시된 자료를 통해 알 수 있다.
② 2022년 월간 인터넷 쇼핑을 3회 이상 이용했다고 응답한 사람은 2,500×0.487=1,217.5명이다.
④ 매년 조사 인원 수는 동일하므로 비율만 비교한다. 2023년 월간 인터넷 쇼핑을 2회 이상 3회 미만 이용했다고 응답한 비율은 19.8%이고, 2022년 1회 미만으로 이용했다고 응답한 비율은 8.9%이다. 따라서 8.9×2=17.8<19.8이므로 2배 이상 많다.

04

정답 ②

그래프상에서 중소기업의 검색 건수는 2020년을 시작으로 매년 바깥쪽으로 이동하고 있으므로 옳은 설명이다.

오답분석

ㄱ. 상대적으로 그래프의 크기가 작은 2020년과 2021년의 검색 건수를 비교해 보면 외국인, 개인, 중소기업에서는 모두 2020년의 검색 건수가 적고, 대기업의 경우만 2023년이 크다. 이때 대기업의 검색 건수의 차이보다 외국인, 개인, 중소기업의 검색 건수 합의 차이가 더 크므로 전체 검색 건수는 2020년이 더 적다.

ㄷ. 2022년에는 외국인과 개인의 검색 건수가 가장 적었고, 대기업의 검색 건수가 가장 많았으므로 옳지 않은 설명이다.

03 | 문제해결능력

01

정답 ④

원형 테이블은 회전시켜도 좌석 배치가 동일하다. 따라서 좌석에 인원수만큼의 번호 1 ~ 6번을 임의로 붙인 다음, A가 1번 좌석에 앉았다고 가정해 배치하면 다음과 같다.

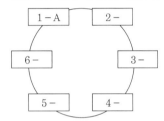

• 두 번째 조건에 따라 E는 A와 마주보는 4번 자리에 앉는다.
• 세 번째 조건에 따라 C는 E 기준으로 왼쪽인 5번 자리에 앉는다.
• 첫 번째 조건에 따라 B는 C와 이웃한 자리 중 비어 있는 6번 자리에 앉는다.
• 네 번째 조건에 따라 F는 A와 이웃하지 않는 자리인 3번 자리에 앉는다.
• D는 남은 좌석인 2번 자리에 앉게 된다.
위 내용을 정리하면 다음과 같다.

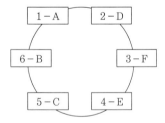

따라서 F와 이웃하여 앉는 사람은 D, E이다.

02

정답 ④

주어진 조건을 정리하면 다음과 같은 순서로 위치한다.
초밥가게 – × – 카페 – × – 편의점 – 약국 – 옷가게 – 신발가게 – × – ×
따라서 항상 옳은 것은 ④이다.

[오답분석]
① 카페와 옷가게 사이에는 3개의 건물이 있다.
② 초밥가게와 약국 사이에는 4개의 건물이 있다.
③ 편의점은 5번째 건물에 있다.

03

정답 ③

- A : 탈수 현상이 발생하면 설사 등의 증세가 일어나고, 이는 생활에 나쁜 영향을 준다(대우는 성립한다).
- B : 몸의 수분 비율이 일정 수치 이하로 떨어지면 탈수 현상이 발생하고, 그러면 설사 등의 증세가 일어난다(대우는 성립한다).

04

정답 ④

주어진 조건을 정리하면 다음과 같다.
ⅰ) 월(×)
ⅱ) [화(○) ∧ 목(○)] ∨ 월(○)
ⅲ) 금(×) → [화(×) ∧ 수(×)]
ⅲ)의 대우 : [화(○) ∨ 수(○)] → 금(○)
여기서 ⅰ)과 ⅱ)를 결합하면 [화(○) ∧ 목(○)]를 도출할 수 있다. 화요일과 목요일에 모두 회의를 개최하므로 이를 ⅲ)의 대우에 대입하면 금요일에도 회의를 개최해야 한다는 것을 알 수 있다. 따라서 회의를 반드시 개최해야 하는 날은 화요일, 목요일, 금요일 총 3일이다.

05

정답 ③

조건에 따르면 최소한 수학자 1명, 논리학자 1명, 과학자 2명이 선정되어야 하고, 그 외 나머지 2명을 선정해야 한다. 예를 들어 물리학, 생명과학, 화학, 천문학을 전공한 과학자 총 4명을 선정하면 천문학 전공자는 기하학 전공자와 함께 선정되고, 논리학자는 비형식논리 전공자를 선정하면 가능하다.

[오답분석]
① 형식논리 전공자가 1명 선정되면 비형식논리 전공자도 1명 선정되어야 하므로 논리학자는 2명 선정된다. 그러나 형식논리 전공자가 먼저 선정된 것이 아니라면 옳지 않다.
② 같은 전공을 가진 수학자가 2명 선정될 수 있다. 예를 들어 다음과 같이 선정될 수 있다.
   논리학자 1명 – 비형식논리 전공자
   수학자 2명 – 기하학 전공자, 기하학 전공자
   과학자 3명 – 물리학 전공자, 생명과학 전공자, 천문학 전공자
④ 통계학 전공자를 포함하면 수학자는 3명이 선정될 수 있다. 예를 들어 다음과 같이 선정될 수 있다.
   논리학자 1명 – 비형식논리 전공자
   수학자 3명 – 통계학 전공자, 대수학 전공자, 기하학 전공자
   과학자 2명 – 천문학 전공자, 기계공학 전공자

대표기출유형 02 | 기출응용문제

01

정답 ④

알파벳 순서에 따라 숫자로 변환하면 다음과 같다.

A	B	C	D	E	F	G	H	I	J	K	L	M
1	2	3	4	5	6	7	8	9	10	11	12	13
N	O	P	Q	R	S	T	U	V	W	X	Y	Z
14	15	16	17	18	19	20	21	22	23	24	25	26

'INTELLECTUAL'의 품번을 규칙에 따라 정리하면 다음과 같다.
- 1단계 : 9(I), 14(N), 20(T), 5(E), 12(L), 12(L), 5(E), 3(C), 20(T), 21(U), 1(A), 12(L)
- 2단계 : 9+14+20+5+12+12+5+3+20+21+1+12=134

- 3단계 : |(14+20+12+12+3+20+12)-(9+5+5+21+1)|=|93-41|=52
- 4단계 : (134+52)÷4+134=46.5+134=180.5
- 5단계 : 180.5를 소수점 첫째 자리에서 버림하면 180이다.
따라서 제품의 품번은 '180'이다.

02

조건에 따라 소괄호 안에 있는 부분을 순서대로 풀이하면 다음과 같다.
'1 A 5'에서 A는 좌우의 두 수를 더하는 것이지만, 더한 값이 10 미만이면 좌우에 있는 두 수를 곱해야 한다. 1+5=6으로 10 미만이므로 두 수를 곱하여 5가 된다.
'3 C 4'에서 C는 좌우의 두 수를 곱하는 것이지만 곱한 값이 10 미만일 경우 좌우에 있는 두 수를 더한다. 이 경우 3×4=12로 10 이상이므로 12가 된다.
중괄호를 풀어보면 '5 B 12'이다. B는 좌우에 있는 두 수 가운데 큰 수에서 작은 수를 빼는 것이지만, 두 수가 같거나 뺀 값이 10 미만이면 두 수를 곱한다. 12-5=7로 10 미만이므로 두 수를 곱해야 한다. 따라서 60이 된다.
'60 D 6'에서 D는 좌우에 있는 두 수 가운데 큰 수를 작은 수로 나누는 것이지만, 두 수가 같거나 나눈 값이 10 미만이면 두 수를 곱해야 한다. 이 경우 나눈 값이 10이 되므로 답은 10이다.

대표기출유형 03   기출응용문제

01

정답 ②

ⓒ 화장품은 할인 혜택에 포함되지 않는다.
ⓒ 침구류는 가구가 아니므로 할인 혜택에 포함되지 않는다.

02

정답 ②

먼저 A호텔 연꽃실은 2시간 이상 사용할 경우 추가비용이 발생하고, 수용 인원도 부족하다. B호텔 백합실은 1시간 초과 대여가 불가능하며, C호텔 매화실은 이동수단을 제공하지만 수용 인원이 부족하다. 남은 C호텔 튤립실과 D호텔 장미실을 비교했을 때, C호텔의 튤립실은 예산초과로 예약할 수 없으므로 이대리는 대여료와 수용 인원의 조건이 맞는 D호텔 연회장을 예약해야 한다. 따라서 이대리가 지불해야 하는 예약금은 D호텔 대여료 150만 원의 10%인 15만 원이다.

03

정답 ④

예산이 200만 원으로 증액되었을 때, 조건에 해당하는 연회장은 C호텔 튤립실과 D호텔 장미실이다. 예산 내에서 더 저렴한 연회장을 선택해야 한다는 조건이 없고, 이동수단이 제공되는 연회장을 우선적으로 고려해야 하므로 이대리는 C호텔 튤립실을 예약할 것이다.

04

정답 ②

사진과 함께 댓글로 구매평을 남길 경우 3,000원 할인쿠폰이 지급되며, 이는 기존 가격인 3만 원의 10%에 해당한다.

[오답분석]
① 오픈형 성경 리폼의 가격은 기존 가격인 30,000원에 20% 할인을 적용한 2만 4천 원이다.
③ 30,000×0.1+3,000(할인쿠폰)=6,000원이므로 적절하다.
④ 30,000×0.3+1,000(할인쿠폰)=10,000원이므로 적절하다.

04 | 자원관리능력

대표기출유형 01 | 기출응용문제

01

정답 ③

한국(A)이 오전 8시일 때, 오스트레일리아(B)는 오전 10시(시차 : +2), 아랍에미리트(C)는 오전 3시(시차 : −5), 러시아(D)는 오전 2시(시차 : −6)이다. 따라서 업무가 시작되는 오전 9시를 기준으로 오스트레일리아는 이미 2시간 전에 업무를 시작했고, 아랍에미리트는 5시간 후, 러시아는 6시간 후에 업무를 시작한다. 이를 표로 정리하면 다음과 같다.

국가 \ 한국시각	7am	8am	9am	10am	11am	12pm	1pm	2pm	3pm	4pm	5pm	6pm
A사(서울)												
B사(캔버라)												
C사(두바이)												
D사(모스크바)												

따라서 화상회의가 가능한 시간은 한국시각으로 오후 3 ~ 4시이다.

02

정답 ③

밴쿠버 지사에 메일이 도착한 밴쿠버 현지시각은 6월 22일 오전 12시 15분이지만, 업무 시간이 아니므로 메일을 읽을 수 없다. 따라서 밴쿠버 지사에서 가장 빠르게 메일을 읽을 수 있는 시각은 전력 점검이 끝난 6월 22일 오전 10시 15분이다. 모스크바는 밴쿠버와 10시간의 시차가 있으므로 이때의 모스크바 현지시각은 6월 22일 오후 8시 15분이다.

03

정답 ④

다른 직원들의 휴가 일정이 겹치지 않고, 주말과 공휴일이 아닌 평일이며, 전체 일정도 없는 21 ~ 22일이 가장 적절하다.

오답분석

① 3월 1일은 공휴일이므로 휴가일로 적절하지 않다.
② 3월 5일은 K공사 전체회의 일정이 있어 휴가를 사용하지 않는다.
③ 3월 10일은 주말이므로 휴가일로 적절하지 않다.

04

정답 ①

전체회의 일정과 공휴일(삼일절), 주말을 제외하면 3월에 휴가를 사용할 수 있는 날은 총 20일이다. 직원이 총 12명이므로 한 명당 1일을 초과하여 휴가를 쓸 수 없다.

05

정답 ④

문화회관 이용 가능 요일표와 주간 주요 일정표에 따라 K공사가 교육을 진행할 수 있는 요일과 시간대는 화요일 오후, 수요일 오후, 금요일 오전이다.

01

- A팀장은 1박으로만 숙소를 예약하므로 S닷컴을 통해 예약할 경우 할인적용을 받지 못한다.
- M투어를 통해 예약하는 경우 3박 이용 시 다음 달에 30% 할인쿠폰 1매가 제공되므로 9월에 30% 할인쿠폰을 1개 사용할 수 있으며, A팀장은 총 숙박비용을 최소화하고자 하므로 9월 또는 10월에 30% 할인쿠폰을 사용할 것이다.
- H트립을 이용하는 경우 6월부터 8월 사이 1박 이상 숙박 이용내역이 있을 시 10% 할인받을 수 있으므로 총 5번의 숙박 중 7월과 8월에 10% 할인받을 수 있다.
- T호텔스의 경우 멤버십 가입 여부에 따라 숙박비용을 비교해야 한다.

위의 조건을 고려하여 예약사이트별 숙박비용을 계산하면 다음과 같다.

예약사이트	총 숙박비용
M투어	$(120,500 \times 4) + (120,500 \times 0.7 \times 1) = 566,350$원
H트립	$(111,000 \times 3) + (111,000 \times 0.9 \times 2) = 532,800$원
S닷컴	$105,500 \times 5 = 527,500$원
T호텔스	• 멤버십 미가입 : $105,000 \times 5 = 525,000$원 • 멤버십 가입 : $(105,000 \times 0.9 \times 5) + 20,000 = 492,500$원

따라서 숙박비용이 가장 낮은 예약사이트는 T호텔스이며, 총 숙박비용은 492,500원이다.

02

정답 ③

상별로 수상인원을 고려하여, 상패 및 물품별 총수량과 총비용을 계산하면 다음과 같다.

상패 혹은 물품	총수량(개)	개당 비용(원)	총비용(원)
금 도금 상패	7	49,500(10% 할인!)	$7 \times 49,500 = 346,500$
은 도금 상패	5	42,000	$42,000 \times 4(1개 무료) = 168,000$
동 상패	2	35,000	$35,000 \times 2 = 70,000$
식기 세트	5	450,000	$5 \times 450,000 = 2,250,000$
신형 노트북	1	1,500,000	$1 \times 1,500,000 = 1,500,000$
태블릿 PC	6	600,000	$6 \times 600,000 = 3,600,000$
만년필	8	100,000	$8 \times 100,000 = 800,000$
안마의자	4	1,700,000	$4 \times 1,700,000 = 6,800,000$
합계	–	–	15,534,500

따라서 총상품구입비는 15,534,500원이다.

03

- A씨 부부의 왕복 비용 : $(59,800 \times 2) \times 2 = 239,200$원
- 만 6세 아들의 왕복 비용 : $(59,800 \times 0.5) \times 2 = 59,800$원
- 만 3세 딸의 왕복 비용 : $59,800 \times 0.25 = 14,950$원

따라서 A씨 가족이 지불한 교통비는 $239,200 + 59,800 + 14,950 = 313,950$원이다.

04

10잔 이상의 음료 또는 디저트를 구매하면 음료 2잔을 무료로 제공받을 수 있다. 먼저 커피를 못 마시는 두 사람을 위해 NON-COFFEE 메뉴 중 4,500원 이하의 가격인 그린티라테 두 잔을 무료로 제공받고 남은 10명 중 4명은 가장 저렴한 아메리카노를 주문한다($3,500 \times 4 = 14,000$원). 이때, 2인에 1개씩 음료에 곁들일 디저트를 주문한다고 했으므로 남은 6명은 베이글과 아메리카노를 세트로 시키고 10% 할인을 받으면 $(7,000 \times 0.9) \times 6 = 37,800$원이다.

따라서 총금액은 $14,000 + 37,800 = 51,800$원이므로 전체 회비에서 메뉴를 주문한 후 남는 돈은 $240,000 - 51,800 = 188,200$원이다.

대표기출유형 03 ｜ 기출응용문제

01

한 달을 기준으로 S씨가 지출하게 될 자취방 월세와 자취방에서 대학교까지 왕복 시 거리비용을 합산하면 다음과 같다.

- A자취방 : $330,000 + (1.8 \times 2,000 \times 2 \times 15) = 438,000$원
- B자취방 : $310,000 + (2.3 \times 2,000 \times 2 \times 15) = 448,000$원
- C자취방 : $350,000 + (1.3 \times 2,000 \times 2 \times 15) = 428,000$원
- D자취방 : $320,000 + (1.6 \times 2,000 \times 2 \times 15) = 416,000$원

따라서 S씨가 선택할 수 있는 가장 저렴한 비용의 자취방은 D자취방이다.

02

가격, 조명도, A/S 등의 요건이 주어진 조건에 모두 부합한다.

오답분석

① 예산이 150만 원이라고 하였으므로 예산을 초과하였다.
② 신속한 A/S가 조건이므로 해외 A/S만 가능하여 적절하지 않다.
③ 가격과 조명도 적절하고 특이사항도 문제없지만 가격이 저렴한 제품을 우선으로 한다고 하였으므로 ④가 더 적절하다.

01

정답 ④

승진시험 성적은 100점 만점이므로 제시된 점수를 그대로 반영하고 영어 성적은 5를 나누어서 반영한다. 성과 평가는 2를 나누어서 합산하며, 그 합산점수가 가장 높은 사람을 선발한다. 이때, E와 I는 동료 평가에서 하를 받았으므로 승진 대상자에서 제외된다. 이를 토대로 합산점수를 구하면 다음과 같다.

(단위 : 점)

구분	A	B	C	D	E	F	G	H	I	J	K
합산점수	220	225	225	200	제외	235	245	220	제외	225	230

따라서 점수가 높은 2명인 F, G가 승진 대상자가 된다.

02

정답 ②

수리능력과 문제해결능력 점수의 합은 다음과 같다.
- 이진기 : 74+84=158점
- 박지민 : 82+99=181점
- 최미정 : 66+87=153점
- 김남준 : 53+95=148점
- 정진호 : 92+91=183점
- 김석진 : 68+100=168점
- 황현희 : 80+92=172점

따라서 총무팀에 배치될 사람은 점수의 합이 높은 박지민, 정진호이다.

03

정답 ②

개인별 필기시험과 면접시험 총점에 가중치를 적용하여 환산점수를 계산하면 다음과 같다.

성명	필기시험 총점	면접시험 총점	환산점수
이진기	92+74+84=250점	60+90=150점	$(250 \times 0.7)+(150 \times 0.3)=220$점
박지민	89+82+99=270점	80+90=170점	$(270 \times 0.7)+(170 \times 0.3)=240$점
최미정	80+66+87=233점	80+40=120점	$(233 \times 0.7)+(120 \times 0.3)=199.1$점
김남준	94+53+95=242점	60+50=110점	$(242 \times 0.7)+(110 \times 0.3)=202.4$점
정진호	73+92+91=256점	50+100=150점	$(256 \times 0.7)+(150 \times 0.3)=224.2$점
김석진	90+68+100=258점	70+80=150점	$(258 \times 0.7)+(150 \times 0.3)=225.6$점
황현희	77+80+92=249점	90+60=150점	$(249 \times 0.7)+(150 \times 0.3)=219.3$점

따라서 환산점수에서 최저점을 받아 채용이 보류되는 사람은 최미정이다.

PART 2

합격의 공식 시대에듀 www.sdedu.co.kr

직무능력평가

01 │ 경영 적중예상문제

01	02	03	04	05	06	07	08	09	10
④	①	④	④	①	①	②	④	②	②
11	12	13	14	15	16	17	18	19	20
①	④	②	④	②	④	①	①	③	③
21	22	23	24	25	26	27	28	29	30
④	④	③	③	④	①	④	④	②	③

01
정답 ④

기타포괄손익의 종류로는 재평가잉여금, 현금흐름위험회피 파생상품평가손실, 해외사업환산손익, 공정가치측정 금융자산평가손익, 재측정요소 등이 있다. 재평가적립금은 기타포괄손익이 아닌 자본잉여금에 해당한다.

02
정답 ①

순서대로 M&A 방어전략 중 주식공개매수, 황금낙하산, 독소조항에 대한 설명이다.

오답분석
• 불가침협정 : 인수기업이 매입한 피인수기업 주식을 높은 가격에 재매입하는 조건으로 더 이상 적대적 M&A를 진행하지 않도록 협약을 체결하는 전략이다.
• 복수의결권 : 일반주식이 가지는 의결권보다 훨씬 더 많은 의결권을 부여하는 전략이다.

03
정답 ④

기업이 글로벌 전략을 수행하면 외국 현지법인과의 커뮤니케이션 비용이 증가하고, 외국의 법률이나 제도 개편 등 기업 운영상 리스크에 대한 본사 차원의 대응 역량이 더욱 요구되므로, 경영상의 효율성은 오히려 낮아질 수 있다.

오답분석
① 글로벌 전략을 통해 대량생산을 통한 원가절감, 즉 규모의 경제를 이룰 수 있다.
② 글로벌 전략을 통해 세계 시장에서 외국 기업들과의 긴밀한 협력이 가능하다.
③ 외국의 무역장벽이 높으면 국내 제품을 수출하는 것보다 글로벌 전략을 통해 외국에 진출하는 것이 효과적이다.

04
정답 ④

지식경영시스템은 조직 안의 지식자원을 체계화하고 공유하여 기업 경쟁력을 강화하는 기업정보시스템이다. 따라서 조직에서 필요한 지식과 정보를 창출하는 연구자, 설계자, 건축가, 과학자, 기술자 등을 반드시 포함하는 것과는 관련이 없다.

05
정답 ①

기능별 조직은 전체 조직을 기능별 분류에 따라 형성시키는 조직의 형태이다. K회사는 수요가 비교적 안정된 소모품을 납품하는 업체이기 때문에 환경적으로도 안정되어 있으며, 부서별 효율성을 추구하므로 기능별 조직이 조직구조로 가장 적절하다.

기능별 조직

구분	내용
적합한 환경	• 조직구조 : 기능조직 • 조직규모 : 작거나 중간 정도 • 조직목표 : 내적 효율성, 기술의 전문성과 질 • 환경 : 안정적 • 기술 : 일상적이며 낮은 상호의존성
장점	• 기능별 규모의 경제 획득 • 중간 이하 규모의 조직에 적합 • 기능별 기술개발 용이 • 소품종 생산에 유리 • 기능 목표 달성 가능
단점	• 환경변화에 대한 대응 늦음 • 혁신이 어려움 • 최고경영자의 의사결정이 지나치게 많음 • 전체 조직목표에 대한 제한된 시각 • 부문 간 상호 조정 곤란

06
정답 ①

집단사고(Groupthink)는 응집력이 높은 집단에서 의사결정을 할 때, 동조압력과 전문가들의 과다한 자신감으로 인해 사고의 다양성이나 자유로운 비판 대신 집단의 지배적인 생각에 순응하여 비합리적인 의사결정을 하게 되는 현상이다.

07

정답 ②

에이전시 숍은 근로자들 중에서 조합 가입의 의사가 없는 자에게는 조합 가입이 강제되지 않지만, 조합 가입에 대신하여 조합에 조합비를 납부함으로써 조합원과 동일한 혜택을 받을 수 있도록 하는 제도이다.

08

정답 ④

근로자가 스스로 계획하고 실행하여 그 결과에 따른 피드백을 수집하고 수정해 나가며, 일의 자부심과 책임감을 가지고 자발성을 높이는 기법은 직무충실화 이론에 해당한다. 직무충실화 이론은 직무확대보다 더 포괄적으로 구성원들에게 더 많은 책임과 더 많은 선택의 자유를 요구하기 때문에 수평적 측면으로는 질적 개선에 따른 양의 증가, 수직적 측면으로는 본래의 질적 개선의 증가로 볼 수 있다.

09

정답 ②

오답분석

① 헤일로 효과 : 현혹효과라고 하며, 대상의 한 가지 특성에 대한 평가가 다른 분야 평가에 영향을 미치는 것이다.
③ 항상오차 : 인사고과 평가자의 심리적 오차를 말하며, 평가 대상자의 실제 성과보다 높게 평가하려는 관대화 경향, 대부분의 평가를 평균치에 집중하는 중심화 경향, 실제 성과보다 낮게 평가하려는 가혹화 경향이 있다.
④ 논리오차 : 각 고과 요소 간에 논리적 상관관계가 있을 경우 어느 요소 하나가 특징적이면 다른 요소도 그럴 것이라고 평가하는 것이다.

10

정답 ②

시계열 분석법은 시계열 자료수집이 용이하고 변화하는 경향이 뚜렷하여 안정적일 때 이를 기초로 미래의 예측치를 구한다. 하지만 과거의 수요 패턴이 계속적으로 유지된다고 할 수 없으므로 주로 중단기 예측에 이용되며, 비교적 적은 자료로도 정확한 예측이 가능하다.

11

정답 ①

오답분석

② 준거가격 : 소비자가 과거의 경험이나 기억, 정보 등으로 제품의 구매를 결정할 때 기준이 되는 가격이다.
③ 명성가격 : 소비자가 가격에 의하여 품질을 평가하는 경향이 특히 강하여 비교적 고급품질이 선호되는 상품에 설정되는 가격이다.
④ 관습가격 : 일용품의 경우처럼 장기간에 걸친 소비자의 수요로 인해 관습적으로 형성되는 가격이다.

12

정답 ④

오답분석

① 연봉제 : 개별 구성원의 능력·실적 및 조직 공헌도 등을 평가해 계약에 의해 연간 임금액을 책정하는 보수 체계이다.
② 개인성과급제 : 노동의 성과를 측정하여 그 결과에 따라 임금을 지급하는 제도이다.
③ 스캔론 플랜 : 생산액의 변동에 임금을 연결시켜 산출하는 것으로, 일정기간 동안 구성원과 조직이 기대한 원가절감액에서 실제 절약한 비용을 뺀 나머지를 모든 구성원들에게 금전적 형태로 제공하는 제도이다.

13

정답 ②

프로그램의 최고 단계 훈련을 마치고, 프로젝트 팀 지도를 전담하는 직원은 블랙벨트이다. 마스터블랙벨트는 식스 시그마 최고과정에 이른 사람으로, 블랙벨트가 수행하는 프로젝트를 전문적으로 관리한다.

14

정답 ③

균형성과표(Balanced Score Card)는 조직의 비전과 전략을 달성하기 위한 도구로, 전통적인 재무적 성과지표뿐만 아니라 고객, 업무 프로세스, 학습 및 성장과 같은 비재무적 성과지표 또한 균형적으로 고려한다. 즉, BSC는 통합적 관점에서 미래지향적·전략적으로 성과를 관리하는 도구라고 할 수 있다.
(A) 재무적 관점 : 순이익, 매출액 등
(B) 고객 관점 : 고객만족도, 충성도 등
(C) 내부 프로세스 관점 : 내부처리 방식 등
(D) 학습 및 성장 관점 : 구성원의 능력 개발, 직무만족도 등

15

정답 ②

오답분석

① 데이터 웨어하우스(Data Warehouse) : 사용자의 의사결정을 돕기 위해 다양한 운영 시스템에서 추출·변환·통합되고 요약된 데이터베이스를 말한다. 크게 원시 데이터 계층, 데이터 웨어하우스 계층, 클라이언트 계층으로 나뉘며 데이터의 추출·저장·조회 등의 활동을 한다. 데이터 웨어하우스는 고객과 제품, 회계와 같은 주제를 중심으로 데이터를 구축하며 여기에 저장된 모든 데이터는 일관성을 유지해 데이터 호환이나 이식에 문제가 없다. 또한 특정 시점에 데이터를 정확하게 유지하면서 동시에 장기적으로 유지될 수도 있다.
③ 데이터 마트(Data Mart) : 운영데이터나 기타 다른 방법으로 수집된 데이터 저장소로, 특정 그룹의 지식 노동자들을 지원하기 위해 설계된 것이다. 따라서 데이터 마트는 특별한 목적을 위해 접근의 용이성과 유용성을 강조해 만들어진 작은 데이터 저장소라고 할 수 있다.

④ 데이터 정제(Data Cleansing) : 데이터베이스의 불완전 데이터에 대한 검출・이동・정정 등의 작업을 말한다. 여기에는 특정 데이터베이스의 데이터 정화뿐만 아니라 다른 데이터베이스로부터 유입된 이종 데이터에 대한 일관성을 부여하는 역할도 한다.

16 　　　정답 ④

민츠버그(Mintzberg)는 크게 대인적 직무, 의사결정 직무, 정보처리 직무로 경영자의 역할을 10가지로 정리하였고, 제시문은 의사결정 직무 중 기업가 역할에 해당한다.

민츠버그(Mintzberg) 경영자의 역할
- 대인적 직무 : 대표자 역할, 리더 역할, 연락자 역할
- 의사결정 직무 : 기업가 역할, 문제처리자 역할, 지원 배분자 역할, 중재자 역할
- 정보처리 직무 : 정보수집자 역할, 정보보급자 역할, 대변자 역할

17 　　　정답 ①

수민은 시스템 이론에 대한 설명이 아닌 시스템적 접근의 추상성을 극복하고자 하는 상황 이론에 대해 설명하고 있다.

18 　　　정답 ①

IRP를 중도 해지하면 그동안 세액공제를 받았던 적립금은 물론 운용수익에 대해 16.5%의 기타소득세를 물어야 하므로, IRP는 입출금에서 자유롭지 못하다는 단점이 있다.

19 　　　정답 ③

자원기반관점(RBV; Resource Based View)은 기업 경쟁력의 원천을 기업의 외부가 아닌 내부에서 찾는다. 진입장벽, 제품차별화 정도, 사업들의 산업집중도 등은 산업구조론(I.O)의 핵심요인이다.

20 　　　정답 ③

네트워크 조직은 다수의 다른 장소에서 이루어지는 프로젝트들을 관리・통솔하는 과정에서 다른 구조보다 훨씬 더 많은 층위에서의 감독이 필요하며 그만큼 관리비용이 증가한다. 이러한 다수의 관리감독자들은 구성원들에게 혼란을 야기하거나 프로젝트 진행을 심각하게 방해할 수도 있다. 이에 따른 단점을 상쇄하기 위해 최근 많은 기업들은 공동 프로젝트 통합관리 시스템 개발을 통해 효율적인 네트워크 조직 운영을 목표로 하고 있다.

네트워크 조직(Network Organization)
자본적으로 연결되지 않은 독립된 조직들이 각자의 전문 분야를 추구하면서도 제품의 생산과 프로젝트 수행을 위한 관계를 형성하여 상호의존적인 협력관계를 형성하는 조직이다.

21 　　　정답 ④

LMX는 리더 – 구성원 간의 관계에 따라 리더십 결과가 다르다고 본다.

22 　　　정답 ④

빠르게 변화하는 환경에 적응하는 데에는 외부모집이 내부노동시장에서 지원자를 모집하는 내부모집보다 효과적이다.

23 　　　정답 ③

직무평가의 목적은 직무의 상대적 가치를 결정함으로써 기업 내부의 임금격차를 합리적으로 결정하고, 직무급 정립과 직무별 계층제도를 확립하며, 나아가 인사관리 전반을 합리화하는 것이다. 직무평가 중 요소비교법은 기업이나 직무의 핵심이 되는 기준직무를 선정하여 각 직무를 평가요소별로 분해하고, 점수 대신 임률로 기준직무를 평가한 후, 타 직무를 기준직무에 비교하여 각각의 임률을 결정하는 방법이다.

오답분석
① 점수법(Point Rating Method)에 대한 설명이다.
② 분류법(Classification Method)에 대한 설명이다.
④ 서열법(Ranking Method)에 대한 설명이다.

24 　　　정답 ③

오답분석
ㄴ. 수직적 마케팅시스템은 구성원인 제조업자, 도매상, 소매상, 소비자를 각각 개별적으로 파악하는 것이 아니라 구성원 전체가 소비자의 필요와 욕구를 만족시키는 유기적인 전체 시스템을 이룬 유통경로 체제이다.
ㄷ. 수직적 마케팅시스템에서는 구성원들의 행동이 각자의 이익을 극대화하는 방향이 아닌 시스템 전체의 이익을 극대화하는 방향으로 조정된다.

25 정답 ④

마일즈(Miles)와 스노우(Snow)의 전략유형
- **공격형** : 새로운 제품과 시장기회를 포착 및 개척하려는 전략으로, 진입장벽을 돌파하여 시장에 막 진입하려는 기업들이 주로 활용한다. 신제품과 신기술의 혁신을 주요 경쟁수단으로 삼는다.
  - 위험을 감수하고 혁신과 모험을 추구하는 적극적 전략
  - 분권화(결과)에 의한 통제
  - 충원과 선발은 영입에 의함
  - 보상은 대외적 경쟁성과 성과급 비중이 큼
  - 인사고과는 성과지향적이고 장기적인 결과를 중시함
- **방어형** : 효율적인 제조를 통해 기존 제품의 품질을 높이거나 가격을 낮춰 고객의 욕구를 충족시키며, 가장 탁월한 전략으로 여겨진다.
  - 조직의 안정적 유지를 추구하는 소극적 전략
  - 틈새시장(니치)을 지향하고, 그 밖의 기회는 추구하지 않음
  - 기능식 조직
  - 중앙집권적 계획에 의한 통제
  - 보상은 대내적 공정성을 중시하고, 기본급 비중이 큼
  - 인사고과는 업무과정 지향적이고, 단기적인 결과를 중시함
- **분석형** : 먼저 진입하지 않고 혁신형을 관찰하다가 성공가능성이 보이면 신속하게 진입하는 전략으로, 공정상의 이점이나 마케팅상의 이점을 살려서 경쟁한다. 공격형 전략과 방어형 전략의 결합형으로, 한편으로 수익의 기회를 최대화하면서 다른 한편으로 위험을 최소화하려는 전략이다.

26 정답 ①

기계적 조직은 집권적이며 규칙과 절차가 많고 엄격하다. 반면 유기적 조직은 분권적이며 융통성이 높고 제약이 적은 편이다.

27 정답 ④

기업이 일방적으로 기부나 봉사활동을 하는 것에서 나아가 기업이 공익을 추구하면서도 이를 통해 실질적인 이익을 얻을 수 있도록 공익과의 접점을 찾는 것을 코즈 마케팅이라 한다.

[오답분석]
① 그린 마케팅(Green Marketing) : 자연환경을 보전하고 생태계 균형을 중시하는 기업 판매 전략이다.
② 프로 보노(Pro Bono) : 각 분야의 전문가들이 사회적 약자를 돕는 활동이다.
③ 니치 마케팅(Niche Marketing) : 특정한 성격을 가진 소규모 소비자를 대상으로 판매하는 전략이다.

28 정답 ④

ERP(Enterprise Resource Planning : 전사적 자원관리)의 특징
- 기업의 서로 다른 부서 간의 정보 공유를 가능하게 함
- 의사결정권자와 사용자가 실시간으로 정보를 공유하게 함
- 보다 신속한 의사결정과 효율적인 자원 관리를 가능하게 함

[오답분석]
① JIT(Just-In-Time) : 과잉생산이나 대기시간 등의 낭비를 줄이고 재고를 최소화하여 비용 절감과 품질 향상을 달성하는 생산 시스템이다.
② MRP(Material Requirement Planning : 자재소요계획) : 최종제품의 제조과정에 필요한 원자재 등의 종속수요 품목을 관리하는 재고관리기법이다.
③ MPS(Master Production Schedule : 주생산계획) : MRP의 입력자료 중 하나로, APP를 분해하여 제품이나 작업장 단위로 수립한 생산계획이다.

29 정답 ②

다품종 생산이 가능한 것은 공정별 배치에 해당한다.

제품별 배치와 공정별 배치의 비교

구분	제품별 배치	공정별 배치
장점	• 높은 설비이용률 • 노동의 전문화 • 낮은 제품단위당 원가	• 다품종 생산이 가능 • 저렴한 범용설비 • 장려임금 실시 가능
단점	• 수요 변화에 적응이 어려움 • 설비 고장에 영향을 받음 • 장려임금 실시 불가 • 단순작업	• 낮은 설비이용률 • 높은 제품단위당 원가 • 재공품 재고 증가 • 경로와 일정계획의 문제

30 정답 ③

영업고정비의 비중이 클수록(영업레버리지가 클수록) 매출액 변동에 따른 영업이익의 변동은 더 증가한다.

01	02	03	04	05	06	07	08	09	10	11	12	13	14	15	16	17	18	19	20
①	②	②	④	④	③	④	①	④	③	②	④	②	③	①	③	②	①	④	②
21	22	23	24	25	26	27	28	29	30										
④	③	①	③	④	④	②	②	②	④										

01 정답 ①

절대소득가설은 경제학자 케인스가 주장한 소비이론이다. 현재 소득이 소비를 결정하는 가장 중요한 요인으로, 소득 이외 요인은 소비에 2차적인 영향만 미친다는 것이다. 하지만 현재 소비를 설명하기 위해 현재 소득에만 큰 비중을 두고 금융자산, 이자율, 장래소득의 기대 등 소비에 영향을 끼치는 다른 변수는 간과했다는 지적이 있다.

02 정답 ②

어떤 상품이 정상재인 경우 이 재화의 수요가 증가하면 수요곡선 자체를 오른쪽으로 이동시켜 재화의 가격이 상승하면서 동시에 거래량이 증가한다. 소비자의 소득 증가, 대체재의 가격 상승, 보완재의 가격 하락, 미래 재화가격 상승 예상, 소비자의 선호 증가 등이 수요를 증가시키는 요인이 될 수 있다. 한편, 생산기술의 진보, 생산요소의 가격 하락, 생산자의 수 증가, 조세 감소 등은 공급의 증가요인으로 공급곡선을 오른쪽으로 이동시킨다.

03 정답 ②

ㄱ. 이부가격제에 대한 기본적인 개념이다.
ㄷ. 소비자잉여에서 사용료를 제한 부분에서 가입비를 부과할 수 있으므로, 사용료를 아예 부과하지 않는다면 소비자잉여는 독점기업이 부과할 수 있는 가입비의 한도액이 된다.

[오답분석]
ㄴ. 적은 수량을 소비하더라도 가입비는 동일하게 지급하므로 적은 수량을 소비할수록 소비자의 평균지불가격은 높아진다.
ㄹ. 이부가격제는 자연독점하에서 기업이 평균비용 가격설정으로 인한 손실을 보전하기 위해 선택하는 것이 아니라, 종량요금이 얼마이든 소비자잉여를 가입비로 흡수할 수 있으므로 1차 가격차별과 근접한 방식으로 독점기업의 이윤을 늘리기 위해 선택한다.

04 정답 ④

i) P_e가 3에서 5로 증가할 때 총수요곡선은 그대로이고 총공급곡선은 왼쪽으로 이동하므로 균형소득수준 (ㄱ)은 하락하고 균형물가수준 (ㄴ)은 상승함을 알 수 있다.
ii) $P_e=3$을 직접 대입해서 풀 경우 $Y=1.5$, $P=2.5$가 도출되며, $P_e=5$를 대입해서 풀 경우 $Y=0.5$, $P=3.5$가 도출되므로 동일한 결과를 얻을 수 있다.

05

정답 ④

소비자 甲의 예산제약식은 $C_1 + \dfrac{C_2}{1+r} = W + Y_1 + \dfrac{Y_2}{1+r}$ 이므로, 문제에서 주어진 값들을 대입하면 $800 + \dfrac{C_2}{1+0.02} = 200 +$

$1,000 + \dfrac{300}{1+0.02}$ 이다. 따라서 $C_2 = 708$이다.

06

정답 ③

불확실한 상황에서 지혜의 재산의 기대수익과 기대효용을 계산해 보면 각각 다음과 같다.

$$E(x) = \left(\frac{3}{10} \times 400\right) + \left(\frac{7}{10} \times 900\right) = 120 + 630 = 750$$

$$E(U) = \left(\frac{3}{10} \times \sqrt{400}\right) + \left(\frac{7}{10} \times \sqrt{900}\right) = 6 + 21 = 27$$

재산이 900만 원, 재산의 기대 수익이 750만 원이므로 기대손실액(Pl)은 150만 원($= 0.3 \times 500$)이다. 이때 불확실한 상황에서와 동일한 효용을 얻을 수 있는 확실한 현금의 크기인 확실성등가(CE)를 구하면 $\sqrt{CE} = 27$이므로 $CE = 729$만 원임을 알 수 있다. 지혜의 위험프리미엄(π)은 기대수익에서 확실성등가(CE)를 뺀 21만 원이다.

따라서 지혜가 지불할 용의가 있는 최대 보험료는 기대손실액(Pl)과 위험프리미엄(π)을 합한 171만 원이다.

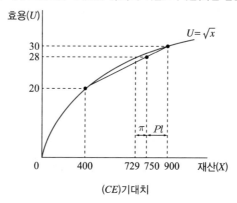

07

정답 ④

고전학파에 따르면 임금은 완전 신축적이기 때문에 항상 완전고용을 달성하므로 실업문제 해소를 위한 정부의 개입은 불필요하다고 주장한다. 반면, 케인스학파는 실업문제 해소를 위해 재정정책이 금융정책보다 더 효과적이라고 주장한다.

08

정답 ①

A의 소득이 10,000원, X재와 Y재에 대한 총지출액이 10,000원, X재 가격이 1,000원일 때, 효용이 극대화되는 소비량이 $X = 6$이고 $Y = 10$이라고 하면 Y재의 가격은 400원이 된다.

예산선의 기본식은 다음과 같다.

$$M = P_X \cdot X + P_Y \cdot Y$$

$$Y = -\frac{P_X}{P_Y} X + \frac{M}{P_Y}$$

위 식에 문제에서 주어진 수치들을 대입하면, 다음과 같은 제약식을 얻을 수 있다.

$$Y = -\frac{1,000}{400} X + \frac{10,000}{400}$$

$$\therefore \ Y = -2.5X + 25$$

균형에서 예산선과 무차별곡선이 접하므로 무차별곡선의 기울기(MRS_{XY})와 예산선의 기울기$\left(\dfrac{P_X}{P_Y}\right)$는 같다. 따라서 한계대체율은 예산선의 기울기의 절댓값인 2.5이다.

09

정답 ④

보조금이 지급되어 공급곡선이 $S_1 \rightarrow S_2$로 이동하면, 재화의 시장가격이 $P_1 \rightarrow P_2$로 낮아지므로 소비자잉여는 (d+e)만큼 증가한다. 보조금 지급 이후의 시장가격은 P_2이나 생산자는 공급곡선 S_1과 S_2의 수직거리에 해당하는 단위당 보조금을 지급받으므로 생산자가 실제로 받는 가격은 P_3이다. 보조금 지급으로 인해 생산자가 받는 가격이 $P_1 \rightarrow P_3$로 상승하면 생산자잉여는 (a+b)만큼 증가한다. 한편, 단위당 보조금의 크기가 공급곡선 S_1과 S_2의 수직거리이고, 보조금 지급 이후의 거래량이 Q_2이므로 정부가 지급한 보조금의 크기는 (a+b+c+d+e+f)이다. 정부가 지급한 보조금 중에서 소비자와 생산자에게 귀속되지 않은 부분인 (c+f)가 보조금 지급에 따른 사회적 후생손실에 해당한다.

10

정답 ③

A는 비경제활동인구를 나타내며, 일할 능력은 있지만 일할 의사가 없거나 아예 일할 능력이 없는 사람들을 의미한다. 가정주부, 학생, 취업준비자, 고령자, 심신장애자, 실망노동자 등이 이에 해당한다.
B는 취업자를 나타내며, 수입을 목적으로 1주일에 1시간 이상 일을 하는 사람, 가족이 경영하는 사업체에서 일하는 사람, 일시적으로 휴직하는 사람 등이 이에 해당한다.

11

정답 ②

오답분석

① 토빈의 Q는 장기적으로 투자와 주식시장 간의 관계를 설명하는 지표이다.

③ (토빈의 Q)$=\dfrac{\text{(주식시장에서 평가된 기업의 시장가치)}}{\text{(기업의 실물자본의 대체비용)}}$

④ Q값은 주식시장의 상황으로 신규투자를 이끌어 낼 수 있어 신규투자의 변화와 관계가 있다.

12

정답 ④

수요곡선과 공급곡선의 일반적인 형태란 우하향하는 수요곡선과 우상향하는 공급곡선을 의미한다. 이때, 공급곡선이 상방으로 이동하면, 생산량(Q)이 감소하고 가격(P)이 상승한다.

오답분석

① 수요곡선이 하방으로 이동하면 생산량이 감소하고 가격도 하락한다.
② 공급곡선이 하방으로 이동하면 생산량이 증가하고 가격이 하락한다.
③ 수요곡선이 상방으로 이동하면 생산량이 증가하고 가격도 상승한다.

13

정답 ②

담배 한 갑당 2천 원의 건강세가 부과되어 담배가격이 4천 원으로 상승하면 갑은 담배구입을 포기하지만 을은 여전히 담배를 구입할 것이다. 건강세 부과 이후 담배 판매량은 한 갑이므로 정부가 얻는 조세수입은 2천 원이다.

14

오답분석

① 독점기업은 단기에 초과이윤을 얻을 수도 있지만 손실을 볼 수도 있다.
② 독점기업의 가격차별은 사회적 후생을 증가시키지 않는다.
④ 독점기업의 경우 시장은 때때로 효율적인 결과를 스스로 도출하지 못하므로 정부 개입은 필요하다.

15

정답 ①

오답분석

② 피셔효과의 '(명목이자율)＝(실질이자율)＋(예상인플레이션율)'이라는 관계식에 의해 인플레이션 발생으로 인한 예상인플레이션율의 상승으로 명목이자율은 비례적으로 상승하게 된다.
③ 명목소득이 불변일 때 인플레이션이 발생하면 실질소득은 감소한다.
④ 실질임금이 불변일 때 인플레이션이 발생하면 명목임금은 물가상승율에 비례하여 증가한다.

16

정답 ③

생산물 가격이 하락할수록 요소수요는 감소하므로 노동수요곡선이 좌측으로 이동하면서 새로운 균형에서는 임금과 고용량이 모두 감소한다.

17

정답 ②

'A국 통화로 표시한 B국 통화 1단위의 가치'란 A국 통화의 명목환율을 의미한다. 명목환율을 e, 실질환율을 ε, 외국 물가를 P_f, 국내 물가를 P라고 할 때, 실질환율은 $\varepsilon = \dfrac{e \times P_f}{P}$ 로 표현된다.

이를 각 항목의 변화율에 대한 식으로 바꾸면 $\dfrac{\Delta \varepsilon}{\varepsilon} = \dfrac{\Delta e}{e} + \dfrac{\Delta P_f}{P_f} - \dfrac{\Delta P}{P}$ 이 된다.

제시된 자료에서 명목환율은 15%, A국(자국)의 물가지수는 7%, B국(외국)의 물가지수는 3% 증가하였으므로, 식에 대입하면 실질환율(ε)의 변화율은 15＋3－7＝11%(상승)이다. 또한, 실질환율이 상승하면 수출품의 가격이 하락하게 되므로 수출량은 증가한다.

18

정답 ①

실망노동자는 비경제활동인구에 포함되어 실업률 통계에 들어가지 않는다.

오답분석

② 완전고용은 마찰적 실업을 제외한 비자발적 실업이 없는 상태를 의미한다. 이때 마찰적 실업은 일시적으로 직장을 옮기는 과정에서 발생하는 자발적 실업이다.
③ 최저임금제도를 도입하면 최저임금이 균형임금보다 높게 설정되므로 노동의 초과공급이 발생한다. 따라서 비자발적인 실업이 발생하고 균형에서보다 고용량이 감소한다.
④ 자연실업률이란 현재 진행되는 인플레이션을 가속시키지도 않고, 감속시키지도 않게 해 주는 실업률을 말하며, 실업을 감소시키기 위한 정부의 재량적인 정책은 장기적으로 무력하며 자연실업률 수준을 변화시키는 정책만이 실업을 감소시킬 수 있다.

19

정답 ④

(고용률)＝[(취업자 수)÷{(15세 이상 경제활동인구)＋(비경제활동인구)}]×100＝570만÷(600만＋400만)×100＝57%
따라서 고용률은 57%이다.

CHAPTER 02 경제 • 51

① (실업률)=(실업자 수)÷(경제활동인구)×100=30만÷600만×100=5%이다.
② 비경제활동인구는 생산가능인구 1000만 명 중 400만 명이므로 비경제활동률은 40%이다.
③ (경제활동인구)=(취업자 수)+(실업자 수)=570만+30만=600만 명이다.

20

기업이 이윤을 극대화하기 위해서는 한계생산물가치와 임금이 같아질 때까지 고용량을 증가시켜야 한다. 한계생산물은 노동 1단위를 추가로 투입해서 얻는 생산물의 증가분이므로 5이고, 임금과 같아지기 위해서는 5×(한계생산물가치)=20,000원이 되어야 하므로 한계생산물가치는 4,000원이다. 완전경쟁에서 이윤극대화의 조건은 한계수입생산과 한계요소비용, 즉 한계수입과 한계비용이 같아야 하므로 한계비용도 4,000원이 된다.

21

A, B기업의 총수입곡선은 다음과 같다.

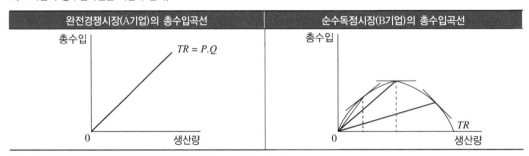

① A기업의 총수입곡선은 원점에서 출발하는 우상향의 직선, 즉 총수입은 판매량이 증가할수록 비례적으로 증가하며, B기업의 총수입곡선은 처음에는 증가하다가 감소하는 형태이다.
② · ③ A기업의 총수입곡선은 양(+)의 기울기를 가지고, B기업의 총수입곡선은 처음에는 양(+)의 기울기를 갖다가 나중에는 음(−)의 기울기를 갖는다.

22

인플레이션이 발생하면 저축된 화폐의 실질적인 가치가 점차 감소하기 때문에 기회비용이 발생하게 된다.
① 완만하고 예측이 가능한 인플레이션은 사람들이 생필품 등 물건의 가격이 상승하기 전에 사들이게 하므로 소비증대 효과가 일어날 수 있다.
② 인플레이션은 수입을 촉진시키고 수출을 저해하여 무역수지와 국제수지를 악화시킨다.
④ 다수의 근로자로부터 기업가에게로 소득을 재분배하는 효과를 가져와 부의 양극화를 심화시킨다.

23

$P=-Q+12$이므로 총수입은 $TR=-Q^2+12Q$이다. 총수입을 Q에 대해서 미분하면 한계수입 $MR=-2Q+12$이다.
MR(한계수입)=MC(한계비용)에서 이윤이 극대화되므로 $MR=-2Q+12=4$이다.
한계비용이 4일 때 생산량 $Q=4$이므로, 한계비용이 1만큼 감소하는 경우 $MR=-2Q+12=3$, $Q=4.5$이다.
따라서 한계비용이 1만큼 감소하는 경우 생산량 Q는 4에서 4.5로 변화하므로 0.5 증가한다.

24

$$\frac{MU_X}{P_X} = \frac{MU_Y}{P_Y} \rightarrow \text{효용극대화}$$

• 한계효용균등의 법칙 : $\dfrac{Y}{10} = \dfrac{X}{10}$

• 예산제약 : $10X + 10Y = 200$

한계효용균등의 법칙을 정리하면 $10X = 10Y$, $X = Y$가 된다. 이를 예산제약식에 대입하면 $20Y = 200$이고, $Y = 10$, $X = 10$이다.

25

오답분석

① 수요의 가격탄력성이 1보다 작은 경우, 가격이 하락하면 총수입은 감소한다.
② 수요의 가격탄력성이 커질수록 물품세 부과로 인한 경제적 순손실은 커진다.
③ 소비자 전체 지출에서 차지하는 비중이 큰 상품일수록 수요의 가격탄력성은 커진다.

26

독점기업이 시장에서 한계수입보다 높은 수준으로 가격을 책정하는 것은 독점전략이다.

> **독점기업의 가격차별전략**
> • 제1급 가격차별 : 각 단위의 재화에 대하여 소비자들이 지불할 용의가 있는 최대금액을 설정하는 것(한계수입과 가격이 같은 점에서 생산량 결정)이다.
> • 제2급 가격차별 : 재화 구입량에 따라 각각 다른 가격을 설정하는 것이다.
> • 제3급 가격차별 : 소비자들의 특징에 따라 시장을 몇 개로 분할하여 각 시장에서 서로 다른 가격을 설정하는 것이다.

27

유동성 함정은 금리가 한계금리 수준까지 낮아져 통화량을 늘려도 소비·투자 심리가 살아나지 않는 현상을 말한다.

오답분석

① 화폐 환상 : 화폐의 실질적 가치에 변화가 없는데도 명목단위가 오르면 임금이나 소득도 올랐다고 받아들이는 현상이다.
③ 구축 효과 : 정부의 재정적자 또는 확대 재정정책으로 이자율이 상승하여 민간의 소비와 투자활동이 위축되는 효과이다.
④ J커브 효과 : 환율의 변동과 무역수지와의 관계를 나타낸 것으로, 무역수지 개선을 위해 환율상승을 유도하면 초기에는 무역수지가 오히려 악화되다가 상당 기간이 지난 후에야 개선되는 현상이다.

28

• 수요곡선 : $2P = -Q + 100 \rightarrow P = -\dfrac{1}{2}Q + 50$

• 공급곡선 : $3P = Q + 20 \rightarrow P = \dfrac{1}{3}Q + \dfrac{20}{3}$

$-\dfrac{1}{2}Q + 50 = \dfrac{1}{3}Q + \dfrac{20}{3} \rightarrow \dfrac{5}{6}Q = \dfrac{130}{3}$

$\therefore Q = 52$, $P = 24$

따라서 물품세 부과 전 균형가격 $P=24$, 균형생산량 $Q=52$이다.

공급자에게 1대당 10의 물품세를 부과하였으므로, 조세부과 후 공급곡선은 $P=\dfrac{1}{3}Q+\dfrac{50}{3}$ 이다.

$$-\frac{1}{2}Q+50=\frac{1}{3}Q+\frac{50}{3} \rightarrow \frac{5}{6}Q=\frac{100}{3}$$
$$\therefore \ Q=40$$

조세부과 후 생산량이 40이므로, $Q=40$을 수요곡선에 대입하면 조세부과 후의 균형가격 $P=30$이다.

이와 같이 조세가 부과되면 균형가격은 상승($24 \rightarrow 30$)하고, 균형생산량은 감소($52 \rightarrow 40$)함을 알 수 있으며, 소비자가 실제로 지불하는 가격이 6만큼 상승하고 있으므로 10의 물품세 중 소비자 부담은 6, 공급자 부담은 4임을 알 수 있다. 따라서 공급자가 부담하는 총 조세부담액은 (거래량)×(단위당조세액)=$40 \times 4=160$이 된다.

29
정답 ②

독점적 경쟁기업은 단기에는 초과이윤을 얻을 수도 있고, 손실을 볼 수도 있으며, 정상이윤만 획득할 수도 있으나 장기에는 정상이윤만 얻게 된다.

30
정답 ④

[오답분석]

ㅁ. 환불 불가한 숙박비는 회수 불가능한 매몰비용이므로 선택 시 고려하지 않은 ⓒ의 행위는 합리적 선택 행위의 일면이라고 할 수 있다.

03 | 행정 적중예상문제

01	02	03	04	05	06	07	08	09	10
④	①	①	②	③	④	④	④	③	①
11	12	13	14	15	16	17	18	19	20
④	①	④	①	①	②	②	④	②	④
21	22	23	24	25	26	27	28	29	30
③	④	④	④	④	②	③	④	①	②

01
정답 ④

조세지출예산제도는 조세감면에 따른 조세형평성을 제고하기 위하여 정부가 국회에 다음연도 예산안을 제출할 때 조세감면대상 명세서를 함께 제출하여 보다 명확한 감시와 감독이 가능하도록 하는 제도이다.

오답분석
① 계획예산제도는 하향적·집권적 예산제도로, 구성원의 참여가 배제된다.
② 지방정부예산도 통합재정수지에 포함된다.
③ 우리나라 통합재정수지에서는 융자 지출을 재정수지의 적자 요인으로 간주한다.

02
정답 ①

공식화의 수준이 높을수록 구성원들의 재량은 줄어들게 된다. 공식화의 수준이 높다는 것은 곧 하나의 직무를 수행할 때 지켜야 할 규칙이 늘어난다는 것을 의미한다. 지나친 표준화는 구성원들의 재량권을 감소시키고 창의력을 저해시킨다.

03
정답 ①

합리적 요소와 초합리적 요소의 조화를 강조하는 모형은 드로의 최적모형(Optical Model)이다. 최적모형은 경제적 합리성뿐만 아니라 합리모형에서 놓칠 수 있는 결정자의 직관·영감 등을 동시에 중요시한다.

04
정답 ②

판단적 미래예측 기법은 경험적 자료나 이론이 없을 때 전문가나 경험자들의 주관적인 견해에 의존하는 질적·판단적 예측이다.

05
정답 ③

총액인건비제도는 각 부처의 인사권에 자율성을 높여주기 위해 시행되는 제도로, 중앙예산기관이 총정원과 인건비 예산의 상한선(총액)을 정해주면 그 안에서 해당부처가 자율성을 발휘하여 인사 – 조직업무를 수행하는 제도이다. 따라서 대표관료제와는 관련이 없다.

오답분석
①·②·④ 대표관료제는 한 국가 내의 다양한 집단별 구성 비율을 정부조직에 그대로 반영하여 관료를 충원하는 인사제도로, 민주성과 중립성을 조화시키고자 하는 목적에서 시행되었다. 현재 양성채용목표제도, 장애인 의무고용제도, 지방인재채용목표제도 등이 시행되고 있다.

06
정답 ④

합리적·총체적 관점에서 의사결정이 가능하다는 것은 합리주의에 대한 설명이다.

오답분석
① 점증주의는 타협의 과정을 통해 정치적 합리성을 예산결정에서 고려한다는 특징이 있다.
②·③ 제한된 대안을 탐색하고 소폭의 변화를 가져오기 때문에 분석비용이 절감되고 예산결정이 간결하다.

07
정답 ④

오답분석
ㄱ. 일선관료의 재량권을 확대하는 것은 하향적 접근방법이 아닌 상향적 접근방법에 해당한다. 하향적 접근방법은 상급자가 정책을 일방적으로 결정하여 하급 구성원의 재량권을 축소시키는 접근방법이다.

08 정답 ④

신분을 더 강하게 보장하는 경향이 있는 제도는 계급제이다.

오답분석

① · ③ 계급제는 사람을 중심으로 공직자의 잠재능력을 개발하여 공직자를 일반행정가로 양성하고자 하는 제도이다.
② 직위분류제는 직위마다 전문화된 인력을 배치하려고 하기 때문에 인력운용이 경직적으로 이루어질 수밖에 없다.

09 정답 ③

리더십의 특성이론은 리더의 지적 능력, 성격, 신체적 특성 등이 리더십에 끼치는 영향을 연구한 이론이다. 또한, 리더의 자질이 있는 자는 성공적인 리더가 될 수 있다는 것을 전제로 한 이론이다.

리더십 이론의 변천

특성론	리더로서의 자질을 가진 자는 어떤 상황에서도 조직의 리더가 될 수 있다는 이론이다.
행태론	기본적인 자질보다는 리더의 행동유형이 리더십의 유형을 결정짓는다는 이론이다.
상황론	상황이 리더십의 효율성에 영향을 준다는 이론으로 3차원적 이론이 여기에 포함된다.

10 정답 ①

다면평가제도는 말 그대로 피평정자의 능력을 여러 시각에서 평정한다는 뜻으로, 상급자, 동료, 민원인 등이 평정에 가담하는 제도이다. 따라서 동료와 부하를 평정자에서 제외시킨다는 설명은 옳지 않다.

다면평가제도

장점	단점
• 구성원의 장점 및 단점에 대한 의견 수렴이 가능 • 객관성 · 공정성 · 신뢰성 제고 • 피평정자들의 승복 증가 • 국민 중심의 충성심 증가 • 분권화 촉진 • 민주적 리더십 발전 • 공정한 평가로 인한 동기 유발과 자기개발의 촉진	• 갈등과 스트레스 • 절차가 복잡하고 시간소모가 많음 • 신뢰성 · 정확성 · 형평성 저하 • 대인관계에만 급급하게 될 가능성 증가 • 피평정자의 무지와 이탈된 행동의 가능성

11 정답 ④

참여적 정부모형의 문제 진단 기준은 관료적 계층제에 있으며, 구조 개혁 방안으로 평면조직을 제안한다.

12 정답 ①

직무평가는 직무의 난이도 등 상대적 비중 · 가치에 따른 횡적인 분류 방식으로, 책임의 경중에 따라 등급을 구분한다.

오답분석

② 직무분석 : 직무에 관한 정보를 체계적으로 수집하고 처리하는 활동으로, 직무의 성질과 종류에 따라 직군 · 직렬 · 직류로 분류한다.
③ 정급 : 직위를 각각의 해당 직렬 · 직군 · 직류와 직급 · 등급에 배정하는 것이다.
④ 직급명세 : 계급의 본질과 임무, 책임 및 자격 요건 등을 기술하는 것을 말한다.

13 정답 ④

규칙적 오류는 어떤 평정자가 다른 평정자들보다 언제나 좋은 점수 혹은 나쁜 점수를 주는 것을 말한다.

근무평정상의 대표적 오류

연쇄효과	피평정자의 특정 요소가 다른 평정 요소의 평가에까지 영향을 미치는 것
집중화 오류	무난하게 중간치의 평정만 일어나는 것
규칙적 오류	한 평정자가 지속적으로 낮은 혹은 높은 평정을 보이는 것
시간적 오류	시간적으로 더 가까운 때에 일어난 사건이 평정에 더 큰 영향을 끼치는 것
상동적 오류	피평정자에 대한 선입견이나 고정관념이 다른 요소의 평정에 영향을 끼치는 것

14 정답 ①

국가재정법 제14조에 따르면 특별회계는 국가에서 특정한 사업을 운영하고자 할 때나 특정한 자금을 보유하여 운용하고자 할 때, 특정한 세입으로 특정한 세출에 충당함으로써 일반회계와 구분하여 회계처리할 필요가 있을 때에 '법률'로써 설치한다.

오답분석

② 국가재정법 제14조
③ 정부는 국가재정의 효율적 운용을 위하여 필요한 경우에는 다른 법률의 규정에도 불구하고 회계 및 기금의 목적 수행에 지장을 초래하지 아니하는 범위 안에서 회계와 기금 간 또는 회계 및 기금 상호 간에 여유재원을 전입 또는 전출하여 통합적으로 활용할 수 있다(국가재정법 제13조).
④ 국가재정법 제15조

15 정답 ①

정책의 수혜집단이 강하게 조직되어 있는 집단이라면 정책집행은 용이해진다.

오답분석

② 집행의 명확성과 일관성이 보장되어야 한다.
③ 규제정책의 집행과정에서 실제로 불이익을 받는 자가 생겨나게 되는데 이때 정책을 시행하는 과정에서 격렬한 갈등이 발생할 수 있다.
④ 나카무라(Nakamura)와 스몰우드(Smallwood)는 '정책집행 유형은 집행자와 결정자와의 관계에 따라 달라진다.'라고 주장하였다.

16 정답 ②

제시문의 ㉠에 들어갈 용어는 재분배정책으로, ②는 재분배정책에 대한 설명이다.

오답분석

①·④ 분배정책에 대한 설명이다.
③ 구성정책에 대한 설명이다.

17 정답 ②

비경합적이고 비배타적인 성격의 재화는 공공재이고, 이는 시장실패의 요인이 된다.

18 정답 ④

품목별 예산제도는 지출대상 중심으로 분류를 사용하기 때문에 지출의 대상은 확인할 수 있으나, 지출의 주체나 목적은 확인할 수 없다.

19 정답 ②

공공부문에서는 재무적 관점보다 고객 관점이 중요하다.

> **균형성과관리의 4대 관점**
> • 재무적 관점 : 기업의 주인인 주주에게 보여주어야 할 성과의 관점으로, 기업 BSC에 있어 최종목표이지만 공공부문에서 재무적 관점은 제약조건으로 작용한다.
> • 고객 관점 : 서비스의 구매자인 고객들에게 보여주어야 할 성과의 관점으로, 공공부문에서는 재무적 관점보다 고객의 관점이 중요하다.
> • 내부 프로세스 관점 : 목표달성을 위한 기업내부 일처리 방식의 혁신관점으로, 공공부문에서는 정책결정과정, 정책집행과정, 재화와 서비스의 전달과정 등을 포괄하는 넓은 의미이다.

> • 학습 및 성장 관점 : 변화와 개선의 능력을 어떻게 키워나가야 할 것인가의 관점으로, 공공부문에서는 구성원의 지식 창조와 관리, 지속적인 자기혁신과 성장 등이 중요한 요소이다.

20 정답 ④

직업공무원제는 폐쇄체제로 인하여 외부로부터 전문인력 충원이 어렵고, 일반행정가 중심으로 양성하기 때문에 행정의 전문화·기술화를 저해한다.

오답분석

① 관료의 특권의식을 조장하여 공직의 침체를 초래할 수 있다.
② 직업공무원제는 젊은 인재들을 공직에 유치해 그들이 공직에 근무하는 것을 명예롭게 생각하면서 일생 동안 공무원으로 근무하도록 운영하는 인사제도이다. 이런 목적을 달성하기 위해서는 공직에 대한 사회적 평가가 높아야 한다.
③ 공무원의 신분을 보장하여 주기 때문에 행정의 계속성과 안정성 및 일관성 유지에 유리하다.

21 정답 ③

저소득층을 위한 근로장려금 제도는 재분배정책에 해당한다.

오답분석

① 규제정책 : 제약과 통제를 하는 정책으로, 진입규제, 독과점규제가 이에 해당한다.
② 분배정책 : 서비스를 배분하는 정책으로, 사회간접자본의 건설, 보조금 등이 이에 해당한다.
④ 추출정책 : 환경으로부터 인적·물적 자원을 확보하려는 정책으로, 징세, 징집, 노동력동원, 토지수용 등이 이에 해당한다.

22 정답 ④

• 추종자(부하)의 성숙단계에 따라 리더십의 효율성이 달라진다는 주장은 Hersey & Blanchard의 삼차원이론(생애주기이론)이다.
• 리더의 행동이나 특성이 상황에 따라 달라진다는 것은 상황론적 리더십에 대한 설명이다.
• 상황이 유리하거나 불리한 조건에서는 과업을 중심으로 한 리더십이 효과적이라는 것은 Fiedler의 상황조건론이다.

23

정답 ④

현실 적합성이 낮아 이론적으로만 설명이 가능한 것은 합리모형의 한계이다. 쓰레기통모형은 조직화된 혼란상태에서 흔하게 일어나는 의사결정과정을 현실성 있게 설명한다.

24

정답 ④

매트릭스 조직은 환경의 불확실성과 복잡성이 높은 경우에 효과적이다.

25

정답 ④

신공공관리론은 행정과 경영을 동일하게 보는 관점으로, 기업경영의 원리와 기법을 공공부문에 그대로 이식하려 한다는 비판을 받는다.

오답분석

① 법률적·제도적 접근방법은 동태적인 측면을 파악할 수 없다.
② 생태론에 대한 설명이다.
③ 합리적 선택 신제도주의는 개체주의, 사회학적 신제도주의는 전체주의에 기반을 두고 있다.

26

정답 ②

암묵적 지식인 '암묵지'는 언어로 표현하기 힘든 개인적 경험, 주관적 지식 등을 이르는 말이다. 여기에는 조직의 경험, 숙련된 기술, 개인적 노하우 등이 해당된다. 반면 '형식지'는 객관화된 지식, 언어를 통해 표현 가능한 지식을 말하는데, 여기에는 업무매뉴얼, 컴퓨터 프로그램, 정부 보고서 등이 포함된다.

암묵지와 형식지

구분	암묵지	형식지
정의	주관적인 지식으로, 언어로 표현하기 힘듦	객관적 지식으로, 언어로 표현이 가능함
획득	경험을 통한 지식	언어를 통한 지식
전달	은유를 통해 전달 (타인에게 전수하는 것이 어려움)	언어를 통해 전달 (타인에게 전수하는 것이 상대적으로 용이)

27

정답 ③

오답분석

① 환경오염방지를 위한 기업 규제는 보호적 규제정책에 속한다.
② 국공립학교를 통한 교육 서비스는 분배정책에 속한다.
④ 항공노선 취항권의 부여는 경쟁적 규제정책에 속한다.

28

정답 ④

오답분석

ㄱ. 엽관주의는 정당에 대한 충성도와 공헌도를 기준으로 관직에 임용하는 방식의 인사제도이다.
ㄴ. 엽관주의는 국민과의 동질성 및 일체감을 확보하고, 선거를 통해 집권정당과 관료제의 책임성을 확보하고자 하는 민주주의의 실천원리로써 대두되었다.
ㄷ. 엽관주의는 국민에 대한 관료의 대응성을 높일 수 있다는 장점이 있다.

29

정답 ①

오답분석

ㄷ. 예산결산특별위원회는 상설특별위원회이기 때문에 따로 활동 기한을 정하지 않는다.
ㄹ. 예산결산특별위원회는 소관 상임위원회가 삭감한 세출예산의 금액을 증액하거나 새 비목을 설치하려는 경우에는 소관 상임위원회의 동의를 얻어야 한다.

30

정답 ②

오답분석

ㄴ. 근무성적평가에 대한 설명이다. 근무성적평가는 5급 이하의 공무원들을 대상으로 한다.
ㄷ. 다면평정제도에 대한 설명이다. 다면평가제는 피평정자 본인, 상관, 부하, 동료, 고객 등 다양한 평정자의 참여가 이루어지는 집단평정방법이다. 이는 피평정자가 조직 내외의 모든 사람과 원활한 인간관계를 증진하게 하려는 데 목적을 둔다.

04 | 법 적중예상문제

01	02	03	04	05	06	07	08	09	10
④	①	③	①	③	②	①	④	②	③
11	12	13	14	15	16	17	18	19	20
①	②	②	④	③	③	④	②	①	③
21	22	23	24	25	26	27	28	29	30
④	④	①	③	②	②	④	④	④	④

01 정답 ④

민법은 인간이 사회생활을 영위함에 있어 상호 간에 지켜야 할 법을 의미하는 것이다. 즉, 사법(私法) 중 일반적으로 적용되는 일반 사법이다.

02 정답 ①

소멸시효는 법률행위에 의하여 이를 배제, 연장 또는 가중할 수 없으나, 이를 단축 또는 경감할 수 있다(민법 제184조).

[오답분석]
② 민법 제495조
③ 소멸시효의 완성은 소급효가 있으나(소급효), 제척기간의 완성은 소급효가 없다(장래효).
④ 대판 2013.5.23, 2013다12464

03 정답 ③

민법은 속인주의 내지 대인고권의 효과로 거주지 여하를 막론하고 모든 한국인에게 적용된다.

04 정답 ①

간주(의제)는 추정과 달리 반증만으로 번복이 불가능하고 취소절차를 거쳐야만 그 효과를 전복시킬 수 있다. 따라서 사실의 확정에 있어서 간주는 그 효력이 추정보다 강하다고 할 수 있다.

[오답분석]
② "~한 것으로 본다."라고 규정하고 있으면 이는 간주규정이다.
③ 실종선고를 받은 자는 전조의 기간이 만료한 때에 사망한 것으로 본다(민법 제28조).
④ 추정에 대한 설명이다.

05 정답 ③

실종선고를 받아도 당사자가 존속한다면 그의 권리능력은 소멸되지 않는다. 실종선고기간이 만료한 때 사망한 것으로 본다(민법 제28조).

06 정답 ②

행정행위(처분)의 부관이란 행정행위의 일반적인 효과를 제한하기 위하여 주된 의사표시에 붙여진 종된 의사표시로, 행정처분에 대하여 부가할 수 있다.

부관의 종류
- 조건 : 행정행위의 효력의 발생 또는 소멸을 발생이 불확실한 장래의 사실에 의존하게 하는 행정청의 의사표시로, 조건성취에 의하여 당연히 효력을 발생하게 하는 정지조건과 당연히 그 효력을 상실하게 하는 해제조건이 있다.
- 기한 : 행정행위의 효력의 발생 또는 소멸을 발생이 장래에 도래할 것이 확실한 사실에 의존하게 하는 행정청의 의사표시로, 기한의 도래로 행정행위가 당연히 효력을 발생하는 시기와 당연히 효력을 상실하는 종기가 있다.
- 부담 : 행정행위의 주된 의사표시에 부가하여 그 상대방에게 작위·부작위·급부·수인의무를 명하는 행정청의 의사표시로, 특허·허가 등의 수익적 행정행위에 붙여지는 것이 보통이다.
- 철회권의 유보 : 행정행위의 주된 의사표시에 부수하여, 장래 일정한 사유가 있는 경우에 그 행정행위를 철회할 수 있는 권리를 유보하는 행정청의 의사표시이다(숙박업 허가를 하면서 윤락행위를 하면 허가를 취소한다는 경우).

07
정답 ①

기판력은 확정된 재판의 판단 내용이 소송당사자와 후소법원을 구속하고, 이와 모순되는 주장·판단을 부적법으로 하는 소송법상의 효력을 말하는 것으로, 행정행위의 특징으로 옳지 않다.

08
정답 ④

행정주체와 국민과의 관계는 행정주체인 국가의 물품공급계약관계, 공사도급계약관계, 국가의 회사주식매입관계, 국채모집관계 등과 같이 상호 대등한 당사자로서 사법관계일 때도 있고, 행정주체와 국민이 법률상 지배자와 종속관계의 위치로 인·허가 및 그 취소, 토지의 수용 등과 같이 행정주체가 국민에게 일방적으로 명령·강제할 수 있는 공법관계일 때도 있다.

09
정답 ②

건축허가는 법률행위적 행정행위 중 명령적 행위에 속한다.

행정행위의 구분

법률행위적 행정행위	명령적 행위	하명, 허가, 면제
	형성적 행위	특허, 인가, 대리
준법률행위적 행정행위		확인, 공증, 통지, 수리

10
정답 ③

① 확정력에는 형식적 확정력(불가쟁력)과 실질적 확정력(불가변력)이 있다.
② 불가쟁력은 행정행위의 상대방 기타 이해관계인이 더 이상 그 효력을 다툴 수 없게 되는 힘을 의미한다.
④ 강제력에는 행정법상 의무위반자에게 처벌을 가할 수 있는 제재력과 행정법상 의무불이행자에게 의무의 이행을 강제할 수 있는 자력집행력이 있다.

11
정답 ①

피성년후견인의 법정대리인인 성년후견인은 피성년후견인의 재산상 법률행위에 대한 대리권과 취소권 등을 갖지만 원칙적으로 동의권은 인정되지 않는다. 따라서 피성년후견인이 법정대리인의 동의를 얻어서 한 재산상 법률행위는 무효이다.

12
정답 ②

부동산 실권리자명의 등기에 관한 법률 시행령 제3조의2 단서의 과징금의 임의적 감경사유가 있음에도 이를 전혀 고려하지 않거나 감경사유에 해당하지 않는다고 오인하여 과징금을 감경하지 않는 경우, 그 과징금 부과 처분은 재량권을 일탈·남용한 위법한 것이다(대판 2010. 7. 15, 2010두7031).

③ 여객자동차운수사업법에 의한 개인택시운송사업 면허는 특정인에게 권리나 이익을 부여하는 행정행위로서 법령에 특별한 규정이 없는 한 재량행위이고, 그 면허를 위하여 필요한 기준을 정하는 것도 역시 행정청의 재량에 속하는 것이므로, 그 설정된 기준이 객관적으로 합리적이 아니라거나 타당하지 않다고 볼 만한 다른 특별한 사정이 없는 이상 행정청의 의사는 가능한 한 존중되어야 한다(대판 1998. 2. 13, 97누13061).
④ 행정절차법 제20조 제4항

13
정답 ②

채무의 변제를 받는 것은 이로 인하여 권리를 상실하는 것이므로, 단순히 권리만 얻거나 의무만을 면하는 행위에 속하지 않는다. 따라서 미성년자 단독으로 유효히 할 수 없고 법정대리인의 동의를 얻어서 해야 하는 행위에 속한다.

미성년자의 행위능력

원칙	법정대리인의 동의를 요하고 이를 위반한 행위는 취소할 수 있다.
예외 (단독으로 할 수 있는 행위)	• 단순히 권리만을 얻거나 또는 의무만을 면하는 행위 • 처분이 허락된 재산의 처분행위 • 허락된 영업에 대한 미성년자의 행위 • 혼인을 한 미성년자의 행위(성년의제) • 대리행위 • 유언행위(만 17세에 달한 미성년자의 경우) • 법정대리인의 허락을 얻어 회사의 무한책임사원이 된 미성년자가 사원자격에 기해서 한 행위(상법 제7조) • 근로계약과 임금의 청구(근로기준법 제67조·제68조)

14
정답 ④

법에 규정된 것 외에는 달리 예외를 두지 아니 한다.

주소, 거소, 가주소

주소	생활의 근거가 되는 곳을 주소로 한다. 주소는 동시에 두 곳 이상 둘 수 있다(민법 제18조).
거소	주소를 알 수 없으면 거소를 주소로 본다. 국내에 주소가 없는 자에 대하여는 국내에 있는 거소를 주소로 본다(민법 제19조·제20조).
가주소	어느 행위에 있어서 가주소를 정한 때에는 그 행위에 관하여는 이를 주소로 본다(민법 제21조). 따라서 주소지로서 효력을 갖는 경우는 주소(주민등록지), 거소와 가주소가 있으며, 복수도 가능하다.

15 정답 ③

법인은 그 주된 사무소의 소재지에서 설립신고가 아니라 설립등기로 성립한다. 법인은 모두 비영리법인으로, 비영리법인의 설립에 관하여 우리 민법은 허가주의를 취하여 법인의 설립요건에 주무관청의 허가를 얻어 설립등기를 함으로써 성립한다고 본다(민법 제33조).

16 정답 ③

지방자치단체는 법령의 범위 안에서 그 사무에 관하여 조례를 제정할 수 있다(지방자치법 제28조 본문).

[오답분석]
① 지방자치법 제37조
② 지방자치법 제38조
④ 헌법 제117조 제2항

17 정답 ④

유효한 행정행위가 존재하는 이상 모든 국가기관은 그 존재를 존중하고 스스로의 판단에 대한 기초로 삼아야 한다는 것은 구성요건적 효력을 말한다.

행정행위의 효력

공정력	비록 행정행위에 하자가 있는 경우에도 그 하자가 중대하고 명백하여 당연무효인 경우를 제외하고는 권한 있는 기관에 의해 취소될 때까지는 일응 적법 또는 유효한 것으로 보아 누구든지(상대방은 물론 제3의 국가기관도) 그 효력을 부인하지 못하는 효력이다.
구속력	행정행위가 그 내용에 따라 관계행정청, 상대방 및 관계인에 대하여 일정한 법적 효과를 발생하는 힘으로, 모든 행정행위에 당연히 인정되는 실체법적 효력이다.
존속력 / 불가쟁력 (형식적)	행정행위에 대한 쟁송제기기간이 경과하거나 쟁송수단을 다 거친 경우에는 상대방 또는 이해관계인이 더 이상 그 행정행위의 효력을 다툴 수 없게 되는 효력이다.
불가변력 (실질적)	일정한 경우 행정행위를 발한 행정청 자신도 행정행위의 하자 등을 이유로 직권으로 취소·변경·철회할 수 없는 제한을 받게 되는 효력이다.

18 정답 ②

[오답분석]
① 독임제 행정청이 원칙적인 형태이고, 지자체의 경우 지자체장이 행정청에 해당한다.
③ 자문기관은 행정기관의 자문에 응하여 행정기관에 전문적인 의견을 제공하거나, 자문을 구하는 사항에 관하여 심의·조정·협의하는 등 행정기관의 의사결정에 도움을 주는 행정기관을 말한다.
④ 의결기관은 의사결정에만 그친다는 점에서 외부에 표시할 권한을 가지는 행정관청과 다르고, 행정관청을 구속한다는 점에서 단순한 자문적 의사의 제공에 그치는 자문기관과 다르다.

19 정답 ①

[오답분석]
국가공무원법에 명시된 공무원의 복무에는 ②·③·④ 외에 성실의무, 종교중립의 의무, 청렴의 의무 등이 있다(국가공무원법 제7장).

20 정답 ③

도로·하천 등의 설치 또는 관리의 하자로 인한 손해에 대하여는 국가 또는 지방자치단체는 국가배상법 제5조의 영조물 책임을 진다.

[오답분석]
① 도로건설을 위해 토지를 수용당한 경우에는 위법한 국가작용이 아니라 적법한 국가작용이므로 개인은 손실보상청구권을 갖는다.
② 공무원이 직무수행 중에 적법하게 타인에게 손해를 입힌 경우 국가는 배상책임이 없다.
④ 공무원도 국가배상법 제2조나 제5조의 요건을 갖추면 국가 배상청구권을 행사할 수 있다. 다만, 군인·군무원·경찰공무원 또는 예비군대원의 경우에는 일정한 제한이 있다.

21 정답 ④

구 공무원연금법의 각 규정을 종합하면, 같은 법 소정의 급여는 급여를 받을 권리를 가진 자가 당해 공무원이 소속하였던 기관장의 확인을 얻어 신청하는 바에 따라 공무원연금관리공단이 그 지급결정을 함으로써 그 구체적인 권리가 발생하는 것이므로, 공무원연금관리공단의 급여에 관한 결정은 국민의 권리에 직접 영향을 미치는 것이어서 행정처분에 해당하고, 공무원연금관리공단의 급여결정에 불복하는 자는 공무원연금급여재심위원회의 심사결정을 거쳐 공무원연금관리공단의 급여결정을 대상으로 행정소송을 제기하여야 한다(대판 1996. 12. 6., 96누6417).

① 광주민주화운동 관련 보상금지급에 관한 권리는 보상심의
원회의 결정에 의해 비로소 성립하는 것이 아니라 법에 의
해 구체적 권리가 발생한 것이므로 당사자소송을 제기하
여야 한다(대판 1992.12.24, 92누3335).
② 공무원연금관리공단의 인정에 의해 퇴직연금을 지급받아
오던 중 법령이 개정되어 일부 금액이 정지된 경우에는 당
연히 개정된 법령에 따라 퇴직연금이 확정되는 것이므로
미지급퇴직연금의 지급을 구하는 소송은 당사자소송으로
제기해야 한다(대판 1992.12.24, 92누3335).
③ 도시 및 주거환경정비법상 행정주체인 주택재건축정비사
업조합을 상대로 관리처분계획안에 대한 조합총회결의의
효력 등을 다투는 소송은 행정처분에 이르는 절차적요건의
존부나 효력 유무에 관한 소송으로서 그 소송결과에 따라
행정처분의 위법 여부에 직접 영향을 미치는 공법상 법률관
계에 관한 것이므로, 이는 행정소송법상의 당사자소송에
해당한다(대판 2009.9.17, 2007다2428 전원합의체).

22 　　　정답 ④

재단법인의 기부행위나 사단법인의 정관은 반드시 서면으로
작성하여야 한다.

사단법인과 재단법인의 비교

구분	사단법인	재단법인
구성	2인 이상의 사원	일정한 목적에 바쳐진 재산
의사결정	사원총회	정관으로 정한 목적(설립자의 의도)
정관변경	총사원 3분의 2 이상의 동의 요(要)	원칙적으로 금지

23 　　　정답 ①

모든 사단법인과 재단법인에는 이사를 두어야 한다(민법 제
57조).

② 수인의 이사는 법인의 사무에 관하여 각자 법인을 대표한
다(민법 제59조 제1항).
③ 법인의 대표에 관하여는 대리에 대한 규정을 준용한다(민
법 제59조 제2항).
④ 이사의 대표권에 대한 제한은 이를 정관에 기재하지 아니
하면 그 효력이 없다(민법 제41조).

24 　　　정답 ③

법정과실은 반드시 물건의 사용대가로서 받는 금전 기타의
물건이어야 하므로 사용에 제공되는 것이 물건이 아닌 근로
의 임금·특허권의 사용료, 사용대가가 아닌 매매의 대금·
교환의 대가와 받는 것이 물건이 아닌 공작물의 임대료청구
권 등은 법정과실이 아니다.

①·②는 법정과실, ④는 천연과실에 해당한다.

25 　　　정답 ②

용익물권에는 지상권·지역권·전세권이 있고, 담보물권에
는 유치권, 질권, 저당권이 있다. 그리고 담보물권은 특별법
상 상사질권(商事質權), 상사유치권(商事留置權), 우선특
권(優先特權), 가등기담보권(假登記擔保權) 등이 있으며,
관습법상 양도담보(讓渡擔保) 등이 있다.

26 　　　정답 ②

의사표시의 효력발생시기에 관하여 우리 민법은 도달주의를
원칙으로 하고(민법 제111조 제1항), 격지자 간의 계약의 승
낙 등 특별한 경우에 한하여 발신주의를 예외적으로 취하고
있다.

27 　　　정답 ④

의사표시자가 그 통지를 발송한 후 사망하거나 제한능력자가
되어도 의사표시의 효력에 영향을 미치지 아니한다(민법 제
111조 제2항).

28 　　　정답 ④

신분법상 행위, 쌍방대리, 불법행위, 유언 등의 사실행위 등
에는 대리가 허용되지 않는다.

29 　　　정답 ④

법정추인사유는 취소의 원인이 종료한 후에 발생하여야 한다
(민법 제144조 제1항).

① 민법 제140조·제143조
② 무권대리의 추인은 소급효가 있다(민법 제133조). 그러나
취소할 수 있는 법률행위의 추인은 소급효 자체가 무의미
하다.
③ 민법 제144조

30

정답 ④

오답분석

① 기속력은 인용판결에만 인정된다. 각하나 기각판결의 경우에는 인정되지 않는다.

② 기속력은 당사자인 행정청과 관계 행정청에 미친다.

③ 기속력은 결정의 주문에 포함된 사항뿐 아니라 그 전제가 된 요건사실의 인정과 판단, 즉 처분 등의 구체적 위법 사유에 관한 판단에까지 미친다(대판 2013.7.25, 2012두12297).

05 | K-water 수행사업
적중예상문제

01	02	03	04	05	06	07	08	09	10
③	②	④	②	②	①	④	④	③	③
11	12	13	14	15	16	17	18	19	20
②	④	①	④	③	②	②	④	③	①
21	22	23	24	25	26	27	28	29	30
③	②	④	②	②	②	①	①	②	②

01 　　　　　　　정답 ③

오답분석

① 수변사업은 자연상태(전·답·임야 등)의 미개발 토지를 손실보상을 통해 취득하여 사업목적에 부합한 토지이용계획을 수립하고 이에 맞는 기반시설공사(연약지반처리, 전기, 상·하수도, 도로 등)를 완료하여 수요자에게 조성된 토지를 공급하는 사업이다.
② 한국수자원공사는 1967년 창립 이래 창원, 구미, 여수, 안산 등 국내 산업도시를 조성하였고, 시화지구에 첨단산업 및 연구 기능을 갖춘 시화 멀티테크노밸리(MTV)와 자원순환형 생태도시로 송산 그린시티를 조성하고 있다.
④ 한국수자원공사는 구미 확장단지·하이테크밸리(구미5단지) 조성사업과 경인아라뱃길사업과 연계한 김포·인천 터미널 물류단지 사업, 4대강 사업과 연계된 부산 에코델타시티 등 친수구역 조성사업, 강원도 수열에너지 클러스터 조성사업을 진행 중이다.

02 　　　　　　　정답 ②

조정지식 수력발전소는 작은 저수지의 댐에 사용한다.

오답분석

① 매일 단시간의 첨두부하 시 발전하는 방식이다.
③ 조정지식(Regulation Type)은 전력수요의 변화에 대응하기 위한 것으로, 전력수요가 적을 때는 물을 저장하였다가 단시간 내 전력수요가 많이 발생하는 때에는 수력발전을 하는 발전소를 조정지식 발전소라고 한다.
④ 조정지식 발전소에서 첨두부하 시 방류되는 유량 변동에 대해 하류에 조정지를 설치하여 일정 유량으로 방류하는 경우는 역조정지(Re – Regulation Type) 발전방식에 해당한다.

03 　　　　　　　정답 ④

현재 광역상수도 및 지방상수도는 이원화되어 관리된다. 광역상수도는 수도법 및 한국수자원공사법에 따라 대부분 K-water가 설치하고 운영한다. 반면, 지방상수도는 전국 특·광역시 및 시·군이 일반수도사업자로서 관할구역 내 수요자에게 수돗물을 공급하기 위해 설치하고 운영한다.

04 　　　　　　　정답 ②

물수요관리종합계획은 수도사업의 효율성을 높이고 수돗물의 수요관리를 강화하기 위하여 1인당 적정 물 사용량 등을 고려하여 물 수요관리 목표를 정하고, 이를 달성하기 위한 종합적인 계획을 5년마다 수립하여 환경부 장관의 승인을 받아야 한다.

오답분석

① 전국수도종합계획은 환경부 장관이 10년마다 수립하여야 한다.
③ 전국수도종합계획은 수도정비기본계획을 바탕으로 수립한다.
④ 수도정비기본계획은 공업용수와 일반수도를 관리하기 위해 실시하는 수도계획사업이다.

05 　　　　　　　정답 ②

광역상수도 요금제는 고정비 회수를 위한 기본요금 및 변동비 회수를 위한 사용요금으로 구분되는 이부요금제와 처리 공정에 따라 원수·정수·침전수로 구분되는 수종별 차등요금제로 운영되고 있다. 아울러 댐용수 요금과 마찬가지로 전국 동일요금제가 적용되고 있다.

오답분석

① 수종별 차등요금은 수처리 공정에 따라 원수·정수·침전수로 구분하여 요금을 적용한다.
③ 광역상수도와 달리 지방상수도는 지방자치법에 따라 지방자치단체의 자치사무로 운영되며, 지방의회 의결에 따른 조례로 그 요금이 결정되므로, 지방상수도 요금은 지역별로 다르게 적용된다.
④ 한국수자원공사가 공급하는 수돗물은 수돗물공급규정이 적용되며, 수돗물의 공급방법, 요금징수 절차 등은 이 규정을 따라야 한다.

06 정답 ①

응집지는 약품과 미세물질을 반응시켜 크고 무거운 덩어리(플록)를 만드는 수조이다.

오답분석
② 2개 이상의 지(池)를 설치하고 각 조에 균등한 물량이 유입되도록 설계한 정수처리 공정은 침전지이다.
③ 모래, 활성탄 등의 여재에 침전지에서 제거되지 않은 미세탁질을 통과시켜 제거할 수 있도록 만드는 시설은 여과지이다.
④ 정수지는 마지막 공정에 필요한 시설로, 여과수량과 송수수량 간의 불균형을 조절하는 역할을 하며, 수질변동 발생 시 대응하는 완충역할을 한다.

07 정답 ④

불소이온은 역삼투막과 연수화공정을 통해 처리 가능하다.

고도정수처리의 대상물질과 처리 가능한 공정

고도처리 대상물질	처리 가능한 고도처리공정
맛, 냄새	오존, 활성탄, 고도산화, 막
암모니아성 질소	생물처리, 막, 생물활성탄
질산성 질소	이온교환, 막, 생물처리
황산이온	막, 이온교환
불소이온	역삼투막, 연수화
합성세제성분(Abs)	오존, 활성탄, 고도산화, 막, 생물처리
휘발성 유기물(Vocs)	탈기, 활성탄, 고도산화, 막
합성유기물(Socs)	활성탄, 고도산화, 막
THM 생성능(Thmfp)	오존, 활성탄, 고도산화, 막
중금속	이온교환, 연수화

08 정답 ④

소독공정은 소독제를 이용하여 병원성 미생물을 사멸시키는 것으로, 소독효과가 우수하고 가격이 저렴한 염소를 주로 사용하며, 소독제와 처리할 물의 접촉시간을 늘리는 것이 중요하다.

오답분석
① 여과공정 : 모래 등의 여재에 물을 통과시켜 입자성 물질을 제거하는 공정으로, 체거름, 침전 및 충돌, 차단, 부착 및 응집 등의 메커니즘이 작용한다.
② 응집공정 : 미세한 플록들을 서로 결합하여 침전이 용이한 큰 입자로 만드는 과정으로, 기계식 교반 방식과 우류식 교반방식이 있다.
③ 혼화공정 : 응집제를 주입하고 응집제와 콜로이드성 입자들이 충분히 혼합되도록 급속 교반시켜 플록을 형성하는 과정으로, 응집제 선정 및 주입률을 결정할 때는 자테스트(Jar – Test)를 활용하는 것이 일반적이다.

09 정답 ③

소독제 및 소독부산물(총트리할로메탄)은 매월 검사하는 항목에 해당한다.

정수장 수질 검사항목 및 검사주기

구분	측정항목
매일 검사 (6항목)	냄새, 맛, 색도, 탁도, 수소이온 농도, 잔류염소
매주 검사 (8항목)	일반세균, 총대장균군, 대장균, 분원성 대장균군, 암모니아성 질소, 질산성 질소, 과망간산칼륨 소비량, 증발잔류물
매월 검사 (60항목)	미생물 4항목, 건강상 유해영향 무기물질 11항목(납, 불소 등), 건강상 유해영향 유기물질 17항목(페놀, 다이아지논 등), 소독제 및 소독부산물 11항목(잔류염소, 총트리할로메탄 등), 심미적 영향물질 16항목(경도, 구리 등)

10 정답 ③

신재생에너지 공급인증서(Rec)는 신재생에너지 생산을 통해 자체 조달하거나 외부에서 구매할 수 있다.

오답분석
① 신재생에너지 공급의무자는 일정한 의무량을 할당받는데, 신재생에너지 공급인증서를 정부에 제출하여 의무이행사실을 증명해야 한다.
② 신재생에너지 공급의무화 제도는 500MW 이상의 발전설비를 보유한 발전사업자에게 일정량의 신재생에너지 공급을 의무화하는 제도이다.
④ 의무공급량은 에너지원에 따른 구분은 없으나, K-water는 태양광에너지 의무공급량만 있어 자체 건설과 외부구매로 의무를 이행하고 있다.

11 정답 ②

수문조사는 하천시설과 구조물 설계를 위해 하천, 유량, 강수량 등을 과학적인 방법으로 관찰·측정·조사·분석하는 것을 말한다.

오답분석
① 수문조사는 물의 순환과정을 관측하고, 규명하는 것을 말한다.
③ 수문조사는 수자원법 제10조를 근거로 수행한다.
④ 수문조사 결과는 홍수·가뭄 예경보 및 대책 수립, 수자원 관련 계획 수립, 수자원시설의 효율적인 운영 등에 필수적인 기초자료로 활용되고 있다.

12

공공요금은 공익기업이 생산·운영·판매하는 공공서비스에 대한 가격이나 요금이며, 공공요금을 시장의 원리에만 맡길 경우 규모의 경제에 따라 자연독점으로 이어지기 쉽기 때문에 정부는 공공서비스의 독점성을 인정하는 대신 물가안정에 관한 법률 등의 법률을 통해 공공요금을 관리·규제한다.

오답분석

① 지방 공공요금은 지방자치단체가 생산·공급하는 공공서비스에 대한 가격으로, 지방자치단체장의 승인 또는 조례 등으로 결정된다.
② 공공요금을 결정할 때는 공공서비스의 생산에 필요한 수입액을 확보해야 하며(채산성), 효율적이고 적정한 소비가 가능하도록 해야 하고(효율성), 수익자 부담 원칙에 따라 소비량에 비례해 비용을 부담하게 해야 한다(공평성).
③ 중앙 공공요금은 국가가 관리하는 공공요금으로, 주무부처 장관이 법률이 정하는 바에 따라 결정·승인·인가 또는 허가하며, 이때 기획재정부 장관과 사전협의를 거쳐야 한다.

13

도섭법은 유량을 조사하는 유속 측정방법으로, 직접 하천으로 들어가서 유속을 육안으로 보며 유속을 측정하기 때문에 정확한 유량 측정이 가능하다.

오답분석

② 교량법 : 교량 위에서 하천 유속을 측정하는 방법으로, 큰 하천에서 자주 이용하며 유속이 빠르거나 수심이 깊을 경우 사용한다.
③ 보트법 : 선박을 이용하여 하천 유속을 측정하는 방법으로, 흐름이 안정된 곳은 수심에 상관없이 측정 가능하다.
④ 도선법 : 배의 안전 운항 및 항만의 효율적 운영을 위하여 만든 법률로, 유속 측정과 관련이 없다.

14

유량은 단위시간 동안 어느 횡단면을 통과하는 물의 양으로, 물의 속도를 측정하기 위한 유속계 종류에는 회전식 유속계, 전자파 표면유속계, ADCP 등이 있다.

오답분석

① 유사량 : 한천의 흐름에 따라 이송되는 단위시간당 토사의 양을 말한다.
② 강수량 : 일정한 시간 동안에 내린 비, 이슬비, 우박, 서리, 눈, 싸락눈 등의 수량을 단위면적당 깊이로 표시한 것이다.
③ 수위 : 일정한 기준면으로부터 수면까지의 높이를 말한다.

15

유역이란 지표에 내린 강수가 특정 하천으로 흘러드는 범위, 즉 집수구역이다. 우리나라의 유역은 크게 한강, 낙동강, 금강, 영산강, 섬진강 유역으로 나눌 수 있으며, 수자원계획은 유역 단위로 이루어진다.

16

정수장은 물환경보전법에 따른 폐수배출시설로, 폐수배출시설 허가를 받거나, 신고를 하고, 수질오염 방지시설을 설치하여야 한다. 또한, 배출수 처리 시에는 방류수 수질 기준 및 배출허용기준을 준수하여야 한다.

17

유역조사 지침에 따른 조사주기는 1년, 5년, 10년, 수시, 특별조사(활용빈도 고려)이다.

18

자원조사는 자연조사 및 인공자원을 총괄하여 조사한다.

오답분석

① 유역특성조사 : 한국지질자원연구원의 지질도, 환경부 토지피복도, 산림청 임상도 등을 수집하여, 지리정보시스템을 통해 유역별 특성인자를 추출한다.
② 인문·산업·경제조사 : 유역 전반에 걸쳐 수자원 계획에 있어 기본이 되는 행정구역, 인구, 문화 등을 조사하여 지역 개발 방향설정과 대책 등을 판단하는 기존자료로 활용한다.
③ 기후기상조사 : 기상관측소의 기후 및 기상자료에 대한 관측기록을 검토하고, 기후인자별로 변화특성을 파악하여 기분변화의 경향을 분석한다.

19

ⓒ 장기유출은 특정 홍수 상황이 아닌 장기간의 수문년을 모의대상으로 하고, 이수계획에 필요한 유출량을 재현하는 것을 목적으로 한다.
ⓔ 장·단기 유출모형을 이용한 유출분석으로 유역의 지형학적 특성 등을 반영한 유출량을 산정한다.

오답분석

㉠ 유출분석은 지표를 흐르는 물을 양적으로 해석한다.
ⓒ 단기유출은 과거 또는 가상의 홍수사상을 모의대상으로 한다.

20

이수(利水)는 물을 이용하는 것으로, 이수조사의 항목에는 용수이용현황, 이수시설현황조사, 수리권조사, 가뭄, 물이동 특성, 하천유지유량, 수력현황, 회귀수량 표본조사 등이 있다.

21

정답 ③

비점오염원은 처리시설의 설계 및 유지관리가 어렵다.

[오답분석]

① 점오염원의 배출원은 공장, 가정하수, 공공처리장 등이다. 대지, 도로 등은 비점오염원의 배출원이다.
② 점오염원은 계절의 영향을 적게 받아 연중 배출량이 일정하다.
④ 비점오염원은 오염물질의 유출 및 배출경로가 불명확하다.

22

정답 ②

대기오염 강하물질, 자동차 배출가스, 타이어 및 브레이크패드 마모물질 등 노면에 축적되는 중금속을 포함한 오염물질, 공사 시 발생하는 토사 등은 도로에서 주로 발생하는 비점오염원이다.

[오답분석]

① 도시지역 : 건축물, 지표면 및 공업지역 등 불투수면 퇴적물, 하수관로월류수 등
③ 농업지역 : 농지에 살포된 농약, 비료, 퇴·액비, 축사 및 주변의 가축분뇨, 고랭지 토양침식 및 객토된 토사 등의 유출 등
④ 산림·하천 : 임도, 절·성토 사면, 산불지역의 토사, 벌목·간벌에 따른 잔재물 등 유출 및 하천 영농행위, 골재 채취, 호안정비, 하천 둔치부 주차장 조성 등

23

정답 ④

상수원 구간의 조류경보제 중 해제는 2회 연속 채취 시 유해 남조류세포수가 1,000세포/mL 미만인 경우이다.

24

정답 ④

조류가 발생하기 전 물순환설비 등을 가동하고, 조류가 상시 발생하는 지역에 조류확산 방지막을 설치하여 조류확산을 사전 차단한다. 그리고 조류가 발생하여 과다하게 성장하여 스컴을 형성하면 황토살포선, 조류제거선 등을 운영하여 조류를 제거하고, 선택 취수 및 활성탄 투입 등을 실시하여 정수처리를 강화한다.

25

정답 ②

플록이란 물속의 현탁물질이나 유기물, 미생물 등의 미립자를 응집제로 응집시킨 큰 덩어리를 말한다.

[오답분석]

① 활성탄 : 목재, 톱밥, 야자껍질, 석탄 등을 원료로 하여 탄화와 활성화 과정을 거쳐 생산된 흑색 다공성 탄소질 물질이다.
③ 전구물질 : 화학반응을 통해 특정물질을 생성하는 원인물질이다.
④ 슬러지 : 침전지에서 혼화·응집과정으로 커진 플록은 중력에 의해 침전되어 제거되는 물질이다.

26

정답 ①

정수처리는 바이러스·지아디아 포낭·크립토스포리디움 난포낭과 같이 소독내성이 강한 병원성 미생물을 제거하는 데 목표를 두고 있다. 정수처리를 통해 바이러스 99.99% 이상, 지아디아 포낭 99.9% 이상, 크립토스포리디움 난포낭 99% 이상을 제거하면 병원성 미생물로부터 안전성이 확보되었다고 할 수 있다.

27

정답 ④

신재생에너지란 신에너지 및 재생에너지 이용·개발·보급 촉진법에 따라 신에너지와 재생에너지로 구분된다. 이때 신에너지는 연료전지, 석탄액화가스화, 수소에너지로 3개 분야이고, 재생에너지는 태양에너지, 바이오매스, 지열, 폐기물에너지, 풍력, 수력, 해양에너지, 수열로 총 8개 분야이다.

28

정답 ①

㉠ 노후 정수장 정비사업은 경과년수가 20년 이상(기계식 여과는 10년 이상)이면서 정수처리 기능이 저하된 시설을 대상으로 추진된다.
㉡ 노후 정수장 정비사업은 정수장 부분·전면개량 공사, 정수장 재건설 공사, 정수장 통합건설 공사 등이 해당되며 사업기간은 3 ~ 5년, 시설개량 준공을 목표로 한다.

29

정답 ②

㉠ 시·군 내 유수율 70% 미만 급수구역(관망정비 공사·누수탐사 및 정비)
㉡ 정수장 통합건설 공사(공사별 시설 운영관리시스템 구축 공사 포함)

30

정답 ②

태양전지는 실리콘 붕소를 첨가한 P형 반도체와 인을 첨가한 N형 반도체로 구성된다.

CHAPTER 05 K-water 수행사업 • **67**

교육은 우리 자신의 무지를 점차 발견해 가는 과정이다.

- 월 듀란트 -

PART 3

최종점검 모의고사

최종점검 모의고사

01 직업기초능력평가

01	02	03	04	05	06	07	08	09	10	11	12	13	14	15	16	17	18	19	20
④	④	④	②	②	①	①	①	③	③	②	④	③	②	③	②	③	④	②	②
21	22	23	24	25	26	27	28	29	30	31	32	33	34	35	36	37	38	39	40
④	②	①	①	①	④	④	③	①	④	④	②	④	④	④	④	④	①	③	③

01 　내용 추론 　　　　　　　　　　　　　　　　　　　　　　　　　　　　　　　　　정답 ④

방언이 유지되려는 힘이 크다는 것은 지역마다 자기 방언의 특성을 지키려는 노력이 강하다는 것을 의미하므로 방언이 유지되려는 힘이 커지면 방언의 통일성은 약화될 것이다.

02 　어휘 　　　　　　　　　　　　　　　　　　　　　　　　　　　　　　　　　　정답 ④

• 주무(主務) : 사무를 주장하여 맡음
• 직학(直學) : 1. 고려 시대에 둔, 국자감 · 국학 · 성균관의 종구품 벼슬
　　　　　　　 2. 조선 전기에 둔, 성균관의 정구품 벼슬

오답분석
① • 경선(競選) : 둘 이상의 후보가 경쟁하는 선거
　 • 경쟁(競爭) : 같은 목적에 대하여 이기거나 앞서려고 서로 겨룸
② • 현재(現在) : 지금의 시간
　 • 현행(現行) : 현재 행하여지고 있음. 또는 행하고 있음
③ • 개선(改善) : 잘못된 것이나 부족한 것, 나쁜 것 따위를 고쳐 더 좋게 만듦
　 • 개수(改修) : 고쳐서 바로잡거나 다시 만듦

03 　맞춤법 　　　　　　　　　　　　　　　　　　　　　　　　　　　　　　　　　정답 ④

'-데'는 경험한 지난 일을 돌이켜 말할 때 쓰는, 즉 회상을 나타내는 종결어미이다. '-대'는 '다(고)해'의 준말로, 화자가 문장 속의 주어를 포함한 다른 사람으로부터 들은 이야기를 청자에게 간접적으로 전달하는 의미를 갖고 있다. 따라서 ④에서는 영희에게 들은 말을 청자에게 전달하는 의미로 쓰였으므로 '맛있대'가 되어야 한다.

04 　글의 제목 　　　　　　　　　　　　　　　　　　　　　　　　　　　　　　　　정답 ②

제시문에서는 유명 음악가 바흐와 모차르트에 대해 알려진 이야기들과 이와는 다르게 밝혀진 사실을 대비하여 이야기하고 있다. 또한, 사실이 아닌 이야기가 바흐와 모차르트의 삶을 미화하는 경향이 있으므로 제시문의 제목으로는 '미화된 음악가들의 이야기와 그 진실'이 가장 적절하다.

05 문서 내용 이해 　　　　　　　　　　　　　　　　　　　　　　　　　　**정답** ②

항공안전법 개정안이 통과되면서 허가를 받을 경우 드론의 야간 비행이 가능하도록 규제가 완화되었다.

06 전개 방식 　　　　　　　　　　　　　　　　　　　　　　　　　　　　**정답** ①

제시문은 드론에 대해 다른 나라의 예를 들어 자세하게 설명하고 있다.

07 글의 비판 　　　　　　　　　　　　　　　　　　　　　　　　　　　　**정답** ①

제시문의 전통적인 경제학에서는 미시 건전성 정책에 집중하는데 이러한 미시 건전성 정책은 가격이 본질적 가치를 초과하여 폭등하는 버블이 존재하지 않는다는 효율적 시장 가설을 바탕으로 한다. 따라서 제시문에 나타난 주장에 대한 비판으로는 이러한 효율적 시장 가설에 대해 반박하는 ①이 가장 적절하다.

08 내용 추론 　　　　　　　　　　　　　　　　　　　　　　　　　　　　**정답** ①

두 번째 문단에서 '강한 핵력의 강도가 겨우 0.5% 다르거나 전기력의 강도가 겨우 4% 다를 경우에도 탄소나 산소는 우주에서 합성되지 않는다. 따라서 생명 탄생의 가능성도 사라진다.'라고 했으므로 탄소가 없어도 생명은 자연적으로 진화할 수 있다는 ①은 제시문의 결론을 지지하고 있지 않음을 알 수 있다.

09 빈칸 삽입 　　　　　　　　　　　　　　　　　　　　　　　　　　　　**정답** ③

제시문은 절차의 정당성을 근거로 한 과도한 권력, 즉 무제한적 민주주의에 대해 비판적인 입장을 보여주는 글이다. 따라서 빈칸에는 무제한적 민주주의의 문제점을 보완할 수 있는 해결책이 제시되어야 한다.

오답분석
①·④ 제시문의 내용으로 적절하지 않다.
② 사회적 불안의 해소에 대해서는 언급되지 않았다.

10 문단 나열 　　　　　　　　　　　　　　　　　　　　　　　　　　　　**정답** ③

제시문은 정부가 제공하는 공공 데이터를 활용한 앱 개발에 대한 설명으로, 먼저 다양한 앱을 개발하려는 사람들을 통해 화제를 제시한 (라) 문단이 오는 것이 적절하며, 이러한 앱 개발에 있어 부딪히는 문제들을 제시한 (가) 문단이 그 뒤에 오는 것이 적절하다. 다음으로 이러한 문제들을 해결하기 위한 방법으로 공공 데이터를 제시하는 (나) 문단이 오고, 공공 데이터에 대한 추가 설명으로 공공 데이터를 위한 정부의 노력을 제시하는 (다) 문단이 마지막으로 오는 것이 적절하다. 따라서 문단을 순서대로 바르게 나열하면 (라) - (가) - (나) - (다)이다.

11 응용 수리 　　　　　　　　　　　　　　　　　　　　　　　　　　　　**정답** ②

전체 일의 양을 1이라 하면 민수와 아버지가 1분 동안 하는 일의 양은 각각 $\frac{1}{60}$, $\frac{1}{15}$ 이다.

민수가 아버지와 함께 일한 시간을 x분이라 하면 다음 식이 성립한다.

$\frac{1}{60} \times 30 + \left(\frac{1}{60} + \frac{1}{15}\right) \times x = 1$

$\therefore x = 6$

따라서 민수와 아버지가 함께 일한 시간은 6분이다.

12 [자료 계산] 정답 ④

구매하려는 라면의 개수를 x개라 하면 온라인에서 라면을 구매할 때 드는 비용은 $(900x+2,500)$원이고, 소형매장에서 라면을 구매할 때 드는 비용은 $1,000x$원이다. 소형매장에서 구매하는 것보다 온라인에서 구매하는 것이 더 저렴하려면 다음 식이 성립해야 한다.

$900x+2,500<1,000x$

$\rightarrow 100x>2,500$

$\therefore x>25$

즉, 라면을 25개보다 많이 구매할 때 온라인에서 구매해야 비용을 최소화할 수 있다.

따라서 A와 B는 소형매장, C는 온라인에서 구매해야 한다.

13 [자료 이해] 정답 ③

ⓒ 2022년과 2023년은 농·임업 생산액과 화훼 생산액 비중이 전년 대비 모두 증가했으므로 화훼 생산액 또한 증가했음을 알 수 있다. 남은 2018 ~ 2021년의 화훼 생산액을 구하면 다음과 같다.
- 2018년 : $39,663\times0.28=11,105.64$십억 원
- 2019년 : $42,995\times0.277≒11,909.62$십억 원
- 2020년 : $43,523\times0.294≒12,795.76$십억 원
- 2021년 : $43,214\times0.301≒13,007.41$십억 원

따라서 화훼 생산액은 매년 증가한다.

ⓔ 2018년의 GDP를 a억 원, 농업과 임업의 부가가치를 각각 x억 원, y억 원이라고 하자.

- 2018년 농업 부가가치의 GDP 대비 비중 : $\dfrac{x}{a}\times100=2.1\% \rightarrow x=2.1\times\dfrac{a}{100}$

- 2018년 임업 부가가치의 GDP 대비 비중 : $\dfrac{y}{a}\times100=0.1\% \rightarrow y=0.1\times\dfrac{a}{100}$

2018년 농업 부가가치와 임업 부가가치의 비는 $x:y=2.1\times\dfrac{a}{100}:0.1\times\dfrac{a}{100}=2.1:0.1$이다.

즉, 매년 농업 부가가치와 임업 부가가치의 비는 GDP 대비 비중의 비로 나타낼 수 있다.

농·임업 부가가치 현황 자료를 살펴보면 2018년, 2019년, 2021년과 2020년, 2022년, 2023년의 GDP 대비 비중이 같음을 확인할 수 있다. 비례배분을 이용해 매년 농·임업 부가가치에서 농업 부가가치가 차지하는 비중을 구하면 다음과 같다.

- 2018년, 2019년, 2021년 : $\dfrac{2.1}{2.1+0.1}\times100≒95.45\%$

- 2020년, 2022년, 2023년 : $\dfrac{2.0}{2.0+0.2}\times100≒90.91\%$

따라서 옳은 설명이다.

[오답분석]

ⓐ 농·임업 생산액이 전년보다 적은 해는 2021년이다. 그러나 2021년 농·임업 부가가치는 전년보다 많다.

ⓒ 같은 해의 곡물 생산액과 과수 생산액은 비중으로 비교할 수 있다. 2020년의 곡물 생산액 비중은 15.6%, 과수 생산액 비중은 40.2%이고 $40.2\times0.5=20.1>15.6$이므로 옳지 않은 설명이다.

14 [자료 이해] 정답 ②

월간 용돈을 5만 원 미만으로 받는 비율은 중학생이 89.4%, 고등학생이 60%로 중학생이 고등학생보다 높다.

[오답분석]

① 용돈을 받는 남학생과 여학생의 비율은 각각 82.9%, 85.4%로 여학생이 더 높다.

③ 고등학교 전체 인원을 100명이라 한다면 그중에 용돈을 받는 학생은 약 80.8명이다. 80.8명 중에서 용돈을 5만 원 이상 받는 학생의 비율이 40%이므로 $80.8\times0.4≒32.3$명이다.

④ 전체에서 금전출납부의 기록, 미기록 비율은 각각 30%, 70%이다. 따라서 기록하는 비율이 더 낮다.

15   자료 계산

정답 ③

타일별로 필요한 타일 개수와 이에 대한 가격을 정리하면 다음과 같다.

구분	필요한 타일 개수(개)	가격(원)
A타일	$(8\text{m} \div 20\text{cm}) \times (10\text{m} \div 20\text{cm}) = 2,000$	$2,000 \times 1,000 + 50,000 = 2,050,000$
B타일	$(8\text{m} \div 250\text{mm}) \times (10\text{m} \div 250\text{mm}) = 1,280$	$1,280 \times 1,500 + 30,000 = 1,950,000$
C타일	$(8\text{m} \div 25\text{cm}) \times (10\text{m} \div 20\text{cm}) = 1,600$	$1,600 \times 1,250 + 75,000 = 2,075,000$

따라서 가장 저렴한 타일은 B타일이고, 총가격은 1,950,000원이다.

16   자료 계산

정답 ②

미술과 수학을 신청한 학생의 비율 차이는 $16-14=2\%\text{p}$이고, 신청한 전체 학생은 200명이므로 수학을 선택한 학생 수는 미술을 선택한 학생 수보다 $200 \times 0.02 = 4$명 더 적다.

17   응용 수리

정답 ③

열차의 길이를 xm라고 하자. 열차가 다리 또는 터널을 완전히 통과할 때의 이동거리는 (열차의 길이)+(다리 또는 터널의 길이)이다. 열차의 속력은 일정하므로 다리를 통과할 때의 속력과 터널을 통과할 때의 속력은 같다.

$$\frac{(x+240)}{16} = \frac{(x+840)}{40}$$

$\longrightarrow 5(x+240) = 2(x+840)$

$\longrightarrow 3x = 480$

$\therefore x = 160$

따라서 열차의 길이는 160m이다.

18   자료 이해

정답 ④

ㄴ. 2022년 대비 2023년 외국인 관람객 수의 감소율 : $\dfrac{3,849-2,089}{3,849} \times 100 ≒ 45.73\%$

따라서 2023년 외국인 관람객 수는 전년 대비 43% 이상 감소하였다.

ㄹ. 제시된 그래프를 보면 2021년과 2023년 전체 관람객 수는 전년보다 감소했으며, 증가폭은 2020년이 2022년보다 큼을 확인할 수 있다. 그래프에 제시되지 않은 2017년, 2018년, 2019년의 전년 대비 전체 관람객 수 증가폭과 2020년의 전년 대비 전체 관람객 수 증가폭을 비교하면 다음과 같다.

- 2017년 : $(6,805+3,619)-(6,688+3,355)=381$천 명
- 2018년 : $(6,738+4,146)-(6,805+3,619)=460$천 명
- 2019년 : $(6,580+4,379)-(6,738+4,146)=75$천 명
- 2020년 : $(7,566+5,539)-(6,580+4,379)=2,146$천 명

따라서 전체 관람객 수가 전년 대비 가장 많이 증가한 해는 2020년이다.

[오답분석]

ㄱ. 제시된 자료를 통해 확인할 수 있다.

ㄷ. 제시된 그래프를 보면 2020 ~ 2023년 전체 관람객 수와 유료 관람객 수는 증가 – 감소 – 증가 – 감소의 추이를 보인다.

19   자료 계산

정답 ②

- 2024년 예상 유료 관람객 수 : $5,187 \times 1.24 ≒ 6,431$천 명
- 2024년 예상 무료 관람객 수 : $3,355 \times 2.4 = 8,052$천 명

  ∴ 2024년 예상 전체 관람객 수 : $6,431+8,052=14,483$천 명

- 2024년 예상 외국인 관람객 수 : $2,089+35=2,124$천 명

20 응용 수리 정답 ②

영희는 세 종류의 과일을 주문한다고 하였으며, 그중 감, 귤, 포도, 딸기에 대해서는 최대 두 종류의 과일을 주문한다고 하였다. 감, 귤, 포도, 딸기 중에서 과일이 0개, 1개, 2개 선택된다고 하였을 때, 영희는 나머지 과일에서 3개, 2개, 1개를 선택한다. 따라서 영희가 주문할 수 있는 경우의 수는 $_4C_3 + _4C_2 \times _4C_1 + _4C_1 \times _4C_2 = 52$가지이다.

21 자료 해석 정답 ④

- 갑이 화장품 세트를 구매하는 데 든 비용
  - 화장품 세트 : 29,900원
  - 배송비 : 3,000원(일반배송상품이지만 화장품 상품은 30,000원 미만 주문 시 배송비 3,000원 부담)
- 을이 책 3권을 구매하는 데 든 비용
  - 책 3권 : 30,000원(각각 10,000원)
  - 배송비 : 무료(일반배송이고, 도서상품은 배송비 무료)

따라서 상품을 구입하는 데 갑은 32,900원, 을은 30,000원의 비용이 들었다.

22 자료 해석 정답 ②

- 사과 한 박스의 가격 : 32,000×0.75(25% 할인)=24,000원
- 배송비 : 무료(일반배송상품이고, 도서지역에 해당되지 않음)
- 최대 배송 날짜 : 일반배송상품은 결제완료 후 평균 2~4일 이내 배송되므로(공휴일 및 연휴 제외) 금요일에 결제완료 후 토요일, 일요일을 제외하고 늦어도 12일 목요일까지 배송될 예정이다.

23 문제 유형 정답 ①

- ㉠·㉢ : 현재 직면하고 있으면서 해결 방법을 찾기 위해 고민하는 발생형 문제에 해당한다.
- ㉡·㉣ : 현재 상황은 문제가 아니지만, 상황 개선을 통해 효율을 높일 수 있는 탐색형 문제에 해당한다.
- ㉤·㉥ : 새로운 과제나 목표를 설정함에 따라 발생할 수 있는 설정형 문제에 해당한다.

24 창의적 사고 정답 ①

브레인스토밍은 자유연상법의 한 유형으로, 어떤 문제의 해결책을 찾기 위해 여러 사람이 생각나는 대로 아이디어를 제안하는 방식으로 진행된다. 보령시에서 개최한 보고회는 각 부서의 업무에 국한하지 않고 가능한 많은 양의 아이디어를 자유롭게 제출하는 방식으로 진행되었으므로 브레인스토밍이 사용되었음을 알 수 있다.

오답분석

② SCAMPER 기법 : 아이디어를 얻기 위해 의도적으로 시험할 수 있는 대체, 결합, 적용, 변경, 제거, 재배치, 다른 용도로 활용 등의 7가지 규칙이다.
③ NM법 : 비교발상법의 한 유형으로, 대상과 비슷한 것을 찾아내 그것을 힌트로 새로운 아이디어를 생각해 내는 방법이다.
④ Synectics법 : 비교발상법의 한 유형으로, 서로 관련이 없어 보이는 것들을 조합하여 새로운 것을 도출해 내는 아이디어 발상법이다.

25 명제 추론 정답 ①

제시된 조건을 기호화하여 나타내면 다음과 같다.
- $A \rightarrow \sim F \& B$
- $C \rightarrow \sim D$
- $\sim E \rightarrow C$
- B or E
- D

다섯 번째 조건에 의해 D가 참여하므로 두 번째 조건의 대우인 D → ~C에 의해 C는 참여하지 않고, 세 번째 조건의 대우인 ~C → E에 의해 E는 참여한다. E가 참여하므로 네 번째 조건에 의해 B는 참여하지 않는다. 또한 첫 번째 조건의 대우인 F or ~B → ~A에 의해 A는 참여하지 않는다. 그리고 F는 제시된 조건만으로는 반드시 참여하는지 알 수 없다. 따라서 체육대회에 반드시 참여하는 직원은 D, E 2명이다.

26 정답 ④

정규직의 주당 근무시간을 비정규직 1과 같이 줄여 근무 여건을 개선하고, 퇴사율이 가장 높은 비정규직 2에게 직무교육을 시행하여 퇴사율을 줄이는 것이 가장 적절하다.

[오답분석]

① 설문조사 결과에서 연봉보다는 일과 삶의 균형을 더 중요시한다고 하였으므로 연봉이 상승하는 것은 퇴사율에 영향을 미치지 않음을 알 수 있다.
② 정규직을 비정규직으로 전환하면 고용의 안정성을 낮추어 퇴사율을 더욱 높일 수 있다.
③ 직무교육을 하지 않는 비정규직 2보다 직무교육을 하는 정규직과 비정규직 1의 퇴사율이 더 낮기 때문에 적절하지 않다.

27 정답 ④

주어진 조건에 따라 거쳐야 할 과정 순서를 배치해 보면 다음과 같은 두 가지의 경우가 가능하다.

• 경우 1)

첫 번째	두 번째	세 번째	네 번째	다섯 번째	여섯 번째	일곱 번째
C	A	E	G	F	D	B

• 경우 2)

첫 번째	두 번째	세 번째	네 번째	다섯 번째	여섯 번째	일곱 번째
C	A	E	G	F	B	D

따라서 네 번째로 해야 할 과정은 G이다.

28 정답 ③

우선 아랍에미리트에는 해외 EPS센터가 없으므로 제외한다. 또한, 한국 기업이 100개 이상 진출해 있어야 한다는 두 번째 조건에 따라 인도네시아와 중국으로 후보를 좁힐 수 있으나 '우리나라 사람들의 해외취업을 위한 박람회'이므로 성공적인 박람회 개최를 위해서는 취업까지 이어지는 것이 중요하다. 중국의 경우 청년 실업률은 높지만 경쟁력 부분에서 현지 기업의 80% 이상이 우리나라 사람을 고용하기를 원하므로 중국 청년 실업률과는 별개로 우리나라 사람들의 취업이 쉽게 이루어질 수 있음을 알 수 있다. 따라서 중국이 박람회 장소로 가장 적절하다.

29 정답 ①

소형버스인 RT코드를 모두 찾으면 다음과 같다.
RT - 25 - KOR - 18 - 0803, RT - 16 - DEU - 23 - 1501, RT - 25 - DEU - 12 - 0904, RT - 23 - KOR - 07 - 0628, RT - 16 - USA - 09 - 0712
소형버스는 총 5대이며, 이 중 독일에서 생산된 것은 2대이다. 따라서 이는 소형버스 전체의 40%를 차지하므로 ①은 옳지 않다.

30 │ 자료 해석   정답 ④

각 펀드의 총점을 통해 비교 결과를 유추하면 다음과 같다.
- A펀드 : 한 번은 우수(5점), 한 번은 우수 아님(2점)
- B펀드 : 한 번은 우수(5점), 한 번은 우수 아님(2점)
- C펀드 : 두 번 모두 우수 아님(2점+2점)
- D펀드 : 두 번 모두 우수(5점+5점)

각 펀드의 비교 대상은 다른 펀드 중 두 개이며, 총 4번의 비교를 했다고 하였으므로 다음과 같은 경우를 고려할 수 있다.

i)

A		B		C		D	
B	D	A	C	B	D	A	C
5	2	2	5	2	2	5	5

표의 결과를 정리하면 D>A>B, A>B>C, B·D>C, D>A·C이므로 D>A>B>C이다.

ii)

A		B		C		D	
B	C	A	D	A	D	C	B
2	5	5	2	2	2	5	5

표의 결과를 정리하면 B>A>C, D>B>A, A·D>C, D>C·B이므로 D>B>A>C이다.

iii)

A		B		C		D	
D	C	C	D	A	B	A	B
2	5	5	2	2	2	5	5

표의 결과를 정리하면 D>A>C, D>B>C, A·B>C, D>A·B이므로 D>A·B>C이다.

ㄱ. 세 가지 경우에서 모두 D펀드는 C펀드보다 우수하다.
ㄴ. 세 가지 경우에서 모두 B펀드보다 D펀드가 우수하다.
ㄷ. 마지막 경우에서 A펀드와 B펀드의 우열을 가릴 수 있으면 A~D까지 우열순위를 매길 수 있다.

31 │ 시간 계획   정답 ④

시간관리를 통해 스트레스 감소, 균형적인 삶, 생산성 향상, 목표 성취 등의 효과를 얻을 수 있다.

> **시간관리를 통해 얻을 수 있는 효과**
> - 스트레스 감소 : 사람들은 시간이 부족하면 스트레스를 받기 때문에 모든 시간 낭비 요인은 잠재적인 스트레스 유발 요인이라 할 수 있다. 따라서 시간관리를 통해 시간을 제대로 활용한다면 스트레스 감소 효과를 얻을 수 있다.
> - 균형적인 삶 : 시간관리를 통해 일을 수행하는 시간을 줄인다면, 일 외에 자신의 다양한 여가를 즐길 수 있다. 또한, 시간관리는 삶에 있어서 수행해야 할 다양한 역할들이 균형 잡힐 수 있도록 도와준다.
> - 생산성 향상 : 한정된 자원인 시간을 적절히 관리하여 효율적으로 일을 하게 된다면 생산성 향상에 큰 도움이 될 수 있다.
> - 목표 성취 : 목표를 성취하기 위해서는 시간이 필요하고, 시간은 시간관리를 통해 얻을 수 있다.

32 │ 시간 계획   정답 ②

- 역의 개수 : 47개
- 역과 역 사이 구간 : 47−1=46구간
- 당고개에서 오이도까지 걸리는 시간 : 2×46=92분
- ㉮ 열차의 경우
  - ㉮ 열차와 오이도행 열차의 출발 시각 차이 : 6시−5시 40분=20분
  - 오이도행 열차의 6시까지 이동구간의 개수 : $\frac{20}{2}$=10구간
  - 오이도행 열차의 위치 순번 : 47−10=37번
  - 1번째 역과 37번째 역의 중간역 : (1+37)÷2=19번째 역

- ㉯ 열차의 경우
  - ㉯ 열차와 오이도행 열차의 출발 시각 차이 : 6시 24분−5시 40분＝44분
  - 오이도행 열차의 6시 24분까지 이동구간의 개수 : $\dfrac{44}{2}$＝22구간
  - 오이도행 열차의 위치 순번 : 47−22＝25번
  - 1번째 역과 25번째 역의 중간역 : (1+25)÷2＝13번째 역
- ㉰ 열차의 경우
  - ㉰ 열차와 오이도행 열차의 출발 시각 차이 : 6시 48분−5시 40분＝68분
  - 오이도행 열차의 6시 48분까지 이동구간의 개수 : $\dfrac{68}{2}$＝34구간
  - 오이도행 열차의 위치 순번 : 47−34＝13번
  - 1번째 역과 13번째 역의 중간역 : (1+13)÷2＝7번째 역

33 품목 확정

정답 ④

입찰가격이 9억 원 이하인 업체는 A, C, D, E이고, 이 업체들의 가중치를 적용한 점수와 이에 따른 디자인 점수를 정리하면 다음과 같다.

(단위 : 점)

입찰기준 / 입찰업체	운영건전성 점수	시공실적 점수	공간효율성 점수	총점	디자인 점수
A	6	6(=3×2)	14(=7×2)	26(=6+6+14)	4
C	5	12(=6×2)	6(=3×2)	23(=5+12+6)	1
D	8	16(=8×2)	18(=9×2)	42(=8+16+18)	2
E	9	10(=5×2)	10(=5×2)	29(=9+10+10)	8

중간 선정된 A, D, E 중 디자인 점수가 가장 높은 업체는 E이다. 따라서 E가 최종 선정된다.

34 품목 확정

정답 ④

입찰가격이 11억 원 미만인 B를 제외한 A, C, D, E, F업체의 가중치를 적용한 점수와 이에 따른 최종 선정 결과를 정리하면 다음과 같다.

(단위 : 점)

입찰기준 / 입찰업체	운영건전성 점수	환경친화자재 점수	시공실적 점수	디자인 점수	총점	비고
A	12(=6×2)	7	9(=3×3)	4	32(=12+7+9+4)	시공실적 점수 기준미달
C	10(=5×2)	9	18(=6×3)	1	38(=10+9+18+1)	중간 선정
D	16(=8×2)	2	24(=8×3)	2	44(=16+2+24+2)	중간 선정
E	18(=9×2)	6	15(=5×3)	8	47(=18+6+15+8)	시공실적 점수 기준미달
F	12(=6×2)	4	18(=6×3)	3	37(=12+4+18+3)	중간 선정 탈락

중간 선정된 C, D 중 운영건전성 점수가 더 높은 업체는 D이다. 따라서 D가 최종 선정된다.

35 　인원 선발

당직 근무 일정을 정리하면 다음과 같다.

구분	월요일	화요일	수요일	목요일	금요일	토요일	일요일
낮	가, 나, 마	나, 다	다, 마	아, 자	바, 자	라, 사, 차	바
야간	라	마, 바, 아, 자	가, 나, 라, 바, 사	가, 사, 차	나, 다, 아	마, 자	다, 차

일정표를 보면 일요일 낮에 한 명, 월요일 야간에 한 명이 필요하고, 수요일 야간에 한 명이 빠져야 한다. 따라서 가, 나, 라, 바, 사 중 한 명이 옮겨야 한다. 이때 세 번째 당직 근무 규칙에 따라 같은 날에 낮과 야간 당직 근무는 함께 설 수 없으므로 월요일에 근무하는 '가, 나, 라, 마'와 일요일에 근무하는 '다, 바, 차'는 제외된다. 따라서 '사'의 당직 근무 일정을 변경하여 일요일 낮과 월요일 야간에 당직 근무를 해야 한다.

36 　비용 계산

입사 예정인 신입사원이 총 600명이므로 볼펜 600개와 스케줄러 600권이 필요하다.
A, B, C 세 업체 모두 스케줄러의 구매가격에 따라 특가상품 구매 가능 여부를 판단할 수 있으므로 스케줄러의 가격을 먼저 계산해야 한다.
- A도매업체 : 25만×6=150만 원
- B도매업체 : 135만 원
- C도매업체 : 65만×2=130만 원

세 업체 모두 특가상품 구매 조건을 충족하였으므로 특가상품을 포함해 볼펜의 구매가격을 구하면 다음과 같다.
- A도매업체 : 25.5만(볼펜 300개 특가)+(13만×2SET)=51.5만 원
- B도매업체 : 48만 원(볼펜 600개 특가)
- C도매업체 : 23.5만(볼펜 300개 특가)+(8만×3SET)=47.5만 원

업체별 전체 구매가격을 구하면 다음과 같다.
- A도매업체 : 150만+51.5만=201.5만 원
- B도매업체 : 135만+48만=183만 원
- C도매업체 : 130만+47.5만=177.5만 원

따라서 가장 저렴하게 구매할 수 있는 업체는 C도매업체이며, 구매가격은 177.5만 원이다.

37 　인원 선발

설문조사 비율의 합이 100%이고, K사 사원들도 100명이므로 이를 토대로 연령 분석 결과를 정리하면 다음과 같다.

구분	합계	20대	30대	40대
복사기	15명	10명		
냉장고	26명			13명
안마의자	6명	–	–	6명
복합기	24명	12명		
커피머신	7명			
정수기	13명	–	13명	–
기타용품	9명	3명	3명	3명

사원 중 20대가 총 25명이라면 복사기, 복합기, 기타용품을 원하는 20대 인원이 25명이므로, 냉장고를 원하는 20대는 없음을 알 수 있다.

[오답분석]

① 냉장고를 원하는 20대 인원수를 알 수 없으므로 옳지 않다.
② 기타용품을 원하는 40대는 3명이고, 안마의자를 원하는 40대는 6명이다.
④ 20대를 제외할 경우 복합기를 원하는 남은 인원은 12명이므로, 복합기를 원하는 30대는 냉장고를 원하는 40대의 13명보다 많을 수 없다.

38 { 품목 확정 }

B과장의 과목별 의무 교육이수 시간은 다음과 같다.

구분	글로벌 경영	해외사무영어	국제회계
의무 교육이수 시간	$\dfrac{15점}{1점/h}=15시간$	$\dfrac{60점}{1점/h}=60시간$	$\dfrac{20점}{2점/h}=10시간$

이제까지 B과장이 이수한 시간을 계산해 보면, 글로벌 경영과 국제회계의 초과 이수 시간은 2+14=16시간이며, 해외사무영어의 부족한 이수 시간은 10시간이다. 초과 이수 시간을 점수로 환산하여 부족한 해외사무영어 점수 10점에서 16×0.2=3.2점을 제외하면 6.8점이 부족하다. 따라서 미달인 과목은 해외사무영어이며, 부족한 점수는 6.8점임을 알 수 있다.

39 { 품목 확정 }

정답 ③

비품과 기자재를 일괄 구매하면서 매년 수십억 원의 예산이 사장되는 결과를 볼 때, 활용하지 않는 물품, 즉 물적자원을 구입해놓고 창고에 방치하고 있는 것을 확인할 수 있다.

40 { 비용 계산 }

정답 ③

영희는 누적방수액의 유무와 상관없이 재충전 횟수가 200회 이상이면 충분하다고 하였으므로 100회 이상 300회 미만으로 충전이 가능한 리튬이온배터리를 구매한다. 이때 누적방수액을 바르지 않은 것이 더 저렴하므로 영희가 가장 저렴하게 구매하는 가격은 5,000원이다.

[오답분석]

① • 철수가 가장 저렴하게 구매하는 가격 : 20,000원
  • 영희가 가장 저렴하게 구매하는 가격 : 5,000원
  • 상수가 가장 저렴하게 구매하는 가격 : 5,000원
  따라서 철수, 영희, 상수가 리튬이온배터리를 가장 저렴하게 구매하는 가격의 합은 20,000+5,000+5,000=30,000원이다.
② • 철수가 가장 비싸게 구매하는 가격 : 50,000원
  • 영희가 가장 비싸게 구매하는 가격 : 10,000원
  • 상수가 가장 비싸게 구매하는 가격 : 50,000원
  따라서 철수, 영희, 상수가 리튬이온배터리를 가장 비싸게 구매하는 가격의 합은 50,000+10,000+50,000=110,000원이다.
④ 영희가 가장 비싸게 구매하는 가격은 10,000원, 상수가 가장 비싸게 구매하는 가격은 50,000원이다. 따라서 두 가격의 차이는 40,000원이므로 30,000원 이상이다.

제1회 최종점검 모의고사 • **79**

| 01 | 경영

41	42	43	44	45	46	47	48	49	50	51	52	53	54	55	56	57	58	59	60
①	②	④	②	③	④	①	④	③	③	④	④	②	①	②	④	④	④	②	②
61	62	63	64	65	66	67	68	69	70										
③	②	②	③	①	④	③	②	④	③										

41
정답 ①

공급사슬관리(SCM)는 공급업체, 구매기업, 유통업체, 물류회사들이 주문, 생산, 재고수준과 제품 및 서비스의 배송에 대한 정보를 공유하도록 하여 제품과 서비스를 효율적으로 구매, 생산, 배송할 수 있도록 지원하는 시스템이다.

[오답분석]
② 적시생산시스템(JIT) : 모든 프로세스에 걸쳐 필요한 때, 필요한 것을 필요한 만큼만 생산하는 생산시스템이다.
③ 유연생산시스템(FMS) : 다양한 제품을 높은 생산성으로 유연하게 제조하는 것을 목적으로 생산을 자동화한 시스템이다.
④ 컴퓨터통합생산(CIM) : 제조 – 개발 – 판매로 연결되는 과정을 일련의 정보시스템으로 통합한 생산관리시스템이다.

42
정답 ②

집약적 유통은 가능한 많은 중간상들에게 자사의 제품을 취급하도록 하는 것으로, 과자, 저가 소비재 등과 같이 소비자들이 구매의 편의성을 중시하는 품목에서 채택한다.

[오답분석]
①·④ 전속적 유통채널에 대한 설명이다.
③ 선택적 유통채널에 대한 설명이다.

43
정답 ④

동시화 마케팅은 불규칙적 수요 상태에서 바람직한 수요의 시간 패턴에 실제 수요의 시간 패턴을 맞추기 위한 마케팅 기법으로, 모두가 휴가에서 돌아오는 9월에 비수기인 여행 산업에서 요금을 할인하여 저렴한 가격에 예약을 한 A씨의 사례에 해당한다.

44
정답 ②

아웃소싱은 외부의 업체나 인력을 활용하는 것이므로 조직에서 핵심 및 비핵심 분야를 포괄하는 다양한 인재의 역량을 육성하는 것은 불가능하다.

45
정답 ③

촉진믹스(Promotion Mix) 활동에는 광고, 인적판매, 판매촉진, PR(Public Relationship), 직접마케팅, 간접마케팅이 있다.

46
정답 ④

광의의 경영계획 개념은 목표 및 전략을 모두 포함한다.

47

정답 ①

콘체른(Konzern)은 기업결합이라고 하며, 법률상으로 독립되어 있으나 지분 결합 등의 방식으로 경영상 실질적으로 결합되어 있는 기업결합형태를 말한다. 일반적으로는 거대기업이 여러 산업의 다수의 기업을 지배할 목적으로 형성된다.

[오답분석]
② 카르텔 : 한 상품 또는 상품군의 생산이나 판매를 일정한 형태로 제한하고자 경제적, 법률적으로 서로 독립성을 유지하며, 기업 간 상호 협정에 의해 결합하는 담합 형태이다.
③ 트러스트 : 카르텔보다 강력한 집중의 형태로, 시장독점을 위해 각 기업체가 독립성을 상실하고 합동한다.
④ 콤비나트 : 기술적으로 연관성 있는 생산부문이 가까운 곳에 입지하여 형성된 기업의 지역적 결합 형태이다.

48

정답 ④

지출의 발생과 자산의 취득이 반드시 일치하는 것은 아니다. 관련된 지출이 없다 할지라도 특정 항목이 자산의 정의를 충족하는 경우에는 재무상태표의 인식 대상이 되는 것을 배제할 수 없다. 따라서 증여받은 재화는 지출이 없을지라도 자산의 정의를 충족시킨다.

49

정답 ③

이윤의 현지기업에 대한 재투자성은 다국적 기업의 특징 중 하나이다.

50

정답 ③

당기순이익은 영업이익에서 판매 물건을 생산하기 위해 발생한 비용 외 기타비용(예 관리비, 이사비용), 기타수익(예 이자수익, 잡이익 등), 법인세비용을 가감한 금액을 의미한다. 주어진 자료를 이용하여 계산해 보면 다음과 같다.

영업이익	+300,000
영업외 수익	+50,000
이자비용	-10,000
법인세 비용	-15,000
합계	325,000

51

정답 ④

자원의 효율적인 활용으로 규모의 경제를 얻을 수 있다는 것은 기능조직의 장점에 해당한다.

52

정답 ④

직무기술서는 직무수행과 관련된 과업 및 직무 행동을 직무요건을 중심으로 기술한 양식이다.

직무기술서와 직무명세서의 비교

구분	직무기술서	직무명세서
개념	직무수행과 관련된 과업 및 직무 행동을 직무요건을 중심으로 기술한 양식	특정 직무를 수행하기 위해 요구되는 지식, 기능, 육체적·정신적 능력 등 인적요건을 중심으로 기술한 양식
포함내용	• 직무 명칭, 직무코드, 소속 직군, 직렬 • 직급(직무등급), 직무의 책임과 권한 • 직무를 이루고 있는 구체적 과업의 종류 및 내용 등	• 요구되는 교육 수준 • 요구되는 지식, 기능, 기술, 경험 • 요구되는 정신적·육체적 능력 • 인정 및 적성, 가치, 태도 등
작성요건	명확성, 단순성, 완전성, 일관성	

53

오답분석

① 직접서열법 : 종합적인 성과수준별로 최고 성과자부터 순서대로 1위, 2위, 3위 등의 순위를 정해 나가는 방법이다.
③ 분류법 : 서열법의 발전된 방법으로, 사전에 만들어 놓은 등급에 각 직무를 적절히 판정하여 해당 등급에 맞추어 넣는 평가방법이다.
④ 요인비교법 : 기업이나 조직에 있어서 핵심이 되는 몇 개의 기준 직무를 선정하고 각 직무의 평가요소를 기준으로 직무의 평가요소와 결부시켜 비교함으로써 모든 직무의 가치를 결정하는 방법이다.

54

정답 ①

포트폴리오의 분산은 각 구성자산과 포트폴리오 간의 공분산을 각 자산의 투자비율로 가중평균하여 계산한다.

자본예산기법

자본예산이란 투자효과가 장기적으로 나타나는 투자의 총괄적인 계획으로, 투자대상에 대한 각종 현금흐름을 예측하고 투자안의 경제성분석을 통해 최적 투자결정을 내리는 것을 말한다. 자본예산의 기법에는 회수기간법, 회계적이익률법, 수익성지수법, 순현가법, 내부수익률법 등이 주로 활용된다.

• 회수기간법 : 투자시점에서 발생한 비용을 회수하는 데 걸리는 기간을 기준으로 투자안을 선택하는 자본예산기법이다.
  – 상호독립적 투자안 : 회수기간<목표 회수기간 → 채택
  – 상호배타적 투자안 : 회수기간이 가장 짧은 투자안 채택
• 회계적이익률법 : 투자로 인하여 나타나는 장부상의 연평균 순이익을 연평균 투자액으로 나누어 회계적 이익률을 계산하고 이를 이용하여 투자안을 평가하는 방법이다.
  – 상호독립적 투자안 : 투자안의 ARR>목표 ARR → 채택
  – 상호배타적 투자안 : ARR이 가장 큰 투자안 채택
• 순현가법 : 투자로 인하여 발생할 미래의 모든 현금흐름을 적절한 할인율로 할인한 현가로 나타내어서 투자결정에 이용하는 방법이다.
  – 상호독립적 투자안 : NPV>0 → 채택
  – 상호배타적 투자안 : NPV가 가장 큰 투자안 채택
• 내부수익률법 : 미래현금유입의 현가와 현금유출의 현가를 같게 만드는 할인율인 내부수익률을 기준으로 투자안을 평가하는 방법이다.
  – 상호독립적 투자안 : IRR>자본비용 → 채택
  – 상호배타적 투자안 : IRR이 가장 큰 투자안 채택

55

정답 ②

오답분석

① 횡축은 상대적 시장점유율이고, 종축은 시장성장률이다.
③ 별 영역은 시장성장률이 높고, 상대적 시장점유율도 높다.
④ 현금젖소 영역은 시장점유율이 높아 자금투자보다 자금산출이 많다.

56

정답 ④

고객의 욕구 및 환경이 안정적이고 예측가능성이 높은 경우에는 효율성이 높은 기계적 조직이 효과적이다.

57

정답 ④

④는 변혁적 리더십의 특징이다. 변혁적 리더십의 요인으로는 카리스마, 지적자극, 이상적인 역할모델, 개인화된 배려가 있으며, 부하가 가지는 욕구보다 더 높은 수준의 욕구를 활성화시킴으로써 기대하는 것보다 부하로 하여금 훨씬 높은 성과를 올리도록 하는 리더십이다.

58

정답 ④

시계열 분해법은 20세기 초 경제학자들의 경기변동 예측 시도에서 발전한 것으로, 시계열을 구성하는 성분들이 결정적이고 서로 독립적이라는 가정에 기반한 이론이다. 시계열 분해법에서는 시계열이 다음과 같은 변동 성분들로 구성되어 있다.
• 불규칙 성분(Irregular Component)
• 체계적 성분(Systematic Component)
 – 추세 성분(Trend Component)
 – 계절 성분(Seasonal Component)
 – 순환 성분(Cyclical Component)

59

정답 ②

마이클 포터(Michael Porter)의 산업구조 분석모델은 산업에 참여하는 주체를 기존기업(산업 내 경쟁자), 잠재적 진입자(신규 진입자), 대체재, 공급자, 구매자로 나누고 이들 간의 경쟁 우위에 따라 기업 등의 수익률이 결정되는 것으로 본다.

[오답분석]

① 정부의 규제 완화 : 정부의 규제 완화는 시장 진입장벽이 낮아지게 만들며, 신규 진입자의 위협으로 볼 수 있다.
③ 공급업체의 규모 : 공급업체의 규모에 따라 공급자의 교섭력에 영향을 준다.
④ 가격의 탄력성 : 소비자들은 가격에 민감할 수도, 둔감할 수도 있기 때문에 구매자의 교섭력에 영향을 준다.

60

정답 ②

목표관리는 목표의 설정뿐 아니라 성과평가 과정에도 부하직원이 참여하는 관리기법이다.

[오답분석]

① 목표설정이론은 명확하고 도전적인 목표가 성과에 미치는 영향을 분석한다.
③ 조직의 구성원이 모두 협의하여 목표를 설정한다.
④ 조직의 목표를 부서별, 개인별 목표로 전환하여 조직 구성원 각자의 책임을 정하고, 조직의 효율성을 향상시킬 수 있다.

61

정답 ③

르윈(K. Lewin)의 3단계 변화모형
1. 해빙(Unfreezing) : 과거의 방식을 깨뜨림으로써 개인이나 집단이 새로운 대체안을 수용할 수 있도록 변화에 대해 준비를 하는 단계
2. 변화(Changing) : 순응 – 동일화 – 내면화를 거쳐 변화가 일어나는 단계
3. 재동결(Refreezing) : 새로운 지식, 행동 등이 통합, 고착, 지속되는 단계로, 이전의 상태로 돌아가지 않도록 강화 전략을 사용함

62

정답 ②

기존의 패러다임을 바꾸는 것은 5P 전략 중 Perspective에 해당한다.

5P 전략
• Ploy : 목적 달성을 위해 적을 속이는 구체적 전략
• Plan : 상황에 대처하기 위해 의식적으로 의도된 계획
• Pattern : 실현된 전략에서 나타나는 일관된 행동 패턴
• Perspective : 자신과 외부를 바라보는 관점
• Position : 경쟁시장 속 자신이 있어야 할 위치

63

제품 – 시장 매트릭스

구분	기존제품	신제품
기존시장	시장침투 전략	신제품개발 전략
신시장	시장개발 전략	다각화 전략

64

형식적 지식은 정형화 혹은 문서화되어 있는 지식으로, 경쟁기업이 쉽게 모방하거나 유출되기 쉽다. 따라서 경쟁우위를 유지하기 위해서는 지식보안에도 각별히 신경을 써야 한다.

65

MBO의 실행절차 중 목표에 대한 합의는 평가자와 피평가자가 합의를 도출하여 목표가 확정되는 과정이기 때문에 가장 중요한 단계이다. MBO의 SMART 기법에서 'Specific'은 목표는 최대한 상세하고 구체적이어야 한다는 것을 말한다.

SMART 기법
- Specific : 목표는 최대한 상세하고 구체적이어야 한다.
- Measurable : 목표는 그 결괏값이 측정 가능해야 한다.
- Achievable : 목표는 적당히 도전적이어야 한다.
- Result – Oriented : 목표는 결과지향적이어야 한다.
- Time – Bound : 목표는 통상 6개월에서 1년 내에 달성이 가능해야 한다.

66

내용이론은 무엇이 사람들을 동기부여하는지, 과정이론은 사람들이 어떤 과정을 거쳐 동기부여가 되는지에 초점을 둔다. 애덤스(Adams)의 공정성 이론은 과정이론에 해당하며, 자신과 타인의 투입 대비 산출률을 비교하여 산출률이 일치하지 않는다고 느끼게 되면 불공정하게 대우받고 있다고 느끼며, 이를 해소하기 위해 동기부여가 이루어진다고 주장한다.

동기부여 이론

유형	내용이론	과정이론	내재적 동기이론
이론	• 욕구단계 이론 • XY 이론 • 2요인 이론 • ERG 이론 • 성취동기 이론	• 기대이론 • 공정성 이론 • 목표설정 이론	• 직무특성 이론 • 인지적 평가 이론 • 자기결정 이론

67

사장지향적 마케팅에서는 때에 따라 기존 사업을 포기하고 전혀 다른 사업부분으로 진출하기도 한다.

[오답분석]
① 시장지향적 마케팅은 고객지향적 마케팅의 장점을 포함하면서 그 한계점을 극복하기 위한 포괄적 마케팅이다.
② 시장지향적 마케팅에서는 기업이 최종 고객들과 원활한 교환을 통하여 최상의 가치를 제공해 주기 위해 기업 내외의 모든 구성요소들 간 상호 작용을 관리하는 총체적 노력이 수반되기도 한다.
④ 외부사업이나 이익 기회들을 확인해 다양한 시장 구성요소들이 원만하게 상호작용하도록 관리하며, 외부시장의 기회에 대해 적시하고 정확하게 대응한다.

68

정답 ②

상대평가란 피평가자들 간 비교를 통해 평가하는 방법으로, 피평가자들의 선별에 초점을 둔다. 상대평가 기법으로는 서열법, 쌍대비교법, 강제할당법 등이 있다.

- 서열법 : 피평가자의 능력·업적 등을 통틀어 그 가치에 따라 서열을 매기는 기법이다.
- 쌍대비교법 : 두 사람씩 쌍을 지어 비교하면서 서열을 정하는 기법이다.
- 강제할당법 : 사전에 범위와 수를 결정해 놓고 피평가자를 일정한 비율에 맞추어 강제로 할당하는 기법이다.

> **절대평가**
> 피평가자의 실제 업무수행 사실에 기초하며 피평가자의 육성에 초점을 둔다. 평정척도법, 체크리스트법, 중요사건기술법 등이 있다.
> - 평정척도법 : 피평가자의 성과, 적성, 잠재능력, 작업행동을 평가하기 위해 평가요소들을 제시하고 이에 따라 단계별 차등을 두어 평가하는 기법이다.
> - 체크리스트법 : 직무상 행동들을 구체적으로 제시하고 평가자가 해당 서술문을 체크하는 기법이다.
> - 중요사건기술법 : 피평가자의 직무와 관련된 효과적이거나 비효과적인 행동을 관찰하여 기록에 남긴 후 평가하는 기법이다.

69

정답 ④

ㄱ·ㄴ·ㄷ·ㄹ. 모두 불공정성 해소방법에 해당한다.

> **아담스의 공정성 이론에서의 불공정성 해소방법**
> - 투입의 변경 : 직무에 투입하는 시간, 노력, 기술, 경험 등을 줄인다.
> - 산출의 변경 : 임금인상이나 작업조건의 개선 등을 요구한다.
> - 준거대상의 변경 : 자신과 비교대상이 되는 인물, 집단 등을 비슷한 수준의 대상으로 변경한다.
> - 현장 또는 조직으로부터의 이탈 : 직무환경에 불평등을 느낀 사람은 직무를 전환하거나 조직을 이탈한다.

70

정답 ③

복수 브랜드 전략은 동일한 제품 범주에서 시장을 세분화하여 소비자들의 기대와 욕구의 동질성을 파악한 후, 세분 시장마다 별도의 개별 브랜드를 도입하는 것으로, 대표적으로 농심 신라면, 농심 너구리, 농심 짜파게티 등을 예시로 들 수 있다. ③은 혼합 브랜드 전략(Mixed Brand Strategy)에 대한 설명이다.

PART 3

| 02 | 경제

41	42	43	44	45	46	47	48	49	50	51	52	53	54	55	56	57	58	59	60
③	④	①	③	①	①	①	①	②	③	①	④	②	④	④	③	④	④	④	①

61	62	63	64	65	66	67	68	69	70										
③	④	①	④	④	①	③	④	②	③										

41
정답 ③

물가가 급속하게 상승하는 인플레이션이 발생하면 화폐가치가 하락하게 되므로 채무자나 실물자산보유자는 채권자나 금융자산보유자보다 유리해진다.

42
정답 ④

생애주기가설이란 일생동안 소득의 변화는 규칙적이지 않지만 생애 전체 소득의 현재가치를 감안한 소비는 일정한 수준으로 유지된다는 이론이다. 생애주기가설에 의하면 가처분소득이 동일한 수준이라도 각자의 생애주기가 어디에 속하는가에 따라 소비성향이 다르게 나타난다.

43
정답 ①

완전경쟁기업은 가격과 한계비용이 같아지는($P=MC$) 점에서 생산하므로, 주어진 비용함수를 미분하여 한계비용을 구하면 $MC=10q$이다. 시장전체의 단기공급곡선은 개별 기업의 공급곡선을 수평으로 합한 것이므로 시장전체의 단기공급곡선은 $P=\frac{1}{10}Q$로 도출된다. 따라서 시장수요함수와 공급함수를 연립해서 계산하면 $350-60P=10P \rightarrow P=5$이다.

44
정답 ③

A국과 B국이 고구마와 휴대폰을 생산하는 데 투입되는 노동력을 표로 정리하면 다음과 같다.

구분	A국	B국
고구마(1kg)	200	150
휴대폰(1대)	300	200

A국은 B국보다 고구마와 휴대폰을 각각 1단위 생산하기 위해 필요로 하는 노동력이 더 많으므로 B국은 절대우위를 가진다. 한편, A국은 고구마 1kg을 생산하기 위해 휴대폰 1대를 생산하기 위한 노동력의 약 $66.7\%\left(=\frac{2}{3}\times100\right)$가 필요하고, B국은 약 $75\%\left(=\frac{3}{4}\times100\right)$가 필요하다. 그러므로 상대적으로 A국은 고구마 생산에, B국은 휴대폰 생산에 비교우위가 있다. 이 경우 A국과 B국은 각각 고구마와 휴대폰에 생산을 특화한 뒤 서로 생산물을 교환하면 소비량을 늘릴 수 있다. 따라서 현재 6,000명 투입이 가능하므로 A국은 고구마 30kg, B국은 휴대폰 30대를 생산한다.

45
정답 ①

솔로우모형은 규모에 대한 보수불변 생산함수를 가정하며, 시간이 흐름에 따라 노동량이 증가하며 기술이 진보하는 것을 고려한 성장모형이다. 솔로우모형은 장기 균형상태에서 더 이상 성장이 발생하지 않으며, 자본의 한계생산체감에 의해 일정한 값을 갖게 되는 수렴현상이 발생한다고 설명한다.

46

오답분석

② 예상된 인플레이션의 경우에도 구두창 비용, 메뉴비용 등이 발생한다.

③ 예상한 것보다 높은 인플레이션이 발생했을 경우에는 그만큼 실질이자율이 하락하게 되어 채무자가 이득을 보고 채권자가 손해를 보게 된다.

④ 예상치 못한 인플레이션이 발생했을 경우 실질임금이 하락하므로 노동자는 불리해지며, 고정된 임금을 지급하는 기업은 유리해진다.

47

정답 ①

실업자는 조사대상 주간을 포함하여 지난 4주간 수입이 있는 일을 하지 않았고, 적극적으로 구직활동을 하였으며, 일이 주어지면 즉각 일할 수 있었던 사람을 말한다. 실업은 크게 마찰적 실업과 구조적 실업으로 나뉘는데, 이때 마찰적 실업이란 이직의 과정이나 새로운 일자리의 탐색 과정에서 일시적으로 발생하는 실업이며, 구조적 실업이란 사양산업의 종사로 인해 발생하는 실업을 의미한다.

48

정답 ①

원자재 가격이 하락하면 기업들의 생산비가 낮아지므로 총수요곡선이 이동하는 것이 아니라 총공급곡선이 오른쪽으로 이동한다.

오답분석

②·③ 총수요곡선을 왼쪽으로 이동시키는 요인에 해당한다. 현금사용이 증가하여 현금통화비율이 높아지는 경우에는 통화승수가 작아지므로 통화공급이 감소하고, 통화공급이 감소하면 이자율이 상승하므로 민간소비와 민간투자가 줄어든다.

④ 소비지출을 늘어나게 하여 총수요곡선을 오른쪽으로 이동시킨다.

49

정답 ②

사회후생의 극대화는 자원배분의 파레토효율성이 달성되는 효용가능경계와 사회무차별곡선이 접하는 점에서 이루어진다. 따라서 파레토효율적인 자원배분하에서 항상 사회후생이 극대화되는 것은 아니며, 사회후생 극대화는 무수히 많은 파레토효율적인 점들 중의 한 점에서 달성된다.

50

정답 ③

통화승수는 통화량을 본원통화로 나눈 값이다.

통화승수 $m = \dfrac{1}{c + z(1-c)}$ 이므로, 현금통화비율(c)이 하락하거나 지급준비율(z)이 낮아지면 통화승수가 증가한다.

51

정답 ①

가격상한제란 정부가 시장가격보다 낮은 가격으로 상한선을 정하고 규제된 가격으로 거래하도록 하는 제도이다.

52

정답 ④

- (15세 이상의 인구)=(경제활동인구)+(비경제활동인구)
- (경제활동인구)=(취업자)+(실업자)
- 취업자
  - 수입을 목적으로 1주일에 1시간 이상 일하는 경우
  - 가족이 경영하는 사업체에서 1주일에 18시간 이상 일하는 경우
- 실망노동자 : 구직활동을 하지 않으므로 비경제활동인구로 분류
- 비자발적 시간제 근로자 : 취업자로 분류

제1회 최종점검 모의고사 • 87

① 구직활동을 하고 있지 않으므로 비경제활동인구이다.
② 구직활동은 포기했지만 수입을 목적으로 버섯 재배업을 시작하였으므로 경제활동인구 중 취업자로 분류된다.
③ 가족이 경영하는 사업체에서 주중 내내 일하고 있으므로 취업자로 분류된다.

53

정답 ②

IS곡선 혹은 LM곡선이 우측으로 이동하면 AD곡선도 우측으로 이동한다.

IS곡선	우측이동요인	소비 증가, 투자 증가, 정부지출 증가, 수출 증가
	좌측이동요인	조세 증가, 수입 증가, 저축 증가
LM곡선	우측이동요인	통화량 증가
	좌측이동요인	화폐수요 증가, 물가 상승, 실질통화량 감소

ㄱ. 주택담보대출의 이자율 인하 → 투자 증가 → IS곡선 우측이동 → AD곡선 우측이동
ㄷ. 기업에 대한 투자세액공제 확대 → 투자 증가 → IS곡선 우측이동 → AD곡선 우측이동
ㅁ. 해외경기 호조로 순수출 증대 → 수출 증가 → IS곡선 우측이동 → AD곡선 우측이동

ㄴ. 종합소득세율 인상 → 조세 증가 → IS곡선 좌측이동
ㄹ. 물가의 변화는 LM곡선의 이동요인이지만, AD곡선의 이동요인은 아니다.

54

정답 ④

실물적 경기변동이론에서는 경기변동을 외부충격에 대한 경제주체들의 최적화 행동의 결과로 나타나는 균형현상으로 생각한다.

① 이자율이 상승할 때 현재의 상대임금이 상승하므로 노동공급은 증가한다.
②·③ 화폐적 경기변동이론에서는 물가수준의 변화에 대한 예상착오로 인해 경기변동이 발생한다고 보는데 비해, 실물적 경기변동에서는 통화량의 변화가 경기변동에 아무런 영향을 미치지 못하는 화폐의 중립성이 성립한다고 본다.

55

정답 ④

케인스는 소득이 증가할수록 평균소비성향은 감소한다고 가정하였다. 소비와 가처분소득 사이의 관계를 1차함수로 표현한 것을 케인스의 소비함수라고 부른다. 이 소비함수는 케인스가 가정한 다음 세 가지 속성을 보여준다.
• 한계소비성향은 0과 1 사이이므로 소득이 증대하면 소비가 증가하고, 저축도 증가한다.
• 소득이 증가함에 따라 평균소비성향이 하락한다.
• 케인스는 이자율이 특별한 역할을 하지 않는다고 보았다.

56

정답 ③

독점적 경쟁시장에서는 제품의 차별화가 클수록 수요의 가격탄력성은 낮아져서 서로 다른 가격의 수준을 이루게 된다.

57

정답 ④

펀더멘털(Fundamental)은 국가나 기업의 경제 상태를 가늠할 수 있는 기초경제여건이다. 대개 경제성장률, 물가상승률, 실업률, 경상수지 등 경제 상태를 표현하는 데 기초적인 자료가 되는 주요 거시경제지표가 이에 해당한다.

58

공급의 탄력성은 가격이 1% 변할 때 공급량이 몇 %가 변하는지를 나타낸다.

$7 - 0.5Q = 2 + 2Q$

$\therefore P = 6, \ Q = 2$

$$[\text{공급탄력성}(\eta)] = \frac{\dfrac{\Delta Q}{Q}}{\dfrac{\Delta P}{P}} = \frac{\Delta Q}{\Delta P} \times \frac{P}{Q} = (\text{기울기의 역수}) \times \frac{P}{Q} = \frac{1}{2} \times \frac{6}{2} = \frac{3}{2} = 1.5$$

59

어떤 재화 1단위의 산출에 필요한 요소 i의 투입량이 $a_i = (i = 1, 2, \cdots, n)$로 고정되어 있을 때, 투입$(x_1, \cdots, x_n)$으로부터 얻을 수 있는 산출량은 $y = \min(x_1/a_1, \cdots, x_n/a_n)$이고, 이러한 생산함수를 레온티에프 생산함수라 한다. 레온티에프 생산함수에서는 하나의 요소투입을 감소시키면 다른 요소를 아무리 증가시키더라도 결코 원래의 산출량을 생산할 수 없기 때문에 요소 간에 대체가 불가능함을 내포하고 있다. 이때 제시된 레온티에프형 생산함수로부터 $L = \dfrac{Q}{2}$, $K = Q$를 도출할 수 있다. $TC = WL + RK$이므로

$TC = 2\left(\dfrac{Q}{2}\right) + 5Q = 6Q$이다. 따라서 $MC = 6$이다.

60

출구전략은 경기를 부양하기 위하여 취하였던 각종 완화정책을 정상화하는 것을 말한다. 경기가 침체되면 기준 금리를 내리거나 재정지출을 확대하여 유동성 공급을 늘리는 조치를 취해 경기가 회복되는 과정에서 유동성이 과도하게 공급되면 물가가 상승하고 인플레이션을 초래할 수 있다. 따라서 경제에 미칠 후유증을 최소화하면서 재정 건전성을 강화해 나가는 것을 출구전략이라 한다.

오답분석

② 통화 스와프 : 두 나라가 자국통화를 상대국 통화와 맞교환하는 방식으로, 외환위기가 발생하면 자국통화를 상대국에게 맡기고 외국통화를 단기 차입하는 중앙은행 간 신용계약이다.

③ 입구전략 : 경제침체기에 위기를 극복하기 위한 전략으로, 금리를 인하하거나 채권을 환매하는 등 유동성을 늘려 경기를 부양하기 위한 전략을 말한다.

④ 긴축재정정책 : 재정 규모를 축소하고 가능한 한 조세를 재원으로 하려고 하는 재정정책을 말한다.

61

예상한 인플레이션과 예상하지 못한 인플레이션의 경우 모두에서 메뉴비용이 발생한다.

메뉴비용(Menu Cost)의 발생
- 물가변화에 따라 가격을 조정하려면 가격표 작성비용(메뉴비용)이 발생한다.
- 메뉴비용이 커서 가격 조정이 즉각적으로 이루어지지 않는 경우에는 재화의 상대가격이 변화하고 이에 따라 자원배분의 비효율성이 발생한다.

62

오답분석

ㄱ. 화폐수요의 이자율 탄력성이 높은 경우(=이자율의 화폐수요 탄력성은 낮음)에는 총통화량을 많이 증가시켜도 이자율의 하락폭은 작기 때문에 투자의 증대효과가 낮다. 반면, 화폐수요의 이자율 탄력성이 낮은 경우(=이자율의 화폐수요 탄력성은 높음)에는 총통화량을 조금만 증가시켜도 이자율의 하락폭은 커지므로 투자가 늘어나고 이로 인해 국민소득이 늘어나므로 통화정책의 효과가 높아진다.

63

내국인의 해외주식 및 채권 투자는 자본계정에 속한다.

64

- (2022년 GDP 디플레이터)$=\dfrac{(\text{명목 GDP})}{(\text{실질 GDP})}\times 100=\dfrac{100}{(\text{실질 GDP})}\times 100=100 \rightarrow$ (2022년 실질 GDP)$=100$

- (2023년 GDP 디플레이터)$=\dfrac{(\text{명목 GDP})}{(\text{실질 GDP})}\times 100=\dfrac{150}{(\text{실질 GDP})}\times 100=120 \rightarrow$ (2023년 실질 GDP)$=125$

따라서 2023년의 전년 대비 실질 GDP 증가율은 $\dfrac{125-100}{100}\times 100=25\%$이다.

65

장기 총공급곡선은 물가수준에 영향을 받지 않는다. 보통 단기에는 전반적인 물가수준이 변화할 때 기업들은 정보부족, 메뉴비용 등 여러 가지 이유로 생산품의 가격을 신축적으로 조정하지 못하고 산출량을 조절함으로써 대응한다. 따라서 단기에는 물가 상승 시 산출량도 함께 증가하는 우상향의 곡선이 도출된다. 반면 장기에는 가격을 신축적으로 조정하지 못하는 요인들이 해소되기 때문에 기업은 물가수준이 변화하더라도 가격을 조정함으로써 시장상황의 변화에 대응을 할 수 있게 된다. 예를 들어, 정보부족의 경우 여러 기간 동안의 경험을 통해 정보가 축적됨으로써 해소되며, 메뉴비용의 경우 물가수준이 계속적으로 상승할 때 메뉴판을 바꾸는 비용을 감수하고서라도 가격을 올리지 않을 수 없게 된다. 따라서 장기에는 굳이 산출량으로 대응할 필요가 없게 되므로 산출량은 적정 수준에서 물가에 관계없이 유지되고, 곡선은 수직선의 형태가 된다.

〈장·단기 총공급곡선〉

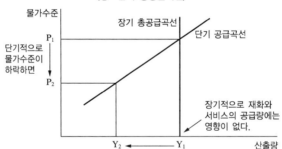

단기공급곡선에서는 재화와 서비스의 공급량은 감소한다.

66

기업들에 대한 투자세액공제가 확대되면 투자가 증가하므로 대부자금에 대한 수요가 증가$(D_1 \rightarrow D_2)$한다. 이렇게 되면 실질이자율이 상승$(i_1 \rightarrow i_2)$하고 저축이 늘어난다. 그 결과, 대부자금의 균형거래량은 증가$(q_1 \rightarrow q_2)$한다.

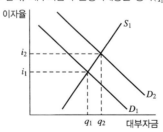

67
정답 ③

법정지불준비율이 0.2이므로 예금통화승수는 0.2의 역수, 즉 $\dfrac{1}{0.2}=5$이다.

따라서 요구불예금의 크기는 지불준비금 300만×5=1,500만 원이 된다.

68
정답 ④

정부지출이 증가하면 IS곡선은 우측으로 이동하고, 통화공급이 감소하면 LM곡선은 좌측으로 이동하여 새로운 균형점 B에서 이자율은 상승한다. 반면, 정부지출이 증가할 때(재정정책) 통화공급 감소의 대응정도(금융정책)에 따라 영향이 달라지므로 소득의 증감은 불확실하다.

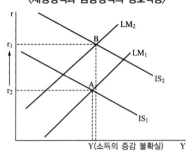

〈재정정책과 금융정책의 상호작용〉

69
정답 ②

완전경쟁시장의 균형은 $P=MC$이므로, $P=6$, $Q=4$이다.
합병 후 독점시장에서 $MR=10-2Q$이므로 이윤극대화조건 $MR=MC$에 대입하면 다음 식이 성립한다.
$10-2Q=2$
$\therefore\ Q=4$

70
정답 ③

노동에 대한 수요의 탄력성은 상품생산에 투입되는 다른 생산요소와의 대체가능성에 의해 영향을 받는다. 임금이 상승할 때 노동 대신 다른 생산요소로의 대체가능성이 높을수록, 즉 요소 간 대체가능성이 높을수록 노동에 대한 수요 탄력성은 커지게 되므로 임금상승에 대하여 고용감소는 커진다.

| 03 | 행정

41	42	43	44	45	46	47	48	49	50	51	52	53	54	55	56	57	58	59	60
④	②	④	①	①	①	④	①	③	①	④	②	②	②	③	④	③	③	④	③
61	62	63	64	65	66	67	68	69	70										
③	①	③	④	②	③	④	③	①	③										

41

정답 ④

대표관료제는 한 사회의 모든 계층 및 집단을 공평하게 관료제에 반영하려는 것으로, 실적주의 이념에는 배치되는 특성을 갖는다.

42

정답 ②

잘 개발된 BSC(균형성과관리)는 조직 구성원들에게 조직의 전략과 목적 달성에 필요한 성과가 무엇인지 알려주기 때문에 조직전략의 해석지침으로 적합하다.

43

정답 ④

국무총리 소속으로 설치한 국민권익위원회는 행정부 내에 소속한 독립통제기관이며, 대통령이 임명하는 옴부즈만의 일종이다.

오답분석

② 스웨덴식 옴부즈만은 입법기관(의회)에서 임명하는 옴부즈만이었으나, 최근 국회의 제청에 의해 행정수반이 임명하는 옴부즈만도 등장하게 되었다.

44

정답 ①

오답분석

ㄴ. 성과주의 예산제도(PBS)는 예산배정 과정에서 필요사업량이 제시되므로 사업계획과 예산을 연계할 수 있다. (세부사업별 예산액)=(사업량)×(단위원가)이다.

ㄷ. 목표관리제도(MBO)는 기획예산제도(PPBS)와 달리 예산결정 과정에 관리자의 참여가 이루어져 분권적·상향적인 예산편성이 이루어진다.

45

정답 ①

사전적 통제가 아니라 긍정적·적극적 환류에 의한 통제이다. 실적이 목표에서 이탈된 것을 발견하고 후속되는 행동이 전철을 밟지 않도록 시정하는 통제는 부정적 환류인 반면, 긍정적·적극적 환류에 의한 통제는 어떤 행동이 통제기준에서 이탈되는 결과를 발생시킬 때까지 기다리지 않고 그러한 결과의 발생을 유발할 수 있는 행동이 나타날 때마다 교정해 나가는 것이다. 반면, 사전적 통제란 절차적 통제를 말하며, 예방적 관리와 같다.

46

정답 ①

의원회조직을 자문위원회(의사결정의 구속력과 집행력이 없음), 의결위원회(의사결정의 구속력이 있음), 행정위원회(의사결정의 구속력과 집행력이 있음)로 분류한다면 ①은 행정위원회에 해당한다. 의결위원회는 의결만 담당하는 위원회이므로, 의사결정의 구속력은 있지만 집행력은 가지지 않는다.

47

ㄱ. 정책효과가 있는데 없다고 판단하여 옳은 대안을 선택하지 않는 경우로, 정책오류 중 제2종 오류이다.

ㄴ. 정책문제 자체를 잘못 인지하여 틀린 정의를 내린 경우로, 정책오류 중 제3종 오류이다.

ㄷ. 정책효과가 없는데 있다고 판단하여 틀린 대안을 선택하는 경우로, 정책오류 중 제1종 오류이다.

정책오류의 유형

제1종 오류	제2종 오류	제3종 오류
올바른 귀무가설을 기각하는 오류	잘못된 귀무가설을 인용하는 오류	가설을 검증하거나 대안을 선택하는
잘못된 대립가설을 채택하는 오류	올바른 대립가설을 기각하는 오류	과정에 있어서는 오류가 없었으나, 정책문제 자체를 잘못 인지하여 정책
잘못된 대안을 선택하는 오류	올바른 대안을 선택하지 않는 오류	문제가 해결되지 못하는 오류
정책효과가 없는데 있다고 판단하는 오류	정책효과가 있는데 없다고 판단하는 오류	

48

다원주의는 타협과 협상을 통해 이익집단 간 권력의 균형이 이루어진다고 보며, 특정 세력이나 개인이 정책을 주도할 수 없다.

49

리더의 어떠한 행동이 리더십 효과성과 관계가 있는가를 파악하고자 하는 접근법은 행태론적 리더십이다.

[오답분석]

① 행태론적 접근법의 단점에 대한 설명이다.

② 변혁적 리더십은 리더의 카리스마, 개별적 배려, 지적자극, 영감이 부하에게 미치는 영향을 강조한다.

④ 거래적 리더십은 상하 간 교환적 거래나 보상관계에 기초하였다.

50

프로슈머는 생산자와 소비자를 합한 의미로, 소비자가 단순한 소비자에서 나아가 생산에 참여하는 역할도 함께 수행하는 것을 말한다. 시민들이 프로슈머 경향을 띠게 될수록 시민들이 공공재의 생산자인 관료의 행태를 쇄신하려 하고 시민 자신들의 의견을 투입시키려 할 것이기 때문에, 이러한 경향은 현재의 관료주의적 문화와 마찰을 빚게 될 것이다. 따라서 프로슈머와 관료주의적 문화가 적절한 조화를 이루게 될 것이라는 설명은 옳지 않다.

51

비용이 소수 집단에게 좁게 집중되고 편익은 넓게 분산되는 것은 기업가적 정치모형에 해당한다.

Wilson의 규제정치이론

구분		감지된 편익	
		넓게 분산됨	좁게 집중됨
감지된 비용	넓게 분산됨	다수의 정치(대중 정치) (Majoritarian Politics)	고객 정치 (Client Politics)
	좁게 집중됨	기업가 정치 (Entrepreneurial Politics)	이익집단 정치 (Interest-group Politics)

52

다면평가제는 경직된 분위기의 계층제적 사회에서는 부하의 평정, 동료의 평정을 받는 것이 조직원들의 강한 불쾌감을 불러올 수 있고, 이로 인해 조직 내 갈등상황이 불거질 수 있다.

53

정답 ②

정책문제 자체를 잘못 인지한 상태에서 계속 해결책을 모색하여 정책문제가 해결되지 못하고 남아있는 상태는 제3종 오류라고 한다. 반면, 제1종 오류는 옳은 가설을 틀리다고 판단하고 기각하는 오류이고, 제2종 오류는 틀린 가설을 옳다고 판단하여 채택하는 오류를 말한다.

54

정답 ②

소극적 대표성은 관료의 출신성분이 태도를 결정하는 것이며, 적극적 대표성은 태도가 행동을 결정하는 것을 말한다. 그러나 대표관료제는 소극적 대표성이 반드시 적극적 대표성으로 이어져 행동하지 않을 수도 있는 한계성이 제기되는데, ②에서는 자동적으로 확보한다고 하였으므로 옳지 않다.

55

정답 ③

개방형 인사관리는 인사권자에게 재량권을 주어 정치적 리더십을 강화하고 조직의 장악력을 높여준다.

개방형 인사관리의 장단점

장점	단점
• 행정의 대응성 제고 • 조직의 신진대사 촉진 • 정치적 리더십 확립을 통한 개혁 추진 • 세력 형성 및 조직 장악력 강화 • 행정에 전문가주의적 요소 강화 • 권위주의적 행정문화 타파 • 우수인재의 유치 • 행정의 질적 수준 증대 • 공직침체 및 관료화의 방지 • 재직공무원의 자기개발 노력 촉진	• 조직의 응집성 약화 • 직업공무원제와 충돌 • 정실임용의 가능성 • 구성원 간의 불신 • 공공성 저해 가능성 • 민·관 유착 가능성 • 승진기회 축소로 재직공무원의 사기 저하 • 빈번한 교체근무로 행정의 책임성 저하 • 복잡한 임용절차로 임용비용 증가

56

정답 ④

예산제도는 품목별 예산(LIBS, 1920년) → 성과주의 예산(PBS, 1950년) → 기획 예산(PPBS, 1965년) → 영기준 예산(ZBB, 1979년) → 신성과주의 예산(프로그램 예산, 1990년) 등의 순으로 발전해 왔다.

57

정답 ③

중첩성은 동일한 기능을 여러 기관들이 혼합적인 상태에서 협력적으로 수행하는 것을 의미한다. 동일한 기능을 여러 기관들이 독자적인 상태에서 수행하는 것은 중복성(반복성)이다.

58

정답 ③

신제도론을 행정에 도입하여 노벨상을 수상한 오스트롬은 정부의 규제가 아닌 이해당사자들 간의 자발적인 합의를 통해 행위규칙(제도)을 형성하여 공유자원의 고갈을 방지할 수 있다고 하였다.

오답분석

① 정부가 저소득층을 대상으로 의료나 교육혜택을 주는 등의 방식으로 개입할 수 있다.
② 공유재는 정당한 대가를 지불하지 않는 사람들을 이용에서 배제하기 어렵다.
④ 공공재는 비배제성·비경합성을 띠므로 시장에 맡겼을 때 바람직한 수준 이하로 공급될 가능성이 높다.

59

제도를 개인들 간의 선택적 균형에 기반한 결과물로 보는 것은 합리적 선택 제도주의이고, 제도를 제도적 동형화 과정의 결과물로 보는 것은 사회학적 제도주의이다. 사회학적 제도주의는 사회문화적 환경에 의해 형성된 제도가 개인의 선호에 영향을 미친다는 이론이다.

60

정답 ③

대상집단의 범위가 넓고 집단의 응집력이 강하여 활동이 다양한 경우 정책의 집행이 어렵다.

61

정답 ③

(총지출)＝(경상지출)＋(자본지출)＋(융자지출)＝(일반회계)＋(특별회계)＋(기금)－(내부거래)－(보전거래)

62

정답 ①

배분정책은 공적 재원으로 불특정 다수에게 재화나 서비스를 배분하는 정책으로, 수혜자와 비용부담자 간의 갈등이 없어서 추진하기 용이한 정책이다.

Lowi의 정책분류

배분정책	특정 개인 또는 집단에 재화 및 서비스를 배분하는 정책
구성정책	정부기관의 신설과 선거구 조정 등과 같이 정부기구의 구성 및 조정과 관련된 정책
규제정책	특정 개인이나 집단에 대한 선택의 자유를 제한하는 유형의 정책
재분배정책	고소득층의 부를 저소득층에게 이전하는 정책으로, 계급대립적 성격을 띰

63

정답 ③

오답분석

ㄷ. 맥클레랜드(McClelland)의 성취동기 이론은 내용이론에 해당한다.

동기부여이론의 구분

내용이론	• Maslow의 욕구단계 이론 • Alderfer의 ERG 이론 • McGregor의 X · Y 이론 • Argyris의 성숙 · 미성숙 이론	• Murray의 명시적 욕구이론 • McClelland의 성취동기 이론 • Likert의 관리체제이론 • Herzberg의 2요인론
과정이론	• Vroom의 기대이론 • Porter&Lawler의 업적만족 이론 • Locke의 목표설정 이론	• Atkinson의 기대모형 • Adams의 공정성 이론 • Skinner의 강화 이론

64

정답 ④

ㄴ·ㅁ. 미국의 '위대한 사회(The Great Society)' 정책과 유럽식의 '최대의 봉사자가 최선의 정부'는 복지정책을 강조하는 행정국가에 대한 설명으로, 과도한 복지정책 등으로 인해 나타난 1970년대 정부실패에 대한 대응으로 등장한 신공공관리론과는 거리가 멀다.

65

정답 ②

엽관주의는 국민의 요구에 대한 관료집단의 대응성을 정당이나 선거를 통하여 확보할 수 있다.

엽관주의의 장단점

장점	단점
• 정당정치 발달에 기여 • 평등이념의 구현 • 정책변동에 대한 대응성 확보에 유리 • 민주성과 책임성 확보	• 행정의 정치적 중립 저해 • 행정의 안정성·일관성·공익성 저해 • 행정의 비전문성 • 기회균등 저해

66

정답 ③

ㄱ. 균형성과표는 카플란과 노턴(Kaplan & Norton)에 의해 개발되었고, 조직의 비전과 목표, 전략으로부터 도출된 성과지표의 집합체이다.
ㄴ. 균형성과표는 재무지표 중심의 기존 성과관리의 한계를 극복하고 다양한 관점의 균형을 추구하고자 한다.
ㄹ. 균형성과표는 재무, 고객, 내부 프로세스, 학습 및 성장(비재무적 지표)이라는 네 가지 관점 간의 균형을 중시한다.

[오답분석]
ㄷ. 균형성과표는 내부요소와 외부요소의 균형을 중시한다.
ㅁ. 성과관리의 과정과 결과의 균형을 중시한다.

67

정답 ④

발생주의는 수입과 지출의 실질적인 원인이 발생하는 시점을 기준으로 하여 회계계리를 한다. 따라서 정부의 수입을 '납세고지' 시점을 기준으로, 정부의 지출을 '지출원인행위'의 발생 시점을 기준으로 계산한다.

68

정답 ③

우리나라의 경우 고위공무원단 제도는 2006년 노무현 정부 시기에 도입되었다.

69

정답 ①

새로운 정책문제보다는 선례가 존재하는 일상화된 정책문제가 쉽게 정책의제화된다.

정책의제설정에 영향을 미치는 요인

문제의 중요성	중요하고 심각한 문제일수록 의제화 가능성이 크다.
집단의 영향력	집단의 규모·영향력이 클수록 의제화 가능성이 크다.
선례의 유무	선례가 존재하는 일상화된 문제일수록 의제화 가능성이 크다.
극적 사건	극적 사건일수록 의제화 가능성이 크다.
해결가능성	해결책이 있을수록 의제화 가능성이 크다.
쟁점화 정도	쟁점화된 것일수록 의제화 가능성이 크다.

70

[오답분석]

ㄱ. 보수주의 정부관에 따르면 정부에 대한 불신이 강하고 정부실패를 우려한다.

ㄴ. 공공선택론은 정부를 공공재의 생산자로 규정하고 있다. 그러나 대규모 관료제에 의한 행정은 효율성을 극대화하지 못한다고 비판하므로 옳지 않다.

보수주의·진보주의 정부관

구분	보수주의	진보주의
추구 가치	• 자유 강조(국가로부터의 자유) • 형식적 평등, 기회의 평등 중시 • 교환적 정의 중시	• 자유를 열렬히 옹호(국가에로의 자유) • 실질적 평등, 결과의 평등 중시 • 배분적 정의 중시
인간관	• 합리적이고 이기적인 경제인	• 오류가능성의 여지 인정
정부관	• 최소한의 정부 – 정부 불신	• 적극적인 정부 – 정부 개입 인정
경제 정책	• 규제완화 • 세금감면 • 사회복지정책의 폐지	• 규제옹호 • 소득재분배정책 • 사회보장정책
비고	• 자유방임적 자본주의	• 복지국가, 사회민주주의, 수정자본주의

PART 3

| 04 | 법

41	42	43	44	45	46	47	48	49	50	51	52	53	54	55	56	57	58	59	60
③	②	①	②	③	④	④	②	③	②	①	③	④	④	④	③	④	②	④	④

61	62	63	64	65	66	67	68	69	70										
④	②	③	④	④	④	④	①	②	①										

41

정답 ③

무효란 그 행위가 성립하던 당초부터 당연히 법률효과가 발생하지 못하는 것이며, 비진의 표시(심리유보), 통정허위표시, 강행법규에 반하는 법률행위 등이 그 예이다.

42

정답 ②

건설업면허증 및 건설업면허수업의 재교부는 그 면허증 등의 분실, 헐어 못쓰게 된 때, 건설업의 면허 이전 등 면허증 및 면허수첩 그 자체의 관리상의 문제로 인하여 종전의 면허증 및 면허수첩과 동일한 내용의 면허증 및 면허수첩을 새로이 또는 교체하여 발급하여 주는 것으로서, 이는 건설업의 면허를 받았다고 하는 특정사실에 대하여 형식적으로 그것을 증명하고 공적인 증거력을 부여하는 행정행위(강학상의 공증행위)이므로, 그로 인하여 면허의 내용 등에는 아무런 영향이 없이 종전의 면허의 효력이 그대로 지속하고, 면허증 및 면허수첩의 재교부에 의하여 재교부 전의 면허는 실효되고 새로운 면허가 부여된 것이라고 볼 수 없다(대판 1994.10.25., 93누21231).

오답분석

① 판례에서 허가는 원칙적으로 기속행위로, 특허는 원칙적으로 재량행위로 파악한다.

③ 보충행위인 인가처분 자체에만 하자가 있다면 그 인가처분의 무효나 취소를 주장할 수 있지만, 인가처분에 하자가 없다면 기본행위에 하자가 있다 하더라도 따로 그 기본행위의 하자를 다투는 것은 별론으로 하고 기본행위의 무효를 내세워 바로 그에 대한 행정청의 인가처분의 취소 또는 무효확인을 소구할 법률상의 이익이 없다(대판 1996.5.16, 95누4810 전원합의체).

④ 일반소매인으로 지정되어 영업을 하고 있는 기존업자의 신규 구내소매인에 대한 이익은 법률상 보호되는 이익이 아니라 단순한 사실상의 반사적 이익이라고 해석함이 상당하므로, 기존 일반소매인은 신규 구내소매인 지정처분의 취소를 구할 원고적격이 없다(대판 2008.4.10, 2008두402).

43

정답 ①

지상권과 지역권은 20년의 소멸시효에 걸린다(민법 제162조 제2항).

44

정답 ②

임의대리권의 범위가 수권행위에 의해 정해지지 않거나 명백하지 않은 경우 이용행위 또는 개량행위는 공통적으로 그 성질을 변화시키지 않은 범위 내에서만 허용되는 것이므로, 농지를 택지로 변경하는 행위, 토지에 건물축조를 허용하거나 분묘설치를 허용하는 행위, 예금을 주식투자 등 투자 상품으로 변경하는 행위, 은행예금을 찾아서 개인에게 빌려주는 행위 등은 허용되지 않는다.

45

정답 ③

무효인 법률행위를 당사자가 무효임을 알고 추인한 때에는 특별한 사정이 없는 한 추인한 때로부터 효력이 있다(민법 제139조 참고).

오답분석

① 민법 제137조

② 대판 1973.5.22, 72다2249

④ 반사회적 법률행위는 절대적 무효이다.

46

정답 ④

오답분석

① 취소소송에서의 청구인용판결로서의 취소판결에는 기속력이 인정된다(행정소송법 제30조 제1항). 또한 형성력도 인정된다(행정소송법 제29조 제1항).

② 대법원에 의하면 어떠한 행정처분이 후에 항고소송에서 취소되었다고 할지라도 그 기판력에 의하여 당해 행정처분이 곧바로 공무원의 고의 또는 과실로 인한 것으로서 불법행위를 구성한다고 단정할 수는 없다(대판 2000. 5.12, 99다70600).

③ 대법원에 의하면 행정소송에서 행정처분의 위법 여부는 행정처분이 행하여졌을 때(처분 시)의 법령과 사실상태를 기준으로 하여 판단하여야 하고, 처분 후 법령의 개폐나 사실상태의 변동에 의하여 영향을 받지는 않는다(대판 2007.5.11, 2007두1811).

47

정답 ④

㉠은 시공자의 흠이라는 위법한 행정행위에 대한 것이므로 손해배상이, ㉡은 정당한 법집행에 대한 것이므로 손실보상이 타당하다.

48

정답 ②

행정상 즉시강제는 행정강제의 일종으로, 목전의 급박한 행정상 장해를 제거할 필요가 있는 경우 혹은 미리 의무를 명할 시간적 여유가 없을 때나 그 성질상 의무를 명하여 가지고는 목적 달성이 곤란할 때, 직접 국민의 신체 또는 재산에 실력을 가하여 행정상 필요한 상태를 실현하는 행위이다.

49

정답 ③

행정소송법에서 정한 행정사건과 다른 법률에 의하여 행정법원의 권한에 속하는 사건의 제1심 관할 법원은 행정법원이다(행정법원이 설치되지 아니한 지역의 경우 지방법원이 관할), 행정소송은 3심급제를 채택하여 제1심 판결에 대한 항소사건은 고등법원이 심판하고, 상고사건은 대법원이 관할한다.

50

정답 ②

대법원에 의하면 행정처분의 당연무효를 선언하는 의미에서 취소를 구하는 행정소송을 제기한 경우에도 제소기간의 준수 등 취소소송의 제소요건을 갖추어야 한다(대판 1993.3.12., 92누11039).

오답분석

① 취소할 수 있는 행정행위는 공정력이 인정되므로 권한 있는 기관에 의해 취소되기 전까지는 유효성이 추정 또는 통용되기 때문에 민사소송에서의 선결문제로서 그 효력을 부인할 수 없지만(대판 1973.7.10, 70다1439), 무효인 행정행위는 민사소송에서 그 선결문제로서 무효를 확인할 수 있다(행정소송법 제11조 제1항).

③ 무효인 처분은 그 하자가 중대하고 명백하여 당연무효이므로 굳이 반성·시정의 기회를 부여할 필요가 없고, 또한 언제든지 무효임을 주장할 수 있으므로 무효등확인소송에는 취소소송에서의 예외적 행정심판전치(행정소송법 제18조)와 제소기간(행정소송법 제20조) 규정이 준용되지 아니한다. 따라서 무효등확인소송을 제기하는 경우에는 제소기간의 제한이 없고 행정심판을 거치지 않고 바로 소송 제기가 가능하다.

④ 행정소송법 제38조 제1항이 무효확인판결에 관하여 취소판결에 관한 규정을 준용함에 있어서 같은 법 제30조 제2항을 준용한다고 규정하면서도 같은 법 제34조는 이를 준용한다는 규정을 두지 않고 있으므로, 행정처분에 대하여 무효확인판결이 내려진 경우에는 그 행정처분이 거부처분인 경우에도 행정청에 판결의 취지에 따른 재처분의무가 인정될 뿐 그에 대하여 간접강제까지 허용되는 것은 아니라고 할 것이다(대판 1998.12.24. 자 98무37).

51

정답 ①

대리권이 있다고 믿을만한 정당한 이유가 있다면 이는 민법 제126조 소정의 권한을 넘은 표현대리행위에 해당한다 할 것이며 정당하게 부여받은 대리권의 내용되는 행위와 표현대리행위는 반드시 같은 종류의 행위에 속할 필요는 없다(대판 1969.7.22, 69다548).

오답분석

② 대판 1983.12.13, 83다카1489
③ 표현대리가 성립하려면 상대방은 선의·무과실이어야 한다. 따라서 상대방이 계약체결 당시 대리권 없음을 안 때에는 표현대리가 성립할 수 없다.
④ 대리인이 본인의 이름을 표시하지 않은 경우, 특별한 사정이 없는 한 대리 또는 표현대리의 법리가 적용될 수 없다.

52

정답 ③

면허의 취소처분에는 그 근거가 되는 법령이나 취소권 유보의 부관 등을 명시하여야 함은 물론 처분을 받은 자가 어떠한 위반사실에 대하여 당해 처분이 있었는지를 알 수 있을 정도로 사실을 적시할 것을 요하며, 이와 같은 취소처분의 근거와 위반사실의 적시를 빠뜨린 하자는 피처분자가 처분 당시 그 취지를 알고 있었다거나 그 후 알게 되었다 하여도 치유될 수 없다(대판 1990.9.11, 90누1786).

오답분석

① 대법원에 의하면 수익적 행정처분을 취소 또는 철회하거나 중지시키는 경우에는 이미 부여된 그 국민의 기득권을 침해하는 것이 되므로, 비록 취소 등의 사유가 있다고 하더라도 그 취소권 등의 행사는 기득권의 침해를 정당화할만한 중대한 공익상의 필요 또는 제3자의 이익보호의 필요가 있는 때에 한하여 상대방이 받는 불이익과 비교·교량하여 결정하여야 하고, 그 처분으로 인하여 공익상의 필요보다 상대방이 받게 되는 불이익 등이 막대한 경우에는 재량권의 한계를 일탈한 것으로서 그 자체가 위법하다(대법판 2004.7.22, 2003두7606). 따라서 甲에 대한 영업허가를 철회하기 위하여서는 중대한 공익상의 필요가 있어야 한다.
② 처분청이 원칙적으로 철회권자라는 견해가 통설이며, 판례의 입장이다. 따라서 A구청장은 甲에 대한 영업허가의 허가권자로서 이에 대한 철회권도 갖고 있다.
④ 철회는 원칙적으로 장래효를 가진다. 따라서 A구청장의 甲에 대한 영업허가 취소는 처분 시로 소급하여 효력을 소멸시키는 것이 아니라 장래효를 갖는다.

53

정답 ④

행정쟁송제도 중 행정소송에 대한 설명이다. 행정심판은 행정관청의 구제를 청구하는 절차를 말한다.

54

정답 ④

법원의 부재자재산관리에 대한 처분허가의 취소는 소급효가 없다. 따라서 법원이 부재자재산관리에 대한 처분허가를 취소한 경우에도 이미 행한 처분행위는 유효하다.

55

정답 ④

지방자치법 제189조에 따라 지방자치단체의 장은 주무부장관이나 시·도지사의의 직무이행 명령에 이의가 있으면 이행명령서를 접수한 날부터 15일 이내에 대법원에 소를 제기할 수 있다.

오답분석

① 지방자치법 제15조 제3호
② 지방자치법 제25조 제1항
③ 지방자치법 제53조·제54조

56

오답분석

① 대법원에 의하면 도로의 일반사용의 경우 도로사용자가 원칙적으로 도로의 폐지를 다툴 법률상 이익은 없다(대판 1992.9.22, 91누13212).

② 대법원에 의하면 하천의 점용허가권은 특허에 의한 공물 사용권의 일종으로서 하천의 관리주체에 대하여 일정한 특별사용을 청구할 수 있는 채권이다(대판 1990.2.13., 89다카23022).

④ 대법원에 의하면 공유수면으로서 자연공물인 바다의 일부가 매립에 의하여 토지로 변경된 경우에 다른 공물과 마찬가지로 공용 폐지가 가능하다고 할 것이며, 이 경우 공용폐지의 의사표시는 명시적 의사표시뿐만 아니라 묵시적 의사표시도 무방하다(대판 2009.12.10, 2006다87538).

57

타인 소유에 속하는 목적물에 대한 매매계약은 의무부담행위로, 후에 이행의 의무를 발생시킬 뿐 처분적 효력을 발생시키는 것은 아니므로 처분권이 없는 자라도 의무부담행위는 유효하게 할 수 있다. 다만 소유권이전을 하지 못한 경우 담보책임을 발생시킬 뿐이다.

오답분석

① 민법 제104조

② 대판 2006.9.22, 2004다51627

③ 민법 제103조에 따라 반사회질서의 법률행위로 무효이다(대판 1966.6.21, 66다530, 대판 1974.11.12, 74다960).

58

사원총회의 소집절차가 법률 또는 정관에 위반된 경우 총회의 결의는 무효이다(대판 1992.11.27, 92다34124).

오답분석

① 민법 제42조 제1항, 민법 제78조 참고

③ 민법 제40조 제5호

④ 민법 제67조 제3호

59

당사자 일방이 부득이한 사유 없이 상대방의 불리한 시기에 계약을 해지한 때에는 그 손해를 배상하여야 한다(민법 제689조).

60

행정심판법 제30조 제2항에서는 집행정지의 요건 중 하나로 중대한 손해를 예방할 필요성에 관하여 규정하고 있는 반면, 행정소송 법 제23조 제2항에서는 집행정지의 요건 중 하나로 회복하기 어려운 손해가 생기는 것을 예방할 필요성에 관하여 규정하고 있다.

오답분석

① 행정심판법 제30조 제1항 및 행정소송법 제23조 제1항

② 행정심판법 제30조 제3항 및 행정소송법 제23조 제3항

③ 집행정지의 결정 또는 기각의 결정에 대하여는 즉시항고할 수 있다. 이 경우 집행정지의 결정에 대한 즉시항고에는 결정의 집행을 정지하는 효력이 없다(행정소송법 제23조 제5항). 반면, 행정심판법은 집행정지결정에 대한 즉시항고에 관하여 규정하고 있지 아니하다.

61
정답 ④

ㄷ. 공증은 확인·통지·수리와 함께 준법률행위적 행정행위에 속한다.
ㄹ. 공법상 계약은 비권력적 공법행위이다.

62
정답 ②

행정행위는 행정처분이라고도 하며, 행정의 처분이란 행정청이 행하는 구체적 사실에 대한 법 집행으로서의 공권력 행사 또는 그 거부와 그 밖에 이에 준하는 행정작용이다(행정절차법 제2조 제2호).

63
정답 ③

불가분채무에 있어서 채무자 1인이 채권자에게 한 변제, 대물변제, 공탁 등과 같이 채권에 만족을 주는 사유와 채무자가 1인이 한 변제의 제공과 이로 인한 수령지체가 절대적 효력사유이다(민법 제411조).

64
정답 ④

특정한 채무의 이행을 청구할 수 있는 기간을 제한하고 그 기간을 도과할 경우 채무가 소멸하도록 하는 약정은 민법 또는 상법에 의한 소멸시효기간을 단축하는 약정으로서 특별한 사정이 없는 한 유효하다(대판 2006.4.14, 2004다70253).

65
정답 ④

과태료의 부과·징수, 재판 및 집행 등의 절차에 관한 다른 법률의 규정 중 이 법의 규정에 저촉되는 것은 이 법으로 정하는 바에 따른다(질서위반행위규제법 제5조).

[오답분석]
① 통고처분은 상대방의 임의의 승복을 그 발효요건으로 하고, 그 자체만으로는 통고이행을 강제하거나 상대방에게 아무런 권리의 무를 형성하지 않으므로, 행정심판이나 행정소송의 대상으로서의 처분성을 인정할 수 없다(헌재결1998.5.28, 96헌바4).
② 질서위반행위규제법 제7조
③ 질서위반행위규제법 제17조 제1항

66
정답 ④

행정소송은 구체적 사건에 대한 법률상 분쟁을 법에 의하여 해결함으로써 법적 안정을 기하자는 것이므로 부작위 위법확인소송의 대상이 될 수 있는 것은 구체적 권리의무에 관한 분쟁이어야 한다. 추상적인 법령에 관한 제정의 여부 등은 그 자체로서 국민의 구체적인 권리의무에 직접적 변동을 초래하는 것이 아니어서 행정소송의 대상이 될 수 없다(대판 1992.5.8., 91누11261).

[오답분석]
① 상위법령의 시행에 필요한 세부적 사항을 정하기 위하여 행정관청이 일반적 직권에 의하여 제정하는 이른바 집행명령은 근거법 령인 상위법령이 폐지되면 특별한 규정이 없는 이상 실효되는 것이나, 상위법령이 개정됨에 그친 경우에는 개정법령과 성질상 모순, 저촉되지 아니하고 개정된 상위법령의 시행에 필요한 사항을 규정하고 있는 이상 그 집행명령은 상위법령의 개정에도 불구하고 당연히 실효되지 아니하고 개정법령의 시행을 위한 집행명령이 제정, 발효될 때까지는 여전히 그 효력을 유지한다(대판 1989.9.12, 88누6962).
② 어떠한 고시가 일반적·추상적 성격을 가질 때에는 법규 명령 또는 행정규칙에 해당할 것이지만, 다른 집행행위의 매개 없이 그 자체로서 직접 국민의 구체적인 권리·의무나 법률관계를 규율하는 성격을 가질 때에는 항고소송의 대상이 되는 행정처분에 해당한다(대판 2003.10.9, 2003 무23).
③ 행정각부의 장이 정하는 고시라도 그것이 특히 법령의 규정에서 특정 행정기관에 법령 내용의 구체적 사항을 정할 수 있는 권한을 부여함으로써 법령 내용을 보충하는 기능을 가질 경우에는 형식과 상관없이 근거법령 규정과 결합하여 대외적으로 구속 력이 있는 법규명령으로서의 효력을 가지나, 이는 어디까지나 법령의 위임에 따라 법령 규정을 보충하는 기능을 가지는 점에 근거하여 예외적으로 인정되는 효력이므로 특정 고시가 비록 법령에 근거를 둔 것이더라도 규정 내용이 법령의 위임 범위를 벗어난 것일 경우에는 법규명령으로서의 대외적 구속력을 인정할 여지는 없다(대판 2016.8.17, 2015두51132).

67

정답 ④

하명은 명령적 행정행위이다.

법률행위적 행정행위와 준법률행위적 행정행위

법률행위적 행정행위		준법률행위적 행정행위
명령적 행위	형성적 행위	
하명, 면제, 허가	특허, 인가, 대리	공증, 통지, 수리, 확인

68

정답 ①

지방자치단체의 자치입법으로는 지방의회가 법령의 범위 내에서 그 사무에 관하여 정하는 조례와 지방자치단체의 장이 법령과 조례의 범위 내에서 그 권한에 속하는 사무에 관하여 정하는 규칙이 있다.

69

정답 ②

행정주체란 국가와 공공단체 등 공권력의 담당자를 말한다. 경우에 따라서는 사인(私人)도 권력 주체가 될 수 있다. 행정주체는 국가나 공공단체가 행정활동을 하기 위해 그 의사를 결정하고 집행하는 행정기관과 구분된다. 지방자치단체장의 경우에는 행정주체가 아닌 행정기관에 해당한다.

70

정답 ①

손해배상은 위법한 침해에 대한 보상이고, 손실보상은 적법한 침해에 대한 보상이다.

손실보상제도
국가나 지방자치단체가 공공의 필요에 의한 적법한 권력행사를 통하여 사인의 재산권에 특별한 희생을 가한 경우(예 정부나 지방자치단체의 청사 건설을 위하여 사인의 토지를 수용하는 경우)에 재산권의 보장과 공적 부담 앞의 평등이라는 견지에서 사인에게 적절한 보상을 해 주는 제도를 말한다.

손해배상제도
국가나 지방자치단체의 위법한 행위로 인하여 사인이 손해를 입은 경우에 그 사인은 국가에 대하여 손해의 배상을 청구할 수 있는 제도를 말한다.

71	72	73	74	75	76	77	78	79	80										
①	③	③	②	③	③	①	②	④	①										

71

정답 ①

한국수자원공사가 관리하는 댐

구분	종류
다목적댐(20개)	소양강, 충주, 횡성, 안동, 임하, 합천, 남강, 밀양, 군위, 김천부항, 보현산, 영주, 성덕, 용담, 대청, 보령, 섬진강, 주암, 부안, 장흥
홍수조절용댐 및 홍수조절지 (5개)	평화의 댐, 군남, 한탄강, 담양, 화순
용수공급댐(14개)	광동, 달방, 영천, 안계, 감포, 운문, 대곡, 사연, 대암, 선암, 연초, 구천, 수어, 평림

72

정답 ③

대한민국 최초의 상수도는 1908년 영국 회사인 조선수도회사가 설치한 뚝도정수장이다.

73

정답 ③

한국수자원공사는 주암댐 발전소 건물을 시작으로 광역상수도를 원수를 활용한 도심 분산형 수열에너지 사업 표준모델을 개발·확산하였으며, 하천수 수열은 2019년에 신재생에너지로 지정되었다.

오답분석

① 2009년 주암댐에 실험모델을 설치하고, 2012년 합천댐에 수상태양광 발전시설을 설치하여 세계 최초로 댐 수면을 활용한 수상태양광 모델을 상용화하였다.

② 한국수자원공사는 공공 주도적 개발 사업에서 지역사회와 함께 나아가는 주민참여형 친환경 에너지 사업 모델로 범위를 확장하여 국민과 함께 공생하며 발전하고 있다.

④ 세계 최대 규모(254MW)의 시화조력 발전소는 연간 491.8GWh의 전력 생산뿐만 아니라, 설비가동에 따른 효율적 해수 유통으로 시화호 내 수질까지 개선하는 효과를 가지고 있다.

74

정답 ②

저수지식은 우기에 저수를 하고 건기에 저장된 물을 공급하여 연중 발전이 가능한 방식으로, 저수지식 발전소가 상류에 건설되면 하류에 있는 발전소까지 유량 조절효과가 있다.

오답분석

① 유압식 : 저수지의 규모가 크지 않아 계절변화에 따른 유량의 조절이 불가능하고 하천의 상류나 소계곡에 건설되는 방식이다.

③ 수로식 : 하천을 따라 완경사 지역에 수로를 설치하고, 급경사와 굴곡 등을 이용하여 낙차를 얻어내어 발전하는 방식이다.

④ 댐수로식 : 댐식과 수로식을 혼합한 형태로, 댐식과 수로식의 장점을 활용하여 경제적인 설계 방법으로 건설한다.

75

정답 ③

풍력발전기의 분류
- 회전축에 따른 분류
  - 수직축 풍력발전기
  - 수평축 풍력발전기
- 로터 블레이드의 회전수에 따른 분류
  - 정속형 풍력발전기
  - 가변속형 풍력발전기

76

정답 ③

콘크리트댐은 설계형식에 따라 중력식, 아치식, 부벽식, 중공식으로 분류되며, 그중 중공댐은 외형은 중력댐과 유사하나 속을 비게 하여 재료의 절약을 도모하고 역학적 세기를 유지하는 형태로, 특별한 경우에는 설계하지 않는다. 따라서 ⓔ은 옳지 않다.

77

정답 ①

일반적인 공모 등은 국민이 제안한 사항에 대해 사업 추진 시 참고하며, 관련 부서의 답변을 주는 것으로 마무리된다. 반면 국민 참여예산제는 국민의 의견과 제안을 전문가 그룹과 내부직원의 협업을 통해 더욱 구체화하고 발전시켜, 사업화와 정책화하는 데 목적이 있고, 국민 참여예산으로 선택된 과제는 추후 한국수자원공사의 정책 또는 주요 사업으로 육성된다.

오답분석
② 의결권자 중 투표반영 비중은 일반국민 70%, 참여예산위원 20%, 제안자 10%이다.
③ 국민제안 분야에는 물 서비스 격차 해소, 일자리 창출, 물 서비스 격차 해소 등이 있고, 지역협력 분야에는 물 관련 이슈 해결을 위한 지역사회와의 공동 프로그램 제안이 있으며, 개방형 혁신 R&D 분야에는 지역 연구과제 및 연구과제, 논문 등이 있다.
④ 국민 참여예산제는 국민이 모두 참여 가능하나 단체와의 이익충돌을 방지하기 위해 공무원, 정부 및 지자체의 산하기관 또는 투자기관에 종사하는 사람은 제안을 제한한다.

78

정답 ②

전략환경영향평가의 주 내용은 계획의 적정성과 입지의 타당성 등의 검토이다.

오답분석
① 전략환경영향평가는 사업의 계획 단계에서 이루어지는 평가이다.
③ 환경영향평가 및 소규모 환경영향평가는 사업의 설계 단계에서 이루어진다.
④ 인구, 산업은 평가분야 중 사회·경제 분야에 해당한다.

79

정답 ④

용수전용댐은 사연, 수어, 영천, 운문, 대곡, 광동, 달방, 안계, 감포, 대암, 선암, 연초, 구천, 평림댐이다. 군남댐은 홍수조절용댐이다.

80

정답 ①

- 치수사업 현황 : 연혁, 법령, 계획, 실적, 하천개수율, 고시홍수량, 하천구역, 치수사업투자비, 피해복구비
- 치수시설 현황 : 황 제방, 내수배제시설, 수문·통관·통문 현황, 사방댐, 홍수방어시설, 중계펌프장

01	02	03	04	05	06	07	08	09	10	11	12	13	14	15	16	17	18	19	20
④	①	④	④	④	③	③	④	②	①	③	④	④	④	①	④	③	②	④	④
21	22	23	24	25	26	27	28	29	30	31	32	33	34	35	36	37	38	39	40
①	②	④	②	②	②	④	③	④	①	②	④	③	①	④	②	④	④	③	④

01 문단 나열

정답 ④

제시문은 무협 소설에서 나타나는 '협(俠)'의 정의와 특징에 대하여 설명하는 글이다. 따라서 (라) 무협 소설에서 나타나는 협의 개념 → (다) 협으로 인정받기 위한 조건 중 하나인 신의 → (가) 협으로 인정받기 위한 추가적인 조건 → (나) 앞선 사례를 통해 나타나는 협의 원칙과 정의의 순서로 나열해야 한다.

02 빈칸 삽입

정답 ①

- (가) : 빈칸 앞의 조선시대 우리의 전통적인 전술에 대한 내용과 빈칸 뒤 문장의 '이러한 전술상의 차이로 조선의 전력이 일본의 전력을 압도했다.'는 내용을 통해 빈칸에는 일본의 전술에 대한 설명이 나와야 함을 알 수 있다. 따라서 빈칸에는 ㉠이 적절하다.
- (나) : 빈칸 앞의 문단에 따르면 조선의 전력과 화기 기술은 일본을 훨씬 앞서고 있었다. 그러나 빈칸 뒤의 문장에서는 일본의 새로운 무기인 조총이 조선의 궁시나 화기보다 우세하였다고 이야기하고 있다. 따라서 빈칸에는 조총의 등장으로 인해 조선과 일본의 전력상 우열관계가 역전되었다는 내용의 ㉡이 적절함을 알 수 있다.
- (다) : 빈칸 앞 문장에서의 육전과 달리 해전에서 대형 화기의 위력에 눌려 열세를 보인 일본의 모습과 빈칸 뒤 문장의 '반면 화기 사용이 오래된 조선의 경우'를 통해 빈칸에는 해전에서 '화약무기 사용의 전통이 길지 않은 일본이 조총을 사용했다.'는 내용의 ㉢이 적절함을 알 수 있다.

03 전개 방식

정답 ④

제시문의 첫 번째 문단에서 '시장', '재분배', '호혜'의 개념이 제시하고 있다. 그리고 '호혜'의 특성을 다른 두 개념과 비교하면서 설명하고 있다. 오늘날 분배 체계의 핵심이 되는 시장의 한계를 제시하면서 호혜가 이를 보완할 수 있는 분배 체계임을 설명하고 있다. 또한, 호혜가 행복한 사회를 만들기 위해 필요함을 강조하면서 그 가치를 말하고 있다. 따라서 제시문의 내용 전개 방식으로 가장 적절한 것은 ④이다.

04 글의 제목

정답 ④

제시문의 첫 번째 문단에서 위계화의 개념을 설명하고, 이러한 불평등의 원인과 구조에 대해 살펴보고 있다. 따라서 글의 제목으로 가장 적절한 것은 ④이다.

05 글의 주제 정답 ④

제시문에서는 사람을 삶의 방식에 따라 거미와 같은 사람, 개미와 같은 사람, 꿀벌과 같은 사람의 세 종류로 나누어 설명하고 있다. 거미와 같은 사람은 노력하지 않으면서도 남의 실수를 바라는 사람이며, 개미와 같은 사람은 자신의 일은 열심히 하지만 주변을 돌보지 못하는 사람이다. 이와 반대로 꿀벌과 같은 사람은 자신의 일을 열심히 하면서 남을 돕는 이타적인 존재이다. 이를 통해 글쓴이는 가장 이상적인 인간형으로 거미나 개미와 같은 사람이 아닌 꿀벌과 같은 사람을 이야기하고 있음을 알 수 있다. 따라서 글쓴이가 말하고자 하는 바로 가장 적절한 것은 ④이다.

06 문서 내용 이해 정답 ③

제시문에 따르면 사회적 합리성을 위해서는 개인의 노력도 중요하지만 그것만으로는 안 되고 '공동'의 노력이 필수이다.

07 문서 내용 이해 정답 ③

기사에 따르면 모든 식물이 아닌 전체 식물의 90%가 피보나치 수열의 잎차례를 따르고 있다.

08 글의 제목 정답 ④

기사는 피보나치 수열과 식물에서 나타나는 피보나치 수열에 대해 설명하고 있으므로 ④가 제목으로 가장 적절하다.

[오답분석]
①은 첫 번째 문단, ②는 두 번째 문단, ③은 여섯 번째 문단에 대한 내용으로, 기사 전체에 대한 제목으로는 적절하지 않다.

09 어휘 정답 ②

㉠은 '진리, 가치, 옳고 그름 따위가 판단되어 드러나 알려지다.'의 의미로 사용되었다. 그러나 ②는 '드러나게 좋아하다.'의 의미로 사용되었다.

10 맞춤법 정답 ①

[오답분석]
② 생각컨대 → 생각건대
③ 안되요 → 안 돼요
④ 만난지 → 만난 지

11 응용 수리 정답 ③

더 넣어야 하는 깨끗한 물의 양을 $x$kg이라 하면 다음 식이 성립한다.

$$\frac{5}{100} \times 20 = \frac{4}{100} \times (20 + x)$$

$$\rightarrow 100 = 80 + 4x$$

$$\therefore x = 5$$

따라서 더 넣어야 하는 물은 5kg이다.

12 응용 수리

가격이 500원인 음료수의 개수를 x개, 700원인 음료수의 개수를 y개, 900원인 음료수의 개수를 z개라고 하면 다음 식이 성립한다
(단, $x \geq 2$, $y \geq 2$, $z \geq 2$).

$x + y + z = 40 \cdots \text{㉠}$

$500x + 700y + 900z = 28,000 \rightarrow 5x + 7y + 9z = 280 \cdots \text{㉡}$

㉠, ㉡을 연립하면 $2x - 2z = 0 \rightarrow x = z \cdots \text{㉢}$

㉢을 ㉠에 대입하면 $2x + y = 40$

따라서 x의 최댓값은 19이므로 가격이 500원인 음료수를 구매할 수 있는 최대 개수는 19개이다.

13 응용 수리

산책로의 길이를 xm라 하면, 40분 동안의 민주와 세희의 이동거리는 다음과 같다.

(민주의 이동거리) $= 40 \times 40 = 1,600$m

(세희의 이동거리) $= 45 \times 40 = 1,800$m

40분 후에 두 번째로 마주친 것이므로 다음 식이 성립한다.

$1,600 + 1,800 = 2x$

$\rightarrow 2x = 3,400$

$\therefore x = 1,700$

따라서 산책로의 길이는 1,700m이다.

14 자료 계산

서류 합격자 비율을 x%라고 하면 $7,750 \times x \times 0.3 = 93$명이므로 $7,750 \times x = 310 \rightarrow x = 0.04$이다.
따라서 서류 합격자 비율은 4%이다.

15 자료 계산

• 남자의 고등학교 진학률 : $\dfrac{861,517}{908,388} \times 100 \fallingdotseq 94.8\%$

• 여자의 고등학교 진학률 : $\dfrac{838,650}{865,323} \times 100 \fallingdotseq 96.9\%$

16 자료 계산

공립 중학교의 남녀별 졸업자 수가 제시되어 있지 않으므로 계산할 수 없다.

17 자료 이해

2023년 장르별 공연건수의 2015년 대비 증가율은 다음과 같다.

• 양악 : $\dfrac{4,628 - 2,658}{2,658} \times 100 \fallingdotseq 74\%$

• 국악 : $\dfrac{2,192 - 617}{617} \times 100 \fallingdotseq 255\%$

• 무용 : $\dfrac{1,521 - 660}{660} \times 100 \fallingdotseq 130\%$

• 연극 : $\dfrac{1,794 - 610}{610} \times 100 \fallingdotseq 194\%$

따라서 2023년 공연건수의 2015년 대비 증가율이 가장 높은 장르는 국악이다.

오답분석

① 2019년과 2022년에는 연극 공연건수가 국악 공연건수보다 더 많았다.

② 2018년까지는 양악 공연건수가 국악, 무용, 연극 공연건수의 합보다 더 많았지만, 2019년 이후에는 국악, 무용, 연극 공연건수의 합보다 적다. 또한, 2021년에는 무용 공연건수가 집계되지 않았으므로 양악의 공연건수가 다른 공연건수의 합보다 많은지 적은지 판단할 수 없으므로 옳지 않은 설명이다.

④ 2021년의 무용 공연건수가 제시되어 있지 않으므로 연극 공연건수가 무용 공연건수보다 많아진 것이 2022년부터인지 판단할 수 없으므로 옳지 않은 설명이다.

18 자료 이해   정답 ②

태양광에너지 분야에 고용된 인원이 전체 고용인원의 $\frac{8,698}{16,177} \times 100 ≒ 53.8\%$이므로 50% 이상이다.

오답분석

① 폐기물에너지 분야의 기업체 수가 가장 많다.

③ 전체 매출액 중 풍력에너지 분야의 매출액이 차지하는 비율은 $\frac{14,571}{113,076} \times 100 ≒ 12.9\%$이므로 15% 미만이다.

④ 바이오에너지 분야의 수출액은 전체 수출액의 $\frac{506}{40,743} \times 100 ≒ 1.2\%$이므로 1% 이상이다.

19 자료 이해   정답 ④

조건을 분석하면 다음과 같다.

• 첫 번째 조건에 의해 ㉠ ~ ㉣ 국가 중 연도별로 8위를 두 번 한 두 나라는 ㉠과 ㉣이므로 둘 중 한 곳이 한국, 나머지 한 곳이 캐나다임을 알 수 있다.

• 두 번째 조건에 의해 2020년 대비 2023년의 이산화탄소 배출량 증가율은 ㉡과 ㉢이 각각 $\frac{556-535}{535} \times 100 ≒ 3.93\%$와

$\frac{507-471}{471} \times 100 ≒ 7.64\%$이므로 ㉢은 사우디가 되며, 따라서 ㉡은 이란이 된다.

• 세 번째 조건에 의해 이란의 수치를 고정값으로 놓았을 때 2015년을 기점으로 ㉠이 ㉣보다 배출량이 커지고 있으므로 ㉠이 한국, ㉣이 캐나다임을 알 수 있다.

따라서 ㉠ ~ ㉣은 순서대로 한국, 이란, 사우디, 캐나다이다.

20 자료 이해   정답 ④

2019년부터는 한국의 출원 건수가 더 많아지므로 옳지 않은 설명이다.

오답분석

① 한국의 지적재산권 출원 비중은 2023년에 전년 대비 감소했지만, 다른 해에는 모두 증가하는 추세를 보이고 있다.

② 2017년 대비 2023년 지적재산권 출원 비중이 가장 크게 증가한 국가는 중국으로 8.86−1.83=7.03%p 증가했다.

③ 2017년 대비 2023년 지적재산권 출원 비중이 낮아진 국가는 독일, 프랑스, 미국 세 국가이다.

21 자료 해석   정답 ①

오답분석

② 법정대리인이 자녀와 함께 방문한 경우 법정대리인의 실명확인증표로 인감증명서를 대체할 수 있다.

③ 만 18세인 지성이가 전자금융서비스를 변경하기 위해서는 법정대리인 동의서와 성명·주민등록번호·사진이 포함된 학생증이 필요하다. 학생증에 주민등록번호가 포함되지 않은 경우, 미성년자의 기본증명서가 추가로 필요하다.

④ 법정대리인 신청 시 부모 각각의 동의서가 필요하다.

22 자료 해석

A건물 밑면의 한 변의 길이를 a라 하자.

두 번째 조건에 따르면 A건물의 밑면은 정사각형이므로 A건물의 밑면의 넓이는 $a \times a = a^2$이다.

A건물의 높이는 밑면의 한 변의 길이의 2배이므로 A건물의 높이는 $a \times 2 = 2a$이고, 옆면의 넓이는 $a \times 2a = 2a^2$이다.

즉, A건물에 외벽 페인트 도장작업을 한 면적은 $a^2 + 4 \times 2a^2 = 9a^2$이다($\because$ 밑면 1개 제외).

첫 번째 조건에 의하면 B건물은 A건물을 눕혀 놓은 것이므로 B건물의 밑면의 넓이는 $2a^2$, 옆면의 넓이는 $2a^2$(2면), a^2(2면)이다.

즉, B건물에 외벽 페인트 도장작업을 할 면적은 $2a^2 + 2(a^2 + 2a^2) = 8a^2$이다.

- B건물 도장작업에 필요한 페인트 수량을 x통이라 하면 세 번째 조건에 의해서 같은 방식으로 도장작업을 진행하므로 A건물 페인트 도장작업과 B건물 페인트 도장작업에 필요한 수량은 도장작업의 면적에 비례한다.

$$9a^2 : 36 = 8a^2 : x \rightarrow 9a^2 x = 288a^2 \rightarrow x = \frac{288a^2}{9a^2} = 32$$

- B건물의 도장작업을 한 사람이 할 때 걸리는 전체 시간을 y시간이라 하면 A건물의 도장작업을 한 사람이 할 때 걸리는 전체 시간은 $3 \times 15 = 45$시간이고, 도장작업에 소요되는 시간은 도장작업의 면적에 비례한다.

$$9a^2 : 45 = 8a^2 : y \rightarrow 99a^2 y = 360a^2 \rightarrow y = \frac{360a^2}{9a^2} = 40$$

이때 B건물에는 총 5명의 작업자가 투입되므로 걸리는 시간은 $40 \div 5 = 8$시간이다.

따라서 B건물의 페인트 도장작업에 소요되는 작업시간은 8시간이고, 필요한 페인트의 수량은 32통이다.

23 명제 추론

먼저 층이 정해진 부서를 배치하고, 나머지 부서들의 층수를 결정해야 한다.

변경 사항에서 연구팀은 기존 5층보다 아래층으로 내려가고, 영업팀은 기존 6층보다 아래층으로 내려간다. 또한, 생산팀은 연구팀보다 위층에 배치되어야 하지만 인사팀과의 사이에는 하나의 부서만 가능하므로 6층 총무팀을 기준으로 5층 또는 7층 배치가 가능하다. 그러므로 다음과 같이 4가지의 경우가 나올 수 있다.

층수	부서	부서	부서	부서
7층	인사팀	인사팀	생산팀	생산팀
6층	총무팀	총무팀	총무팀	총무팀
5층	생산팀	생산팀	인사팀	인사팀
4층	탕비실	탕비실	탕비실	탕비실
3층	연구팀	영업팀	연구팀	영업팀
2층	전산팀	전산팀	전산팀	전산팀
1층	영업팀	연구팀	영업팀	연구팀

따라서 생산팀은 어느 경우에도 3층에 배치될 수 없다.

24 명제 추론

두 번째 조건과 다섯 번째 조건, 여덟 번째 조건에 따라 회계직인 D는 미국 서부로 배치된다.

25 명제 추론

주어진 조건에 따르면 가능한 경우는 총 2가지로 다음과 같다.

구분	인도네시아	미국 서부	미국 남부	칠레	노르웨이
경우 1	B	D	A	C	E
경우 2	C	D	B	A	E

㉠ 경우 2에서 B는 미국 남부에 배치된다.
㉣ 경우 1, 2 모두 노르웨이에는 항상 회계직인 E가 배치된다.

ⓛ 경우 1에서 C는 칠레에 배치된다.
ⓒ 경우 1에서 A는 미국 남부에 배치된다.

26 창의적 사고   정답 ②

창의적 사고를 개발하는 방법
• 자유연상법 : 어떤 생각에서 다른 생각을 계속해서 떠올리는 작용을 통해 어떤 주제에서 생각나는 것을 계속해서 열거해 나가는 방법 예 브레인스토밍
• 강제연상법 : 각종 힌트에서 강제적으로 연결지어서 발상하는 방법 예 체크리스트
• 비교발상법 : 주제와 본질적으로 닮은 것을 힌트로 하여 새로운 아이디어를 얻는 방법 예 NM법, Synetics법

27 문제 유형   정답 ④

A대리는 고객 맞춤형 서비스 실행방안에 대한 개선방향을 제안해야 하므로 '빅데이터를 활용한 고객유형별 전문상담사 사전 배정 서비스'가 가장 적절한 보완 방법임을 알 수 있다.

① 직원에게 고객상담 전용 휴대폰을 지급하는 것은 고객 맞춤형 서비스가 아니다.
②・③ 모바일용 고객지원센터 운영 서비스와 고객지원센터의 24시간 운영은 고객지원의 편의성을 높이는 것일 뿐 고객 맞춤형 서비스라고 볼 수 없다.

28 자료 해석   정답 ③

ㄱ. 갑의 자본금액이 200억 원이므로 아무리 종업원 수가 적더라도 '자본금액 50억 원을 초과하는 법인으로서 종업원 수가 100명 이하인 법인'이 납부해야 하는 20만 원 이상은 납부해야 한다. 따라서 옳은 내용이다.
ㄹ. 갑의 종업원 수가 100명을 초과한다면 50만 원을 납부해야 하며, 을의 종업원 수가 100명을 초과한다면 10만 원을, 병의 자본금액이 100억 원을 초과한다면 50만 원을 납부해야 하므로 이들 금액의 합계는 110만 원이다.

ㄴ. 을의 자본금이 20억 원이고 종업원이 50명이라면 '그 밖의 법인'에 해당하여 5만 원을 납부해야 하므로 옳지 않다.
ㄷ. 병의 종업원 수가 200명이지만 자본금이 10억 원 이하라면 '그 밖의 법인'에 해당하여 5만 원을 납부해야 하므로 옳지 않다.

29 자료 해석   정답 ④

제시된 상황의 소는 2,000만 원을 구하는 것이므로 소액사건에 해당한다. 이에 따라 심급별 송달료를 계산하면 다음과 같다.
• 민사 제1심 소액사건 : 2×3,200×10=64,000원
• 민사 항소사건 : 2×3,200×12=76,800원
따라서 갑이 납부해야 하는 송달료의 합계는 140,800원이다.

30 SWOT 분석   정답 ①

SWOT 분석은 내부환경 요인과 외부환경 요인의 2개의 축으로 구성되어 있다. 내부환경 요인은 자사 내부의 환경을 분석하는 것으로, 자사의 강점과 약점으로 분석된다. 외부환경 요인은 자사 외부의 환경을 분석하는 것으로, 기회와 위협으로 구분된다.

PART 3

31 　시간 계획

정답 ②

㉠ 뉴욕행 비행기는 한국에서 6월 6일 22시 20분에 출발하고, 13시간 40분 동안 비행하기 때문에 현지에 도착하는 시각은 6월 7일 12시이다. 한국 시각은 뉴욕보다 16시간이 빠르므로 현지 도착 시각은 6월 6일 20시이다.

㉡ 런던행 비행기는 한국에서 6월 13일 18시 15분에 출발하고, 12시간 15분 동안 비행하기 때문에 현지에 도착하는 시각은 6월 14일 6시 30분이다. 한국 시각이 런던보다 8시간이 빠르므로, 현지에 도착하는 시각은 6월 13일 22시 30분이 된다.

32 　비용 계산

정답 ④

국문 명패 최저가는 15개에 12,000원이고 영문 명패의 최저가는 8개에 11,000원이다. 각 명패를 최저가에 구입하는 개수의 최소공배수를 구하면 120개이다. 이때의 비용은 $(12,000 \times 8) + (11,000 \times 15) = 261,000$원이다. 즉, 120개의 사무실에 국문과 영문 명패를 함께 비치할 때의 비용은 261,000원이다. 이를 토대로 360개의 사무실에 명패를 비치한다면 783,000원이 필요하고 남은 17,000원으로 국문 명패와 영문 명패를 동시에 구입할 수는 없다. 따라서 80만 원으로 최대 360개의 국문 명패와 영문 명패를 동시에 비치할 수 있다.

33 　인원 선발

정답 ③

A ~ D인턴 중에 소비자들의 불만을 접수해서 처리하는 업무를 맡기기에 가장 적절한 인턴은 C인턴이다. C인턴은 잘 흥분하지 않으며, 일처리가 신속하고 정확하다고 '책임자의 관찰 사항'에 명시되어 있으며, 직업선호 유형은 'CR'로 관습형·현실형에 해당한다. 따라서 현실적이며 보수적이고 변화를 좋아하지 않는 유형으로, 소비자들의 불만을 들어도 감정적으로 대응하지 않을 성격이기 때문에 제시된 업무에 가장 적절하다.

34 　시간 계획

정답 ①

오전 심층면접은 9시 10분에 시작하므로, 12시까지 170분의 시간이 있다. 한 명당 15분씩 면접을 볼 때, 가능한 면접 인원은 $170 \div 15 ≒ 11$명이다. 오후 심층면접은 1시부터 바로 진행할 수 있으므로, 종료시간인 5시까지 240분의 시간이 있다. 한 명당 15분씩 면접을 볼 때 가능한 인원은 $240 \div 15 = 16$명이다. 즉, 심층면접을 할 수 있는 최대 인원수는 $11 + 16 = 27$명이다. 27번째 면접자의 기본면접이 끝나기까지 걸리는 시간은 $10 \times 27 + 60$(점심 및 휴식 시간)$= 330$분이다. 따라서 마지막 심층면접자의 기본면접 종료 시각은 오전 9시$+330$분$=$오후 2시 30분이다.

35 　인원 선발

정답 ④

A ~ E의 조건별 점수를 구하면 다음과 같다.

구분	직급	직종	호봉	근속연수	동반가족 (실제동거)	주택유무	합계
A	3점(대리)	5점(사무)	1.5점(3호봉)	3점(3년)	7점(1명)	10점	29.5점
B	1점(사원)	10점(기술)	0.5점(1호봉)	1점(1년)	14점(2명)	10점	36.5점
C	4점(과장)	10점(연구)	3점(6호봉)	7점(7년)	21점(3명)	0점	45점
D	2점(주임)	5점(사무)	1점(2호봉)	2점(2년)	28점(4명)	10점	48점
E	5점(차장)	10점(기술)	2점(4호봉)	7점(7년)	35점(5명)	0점	59점

따라서 점수가 높은 D와 E가 사택을 제공받을 수 있다.

36 비용 계산

정답 ②

A씨와 B씨의 일정에 따라 요금을 계산하면 다음과 같다.

• A씨
  - 이용요금 : 1,310원×6×3=23,580원
  - 주행요금 : 92×170원=15,640원
  - 반납지연에 따른 패널티 요금 : (1,310원×9)×2=23,580원
  ∴ 23,580+15,640+23,580=62,800원

• B씨
  - 이용요금
    목요일 : 39,020원
    금요일 : 880원×6×8=42,240원 → 81,260원
  - 주행요금 : 243×170원=41,310원
  ∴ 39,020+81,260+41,310=122,570원

37 시간 계획

정답 ④

[오답분석]

① 9일 경영지도사 시험은 전문자격시험이므로 두 번째 조건에 따라 그 주에 책임자 한 명은 남아 있어야 한다. 따라서 다음 날인 10일에는 직원 모두 출장이 불가능하다.
② 17일은 전문자격시험에 해당되는 기술행정사 합격자 발표일이며, 네 번째 조건에 따라 합격자 발표일에 담당자는 사무실에서 대기해야 한다.
③ 19일은 토요일이며, 일곱 번째 조건에 따라 출장은 주중에만 갈 수 있다.

38 품목 확정

정답 ④

물품의 분실이란 물품을 실질적으로 분실하여 다시 구입해야 하는 경제적 손실을 의미하는 것으로, A씨의 경우 물건이 집에 어딘가 있지만 찾지 못하는 경우에 해당하므로 분실로 보기는 어렵다.

[오답분석]

① A씨는 물품을 정리하였다기보다는 창고에 쌓아두었으므로 이는 정리하지 않고 보관한 경우로 볼 수 있다.
② A씨는 물건을 아무렇게나 보관하였기 때문에 보관 장소를 파악하지 못해 다시 그 물건이 필요하게 된 상황임에도 찾는 데 어려움을 겪고 그만큼 시간도 지체시켰다.
③ A씨는 커피머신을 제대로 보관하지 않았기 때문에 그로 인해 물품이 훼손되는 경우가 발생하였다.

39 비용 계산

정답 ③

휴게소별 S대리가 지출할 금액은 다음과 같다.
• A휴게소 : 7,500+2,800+(1,580×15)-1,000=33,000원
• B휴게소 : 7,000+3,200+(1,590×15)=34,050원
• C휴게소 : 7,300+3,000+(1,640×15)=34,900원
따라서 S대리는 A휴게소에 방문하는 것이 가장 저렴하며, 그 비용은 33,000원이다.

40 품목 확정

정답 ④

첫 번째와 두 번째 구매 지침은 4개 제품 모두 만족한다. 세 번째 구매 지침에 따라 지폐 두께 조절이 불가능한 C제품이 제외되고, 네 번째 구매 지침에 따라 계수 속도가 가장 느린 A제품도 제외된다. 따라서 모든 구매 지침을 만족하는 B제품과 D제품 중에 가격이 저렴한 D제품을 선택해야 한다.

| 01 | 경영

41	42	43	44	45	46	47	48	49	50	51	52	53	54	55	56	57	58	59	60
①	④	②	②	④	②	①	②	④	③	②	②	③	③	①	③	②	④	②	④

61	62	63	64	65	66	67	68	69	70										
①	③	④	①	②	④	④	④	③	①										

41   정답 ①

오답분석

② 가족상표 : 한 기업에서 생산되는 유사제품군이나 전체 품목에 동일하게 부착하는 브랜드이다.
③ 상표확장 : 성공적인 상표명을 다른 제품 범주의 신제품에 그대로 사용하는 전략이다.
④ 복수상표 : 본질적으로 동일한 제품에 대하여 두 개 이상의 상이한 상표를 설정하여 별도의 품목으로 차별화하는 전략이다.

42   정답 ④

인간관계론은 메이요(E. Mayo)와 뢰슬리스버거(F. Roethlisberger)를 중심으로 호손실험을 거쳐 정리된 것으로, 과학적 관리법의 비인간적 합리성과 기계적 도구관에 대한 반발로 인해 발생한 조직이론으로 조직 내의 인간적 요인을 조직의 주요 관심사로 여겼으며, 심리요인을 중시하고, 비공식 조직이 공식 조직보다 생산성 향상에 더 중요한 역할을 한다고 생각했다.

43   정답 ②

오답분석

ⓒ 당좌자산이란 유동자산 중 판매하지 않더라도 1년 이내 현금화가 가능한 자산을 의미한다. 기업이 판매하기 위하여 또는 판매를 목적으로 제조 과정 중에 있는 자산은 재고자산이다.
ⓔ 자본잉여금이란 영업이익 중 배당금을 제회한 사내 유보금을 의미한다. 기업의 법정자본금을 초과하는 순자산금액 중 이익을 원천으로 하는 잉여금은 이익잉여금이다.

44   정답 ②

오답분석

① 관계마케팅 : 거래의 당사자인 고객과 기업 간 관계를 형성하고 유지·강화하며, 동시에 장기적인 상호작용을 통해 상호 간 이익을 극대화할 수 있는 다양한 마케팅 활동이다.
③ 표적시장 선정 : 시장세분화를 통해 포지셔닝을 하기 전에 포지셔닝을 할 대상을 결정하는 단계이다.
④ 일대일 마케팅 : 기업과 개별 고객 간 직접적인 의사소통을 통한 마케팅이다.

45   정답 ④

성공요인은 기업의 경영전략을 평가하고 이를 통해 정의하는 것으로, 평가 관점에 해당하지 않는다.

> **균형성과관리(BSC; Balanced Score Card)**
> 조직의 목표 실현을 위해 기존 전략에 대해 재무적, 고객, 내부 프로세스, 학습 및 성장 관점으로 평가하고, 이를 통해 전략 목표 달성을 위한 성공요인을 정의하는 성과관리 시스템이다.

46

지수평활법은 가장 최근 데이터에 가장 큰 가중치가 주어지고 시간이 지남에 따라 가중치가 기하학적으로 감소되는 가중치 이동 평균 예측 기법으로, 평활상수가 클수록 최근 자료에 더 높은 가중치를 부여한다.

47

확률표본추출 방법으로는 단순확률추출법, 계통추출법, 층화추출법, 군집추출법이 있다.

[오답분석]

②·③·④ 비확률표본추출은 확률을 사용하지 않고 조사기관, 조사자 등을 통해 표본 선별을 진행한다. 편의추출법, 판단추출법, 할당추출법, 눈덩이추출법 등이 있다.

48

시장세분화 단계에서는 시장세분화 기준을 확인하여 시장을 분석하고 프로필을 작성한다.

[오답분석]

① 재포지셔닝 단계에 해당한다.
③ 포지셔닝 단계에 해당한다.
④ 표적시장 선정 단계에 해당한다.

49

항상성장모형은 기업의 이익과 배당이 매년 일정하게 성장한다고 가정할 경우 주식의 이론적 가치를 나타내는 모형이다.

$$[\text{당기 1주당 현재가치(주가)}] = \frac{(\text{차기주당배당금})}{(\text{요구수익률}) - (\text{성장률})} = \frac{3,500}{0.12 - 0.05} = 50,000원$$

50

측정도구를 구성하는 측정지표(측정문항) 간의 일관성은 신뢰도를 의미한다. 내용 타당성이란 처치와 결과 사이의 관찰된 관계로부터 도달하게 된 인과적 결론의 적합성 정도를 말한다.

51

라인 확장(Line Extension)은 기존 상품을 개선한 신상품에 기존의 상표를 적용하는 브랜드 확장의 유형이다. 라인 확장은 적은 마케팅 비용으로 매출과 수익성 모두 손쉽게 높일 수 있고, 제품의 타깃이 아닌 소비자층을 타깃팅함으로써 소비자층을 확대할 수 있다는 장점이 있다. 하지만 무분별한 라인 확장은 브랜드 이미지가 약해지는 희석효과나 신제품이 기존제품 시장을 침범하는 자기잠식효과를 유발하는 등 역효과를 일으킬 수도 있기 때문에 주의해야 한다.

52

재고 부족현상이 발생하게 되면 EOQ 모형을 적용하기 어렵다. 하지만 실제 상황에서는 갑작스러운 수요 상승으로 인한 재고 부족이 나타날 수 있고, 이러한 단점으로 인해 실제로는 추가적으로 여러 가지 요소들을 함께 고려해야 EOQ 모형을 적절하게 사용할 수 있다. 따라서 EOQ 모형을 사용하기 위해서는 재고 부족현상은 발생하지 않고, 주문 시 정확한 리드타임이 적용된다는 것을 가정으로 계산한다.

53

[오답분석]
① 순현가는 현금유입의 현가에서 현금유출의 현가를 뺀 것이다.
② 순현가법에서는 내용연수 동안의 모든 현금흐름을 고려한다.
④ 최대한 큰 할인율이 아니라 적절한 할인율로 할인한다.

54

정답 ③

'Agile'은 '기민한, 민첩한'이란 뜻으로, 애자일 개발 방식은 '계획 – 개발 – 출시'와 같은 개발 주기가 여러 번 반복되며 개발 환경에 맞게 요구사항이 추가·변경된다. 결과적으로 고객에게 좀 더 빨리 결과물을 내놓을 수 있고, 고객의 피드백에 민첩하게 반응할 수 있다는 장점이 있다.

[오답분석]
① 최종 사용자(End – User) 개발 : 사용자가 자신에게 맞는 정보를 다른 사람의 도움 없이 직접 개발할 수 있는 방식이다.
② 컴포넌트 기반(Component – Based) 개발 : 각각의 컴포넌트들을 하나로 모아 새로운 프로그램을 만드는 방식이다.
④ 웹마이닝(Web Mining) 개발 : 인터넷에서 얻은 다양한 정보 중 꼭 필요한 정보를 선별하여 분석하는 방식이다.

55

정답 ①

카츠(Kartz)는 경영자에게 필요한 능력을 크게 인간적 자질, 전문적 자질, 개념적 자질 3가지로 구분하였다. 그중 인간적 자질은 구성원을 리드하고 관리하며, 다른 구성원들과 함께 일을 할 수 있게 하는 것으로 모든 경영자가 갖추어야 하는 능력이다. 타인에 대한 이해력과 동기부여 능력은 인간적 자질에 속한다.

[오답분석]
②·④ 전문적 자질(현장실무)에 해당한다.
③ 개념적 자질(상황판단)에 해당한다.

56

정답 ③

원가우위 전략은 경쟁사보다 저렴한 원가로 경쟁하며 동일한 품질의 제품을 경쟁사보다 낮은 가격에 생산 및 유통한다는 점에 집중한다. 디자인, 브랜드 충성도 또는 성능 등으로 우위를 점하는 전략은 차별화 전략이다.

57

정답 ②

제도화 이론은 조직이 생존하기 위해서는 이해관계자들로부터 정당성을 획득하는 것이 중요하다고 주장한다. 즉, 환경에서 어떤 조직의 존재가 정당하다고 인정될 때에만 조직이 성공할 수 있다는 것이다. 또한, 다른 조직을 모방하려는 모방적 힘이나 규제와 같은 강압적 힘 등이 작용하기 때문에 유사한 산업에 속한 조직들이 서로 유사한 시스템을 구축한다고 본다.

[오답분석]
① 대리인 이론 : 기업과 관련된 이해관계자들의 문제는 기업 내의 계약관계에 의하여 이루어진다는 이론이다.
③ 자원의존 이론 : 자원을 획득하고 유지할 수 있는 능력을 조직 생존의 핵심요인으로 보는 이론이다.
④ 조직군 생태학 이론 : 환경에 따른 조직들의 형태와 그 존재 및 소멸 이유를 설명하는 이론이다.

58

ㄱ・ㄴ・ㄷ・ㄹ. 모두 서비스의 특성이다.

> **서비스의 특성**
> - 무형적이며 재판매가 불가능하다.
> - 소유는 일반적으로 이전되지 않으며 저장할 수 없다.
> - 생산과 소비를 동시에 하며 같은 장소에서 발생한다.
> - 운송할 수 없으며 구매자가 직접 생산에 참가한다.
> - 대부분 직접적인 접촉이 요구되며 생산과 판매는 기능적으로 분리될 수 없다.

59

정답 ②

통제범위는 관리자 대 작업자의 비율을 말하며, 스텝으로부터의 업무상 조언과 지원의 횟수는 통제의 범위와는 관련이 없다.

> **통제범위(Span of Control)**
> 권한계층(Hierarchy of Authority)과 동일하며, 관리자가 직접 관리・감독하는 부하의 수를 말한다. 통제범위가 좁으면 조직계층이 높아지고, 통제범위가 넓으면 조직계층이 낮아져 조직이 수평적으로 변한다.

60

정답 ④

샤인(Schein)의 경력 닻 모형
- 닻 I : 관리역량 – 복잡한 경영 문제를 인지, 분석하고 해결하는 능력
- 닻 II : 전문역량 – 직무의 내용에 관심, 도전적 업무, 자율성, 전문화된 영역 선호
- 닻 III : 안전지향 – 직업안정과 및 고용안정 욕구, 조직가치와 규범에 순응, 보수 / 작업조건 / 복리후생 등 외재적 요인에 관심
- 닻 IV : 사업가적 창의성 지향 – 신규조직 / 서비스 등 창의성 중시, 창조욕구, 새로운 도전
- 닻 V : 자율지향 – 규칙에 얽매인 조직보다 자유로운 계약직 / 파트타임 선호, 성과에 의한 보상 선호

61

정답 ①

자존적 편견이란 자신의 성공에 대해서는 능력이나 성격 등과 같은 내적인 요소에 귀인하고, 자신의 실패에 대해서는 상황이나 외적인 요소에 귀인하는 것을 말한다.

[오답분석]
② 후광 효과 : 한 사람의 두드러진 특성이 그 사람의 다른 특성을 평가하는 데 영향을 미치는 것을 말한다.
③ 투사 : 자신의 불만이나 불안을 해소하기 위해 그 원인을 다른 사람에게 뒤집어씌우는 심리적 현상이다.
④ 통제의 환상 : 사람들이 그들 자신을 통제할 수 있는 경향이거나 혹은 외부환경을 자신이 원하는 방향으로 이끌어 갈 수 있다고 믿는 심리적 상태를 말한다.

62

정답 ③

대량생산・대량유통으로 규모의 경제를 실현하여 비용을 절감하는 전략은 비차별화 전략이며, 단일제품으로 단일 세분시장을 공략하는 집중화 전략과는 반대되는 전략이다.

63

정답 ④

판매 촉진에 대응하는 것은 커뮤니케이션이다.

4P	4C
기업 관점	소비자 관점
제품	소비자 문제해결
유통	편의성
판매 촉진	커뮤니케이션
가격	소비자 비용

64

정답 ①

생산시스템 측면에서 신제품 개발 프로세스는 ㄱ. 아이디어 창출 → ㄴ. 제품선정 → ㅂ. 예비설계 → ㄹ. 설계의 평가 및 개선 → ㅁ. 제품원형 개발 및 시험마케팅 → ㄷ. 최종설계 순으로 진행된다.

65

정답 ②

데이터 웨어하우스란 정보(Data)와 창고(Warehouse)를 합성한 말로, 여러 개로 분산 운영되는 데이터베이스 시스템들을 효율적으로 통합하여 조정·관리하며 효율적인 의사결정 정보를 제공하는 것을 의미한다.

66

정답 ④

주어진 매트릭스에서 시장 지위를 유지하며 집중 투자를 고려해야 하는 위치는 사업의 강점도 높고 시장의 매력도 또한 높은 프리미엄이다. 프리미엄에서는 성장을 위하여 적극적으로 투자하며, 사업 다각화 전략과 글로벌 시장 진출 고려해야 하고 또한, 너무 미래지향적인 전략보다는 적정선에서 타협을 하는 단기적 수익을 수용하는 전략이 필요하다.

> **GE 매트릭스**
> 3×3 형태의 매트릭스이며, Y축 시장의 매력도에 영향을 끼치는 요인은 시장 크기, 시장성장률, 시장수익성, 가격, 경쟁 강도, 산업평균 수익률, 리스크, 진입장벽 등이며, X축 사업의 강점에 영향을 끼치는 요인은 자사의 역량, 브랜드 자산, 시장점 유율, 고객충성도, 유통 강점, 생산 능력 등이 있다.

67

정답 ④

리스트럭처링(Restructuring)은 미래의 모습을 설정하고 그 계획을 실행하는 기업혁신방안으로, 기존 사업 단위를 통폐합하거나 축소 또는 폐지하여 신규 사업에 진출하기도 하며 기업 전체의 경쟁력 제고를 위해 사업 단위들을 어떻게 통합해 나갈 것인가를 결정한다.

오답분석

① 벤치마킹(Benchmarking) : 기업에서 경쟁력을 제고하기 위한 방법의 일환으로 타사에서 배워오는 혁신 기법이다.
② 학습조직(Learning Organization) : 조직의 지속적인 경쟁우위를 확보하기 위한 근본적이고 총체적이며 지속적인 경영혁신전략이다.
③ 리엔지니어링(Re - Engineering) : 전면적으로 기업의 구조와 경영방식을 재설계해 경쟁력을 확보하고자 하는 혁신 기법이다.

68

정답 ④

분석 결과에 따라 초기 기업 목적과 시작 단계에서의 평가 수정이 가능하다는 것이 앤소프 의사결정의 장점이다.

앤소프의 의사결정 유형
- 전략적 의사결정 : 기업의 목표 목적을 설정하고 그에 따른 각 사업에 효율적인 자원배분을 전략화한다. 비일상적이며 일회적인 의사결정이다.
- 운영적 의사결정 : 기업 현장에서 일어나는 생산 판매 등 구체적인 행위에 대한 의사결정이다. 일상적이면서 반복적인 의사결정이다.
- 관리적 의사결정 : 결정된 목표와 전략을 가장 효과적으로 달성하기 위한 활동들과 관련되어 있다. 전략적 의사결정과 운영적 의사결정의 중간 지점이다.

69

정답 ③

일관성이 높으면 내적 귀인에 해당한다.

켈리(Kelly)의 공변(입방체)모형

특이성	이 사건에만 해당하는가?	높다	외적 귀인
		낮다	내적 귀인
합의성 (합치성)	다른 사람에도 해당하는가?	높다	외적 귀인
		낮다	내적 귀인
일관성	다른 시점에도 해당하는가?	높다	내적 귀인
		낮다	외적 귀인

70

정답 ①

군집형 커뮤니케이션은 비공식 커뮤니케이션에 해당한다. 비공식 커뮤니케이션은 종업원들은 조직도에 의해서 규정된 상대와만 대화를 나누려 하지 않고, 여러 가지 사회적인 욕구와 필요에 의해 직종과 계층을 넘어서 인간적 유대를 갖고 커뮤니케이션을 유지하려는 것으로, 단순형·확률형·한담형·군집형이 있다.

공식적 커뮤니케이션의 종류
- 상향식 커뮤니케이션 : 조직의 하위계층으로부터 상위계층에 정보가 전달되는 Bottom – up 방식
- 하향식 커뮤니케이션 : 조직의 위계(Hierarchy)에 따라 상위계층에서 하위계층으로 정보가 전달되는 Top – down 방식
- 수평적 커뮤니케이션 : 계층 수준이 동일한 동료 간 정보 교류, 업무의 조정(Coordination) 역할
- 대각적 커뮤니케이션 : 계층이 다른 타 부서 구성원과의 정보 교류
- 대외적 커뮤니케이션 : 조직 외부의 주체자와의 정보 교류

| 02 | 경제

41	42	43	44	45	46	47	48	49	50	51	52	53	54	55	56	57	58	59	60
③	②	③	①	②	④	①	②	①	④	③	②	④	②	①	②	①	④	①	②

61	62	63	64	65	66	67	68	69	70										
③	②	③	③	④	②	④	④	①	②										

41
정답 ③

조세정책을 시행하는 곳은 기획재정부이며, 한국은행은 통화신용정책을 시행한다.

오답분석
① 조세정책은 재정지출이나 소득재분배 등 중요한 역할을 담당한다.
② 소득세, 법인세 감면은 기업의 고용 및 투자를 촉진하는 대표적인 정부정책이다.
④ 래퍼 곡선에 대한 설명이다.

42
정답 ②

㉠ 생산비용 절감 또는 생산기술 발전 시 공급이 늘어나 공급곡선이 오른쪽으로 이동한다.
㉢ A의 가격이 높아지면 대체재인 B의 가격이 상대적으로 낮아져 수요가 늘어나게 된다.

오답분석
㉡ 정상재의 경우 수입이 증가하면 수요가 늘어나 수요곡선이 오른쪽으로 이동한다.
㉣ 상품의 가격이 높아질 것으로 예상되면 나중에 더 높은 가격에 팔기 위해 공급이 줄어들게 된다.

43
정답 ③

㉡ 경제적 후생이란 사회구성원이 느끼는 행복을 물질적 이익 또는 소득으로 측정한 것을 말한다.
㉢ 가격이 하락하면 수요곡선상 가격의 이동으로 신규 또는 추가의 소비자잉여가 발생한다.

오답분석
㉠ 완전경쟁시장은 외부효과가 없는 것으로 가정한다.
㉣ 생산자잉여는 생산자가 수취하는 금액에서 생산비용을 뺀 것을 말한다.

44
정답 ①

$$\frac{(수요의\ 가격탄력성)}{(공급의\ 가격탄력성)} = \frac{(생산자\ 부담)}{(소비자\ 부담)}$$
수요의 가격탄력성이 0이므로 생산자 부담은 0이고, 모두 소비자 부담이 된다.

45
정답 ②

어떤 과점기업의 생산물 가격이 P_0라고 가정한다면 그보다 가격을 인상하여도 다른 기업은 가격을 유지할 것이며, 이 과점기업에 대한 수요곡선은 P_0점보다 위에서는 매우 탄력적이다. 그러나 이 기업이 가격을 내리면 다른 기업도 따라서 가격을 내릴 것이므로 P_0점보다 아래의 수요곡선은 비탄력적으로 될 것이다. 따라서 수요곡선은 P_0점에서 굴절하고, 굴절수요곡선(De Di)에서 도출되는 한계수입곡선(MRe MRi)은 불연속이 된다. 그러므로 굴절수요곡선은 원점에 대해 오목한 모양을 갖는다.

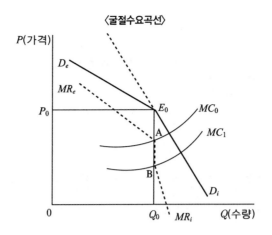

〈굴절수요곡선〉

46

정답 ④

기업의 이윤이 극대화되기 위해서는 한계생산물가치와 임금의 값이 같아야 한다. 따라서 식으로 표현하면 다음과 같다.

$VMP_L = MP_L \times P = w$ (VMP_L : 한계생산물가치, MP_L : 노동의 한계생산, P : 재화의 가격, w : 임금)

$MP_L \times P = w$

$(27 - 5L) \times 20 = 40$

$\therefore L = 5$

따라서 재화의 가격이 20이고 임금이 40일 때, 기업 K의 이윤을 극대화하는 노동수요량은 5이다.

47

정답 ①

오답분석

ㄷ・ㄹ. 최고가격은 시장의 균형가격보다 낮은 수준에서 설정되어야 하며, 최고가격제가 실시되면 사회적 후생 손실이 발생한다.

48

정답 ②

화폐의 공급이 고정되어 있는 상태에서 소득이 증가할 경우, 화폐수요가 증가하게 되고 이에 따라 초과수요가 발생하여 이자율이 상승한다.

오답분석

① 케인스 학파는 이자율이 화폐의 수요와 공급에 의해 결정되는 화폐적 현상이라고 주장하였으며, 화폐의 공급곡선과 수요곡선이 일치하는 점에서 균형이자율이 결정된다고 보았다.

③ 총 화폐수요는 경제 참가자들의 모든 화폐수요를 합한 것으로, 이자율, 물가수준, 실질국민소득에 의하여 결정된다.

④ 이자율이 상승하면 그만큼 화폐를 보유하는데 따른 기회비용이 증가하므로 화폐수요가 감소한다.

49

정답 ①

이자율, 소득, 투자, 소비 등은 내생변수에 해당한다.

오답분석

②・③・④ 통화공급 모형에서 본원통화, 지급준비율(지급준비금 / 예금), 현금예금비율(현금 / 예금), 통화승수 등은 외생변수에 해당한다.

50

정답 ④

① 새고전학파와 새케인스학파 모두 합리적 기대를 전제로 경기변동이론을 전개한다.
② 새고전학파는 경기변동을 완전고용의 국민소득수준 자체가 변하면서 발생하는 현상으로 보는 반면, 새케인스학파는 완전고용의 국민소득수준에서 이탈하면서 발생하는 현상으로 본다.
③ 새고전학파는 경기안정화를 위한 정부개입이 불필요하다고 보는 반면, 새케인스학파는 정부개입이 필요하다고 주장한다.

51

정답 ③

공공재는 재화와 서비스에 대한 비용을 지불하지 않더라도 모든 사람이 공동으로 이용할 수 있는 재화 또는 서비스를 말한다. 공공재는 비경합성과 비배제성을 동시에 가지고 있다. 공공재의 비배제성에 따르면 재화와 서비스에 대한 비용을 지불하지 않더라도 공공재의 이익을 얻을 수 있는 '무임승차의 문제'가 발생한다. 한편, 공공재라도 민간이 생산하거나 공급할 수 있다.

52

정답 ②

절대우위는 다른 생산자에 비해 더 적은 생산요소를 투입해 같은 상품을 생산할 수 있는 능력이고, 비교우위는 다른 생산자보다 더 적은 기회비용으로 생산할 수 있는 능력이다. A사는 B사보다 모터와 펌프 모두 시간당 최대 생산량이 많으므로 모터와 펌프 모두에 절대우위가 있다. 반면, A사의 펌프 생산 기회비용은 모터 1개지만 B사의 펌프 생산 기회비용은 모터 2/3개다. 따라서 B사는 펌프 생산에 비교우위가 있다.

53

정답 ④

① (10분위분배율)$=\dfrac{(최하위\ 40\%\ 소득계층의\ 소득)}{(최상위\ 20\%\ 소득계층의\ 소득)}=\dfrac{12\%}{(100-52)\%}=\dfrac{1}{4}$

② 지니계수는 면적 A를 삼각형 OCP 면적(A+B)으로 나눈 값이다. 즉, $\dfrac{(A면적)}{(\triangle OCP\ 면적)}=\dfrac{A}{A+B}$의 값이 지니계수이다.

③ 중산층 붕괴 시 A의 면적은 증가하고, B의 면적은 감소한다.

54

정답 ②

독점시장의 시장가격은 완전경쟁시장의 가격보다 높게 형성되므로 소비자잉여는 줄어든다.

55

정답 ①

중첩임금계약은 명목임금이 경직적인 이유를 설명한다. 케인스학파는 화폐에 대한 착각현상으로 임금의 경직성이 나타난다고 설명하며, 새케인스학파는 노동자가 합리적인 기대를 가지지만 현실적으로는 메뉴비용 등의 존재로 임금 경직성이 발생한다고 설명한다.

56

정답 ②

갑, 을 모두가 전략 A를 선택하는 경우와 모두가 전략 B를 선택하는 경우에 각각 내쉬균형이 성립하므로 내쉬균형은 2개가 존재한다.

① 우월전략균형은 각 참가자의 우월전략이 만나는 균형을 의미하고, 우월전략은 상대방의 전략과 관계없이 자신의 보수를 가장 크게 하는 전략이다. 갑이 전략 A를 선택하면 을은 전략 A를 선택하는 것이 유리하고, 갑이 전략 B를 선택하면 을도 전략 B를 선택하는 것이 유리하므로 을의 입장에서 우월전략은 존재하지 않는다. 갑의 입장에서도 마찬가지이다.
③ 제시된 게임에서 내쉬균형은 두 참가자가 같은 전략을 선택하는 경우에 달성된다.
④ 내쉬균형은 각 참가자의 내쉬전략이 만나는 균형을 의미한다. 내쉬전략은 상대방의 전략이 제시된 상태에서 자신의 보수를 가장 크게 하는 전략으로, 내쉬균형이 달성되면 참가자들은 더 이상 전략을 바꿀 필요가 없다.

57

가·마. 전월세 상한제도나 대출 최고 이자율을 제한하는 제도는 가격의 법정 최고치를 제한하는 가격상한제(Price ceiling)에 해당하는 사례이다.

> **가격차별(Price Discrimination)**
> 동일한 상품에 대해 구입자 혹은 구입량에 따라 다른 가격을 받는 행위를 의미한다. 노인이나 청소년 할인, 수출품과 내수품의 다른 가격 책정 등은 구입자에 따라 가격을 차별하는 대표적인 사례이다. 한편, 물건 대량 구매 시 할인해 주거나 전력 사용량에 따른 다른 가격을 적용하는 것은 구입량에 따른 가격차별이다.

58

오답분석

다·라. 역선택의 해결방안에 해당한다.

59

우상향하는 총공급곡선이 왼쪽으로 이동하는 경우는 부정적인 공급충격이 발생하는 경우이다. 따라서 임금이 상승하는 경우 기업의 입장에서는 부정적인 공급충격이므로 총공급곡선이 왼쪽으로 이동하게 된다.

오답분석

②·③·④ 총수요곡선을 오른쪽으로 이동시키는 요인에 해당한다.

60

노동자가 10명일 때 1인당 평균생산량이 30단위이므로 총생산량은 $10 \times 30 = 300$단위이다. 노동자가 11명일 때 1인당 평균생산량이 28단위이므로 총생산량은 $11 \times 28 = 308$단위이다. 그러므로 11번째 노동자의 한계생산량은 8단위이다.

61

환율이 내려가면 미국에 수출하는 국내 제품의 가격 경쟁력이 떨어지므로 국내 대미 수출기업들의 수출은 감소한다.

62

오답분석

① 1급 가격차별은 자중손실이 발생하지 않는다. 효율성 측면에서는 완전경쟁시장과 같다.
③ 3급 가격차별의 경우 수요의 가격탄력성이 낮을수록 더 높은 가격을 부담하게 된다.
④ 3급 가격차별의 경우 수요곡선의 탄력성에 따라 시장을 분할하고 각 시장의 탄력성에 따라 각각 다른 가격을 부과하는 가격차별 정책이다. 분할된 시장에 따라 다른 탄력성이 존재하고 그에 따라 가격이 다를 뿐 각 시장에서 한계수입과 한계비용은 같고, 각 시장에서의 가격과 한계비용의 설정도 같다.

63

오답분석

① 노동비용이 총비용에서 차지하는 비중이 클 경우 임금 상승으로 인한 상품가격의 상승압박이 커지고 이에 따라 노동수요의 임금탄력성도 커진다.
② 노동수요의 탄력성은 노동과 자본의 대체가능성에 의해 영향을 받는다. 이때 노동과 자본의 대체가 쉬울수록 노동수요의 임금탄력성은 커진다.
④ 노동에 대한 수요독점이 있을 경우, 완전경쟁에 비해 균형임금과 균형고용량 모두 적어진다.

64

정답 ③

아이스크림의 가격(P)이 상승하는 것은 수요곡선상의 이동으로 발생한다.

65

정답 ④

오답분석

ㄱ. 후방굴절형 노동공급곡선은 소득효과가 대체효과보다 크기 때문에 발생한다.
ㄷ. 임금률 상승 시 소득효과는 노동공급을 감소시킨다.

66

정답 ②

케인스학파는 생산물시장과 화폐시장을 동시에 고려하는 IS – LM모형으로 재정정책과 금융정책의 효과를 분석했다. 케인스학파에 의하면 투자의 이자율탄력성이 작기 때문에 IS곡선은 대체로 급경사이고, 화폐수요의 이자율탄력성이 크므로 LM곡선은 매우 완만한 형태이다. 따라서 재정정책은 매우 효과적이나, 금융정책은 별로 효과가 없다는 입장이다.

67

정답 ④

ㄱ. 노동시장이 수요독점인 경우, 임금은 완전경쟁일 때보다 낮고, 고용량도 완전경쟁일 때보다 적은 수준에서 결정된다.
ㄴ. 수요독점기업은 한계요소수입과 한계요소비용이 같아지는 점에서 고용량을 결정한다. 하지만 임금은 노동공급곡선에서 결정되고, 이는 한계요소비용보다 낮다.
ㄷ. 노동시장이 완전경쟁이면 시장전체의 노동수요곡선은 개별기업의 노동수요곡선을 수평으로 합하여 구할 수 있고, 일반적으로 개별기업의 노동수요곡선보다 탄력적인 우하향하는 노동수요곡선의 형태를 가진다.

68

정답 ④

평균비용은 총비용을 생산량으로 나누면 구할 수 있다. 이에 따라 평균비용을 구하면 다음과 같다.

$$AC = \frac{TC}{Q} = \frac{100 + Q^2}{Q} = \frac{100}{Q} + Q$$

69

정답 ①

이윤극대화 조건이 $MR = MC$이므로 독점기업의 이윤극대화 생산량 $Q = 100$으로 결정된다.
소비자들이 100만큼의 재화를 구입할 때 지불할 용의가 있는 최대금액은 수요곡선에서 결정되므로 독점기업의 가격 $P = 200$이다.

70

정답 ②

오답분석

① 경기적 실업은 경기가 침체함에 따라 발생하는 실업을 말하는 것으로, 기업의 설비투자와는 관련이 없다.
③ 전업주부가 직장을 가지는 경우 본래 비경제활동인구에서 경제활동인구가 되므로 경제활동참가율은 높아지게 된다. 실업률은 분모인 경제활동인구가 증가하는 것이므로 낮아지게 된다.
④ 실업급여가 확대되면 상대적으로 노동자들이 일자리를 탐색하는 데 여유가 생기므로 탐색적 실업을 증가시킬 수도 있다.

| 03 | 행정

41	42	43	44	45	46	47	48	49	50	51	52	53	54	55	56	57	58	59	60
③	④	③	②	②	①	④	①	①	③	②	①	④	③	②	①	②	③	①	①

61	62	63	64	65	66	67	68	69	70										
③	④	④	③	④	②	④	③	①	①										

41
정답 ③

매트릭스 조직은 기능구조 전문성과 사업부서의 신속한 대응성을 결합한 조직이다. 조직 환경이 복잡하고, 불확실한 경우 효과적이며, 일상적 기술보다는 비일상적인 기술에 적합하다.

매트릭스 조직의 장단점

장점	단점
• 전문지식이나 인적·물적 자원의 효율적 활용 • 의사전달의 활성화와 조직의 유연화 • 구성원의 능력 발전과 자아실현 • 불확실한 환경에의 대응	• 이중적 구조로 인한 역할 갈등 및 조정 곤란 • 불안정성으로 인한 심리적 부담과 스트레스 유발 • 기능관리자와 프로젝트관리자 간 권력투쟁과 갈등 발생

42
정답 ④

고객이 아닌 시민에 대한 봉사는 신공공서비스론의 원칙이다. 신공공관리론은 경쟁을 바탕으로 한 고객 서비스의 질 향상을 지향한다.

오답분석

①·②·③ 신공공관리론의 특징이다.

43
정답 ③

정책대안의 탐색은 정책문제를 정의하는 단계가 아니라 정책목표 설정 다음에 이루어진다.

정책문제의 정의
- 관련 요소 파악
- 가치 간 관계의 파악
- 인과관계의 파악
- 역사적 맥락 파악

44
정답 ②

브레인스토밍은 집단자유토의를 통해 자유롭게 의견을 교환함으로써 구성원의 창의적이고 기발한 아이디어를 구하는 주관적 분석 기법이다. 브레인스토밍 단계는 아이디어 개발과 아이디어 평가로 나눌 수 있는데 이는 동시에 이루어지지 않는다. 아이디어 개발 단계에서는 구성원들의 아이디어를 자유롭고 다양하게 이끌어 내기 위해서 타인의 아이디어를 평가하거나 비판할 수 없도록 한다.

45
정답 ②

외부효과 발생 시 부정적 외부효과를 줄이도록 유도책 혹은 외부효과 감축지원책을 도입하여 문제를 해결할 수도 있다.

46

정답 ①

행정지도는 상대방의 임의적 협력을 구하는 비강제적 행위로, 법적 분쟁을 사전에 회피할 수 있다는 장점이 있다.

오답분석

② 행정지도는 비권력적 행위로, 강제력을 갖지 않는다.

③ 행정주체가 행정객체를 유도하는 행위이므로 행정환경의 변화에 대해 탄력적으로 적용이 가능하다는 것이 행정지도의 장점이다.

④ 행정지도는 비권력적 사실행위에 해당한다.

47

정답 ④

윌슨의 정치행정이원론에 따르면 행정의 비정치성이란 행정은 정치적 이념 혹은 집안이나 특정 개인의 선호도를 고려하지 않고 중립적으로 이루어져야 한다는 것을 의미한다.

48

정답 ①

정책참여자의 범위는 이슈네트워크, 정책공동체, 하위정부모형 순으로 넓다.

49

정답 ①

총액배분 자율편성예산제도는 중앙예산기관이 국가재정운용계획에 따라 각 부처의 지출한도를 하향식으로 설정해주면 각 부처가 배정받은 지출한도 내에서 자율적으로 편성하는 예산제도이다.

50

정답 ③

참여적 정부모형은 정부의 계층제에 대한 비판에서 시작되었다. 공공부문의 독점성에 대한 문제의식에서 시작된 것은 시장적 정부모형이다.

오답분석

① 참여적 정부모형은 구성원들의 참여와 협의를 통한 행정운영을 강조한다.

② 위원회와 자문집단의 역할 확대를 통한 탈계층적 수평화를 지향한다.

④ 의사결정과정에서 시민들과 정부조직 내 하급 구성원의 참여를 최대한 보장할 때 공익이 실현된다고 가정하였다.

51

정답 ②

부패가 일상적으로 만연화 되어 행동규범이 예외적인 것으로 전락한 상황은 제도화된 부패에 해당한다.

부패의 종류

종류	내용
생계형 부패	하급관료들이 생계 유지를 위하여 저지르는 부패이다.
권력형 부패	정치권력을 이용하여 막대한 이득을 추구하는 부패이다.
일탈형 부패	일시적인 부패로, 구조화되지 않았고 윤리적인 일탈에 의한 개인적인 부패이다.
백색 부패	사익을 추구하는 의도 없이 선의의 목적으로 행해지는 부패로, 사회적으로 용인될 수 있는 수준이다.
흑색 부패	사회적으로 용인될 수 있는 수준을 넘어서 구성원 모두가 인정하고 처벌을 원하는 부패로, 법률로 처벌한다.
회색 부패	처벌하는 것에 대해 사회적으로 논란이 있는 부패로, 법률보다는 윤리강령에 의해 규정된다.

52

정답 ①

합리적 요인과 초합리적 요인을 동시에 고려한 것은 드로우(Dror)가 주장한 최적모형에 대한 설명이다.

점증모형의 장점과 단점

장점	단점
• 합리모형에 비해 비현실성이 감소	• 변화에 대한 적응력이 약함
• 제한된 합리성과 정치적 합리성을 강조	• 사회가 안정되지 못한 경우 부적합(후진국)
• 사회가 안정되고 다원화·민주화된 경우에 적합	• 근본적인 정책의 방향을 바로 잡기 곤란
• 불확실한 상황에 적합	• 보수적이고 비계획적인 모형

53

정답 ④

징계의 대용이나 사임을 유도하는 수단으로 배치전환을 사용하는 것은 배치전환의 역기능에 해당한다. 배치전환은 수평적으로 보수나 계급에 변동 없이 직위를 옮기는 것으로, 공직사회의 침체를 방지하고 부처 간의 교류와 협력을 증진하는 데 목적을 둔다.

54

정답 ③

ㄴ·ㄷ. 강제배분법은 점수의 분포비율을 정해놓고 평가하는 상대평가방법으로 집중화, 엄격화, 관대화 오차를 방지하기 위해 도입되었다.

[오답분석]

ㄱ. 첫머리 효과(시간적 오류) : 최근의 실적이나 능력을 중심으로 평가하려는 오류이다.

ㄹ. 선입견에 의한 오류(고정관념에 기인한 오류) : 평정자의 편견이 평가에 영향을 미치는 오류이다.

55

정답 ②

혼합모형은 정책결정을 근본적 결정과 세부적 결정으로 나누고, 근본적 결정은 합리모형에 따라 거시적·장기적인 안목에서 대안의 방향성을 탐색하고, 세부적 결정은 점증모형에 따라 심층적이고 대안적인 변화를 시도하는 것이 바람직하다고 본다.

[오답분석]

① 최적모형에 대한 설명이다.

③ 쓰레기통모형에 대한 설명이다.

④ 점증모형에 대한 설명이다.

56

정답 ①

구조적 분화와 전문화는 집단 간 갈등을 조성한다. 분화된 조직을 통합하거나 인사교류를 통해 갈등을 해소할 수 있다.

57

정답 ②

민간은 영리추구를 목적으로 하기 때문에 행정의 책임성이 저해된다.

민영화의 장단점

장점	• 경쟁으로 인한 효율성 증가 • 전문성 증대 • 정부규모의 적정화와 재정건전화	• 서비스의 질 향상 • 민간경제의 활성화와 민간자율성의 신장
단점	• 행정 책임성의 저하 • 형평성의 저해	• 역대리인 문제 야기 • 안정적인 공공서비스의 공급 저해

58

정답 ③

예산안편성지침의 통보(국가재정법 제29조 제1항)
기획재정부장관은 국무회의의 심의를 거쳐 대통령의 승인을 얻은 다음 연도의 예산안편성지침을 매년 3월 31일까지 각 중앙광서의 장에게 통보하여야 한다.

예산안편성지침의 국회보고(국가재정법 제30조)
기획재정부장관은 제29조 제1항의 규정에 따라 각 중앙관서의 당에게 통보한 예산안편성지침을 국회 예산결산특별위원회에 보고하여야 한다.

[오답분석]

① 각 중앙관서의 장은 매년 1월 31일까지 당해 회계연도부터 5회계연도 이상의 기간 동안의 신규사업 및 기획재정부장관이 정하는 주요 계속사업에 대한 중기사업계획서를 기획재정부장관에게 제출하여야 한다(국가재정법 제28조).
② 국가재정법 제5조 제1항·제2항
④ 정부는 회계연도마다 예산안을 편성하여 회계연도 개시 90일전까지 국회에 제출하고, 국회는 회계연도 개시 30일 전까지 이를 의결하여야 한다(헌법 제54조 제2항).

59

정답 ①

전직과 전보는 수직적 이동이 아니라 수평적 인사이동에 해당한다.

[오답분석]

② 강등은 1계급 아래로 직급을 내리고(고위공무원단에 속하는 공무원은 3급으로 임용하고, 연구관 및 지도관은 연구사 및 지도사로 한다) 공무원신분은 보유하나 3개월간 직무에 종사하지 못하며 그 기간 중 보수는 전액을 감한다. 다만, 제4조 제2항에 따라 계급을 구분하지 아니하는 공무원과 임기제 공무원에 대해서는 강등을 적용하지 아니한다(국가공무원법 제80조 제1항).
③ 청렴하고 투철한 봉사 정신으로 직무에 모든 힘을 다하여 공무 집행의 공정성을 유지하고 깨끗한 공직 사회를 구현하는 데에 다른 공무원의 귀감(龜鑑)이 되는 자는 특별승진임용하거나 일반승진시험에 우선 응시하게 할 수 있다(국가공무원법 제40조의4 제1항 제1호).
④ 임용권자는 만 8세 이하 또는 초등학교 2학년 이하의 자녀를 양육하기 위하여 필요하거나 여성공무원이 임신 또는 출산하게 된 때 휴직을 원하면 대통령령으로 정하는 특별한 사정이 없으면 휴직을 명하여야 한다(국가공무원법 제71조 제2항 제4호).

임용의 종류

외부임용 (신규채용)	공개경쟁채용(공채)	실적주의에 기반을 둔 제도로 자격이 있는 모든 사람들에게 평등한 지원기회를 부여함
	경력경쟁채용(경채)	비경쟁채용 제도로 공채에 의한 충원이 곤란한 분야에 있어서 실시하는 인사행정제도
내부임용 (재배치)	수평적 이동	전직, 전보, 배치전환, 휴직, 직무대행, 겸임, 파견
	수직적 이동	승진, 강임, 승급

60

정답 ①

수익자 부담의 원칙은 꼭 필요한 사람들만 이용하게 되므로 공공서비스의 불필요한 수요를 줄일 수 있다는 장점이 있다.

[오답분석]

② 수익자 부담의 원칙은 사회적 형평성을 저해시킨다. 비용을 부담할 능력이 없는 저소득층의 경우 공공서비스 이용이 곤란해지기 때문이다.
③ 비용과 수익이 바로 연계되기 때문에(자신이 이익을 얻은 만큼만 비용을 부담) 조세저항이 줄어든다.
④ 비용과 수익으로 인한 편익이 명확해지기 때문에 비용편익분석이 용이해지고, 효율성을 기할 수 있다.

61

제시된 관점은 무의사결정이론이다. 무의사결정(Non – Decision making)은 의사결정자(엘리트)의 가치나 이익에 대한 잠재적이 거나 현재적인 도전을 억압하거나 방해하는 결과를 초래하는 행위를 말한다. 무의사결정은 기존 엘리트세력의 이익을 옹호하거나 보호하는 데 목적이 있다.

오답분석

① 다원주의에 대한 설명이다. 다원주의에서는 사회를 구성하는 집단들 사이에 권력이 널리 동등하게 분산되어 있으며 정책은 많은 이익집단의 경쟁과 타협의 산물이라고 설명한다.
② 공공선택론에 대한 설명이다.
④ 신국정관리론에 대한 설명이다.

62

신조합주의 이론은 1970년대 이후 Phillippe C.Schmitter가 제시한 조합주의이론을 의미한다. 신조합주의(사회조합주의)는 산업 조직(다국적기업)의 영향력을 강조한 이론으로, 다국적기업이 국가와 긴밀한 동맹관계를 형성하고 주요 경제정책 및 산업정책을 만들어 간다고 설명한다.

신조합주의
• 중요 산업조직들이 국가와 긴밀한 동맹관계를 형성한다.
• 국가는 어느 특정 집단에 의하여 통제되지 않는다.
• 조합주의보다 기업의 영향력을 더 강조한다.

63

비용편익분석은 공공지출의 비용과 편익을 경제적인 시각에서 분석하여 자원배분의 효율성을 극대화시키려는 기법으로, 형평성과 대응성을 분석하는 기법이 아니다. 비용편익분석은 경제적인 지표만을 분석대상으로 삼기 때문에 오히려 형평성과 대응성을 저해시 킬 수 있다.

64

공무원 단체활동은 공직 내 의사소통을 강화시키는 효과가 있다. 공무원들의 참여의식이나 귀속감, 일체감 등 사회적 욕구를 충족시 킬 수 있으며 조합원인 공무원과 관리계층 간의 원활한 의사소통을 통하여 공무원의 사기, 참여감, 소속감, 성취감 등을 제고할 수 있고 의사소통의 기회를 확대하여 행정의 민주화 및 행정발전에 기여한다. 이는 공무원 단체활동을 허용해야 하는 논거가 된다.

공무원 단체활동에 대한 관점
• 부정론 : 노사구분의 곤란, 교섭대상의 확인 곤란, 공익 및 봉사자 이념에 배치, 행정의 지속성・안정성 저해, 실적주의 및 능률성 저해
• 긍정론 : 기본적 권익 보장, 공무원의 사기 양양, 부패방지 및 행정윤리 구현(자율적 내부통제기제), 권의주의 불식과 민주행 정 풍토 조성

65

목적세는 통일성 원칙에 대한 예외이다. 통일성 원칙의 예외로는 특별회계, 기금, 목적세, 수입대체경비, 수입금마련지출이 있다.

오답분석

① 특별회계는 단일성의 원칙에 대한 예외이다. 단일성 원칙의 예외로는 추가경정예산, 특별회계, 기금이 있다.
② 사전의결의 원칙에 대한 예외로는 준예산, 사고이월, 예비비 지출, 전용, 긴급재정경제처분이 있다.
③ 한계성의 원칙에 대한 예외로는 예산의 이용, 전용, 국고채무부담행위, 계속비, 이월(명시이월, 사고이월), 지난 연도 수입, 지난 연도 지출, 조상충용, 추가경정예산, 예비비가 해당된다.

66

정답 ②

ㄱ. 베버의 관료제론은 규칙과 규제가 조직에 계속성을 제공하여 조직을 예측 가능성 있는 조직, 안정적인 조직으로 유지시킨다고 보았다.

ㄴ. 행정관리론은 모든 조직에 적용시킬 수 있는 효율적 조직관리의 원리들을 연구하였다.

ㄷ. 호손실험으로 인간관계에서의 비공식적 요인이 업무의 생산성에 큰 영향을 끼친다는 것이 확인되었다.

[오답분석]

ㄹ. 조직군생태이론은 조직과 환경의 관계에서 조직군이 환경에 의해 수동적으로 결정된다는 환경결정론적 입장을 취한다.

거시조직 이론의 유형

구분		결정론	임의론
조직군		• 조직군 생태론 • 조직경제학(주인 – 대리인이론, 거래비용 경제학) • 제도화이론	• 공동체 생태론
개별조직		• 구조적 상황론	• 전략적 선택론 • 자원의존이론

67

정답 ④

일방향 정보 제공은 초기 전자정부의 특징이다. 유비쿼터스 정부는 Government 2.0 또는 3.0 정부로, 활성화된 쌍방향 정보 제공을 뛰어 넘어 개인별 맞춤식 정보 제공을 중시한다. 즉, 유비쿼터스 정부는 전자정부의 발전형태로, 무선모바일을 기반으로 하여 언제 어디서나 중단 없는 정보서비스, 개개인의 수요에 맞는 맞춤형 서비스를 제공하고 이를 통해 고객 지향성, 지능성, 형평성, 실시간성의 가치를 구현한다.

68

정답 ③

갈등에 대한 행태론적 접근 방법은 1940년대 말부터 1970년대 중반까지 널리 받아들여졌던 입장으로, 갈등을 필연적인 현상으로 간주하거나 건설적으로 해결하면 순기능도 수행한다는 갈등의 순기능에 바탕을 두고 있다.

갈등관의 변천

전통적 갈등관 – 초기인간관계론 (~1940년대)	1940년대까지의 갈등관으로, 모든 갈등이 조직에 역기능을 초래하여 조직의 효과성에 부정적 영향을 미친다고 본다. 따라서 관리자는 갈등이 일어나지 않도록 하고, 갈등이 일어나는 경우에는 신속히 해결해야 한다고 주장한다.
행태주의 관점 (1940년대 말 ~ 1970년대 중반)	갈등을 필연적인 현상으로 간주하거나 건설적으로 해결하면 순기능도 수행한다는 갈등의 순기능에 바탕을 두고 있다.
상호작용적 갈등관 – 조직발전론(OD), 갈등조장론 (1970년대 중반 이후)	갈등이 전혀 없는 조직은 정태적이고 변화의 요구에 대응하지 못한다고 보며, 갈등이 새로운 착상이나 활동 방안을 탐색하게 하고 조직 내의 무사안일을 극복하게 하는 순기능이 있다고 주장한다.

69

정답 ①

지역주민들의 소득 증가는 사회자본의 형성 모습과 직접적인 연관이 없다.

70

스캔론 플랜은 보너스 산정방식에 따라 3가지로 분류된다. 단일비율 스캔론 플랜은 노동비용과 제품생산액의 산출 과정에서 제품의 종류와 관계없이 전체 공장의 실적을 보너스 산출에 반영한다. 또한 분할비율 스캔론 플랜은 노동비용과 제품생산액을 산출할 때 제품별로 가중치를 둔다. 그리고 다중비용 스캔론 플랜은 노동비용뿐만 아니라 재료비와 간접비의 합을 제품생산액으로 나눈 수치를 기본비율로 사용한다. 이러한 모든 공식에는 재료 및 에너지 등을 포함하여 계산한다.

오답분석

② 러커 플랜(Rucker Plan) : 러커(Rucker)는 스캔론 플랜에서의 보너스 산정 비율은 생산액에 있어서 재료 및 에너지 등 경기 변동에 민감한 요소가 포함되어 있어, 종업원의 노동과 관계없는 경기 변동에 따라 비효율적인 수치 변화가 발생할 수 있는 문제점이 있다고 제시하였다. 이는 노동비용을 판매액에서 재료 및 에너지, 간접비용을 제외한 부가가치로 나누는 것을 공식으로 하였다.

③ 임프로쉐어 플랜(Improshare Plan) : 회계처리 방식이 아닌 산업공학의 기법을 사용하여 생산단위당 표준노동시간을 기준으로 노동생산성 및 비용 등을 산정하여 조직의 효율성을 보다 직접적으로 측정, 집단성과급제들 중 가장 효율성을 추구한다.

④ 커스터마이즈드 플랜(Customized Plan) : 집단성과배분제도를 각 기업의 환경과 상황에 맞게 수정하여 사용하는 방식이다. 커스터마이즈드 플랜은 성과측정의 기준으로서 노동비용이나 생산비용, 생산 이외에도 품질 향상, 소비자 만족도 등 각 기업이 중요성을 부여하는 부분에 초점을 둔 새로운 지표를 사용한다. 성과를 측정하는 항목으로 제품의 품질, 납기준수실적, 생산비용의 절감, 산업 안전 등 여러 요소를 정하고, 분기별로 각 사업부서의 성과를 측정하고 성과가 목표를 초과하는 경우에 그 부서의 모든 사원들이 보너스를 지급받는 제도이다.

PART 3

| 04 | 법

41	42	43	44	45	46	47	48	49	50	51	52	53	54	55	56	57	58	59	60
①	④	③	②	④	②	②	③	①	④	④	④	②	②	①	②	③	①	①	④
61	62	63	64	65	66	67	68	69	70										
④	④	②	④	④	③	②	③	②	③										

41
정답 ①

행정상 강제집행 수단 중 대체적 작위의무의 불이행에 대하여 행정청이 의무자가 행할 작위를 스스로 행하거나 제3자로 하여금 이를 행하게 하고 그 비용을 의무자로부터 징수하는 것은 행정대집행이다(행정대집행법 제2조).

42
정답 ④

민법 제35조에서 말하는 이사 기타 대표자는 법인의 대표기관을 의미하는 것이고, 대표권이 없는 이사는 법인의 기관이기는 하지만 대표기관은 아니기 때문에 그들의 행위로 인하여 법인의 불법행위가 성립하지 않는다(대판 2005.12.23, 2003다30159).

43
정답 ③

행정심판법 제31조 제3항을 통해 알 수 있다.

[오답분석]

① 거부처분도 '처분'에 해당하므로, 이에 대하여 의무이행심판을 제기할 수 있음은 물론, 취소심판도 제기할 수 있다. 다만 취소심판을 제기하여 당해 거부처분이 취소되더라도 이로부터 청구인이 원하는 행정작용의 결과는 실현되지 않으므로 궁극적인 목적을 달성하기 위해서는 다시 의무이행심판을 제기하여야 하는 불편이 있다.
② 행정심판청구서는 피청구인이나 행정심판위원회 중 어느 곳에 제출하여도 된다(행정심판법 제23조 제1항).
④ 심판청구에 대한 재결이 있으면 그 재결 및 같은 처분 또는 부작위에 대하여 다시 행정심판을 청구할 수 없다(행정심판법 제51조). 다만, 재결 자체에 고유한 위법이 있는 경우에는 재결에 대하여 취소소송을 제기할 수 있다(행정소송법 제19조 단서).

44
정답 ②

법인이 아닌 사단 또는 재단으로서 대표자나 관리인이 정하여져 있는 경우에는 그 사단이나 재단의 이름으로 심판 청구를 할 수 있다(행정심판법 제14조).

[오답분석]

① 행정심판법 제16조 제1항
③ 행정심판법 제17조 제2항
④ 행정심판법 제15조 제1항

45
정답 ④

[오답분석]

① 참여기관(의결기관)이 행정관청의 의사를 구속하는 의결을 하는 합의제 기관이다(경찰위원회, 소청심사위원회 등).
② 보좌기관(×) → 보조기관(○)
③ 보조기관(×) → 보좌기관(○)

46

정답 ②

행정행위는 법률에 근거를 두어야 하고(법률유보), 법령에 반하지 않아야 한다(법률우위). 따라서 법률상의 절차와 형식을 갖추어야 한다.

47

정답 ②

종물은 주물의 처분에 수반된다는 민법 제100조 제2항은 임의규정이므로, 당사자는 주물을 처분할 때에 특약으로 종물을 제외할 수 있고 종물만을 별도로 처분할 수도 있다(대판 2012.1.26., 선고 2009다76546).

48

정답 ③

소유권에 기한 물권적 청구권, 형성권 또는 법률관계의 무효확인의 소를 구하는 경우와 항소권과 같은 소송법상의 권리에 대해서도 실효의 원칙은 적용된다(대판 1996.7.30, 94다51840).

49

정답 ①

일반적으로 조례가 법률 등 상위법령에 위배된다는 사정은 그 조례의 규정을 위법하여 무효라고 선언한 대법원의 판결이 선고되지 아니한 상태에서는 그 조례 규정의 위법 여부가 해석상 다툼의 여지가 없을 정도로 명백하였다고 인정되지 아니하는 이상 객관적으로 명백한 것이라 할 수 없으므로, 이러한 조례에 근거한 행정처분의 하자는 취소사유에 해당할 뿐 무효사유가 된다고 볼 수는 없다(대판 2009.10.29., 2007두26285).

오답분석

② 대판 1999.9.3, 98두15788

③ 주무부장관이나 시·도지사는 재의결된 사항이 법령에 위반된다고 판단됨에도 불구하고 해당 지방자치단체의 장이 소를 제기하지 아니하면 그 지방자치단체의 장에게 제소를 지시하거나 직접 제소 및 집행정지결정을 신청할 수 있다(지방자치법 제192조 제5항), 제1항에 따른 지방의회의 의결이나 제2항에 따라 재의결된 사항이 둘 이상의 부처와 관련되거나 주무부장관이 불분명하면 행정안전부장관이 재의요구 또는 제소를 지시하거나 직접 제소 및 집행정지결정을 신청할 수 있다(지방자치법 제192조 제9항).

④ 대판 1991.8.27, 90누6613

50

정답 ④

오답분석

① 부재자에 의해 선임된 재산관리인은 부재자의 수임인이며 임의대리인이므로 재산관리인의 권한과 관리의 방법 등은 그들 사이의 위임계약에서 합의한 내용에 따른다.

② 선량한 관리자의 주의의무로서 그 직무수행을 하여야 할 것이므로 그 관리행위는 부재자를 위하여 그 재산을 보존, 이용, 개량하는 범위로 한정한다(대판 1976.12.21, 75마551).

③ 법원이 선임한 부재자 재산관리인의 권한은 법원이 부재자 재산관리인의 선임결정을 취소한 경우에 한해서 소멸한다.

51

정답 ④

일반조합원이 불법쟁의행위 시 노동조합 등의 지시에 따라 단순히 노무를 정지한 것만으로는 노동조합 또는 조합간부들과 함께 공동불법행위책임을 진다고 할 수 없다. 다만, 근로자의 근로내용 및 공정의 특수성과 관련하여 그 노무를 정지할 때에 발생할 수 있는 위험 또는 손해 등을 예방하기 위하여 그가 노무를 정지할 때에 준수하여야 할 사항 등이 정하여져 있고, 근로자가 이를 준수함이 없이 노무를 정지함으로써 그로 인하여 손해가 발생하였거나 확대되었다면, 그 근로자가 일반조합원이라고 할지라도 그와 상당인과관계에 있는 손해를 배상할 책임이 있다(대판 2006.9.22, 2005다30610).

52

정답 ④

원심은 피고가 위와 같은 지정행위를 함으로써 원고의 접견 시마다 사생활의 비밀 등 권리에 제한을 가하는 교도관의 참여, 접견내용의 청취·기록·녹음·녹화가 이루어졌으므로 이는 피고가 그 우월적 지위에서 수형자인 원고에게 일방적으로 강제하는 성격을 가진 공권력적 사실행위의 성격을 갖고 있는 점, 위 지정행위는 오랜 기간동안 지속되어 왔으며, 원고로 하여금 이를 수인할 것을 강제하는 성격도 아울러 가지고 있는 점 등을 고려하면 위와 같은 지정행위는 수형자의 구체적 권리의무에 직접적 변동을 초래하는 행정청의 공법상 행위로서 항고소송의 대상이 되는 '처분'에 해당한다고 한 원심의 위와 같은 판단은 정당하다(대판 2014.2.13, 2013두20899).

오답분석

① 상훈대상자를 결정할 권한이 없는 국가보훈처장이 기포상자에게 훈격재심사계획이 없다고 한 회신은 단순한 사실행위에 불과하다(대판 1989.1.24, 88누3116).
② 행정처분이라 함은 행정청이 특정한 사건에 대하여 법규에 의한 권리설정이나 의무를 명하는 등 법률상 효과를 발생케 하는 외부에 표시된 공법상의 법률행위이므로 군수가 농지의 보전 및 이용에 관한 법률에 의하여 특정지역의 주민들을 대리경작자로 지정한 행위는 그 주민들에게 유휴농지를 경작할 수 있는 권리를 부여하는 행정처분이고 이에 따라 그 지역의 읍장과 면장이 영농할 세대를 선정한 행위는 위 행정처분의 통지를 대행한 사실행위에 불과하다(대판 1980.9.9, 80누308).
③ 피고의 행위, 즉 부산시 서구청장이 원고 소유의 밭에 측백나무 300그루를 식재한 것은 공법상의 법률행위가 아니라 사실행위에 불과하므로 행정소송의 대상이 아니다(대판 1979.7.24, 79누173).

53

정답 ②

채무가 고의의 불법행위로 인한 것인 때에는 그 채무자는 상계로 채권자에게 대항하지 못한다(민법 제496조). 즉, 불법행위채권을 수동채권으로 하는 상계가 금지되는 것이다.

54

정답 ②

소송능력은 소송의 당사자로서 유효하게 각종 소송행위를 할 수 있는 능력을 말한다. 이러한 능력이 없는 자를 소송무능력자라고 하는데, 미성년자, 피한정후견인, 피성년후견인이 이에 해당한다.

오답분석

① 행위능력 : 민법상 단독으로 유효하게 각종 법률행위를 할 수 있는 능력이다.
③ 권리능력 : 민법상 권리의 주체가 될 수 있는 능력이다.
④ 당사자능력 : 당사자가 될 수 있는 일반적·추상적 능력(소송법상 권리능력)이다.

55

정답 ①

징계는 파면·해임·강등·정직·감봉·견책(譴責)으로 구분한다(국가공무원법 제79조).

56

정답 ②

행정쟁송제도에서 행정기관에 대하여 위법·부당한 행정행위의 취소·변경을 구하는 절차는 행정심판이고, 행정심판에 의해 구제받지 못한 때 최종적으로 법원에 구제를 청구하는 제도가 행정소송이다.

57

정답 ③

행정기관이 그 소관 사무의 범위에서 일정한 행정목적을 실현하기 위하여 특정인에게 일정한 행위를 하거나 하지 아니하도록 지도, 권고, 조언 등을 하는 비권력적 사실행위를 행정지도라고 한다(행정절차법 제2조 제3호).

58

정답 ①

오답분석

② 면제 : 법령 또는 법령에 따른 행정행위에 의해 과해진 작위·수인·급부의무를 해제하는 행정행위이다.
③ 허가 : 일반적 금지(부작위 의무)를 특정한 경우에 해제하여 적법하게 일정한 사실행위 또는 법률행위를 할 수 있도록 하는 행정행위이다.
④ 특허 : 특정인을 위하여 새로운 법률상의 힘을 부여하는 행위이다.

59

정답 ①

행정상 강제집행에는 대집행, 집행벌(이행강제금), 직접강제, 강제징수가 있다. 즉시강제는 행정상 장해가 존재하거나 장해의 발생이 목전에 급박한 경우에 성질상 개인에게 의무를 명해서는 공행정 목적을 달성할 수 없거나 또는 미리 의무를 명할 시간적 여유가 없는 경우에 개인에게 의무를 명함이 없이 행정기관이 직접 개인의 신체나 재산에 실력을 가해 행정상 필요한 상태의 실현을 목적으로 하는 작용을 말한다.

60

정답 ④

을(乙)은 의무이행심판 청구를 통하여 관할행정청의 거부처분에 대해 불복의사를 제기할 수 있다. 의무이행심판이란 당사자의 신청에 대한 행정청의 위법 또는 부당한 거부처분이나 부작위에 대하여 일정한 처분을 하도록 하는 행정심판을 말한다(행정심판법 제5조 제3호).

61

정답 ④

행정지도는 비권력적 사실행위에 해당되기 때문에 원칙적으로 처분성이 부정된다. 다만, 행정지도에 불응한 것에 대해 불이익한 처분을 받은 경우에는 그 처분에 대해 행정쟁송이 가능하다.

62

정답 ④

준법률행위적 행정행위에는 공증, 수리, 통지, 확인 등이 있고, 법률행위적 행정행위에는 명령적 행정행위(하명, 허가, 면제)와 형성적 행정행위(특허, 인가, 공법상 대리)가 있다.

63

정답 ②

법률행위의 취소에 대한 추인은 취소의 원인이 소멸된 후에 하여야 한다(민법 제144조 제1항).

64

정답 ④

유치권은 타인의 물건이나 유가증권을 점유한 자가 그 물건이나 유가증권에 관하여 생긴 채권이 있는 경우에 변제받을 때까지 그 물건이나 유가증권을 유치할 수 있는 담보물권을 말한다.

65

도급받은 자의 공사에 대한 채권은 단기소멸시효 3년에 해당한다.

단기소멸시효 1년과 3년의 비교

1년의 소멸시효 (민법 제164조)	• 여관, 음식점, 대석, 오락장의 숙박료, 음식료, 대석료, 입장료, 소비물의 대가 및 체당금의 채권 • 의복, 침구, 장구 기타 동산의 사용료의 채권 • 노역인, 연예인의 임금 및 그에 공급한 물건의 대금채권 • 학생 및 수업자의 교육, 의식 및 유숙에 대한 교주, 숙주, 교사의 채권
3년의 소멸시효 (민법 제163조)	• 이자, 부양료, 급료, 사용료 기타 1년 이내의 기간으로 정한 금전 또는 물건의 지급을 목적으로 한 채권 • 의사, 조산사, 간호사 및 약사의 치료, 근로 및 조제에 대한 채권 • 도급받은 자, 기사 기타 공사의 설계 또는 감독에 종사하는 자의 공사에 대한 채권 • 변호사, 변리사, 공증인, 공인회계사 및 법무사에 대한 직무상 보관한 서류의 반환을 청구하는 채권 • 변호사, 변리사, 공증인, 공인회계사 및 법무사의 직무에 대한 채권 • 생산자 및 상인이 판매한 생산물 및 상품의 대가 • 수공업자 및 제조자의 업무에 대한 채권

66

주채무자의 부탁으로 보증인이 된 자가 과실없이 변제 기타의 출재로 주채무를 소멸하게 한 때에는 주채무자에 대하여 구상권이 있다(민법 제441조 제1항).

67

근대민법은 형식적 평등을 추구하며 사적자치의 원칙하에 소유권 절대의 원칙(㉠), 계약 자유의 원칙(㉡), 과실 책임의 원칙(㉣)에 충실했다. 그러나 현대 민법은 공공의 복리를 강조하며 이를 실천하기 위한 수단으로 신의성실의 원칙, 권리남용금지의 원칙 등을 강조한다.

68

[오답분석]

㉠ 우리 민법은 정주의 사실을 요건으로 하여 주소를 결정하는 객관주의 태도를 취하고 있다.
㉣ 우리 민법은 주소의 개수가 두 개 이상일 수 있는 복수주의 태도를 취하고 있다.

69

• 원시취득
  신축한 주택에 대한 소유권 취득, 무주물에 대한 선점, 유실물 습득, 동산의 선위취득, 인격권·신분권 등의 취득, 시효취득
• 승계취득
  매매, 상속, 타인의 토지에 지상권을 설정하여 취득, 회사의 합병

70

정답 ③

행정청이 행한 공사중지명령의 상대방은 그 명령 이후에 그 원인사유가 소멸하였음을 들어 행정청에게 공사중지 명령의 철회를 요구할 수 있는 조리상의 신청권이 있다(대판 2005.4.14., 2003두7590).

오답분석

① 대판 2005.4.29., 2004두11954
② 원래 행정처분을 한 처분청은 그 처분에 하자가 있는 경우에는 원칙적으로 별도의 법적 근거가 없더라도 스스로 이를 직권으로 취소할 수 있지만, 그와 같이 직권취소를 할 수 있다는 사정만으로 이해관계인에게 처분청에 대하여 그 취소를 요구할 신청권이 부여된 것으로 볼 수는 없다(대판 2006.6.30., 2004두701).
④ 외형상 하나의 행정처분이라 하더라도 가분성이 있거나 그 처분대상의 일부가 특정될 수 있다면 그 일부만의 취소도 가능하고 그 일부의 취소는 당해 취소부분에 관하여 효력이 생긴다고 할 것인바, 이는 한 사람이 여러 종류의 자동차운전면허를 취득한 경우 그 각 운전면허를 취소하거나 그 운전면허의 효력을 정지함에 있어서도 마찬가지이다(대판 1995.11.16, 95누8850).

PART 3

| 05 | K-water 수행사업(공통)

71	72	73	74	75	76	77	78	79	80										
②	④	④	④	②	④	②	④	①	①										

71
정답 ②

정수장 수질검사 주기 및 측정항목은 다음과 같다.

구분	측정항목
매일 검사	냄새, 맛, 색도, 탁도, 수소이온 농도, 잔류염소
매주 검사	일반세균, 총대장균군, 대장균, 분원성 대장균군, 암모니아성 질소, 질산성 질소, 과망간산칼륨 소비량, 증발잔류물
매월 검사	미생물 4항목, 건강상 유해영향 무기물질 11항목, 건강상 유해영향 유기물질 17항목, 소독제 및 소독부산물 11항목, 심미적 영향물질 16항목

따라서 냄새, 맛은 매일 검사 항목에 해당한다.

[오답분석]
① 오존처리는 염소보다 훨씬 강력한 오존의 산화력을 이용한 고도정수처리공정 중 하나이다.
③ 농약·유기 화학 물질, 냄새물질, 전구물질, 색도 유발물질 등은 고도정수처리공정이 추가로 필요하다.
④ 활성탄은 검은색 다공성 탄소질 물질로, 기체와 액체 중의 미량 유기물질을 흡착하는 성질이 있다.

72
정답 ④

ⓛ K-water의 법정자본금은 15조 원으로 한다(한국수자원공사법 제4조 제1항). 국가가 100분의 50 이상을 출자하여야 한다(한국수자원공사법 제4조 제2항).
ⓒ 공공기관의 운영에 관한 법률에 따르면 공공기관은 시장형·준시장형 공기업, 기금관리형·위탁집행형 준정부기관 등 4가지로 분류되며, K-water는 준시장형 공기업에 속한다. 준시장형 공기업은 자체수입이 총수입 대비 100분의 50 이상 100분의 85 미만인 공공기관을 말한다.

[오답분석]
㉠ K-water에 출자할 수 있는 주체는 국가, 지방자치단체 및 한국산업은행으로 제한되어 있다(한국수자원공사법 제4조 제2항).

73
정답 ④

우리나라의 수변공간은 산업화 과정에서 오염되고, 격리된 공간으로 소홀히 다뤄져 왔다. 하지만 최근에는 수변공간의 활용성에 대한 시각이 점점 진화하고 있으며 미래에는 친환경성과 더불어 다양하고 복합화된 수요가 수변공간에 요구될 것이다. 따라서 앞으로는 사회·경제·문화적 환경이 집약된 수변공간(Waterfront)으로서의 잠재적 가치를 인정하는 인식의 전환이 필요하다.

74
정답 ④

사업(한국수자원공사법 제9조 제5항)
산업단지 및 특수지역의 개발. 다만, 공사가 시행하였거나 시행 중인 산업단지 및 특수지역의 개발과 관련된 구역에서의 개발로 한정한다.

75
정답 ②

공공기관의 운영에 관한 법률에 따라 공공기관은 시장형·준시장형 공기업, 기금관리형·위탁집행형 준정부기관으로 분류되며, 한국수자원공사(K-water)는 준시장형 공기업에 속한다.

76

점오염원과 비점오염원의 비교

구분	점오염원	비점오염원
배출원	• 공장, 가정하수, 공공처리장 • 축산농가 등(비점오염화)	• 대지, 도로, 논, 밭, 임야 • 대기 중의 오염물질 등
특징	• 오염물질의 유출경로와 배출지점이 명확하다. • 관거배출 및 수집이 용이하다. • 계절에 따른 영향을 적게 받아 연중 배출량이 일정하다. • 처리장 등 처리시설의 설계와 유지관리가 용이하다.	• 오염물질의 유출 및 배출경로가 불명확하다. • 수집이 어렵다. • 강수량 등 자연적 요인에 따라 배출량 변화가 심해 예측이 곤란하다. • 처리시설의 설계 및 유지관리가 어렵다.

77

신재생에너지란 '신에너지 및 재생에너지 이용·개발·보급 촉진법'에 따라 신에너지와 재생에너지로 구분된다. 이 법에 따를 때 신에너지는 크게 연료전지·석탄액화가스화·수소에너지로 3개 분야이고, 재생에너지는 태양에너지·바이오에너지·지열·폐기물 에너지·풍력·수력·해양에너지·수열로 총 8개 분야이다. 이 중 한국수자원공사는 수력, 해양에너지(조력)·풍력·태양광(육상 및 수상태양광)·수열 사업을 추진하고 있다.

78

필댐은 모래, 자살, 암석 등을 쌓아 올린 댐으로, 단위면적에 작용하는 하중이 적고, 이에 따라 기초지반에 전달되는 응력이 적어진다. 따라서 기초지반에 대한 제약이 적으므로 비교적 지지력이 작은 기초지반에도 축조할 수 있다. 댐 지점 주위에서 천연재료를 이용할 수 있으며, 월류에 대한 저항력이 없어 월류하지 않도록 주의가 필요하다.

79

댐 주변지역지원사업의 대상이 되는 댐은 저수면적이 200만 m^2(㉠) 이상 또는 저수용량이 2,000만 m^3(㉡) 이상인 댐이다(댐건설법 시행령 제36조 제1항).

80

댐 주변지역지원사업에 소요되는 재원에 쓰이는 출연금을 조성하는 경우에는 댐관리청, 댐사용권자나 생활용수댐·공업용수댐의 수도사업자는 전전년도 발전판매수입금의 100분의 6(㉠) 이내, 전전년도 생활용수·공업용수 판매량에 전전년도 K-water의 댐 용수요금 단가를 곱한 금액의 100분의 22(㉡) 이내 금액을 출연금으로 출연한다(댐건설관리법 제44조 제2항).

"오늘 당신의 노력은 아름다운 꽃의 물이 될 것입니다."

그러나, 이 꽃을 볼 때 사람들은 이 꽃의 아름다움과 향기만을 사랑하고 칭찬하였지, 이 꽃을 그렇게 아름답게 어여쁘게 만들어 주는 병 속의 물은 조금도 생각지 않는 것이 보통입니다.

만일 이 꽃병 속에 들어 있는 물을 죄다 쏟아 버리고 빈 병에다 이 꽃을 꽂아 보십시오.

아무리 아름답고 어여쁜 꽃이기로서니 단 한 송이의 꽃을 피울 수 있으며, 단 한 번이라도 꽃 향기를 날릴 수 있겠습니까?

우리는 여기서 아무리 본바탕이 좋고 아름다운 꽃이라도 보이지 않는 물의 숨은 힘이 없으면 도저히 그 빛과 향기를 자랑할 수 없는 것을 알았습니다.

– 방정환의 「우리 뒤에 숨은 힘」 중 –

세월을 헛되게 보내지 마라. 청춘은 다시 돌아오지 않는다.

– 안중근 –

한국수자원공사 필기시험 답안카드

1	① ② ③ ④	21	① ② ③ ④	41	① ② ③ ④	61	① ② ③ ④
2	① ② ③ ④	22	① ② ③ ④	42	① ② ③ ④	62	① ② ③ ④
3	① ② ③ ④	23	① ② ③ ④	43	① ② ③ ④	63	① ② ③ ④
4	① ② ③ ④	24	① ② ③ ④	44	① ② ③ ④	64	① ② ③ ④
5	① ② ③ ④	25	① ② ③ ④	45	① ② ③ ④	65	① ② ③ ④
6	① ② ③ ④	26	① ② ③ ④	46	① ② ③ ④	66	① ② ③ ④
7	① ② ③ ④	27	① ② ③ ④	47	① ② ③ ④	67	① ② ③ ④
8	① ② ③ ④	28	① ② ③ ④	48	① ② ③ ④	68	① ② ③ ④
9	① ② ③ ④	29	① ② ③ ④	49	① ② ③ ④	69	① ② ③ ④
10	① ② ③ ④	30	① ② ③ ④	50	① ② ③ ④	70	① ② ③ ④
11	① ② ③ ④	31	① ② ③ ④	51	① ② ③ ④	71	① ② ③ ④
12	① ② ③ ④	32	① ② ③ ④	52	① ② ③ ④	72	① ② ③ ④
13	① ② ③ ④	33	① ② ③ ④	53	① ② ③ ④	73	① ② ③ ④
14	① ② ③ ④	34	① ② ③ ④	54	① ② ③ ④	74	① ② ③ ④
15	① ② ③ ④	35	① ② ③ ④	55	① ② ③ ④	75	① ② ③ ④
16	① ② ③ ④	36	① ② ③ ④	56	① ② ③ ④	76	① ② ③ ④
17	① ② ③ ④	37	① ② ③ ④	57	① ② ③ ④	77	① ② ③ ④
18	① ② ③ ④	38	① ② ③ ④	58	① ② ③ ④	78	① ② ③ ④
19	① ② ③ ④	39	① ② ③ ④	59	① ② ③ ④	79	① ② ③ ④
20	① ② ③ ④	40	① ② ③ ④	60	① ② ③ ④	80	① ② ③ ④

※ 본 답안카드는 마킹연습용 모의 답안카드입니다.

〈절취선〉

한국수자원공사 필기시험 답안카드

번호	①	②	③	④	번호	①	②	③	④	번호	①	②	③	④	번호	①	②	③	④
1	①	②	③	④	21	①	②	③	④	41	①	②	③	④	61	①	②	③	④
2	①	②	③	④	22	①	②	③	④	42	①	②	③	④	62	①	②	③	④
3	①	②	③	④	23	①	②	③	④	43	①	②	③	④	63	①	②	③	④
4	①	②	③	④	24	①	②	③	④	44	①	②	③	④	64	①	②	③	④
5	①	②	③	④	25	①	②	③	④	45	①	②	③	④	65	①	②	③	④
6	①	②	③	④	26	①	②	③	④	46	①	②	③	④	66	①	②	③	④
7	①	②	③	④	27	①	②	③	④	47	①	②	③	④	67	①	②	③	④
8	①	②	③	④	28	①	②	③	④	48	①	②	③	④	68	①	②	③	④
9	①	②	③	④	29	①	②	③	④	49	①	②	③	④	69	①	②	③	④
10	①	②	③	④	30	①	②	③	④	50	①	②	③	④	70	①	②	③	④
11	①	②	③	④	31	①	②	③	④	51	①	②	③	④	71	①	②	③	④
12	①	②	③	④	32	①	②	③	④	52	①	②	③	④	72	①	②	③	④
13	①	②	③	④	33	①	②	③	④	53	①	②	③	④	73	①	②	③	④
14	①	②	③	④	34	①	②	③	④	54	①	②	③	④	74	①	②	③	④
15	①	②	③	④	35	①	②	③	④	55	①	②	③	④	75	①	②	③	④
16	①	②	③	④	36	①	②	③	④	56	①	②	③	④	76	①	②	③	④
17	①	②	③	④	37	①	②	③	④	57	①	②	③	④	77	①	②	③	④
18	①	②	③	④	38	①	②	③	④	58	①	②	③	④	78	①	②	③	④
19	①	②	③	④	39	①	②	③	④	59	①	②	③	④	79	①	②	③	④
20	①	②	③	④	40	①	②	③	④	60	①	②	③	④	80	①	②	③	④

성 명

지원 분야

문제지 형별기재란

Ⓐ
Ⓑ

형 (   )

수 험 번 호

⑩	①	②	③	④	⑤	⑥	⑦	⑧	⑨
⑩	①	②	③	④	⑤	⑥	⑦	⑧	⑨
⑩	①	②	③	④	⑤	⑥	⑦	⑧	⑨
⑩	①	②	③	④	⑤	⑥	⑦	⑧	⑨
⑩	①	②	③	④	⑤	⑥	⑦	⑧	⑨
⑩	①	②	③	④	⑤	⑥	⑦	⑧	⑨
⑩	①	②	③	④	⑤	⑥	⑦	⑧	⑨

감독위원 확인

(인)

한국수자원공사 필기시험 답안카드

성 명

지원 분야

문제지 형별기재란

( )형 Ⓐ Ⓑ

수험번호

⓪	①	②	③	④	⑤	⑥	⑦	⑧	⑨
⓪	①	②	③	④	⑤	⑥	⑦	⑧	⑨
⓪	①	②	③	④	⑤	⑥	⑦	⑧	⑨
⓪	①	②	③	④	⑤	⑥	⑦	⑧	⑨
⓪	①	②	③	④	⑤	⑥	⑦	⑧	⑨
⓪	①	②	③	④	⑤	⑥	⑦	⑧	⑨
①	②	③	④	⑤	⑥	⑦	⑧	⑨	

감독위원 확인

(인)

번호	①	②	③	④	번호	①	②	③	④	번호	①	②	③	④	번호	①	②	③	④
1	①	②	③	④	21	①	②	③	④	41	①	②	③	④	61	①	②	③	④
2	①	②	③	④	22	①	②	③	④	42	①	②	③	④	62	①	②	③	④
3	①	②	③	④	23	①	②	③	④	43	①	②	③	④	63	①	②	③	④
4	①	②	③	④	24	①	②	③	④	44	①	②	③	④	64	①	②	③	④
5	①	②	③	④	25	①	②	③	④	45	①	②	③	④	65	①	②	③	④
6	①	②	③	④	26	①	②	③	④	46	①	②	③	④	66	①	②	③	④
7	①	②	③	④	27	①	②	③	④	47	①	②	③	④	67	①	②	③	④
8	①	②	③	④	28	①	②	③	④	48	①	②	③	④	68	①	②	③	④
9	①	②	③	④	29	①	②	③	④	49	①	②	③	④	69	①	②	③	④
10	①	②	③	④	30	①	②	③	④	50	①	②	③	④	70	①	②	③	④
11	①	②	③	④	31	①	②	③	④	51	①	②	③	④	71	①	②	③	④
12	①	②	③	④	32	①	②	③	④	52	①	②	③	④	72	①	②	③	④
13	①	②	③	④	33	①	②	③	④	53	①	②	③	④	73	①	②	③	④
14	①	②	③	④	34	①	②	③	④	54	①	②	③	④	74	①	②	③	④
15	①	②	③	④	35	①	②	③	④	55	①	②	③	④	75	①	②	③	④
16	①	②	③	④	36	①	②	③	④	56	①	②	③	④	76	①	②	③	④
17	①	②	③	④	37	①	②	③	④	57	①	②	③	④	77	①	②	③	④
18	①	②	③	④	38	①	②	③	④	58	①	②	③	④	78	①	②	③	④
19	①	②	③	④	39	①	②	③	④	59	①	②	③	④	79	①	②	③	④
20	①	②	③	④	40	①	②	③	④	60	①	②	③	④	80	①	②	③	④

〈절취선〉

한국수자원공사 필기시험 답안카드

성 명

지원 분야

문제지 형별기재란
( )형
Ⓐ Ⓑ

수 험 번 호

⓪	⓪	⓪	⓪	⓪	⓪	⓪
①	①	①	①	①	①	①
②	②	②	②	②	②	②
③	③	③	③	③	③	③
④	④	④	④	④	④	④
⑤	⑤	⑤	⑤	⑤	⑤	⑤
⑥	⑥	⑥	⑥	⑥	⑥	⑥
⑦	⑦	⑦	⑦	⑦	⑦	⑦
⑧	⑧	⑧	⑧	⑧	⑧	⑧
⑨	⑨	⑨	⑨	⑨	⑨	⑨

감독위원 확인

(인)

※ 본 답안지는 마킹연습용 모의 답안지입니다.

2024 하반기 시대에듀 All-New 한국수자원공사 NCS + 전공 + 최종점검 모의고사 4회 + 무료NCS특강

개정22판1쇄 발행	2024년 08월 05일 (인쇄 2024년 06월 20일)
초 판 발 행	2010년 04월 20일 (인쇄 2010년 03월 26일)
발 행 인	박영일
책 임 편 집	이해욱
편 저	SDC(Sidae Data Center)
편 집 진 행	김재희 · 김미진
표지디자인	박수영
편집디자인	장하늬 · 장성복
발 행 처	(주)시대고시기획
출 판 등 록	제10-1521호
주 소	서울시 마포구 큰우물로 75 [도화동 538 성지 B/D] 9F
전 화	1600-3600
팩 스	02-701-8823
홈 페 이 지	www.sdedu.co.kr
I S B N	979-11-383-7350-0 (13320)
정 가	25,000원

한국
수자원공사

NCS＋전공＋모의고사 4회

최신 출제경향 전면 반영

기업별 맞춤 학습 "기본서" 시리즈

공기업 취업의 기초부터 심화까지! 합격의 문을 여는 **Hidden Key!**

기업별 시험 직전 마무리 "모의고사" 시리즈

실제 시험과 동일하게 마무리! 합격을 향한 **Last Spurt!**

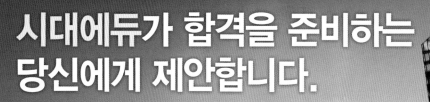

시대에듀가 합격을 준비하는 당신에게 제안합니다.

결심하셨다면 지금 당장 실행하십시오.
시대에듀와 함께라면 문제없습니다.

성공의 기회!
시대에듀를 잡으십시오.

NEXT STEP!

기회란 포착되어 활용되기 전에는 기회인지조차 알 수 없는 것이다.
— 마크 트웨인 —